Auxiliando à humanidade a encontrar a Verdade

Universalismo Crístico Avançado

© 2012 – Roger Bottini Paranhos

UNIVERSALISMO CRÍSTICO AVANÇADO
Roger Bottini Paranhos

Todos os direitos desta edição reservados à
CONHECIMENTO EDITORIAL LTDA.
Fone: 19 34510143
www.edconhecimento.com.br
vendas@edconhecimento.com.br

Nos termos da lei que resguarda os direitos autorais, é proibida a reprodução total ou parcial, de qualquer forma ou por qualquer meio – eletrônico ou mecânico, inclusive por processos xerográficos, de fotocópia e de gravação – sem permissão, por escrito, do editor.

Revisão:
Paula Della Nina
Projeto Gráfico: Sérgio Carvalho
Ilustração da Capa:
Artur Reis e Mariana Magri
ISBN 978-85-7618-285-6
1ª edição - 2012

• Impresso no Brasil • Presita en Brazilo

Dados Internacionais de Catalogação na Publicação (CIP)
(Câmara Brasileira do Livro, SP, Brasil)

Hermes (espírito)
  Universalismo Crístico Avançado / obra mediunica ditada pelo espírito Hermes ao médium Roger Bottini Paranhos. – 1ª ed. – Limeira, SP : Editora do Conhecimento, 2012.

  ISBN 978-85-7618-285-6

  1. Carma 2. Movimento da Nova Era 3. Médiuns 4. Psicografia 5. Reencarnação 6. Religiões 7. Universalismo I. Paranhos, Roger Bottini. II. Título.

12-10300   CDD – 133.93

Índice para catálogo sistemático:
1. universalismo crístico : Mensagens mediúnicas psicografadas : Espiritismo 133.93

UNIVERSALISMO CRÍSTICO AVANÇADO

Obra mediúnica ditada pelo espírito
Hermes ao médium Roger Bottini Paranhos

1ª edição – 2012

EDITORA DO
CONHECIMENTO

Obras do autor editadas pela Editora do Conhecimento:

- A HISTÓRIA DE UM ANJO
A vida nos mundos invisíveis
2000

- SOB O SIGNO DE AQUÁRIO
Narrações sobre viagens astrais
2001

- A NOVA ERA
Orientações Espirituais para o Terceiro Milênio
2004

- AKHENATON (trilogia livro 1)
A revolução espiritual do Antigo Egito
2002

- MOISÉS (trilogia livro 2)
O libertador de Israel
2004

- MOISÉS (trilogia livro 3)
Em busca da terra prometida
2005

- UNIVERSALISMO CRÍSTICO
O futuro das religiões
2007

- ATLÂNTIDA (bilogia livro 1)
No reino da luz
2009

- ATLÂNTIDA (bilogia livro 2)
No reino das trevas
2010

- UNIVERSALISMO CRÍSTICO AVANÇADO
2012

Todo Homem nasce livre, porém, a sua ignorância faz com que termine os seus dias acorrentado à pequenez de sua consciência, porque ainda não aprendeu a despertá-la.

A verdade liberta; contudo, quão poucos desejam encontrá-la? O mundo das ilusões é sedutor... Ele cativa e escraviza sorrateiramente as almas invigilantes.

O momento é chegado... A Grande Transição se faz presente. Todavia, quem deseja acordar do sono hipnótico nos braços de Morfeu? É hora do despertar! Chegou o momento do "agora ou nunca" no planeta azul!

Hermes

Agradecimento:

Ao amigo José Airton Diogo, por todo o apoio recebido na elaboração desta obra. Este livro não teria o mesmo brilho sem a sua ajuda filosófica, psicológica e espiritual.
Que Deus o abençoe e inspire para seguir sempre além, quebrando paradigmas e ajudando a construir um novo mundo, baseado em um novo pensar.

Mensagem do autor:

Queridos leitores, por eu muito amá-los, abro-lhes, com toda a humildade, a minha alma.
Que a minha experiência pessoal possa ajudá-los em sua jornada evolutiva.
Sem dúvida, a exemplificação prática provoca mais reflexões do que todas as teorias do mundo reunidas.

Paz e luz!
Roger Bottini Paranhos.

Sumário

Prefácio 13

1. A unidade do amor crístico 15

2. A filosofia do autoconhecimento 37

3. Réveillon no astral 54

4. No íntimo da alma 95

5. Reflexões sobre a viagem ao Egito em julho de 2011 126

6. Novamente nos caminhos da alma 145

7. Universalismo Crístico: a essência 165

8. Amar sem julgar 183

9. Os sete níveis de percepção 200

10. O amor fraterno e incondicional 225

11. Universalismo Crístico: a revelação 258

12. À espera de Hermes 292

13. A desativação da terceira pirâmide 316

14. Universalismo Crístico: os rumos 349

15. Reflexões sobre a viagem ao Egito em maio de 2012 367

Capítulo final — Festa de luz 386

Prefácio

Desde a conclusão de nosso sétimo trabalho, *Universalismo Crístico – O Futuro das Religiões*, em 2007, temos captado os anseios dos leitores por um maior aprofundamento desse tema, que é, indiscutivelmente, a visão espiritual do terceiro milênio. Vários grupos de estudo do Universalismo Crístico surgiram em todo o Brasil, desde então, demonstrando o interesse que o assunto provocou naqueles que já estão despertos para uma consciência verdadeiramente espiritualizada, livre dos dogmas, rituais e convencionalismos tão comuns entre as religiões do passado.

Em face disso, a Alta Espiritualidade da Terra entendeu por bem que, após a conclusão da saga da Atlântida, trabalhássemos em consórcio com o nosso discípulo no mundo dos homens, Roger, para um maior aprofundamento desse tema, sempre utilizando uma abordagem dinâmica e romanceada, como temos feito, com o objetivo de cativar a atenção de todos os estilos de leitores que procuram os nossos esclarecimentos.

O livro Universalismo Crístico Avançado será desenvolvido na mesma dinâmica já consagrada dos livros anteriores, seguindo, principalmente, o método de elaboração da obra *Sob o Signo de Aquário – Narrações sobre Viagens Astrais.* Roger será preparado para uma conexão plena conosco para que, em desdobramento, realizemos agradáveis debates filosóficos, em diversas paisagens, com o objetivo de prepararmos tanto os grupos de estudo do Universalismo Crístico, como o leitor em geral, que realiza a sua caminhada intimamente, buscando a mensagem crística dentro de seu próprio coração.

Esperamos atender mais uma vez ao nosso objetivo, ampliando a consciência de todos aqueles que nos leem. Como nos disse o ilustre cientista Albert Einstein: "A mente que se abre a uma nova ideia jamais retornará ao seu tamanho original". É exatamente isso que esperamos promover com o conjunto de nossa obra elaborada em parceria com o nosso querido discípulo Roger, e, mais especificamente, com o livro que tens em tuas mãos neste instante.

Esperamos que o leitor possa apreciar este trabalho tanto quanto os anteriores.

Paz e luz!
Hermes

1
A unidade do amor crístico

Depois da conclusão do livro *Atlântida – No Reino das Trevas*, solicitei a Hermes um período de descanso e isolamento. As intensas emoções daquele trabalho haviam exaurido completamente as minhas forças, como os nossos leitores devem se recordar. Engana-se quem crê que trabalhar mediunicamente relatando aspectos sombrios, em sintonia com magos negros e dragões, não causa distúrbios, apesar do forte amparo da Luz.

A psique humana é uma caixa de surpresas, ainda mais se formos analisar todo o universo inconsciente que está por trás de nossa mente, de nossa alma... Sabiamente, os mentores espirituais encerraram as nossas expedições aos reinos das sombras e, também, a elaboração de livros com esse tema, até segunda ordem, devido ao ardil hipnótico dos seres das trevas que se aproveitam dessa sintonia para fascinar os médiuns, até mesmo os mais vigilantes, com o objetivo de impedir a ação da luz por meio de seus intermediários no mundo físico.

No entanto, o período de descanso que solicitei, apesar de ter sido plenamente atendido pelos amoráveis mentores, logo terminou. E isso ocorreu por minha própria solicitação. A minha vida perde o sentido sem essa conexão espiritual. Vivo há tantos anos entre os dois mundos que uma rotina comum, como a das pessoas que ainda se encontram indiferentes às verdades eternas, causa-me tristeza e desânimo.

Portanto, certa noite, em minhas orações antes de dormir, pedi a Hermes que o meu período de descanso se encerrasse. Eu precisava voltar à ativa! Sentia novamente aquela inconfundível sede de contribuir com a Boa Nova do terceiro milênio. É por isso que estou aqui e a esse propósito devo me dedicar.

Então, poucos minutos depois da prece, ouvi aquele suave sopro distante, que prenuncia o desdobramento espiritual, como se fosse um vento suave vindo do norte. Instantaneamente, pensei, não sei explicar por que, talvez pela proximidade da viagem que realizaria com leitores ao Egito (em julho de 2011), em um dos poemas de Akhenaton, que relatamos em nosso livro de mesmo nome:

> Eu respiro o doce hálito de tua boca,
> Eu contemplo a tua beleza, todo dia, que é minha oração,
> Meu desejo é ouvir a tua doce voz,
> Como o vento do norte.
> Meu desejo é que a vida remoce meus membros,
> Graças ao teu infinito amor.
> Dá-me tuas mãos,
> Que rejuvenescem teu espírito,
> Que eu as receba,
> Que eu viva delas.
> Chama-me por meu nome, até a eternidade,
> Eu não deixarei nunca de te responder!

Sim, *Vento do Norte* (Deus), chama-me por meu nome, até a eternidade, que eu jamais deixarei de atendê-lo!

Naquele mesmo instante, a minha alma desprendeu-se do corpo físico e ergueu-se da cama. Caminhei até a sala e vi, saindo pela janela, uma escadaria de mármore branco, que ligava o meu apartamento ao céu infinito.

Observei serenamente as minhas vestes. Elas estavam de cor clara, mas não alva, como a dos grandes mestres. Isso me alegrou. Eu estava com a Luz. Certamente, era um bom sinal. Nenhum auxiliar dos planos superiores ou entidades sombrias se encontrava por perto. Eu estava absolutamente sozinho e na mais completa paz. Isso foi absolutamente reconfortante.

Senti-me seguro, mesmo sem todo o aparato da equipe que sempre me acompanha nas atividades astrais. Proferi uma breve oração de agradecimento, abri a janela e galguei os primeiros degraus que levavam literalmente ao Céu das Escrituras Sagradas.

A lua cheia, exuberante, iluminava a noite, permitindo-me ver tudo ao meu redor. Passo a passo, fui ascendendo, distanciando-me das faixas vibratórias mais densas da Terra. A cada novo degrau vencido, eu via, nos dois lados da escadaria de luz, entidades espirituais de todos os tipos. Desde seres inconscientes até aqueles que compreendiam o trabalho que realizaríamos. Muitos me desejavam sorte e rogavam bênçãos a Jesus para que o trabalho fosse executado a contento. Sim, o Universalismo Crístico precisa brotar no seio das massas para mudar o mundo, porém, antes, deve encontrar guarida nos corações dos formadores de opinião, devido ao seu aspecto filosófico e libertador, para, desse modo, atingir o seu objetivo de forma mais rápida e eficaz. Quando atingirmos cem mil consciências despertas, o mundo não poderá mais retroceder: a grande mudança será irreversível.

Em meio às faixas mais negativas, pude ver também os terríveis seres da sombra, mas eles se mantinham neutros. Sabiam que não teriam poder de ação sobre mim naquele momento. Apenas me observavam com os seus enigmáticos olhos cor de fogo, sem nenhuma verbalização agressiva.

Estranhamente, alguns seres das trevas pareciam admirar a minha caminhada rumo à luz de Deus. Durante toda a minha vida, pareceu-me que luz e treva sempre conspiraram a meu favor. Assim como ocorreu com Arnach, que agora se tornou uma adorável menininha graças às bênçãos da reencarnação, conforme relatamos em nosso último trabalho: *Atlântida – No Reino das Trevas.*

Isso me fez pensar se tudo, tanto luz como treva, não faz parte de uma grande orquestração do Senhor dos Mundos para nos despertar. Ao final dessa jornada, quando atingirmos a plenitude, todos nós estaremos lá, abraçados, vivendo na mais pura harmonia. As lutas, independentemente do lado em que estejamos, só ocorrem porque ainda não vislumbramos verdadeiramente a face de Deus, que é o amor, mas não como os homens comuns o compreendem, muitas vezes se aprisionando às suas crenças limitantes.

Serenamente, sacudi a cabeça em sinal de discreto agradecimento e continuei subindo, sentindo as vibrações celestiais inundarem a minha alma de paz e alegria. Mesmo vivendo vários conflitos internos, é naquela vibração que me sinto bem. E quem não se sentiria? No entanto, temos que nos eleger, através de nossas boas ações e pensamentos, para viver em tal paragem celestial.

A escadaria parecia não ter fim e, mesmo em espírito, senti um leve esgotamento ou, talvez, apenas um desconforto pela longa subida. Pensei que deveria existir uma "escada rolante" para a ascensão ao Alto, já que não me encontrava em condições de subir aos Céus sozinho. Naquele mesmo instante, a estrutura de mármore carrara entrou em movimento atendendo ao meu desejo. Eu sorri e disse a mim mesmo, achando-me um tolo:

— Sim. O mundo é mental. Mais cedo ou mais tarde, os nossos pensamentos terminam se materializando. No plano astral, isso é ainda mais facilmente percebido, haja vista que ocorre instantaneamente. Como pude me esquecer disso? Certamente, Hermes me repreenderá, de forma divertida e amiga, pelo meu descuido.

Firmei os meus pés no degrau em que me encontrava e fiquei apreciando serenamente a subida, envolvido pelas vibrações celestiais que se intensificavam a cada nova faixa vibratória mais alta que atingia. Até que, pouco tempo depois, pude vislumbrar a cidade astral Império do Amor Universal. Um largo sorriso se emoldurou em meu rosto. Sim, eu estava indo ao encontro dos mestres! Uma agradável sensação de alegria invadiu a minha alma.

Na entrada da Cidade Luz, Ramiro me aguardava sorridente. Ao ver-me, falou, em tom jovial, quando eu estava chegando ao final da interminável escada:

— Querido irmão, a cada dia, tens facilitado mais o meu trabalho. Agora nem sequer preciso buscá-lo no mundo das ilusões.

Eu acenei com um sorriso e respondi:

— Tenho me esforçado, caro Ramiro. Tenho me esforçado...

Cumprimentamo-nos afetuosamente e, sem maiores delongas, ele disse:

— Vamos, nosso mestre te aguarda para darmos início a mais esse trabalho de conscientização espiritual.

Eu concordei com um gesto sereno, sem disfarçar a minha ansiedade. Eu sabia da importância e da complexidade do trabalho a que daríamos início naquela noite.

Trabalhar com Hermes sempre exige ultrapassar limites, romper paradigmas. É necessário pensar e captar informações que vão além das concepções filosóficas e espirituais que a humanidade já conhece. Porém, o livro que começaríamos naquela noite seria algo ainda mais abrangente e isso me assustava.

Rapidamente, caminhamos em direção à biblioteca da Cidade Luz, enquanto eu me perguntava, em absoluto silêncio, se estaria à altura desse trabalho.

Ramiro percebeu os meus pensamentos e falou:

— Tudo dará certo. Hermes é um excelente professor. Ele possui uma didática invejável. Além do mais, estás em altíssimo nível de sintonia. Certamente, há alguns anos, talvez tu não estivesses em condições de realizar esse trabalho. Entretanto, agora, a tua consciência no plano físico se expandiu consideravelmente, permitindo a realização dessa iluminada obra que auxiliará a Espiritualidade superior a modificar e moldar a compreensão espiritual da humanidade nos próximos séculos.

Fiz um gesto silencioso de agradecimento por suas palavras, mas sem desanuviar a minha alma, que estava tomada por grande ansiedade. Ramiro observou com carinho o meu estresse, mas resolveu não dizer nada. Ele sabia que um simples abraço de Hermes seria suficiente para serenar o meu coração.

Perdido em meus pensamentos, adentramos o fabuloso átrio central da grande biblioteca. E, naquele instante, observei detalhes daquela magnífica construção que jamais havia percebido. Então, voltei o meu pensamento para quando eu estava elaborando o nosso primeiro livro *A História de um Anjo* para lembrar como eu percebia aquela cidade astral naquela época. Apesar de reconhecer toda a grandeza vibracional daquele local, as minhas lembranças não eram nem pálida manifestação do que eu agora via.

Sim, a minha percepção havia aumentado consideravelmente nos últimos anos, fazendo com que eu enxergasse o mundo de forma mais ampla. E isso fez também com que

Universalismo Crístico Avançado

muitas pessoas passassem a não me compreender mais, interpretando mal as minhas atitudes, que buscam apenas provocar nas pessoas a reflexão que liberta do torpor que aliena a humanidade ao poder hipnótico do mundo ilusório: a vida humana tradicional.

Lembrei-me, então, das diversas vezes em que Hermes, pacientemente, instigou-me a ver o mundo mais além, assim como um pai faz com o filho que ensaia dar os seus primeiros passos. "Meu Deus!", pensei. "Que trabalho fabuloso é promover o despertar de consciências".

Seguir metodicamente as religiões, sem dúvida, auxilia no programa de evolução espiritual das criaturas; todavia, o despertar da Espiritualidade consciente promove saltos notáveis a quem se permite realizar tal feito, levando-o a uma felicidade e liberdade indescritíveis em um prazo infinitamente menor. A religião estimula o crescimento espiritual pela culpa, já a Espiritualidade o faz pelo despertar da consciência, ou seja, através do entendimento real do Plano Divino.

Almas primárias ainda refletem o *maya* quando voltam ao plano espiritual. Vivem de acordo com a sua concepção humana. Almas evoluídas, por sua vez, enxergam o plano mental, que é uma realidade mais sofisticada, ainda incompreensível aos espíritos em processo evolutivo primário.

Os seres avançados enxergam o plano espiritual além das formas humanas a que estamos acostumados. Não faria sentido algum o plano espiritual ser apenas uma cópia do físico, já que o primeiro é a origem de tudo, e o segundo apenas uma sombra dele. Algo ainda muito incompreensível à nossa humanidade despreparada para o entendimento espiritual. Explicar isso seria o mesmo que tentar fazer o homem da "era da máquina de escrever" imaginar, em sua época, os atuais avanços como *smartphones* e *tablets*.

À medida que refletia sobre isso, comecei a observar os seres angelicais que transitavam ao nosso redor, durante o nosso percurso. Penetrei mentalmente na alma de cada um, fato que não os incomodou. Eles apenas sorriam com imensa simpatia, pois já haviam percebido as minhas intenções.

Ao adentrar o âmago de sua consciência, não vi nada completamente novo. Apenas uma paz imensa e uma compreensão maravilhosa da vida. Meditei por alguns instantes e concluí que o grande segredo era justamente esse: amor, harmonia e profunda paz de espírito.

Nada de elucubrações filosóficas profundas. Somente a vitória do "Eu superior" sobre o próprio ego. Nada além disso. O problema é que o ego é astuto e sabe cegar muito bem as suas vítimas, iludindo-as quanto ao caminho da iluminação.

Aquelas almas não desejavam ter razão, queriam apenas ser felizes. E o mais impressionante era que tinham a razão e a felicidade ao seu lado. Contudo, não estavam preocupadas em impor ideias. Apenas demonstravam, através de seu próprio equilíbrio, a vitória que já haviam conquistado e que nós, espíritos em evolução, ainda buscamos. Sem nem ao menos imaginar, eu estava refletindo segundo o enfoque que Hermes desejava para este livro. Eu nem sequer o havia visto ainda e as nossas mentes já estavam entrando em sintonia.

Eu sorri para mim mesmo e me perguntei em pensamento:

— Por que complicamos tanto as coisas? Em verdade, a vida é tão simples! A nossa ignorância espiritual é que nos prende aos labirintos de dor e sofrimento.

Naquele momento mágico, a sensação que eu tinha era a de que um véu que encobria os meus olhos havia sido retirado, permitindo-me perceber, de forma cristalina, tudo ao meu redor. Lembrei-me, então, da humanidade encarnada na Terra, escrava de sua própria ignorância espiritual e absolutamente distante de uma compreensão maior da vida criada por Deus, e permiti que uma lágrima escorresse de meus vividos olhos. Triste realidade!

Mas o que podemos fazer além de acenar, convocando-a ao despertar? Cada um tem o seu momento de acordar para uma compreensão superior da vida. A nós, cabe apenas plantar a semente do despertar em sua mente e coração, esperando que, um dia, ela finalmente germine, sem imposições e sem a triste postura de "donos da verdade". Eis o maior mal das religiões de todas as épocas e culturas.

Que luta todos nós tínhamos pela frente! Acordar o gigante adormecido que vive iludido: a humanidade terrena. Ainda perdido em meus pensamentos, lembrei-me da revelação de Hermes, enquanto eu e Arnach desativávamos a primeira das quatro pirâmides hipnóticas do astral, conforme narrado no livro *Atlântida – No Reino das Trevas*. Eu havia ajudado a alienar, agora era meu dever trabalhar pelo despertar da humanidade. Nada mais do que uma consequência da lei natural de ação e reação.

Absorvido pelo meu mundo íntimo de reflexões, quase não percebi quando a ampla porta da sala de reuniões se abriu. Na varanda externa, com vista para o grande lago da Cidade Luz, encontrava-se Hermes, serenamente sentado em posição de lótus, meditando como os iogues indianos. Ele vestia a sua tradicional túnica branca e estava com os longos cabelos negros soltos, encobrindo misteriosamente o seu nobre rosto.

Percebi que ele estava em profunda comunhão com Deus e resolvi aguardar em silêncio, sentado discretamente ao seu lado.

Ramiro me pediu licença e retirou-se sem alarde. Pouco tempo depois, Hermes abriu os olhos e falou sorridente:

— Querido irmão, eu estava tão envolvido em minha conversa com o Espírito Criador que não percebi a tua chegada.

Eu fiquei impressionado com as suas palavras e questionei sobressaltado:

— Hermes, tu estavas verdadeiramente conversando com Deus?

Ele me olhou intrigado e respondeu, demonstrando espanto:

— E tu não fazes isso também?

Eu fiquei sem jeito e disse-lhe:

— Desculpa-me, claro que faço. Tu me entendeste mal. Imaginei que tu estavas falando diretamente com Deus, de forma palpável e consciente. Nós outros apenas falamos com o Espírito Criador em nossas preces, mas jamais conseguimos o retorno direto, ou seja, ouvir as suas palavras.

Hermes sorriu, enquanto saía da posição de lótus e se erguia para espreguiçar-se. Logo depois, falou com sabedoria:

— Todos nós falamos com Deus da mesma forma. A diferença está no grau de consciência de cada um para perceber e compreender as suas respostas. Ele sussurra em nossos ouvidos dicas, *insights*, caminhos, orientações, inspirações e diversos outros sinais para atender aos nossos propósitos evolutivos. Quem tiver olhos para ver, verá! Jesus estava absolutamente certo nessa máxima!

Ele, então, sacudiu os ombros de um jeito divertido e disse-me:

— Talvez eu apenas O perceba de forma mais clara, mas Ele está comigo da mesma forma que está contigo e com todos os seus filhos por toda a Criação. O Espírito Criador dispensa o mesmo amor e atenção a todos os seus filhos, sem privilegiar nenhum deles.

Eu concordei com um gesto e concluí:

— Sim. A velha questão dos nossos níveis de percepção, de acordo com o nível de consciência que cada um já desenvolveu em sua caminhada evolutiva.

— Exatamente! — concluiu o mestre, sem tecer maiores comentários.

Enquanto o grande Hermes Trimegisto se desconectava de sua comunhão com Deus, fiquei pensando sobre a nossa compreensão e entendimento do Grande Arquiteto do Universo. Nem todo o conhecimento humano poderá ser suficiente para compreendermos a sua essência.

Ao atingirmos a sabedoria plena, compreendemos as coisas de forma simples. E, provavelmente, nessa compreensão, encontraremos Deus. Na simplicidade, no amor, na tolerância e em todas as nobres virtudes que jamais conquistaremos vivendo esses conceitos apenas na teoria. A vida humana é realmente um campo de batalha que lapida a nossa alma para conquistarmos a harmonia universal.

Por isso que Jesus nos alertou tanto sobre a felicidade do reino dos Céus. E disse-nos que é a mesma felicidade simples das crianças, mas que exige toda uma caminhada para ser alcançada. Precisamos romper com os caprichos egocêntricos e "renascer" nos braços de Deus.

Ele sorriu, captando as minhas reflexões, e afirmou:

— Não estás muito longe da verdade. Mas é mais do que isso. No entanto, alguns ainda acreditam em um Deus personificado como um velhinho de barbas sentado sobre as nuvens, portanto, podemos dizer que Ele se adapta à crença e à compreensão de cada um. À medida que evoluímos, Ele naturalmente vai se tornando maior, perdendo a forma humana, e sendo entendido como a Energia, a alma vital do Universo, que interpenetra toda a sua Criação. Ele está em tudo, em todos e muito além da nossa compreensão. Ouvi-

-Lo e compreendê-Lo, exige que estejamos em sintonia com o seu Amor e Verdade. É necessário estar em comunhão plena com Ele. Quem assim o fizer O sentirá de acordo com as suas crenças atuais e capacidade de percepção.

Eu respirei profundamente e disse-lhe:

— Eu gostaria de evoluir mais rápido e poder viver em um mundo voltado para tudo isso de que falamos. A alienação da Terra está me matando aos poucos.

Hermes olhou-me severamente e eu nem permiti que ele falasse, atalhando:

— Sim, eu sei. Acabei de meditar sobre isso enquanto vinha para cá, ao lado de Ramiro. Ajudei a alienar, agora preciso trabalhar pela libertação dessas consciências. A desativação das duas primeiras pirâmides hipnóticas que realizamos até agora não me sai da cabeça. As atividades pertinentes ao livro *Atlântida – No Reino das Trevas* mexeram muito comigo em todos os sentidos.

O nobre mentor aguardou alguns instantes para que eu fizesse a minha meditação, e, em seguida, aproximou-se com o seu belo e radiante sorriso, que tanto me lembra do inesquecível semblante amoroso de Jesus, e falou-me:

— Mas conta-me, como foram as tuas férias, meu querido irmão? Recuperaste as tuas energias?

Eu sorri, meio sem jeito, e respondi:

— Não totalmente. O desgaste energético para narrar os acontecimentos ocorridos em Atlântida ainda me causam alguns desequilíbrios vez ou outra. Mas tudo está se harmonizando, dia após dia, com as bênçãos de Deus e com o apoio de pessoas sinceras e valorosas, verdadeiros amigos, como o meu irmão e a minha mãe, que sempre me dão o carinho e o apoio necessários. O Espírito Criador me abençoou com boas pessoas em que posso confiar. Isso já me deixa muito feliz. Em meio a tantos lobos em pele de cordeiro, é gratificante ter essas pessoas especiais em que posso confiar nesta vida tão turbulenta.

Depois de meditar um pouco sobre a dificuldade de compreender e ser compreendido em relação ao trabalho que devo realizar, prossegui dizendo:

— Em alguns momentos, eu me assustei com a força energética dos magos negros, tentando me hipnotizar com o objetivo de me levar de volta à vida do passado. Mesmo depois de o livro ter sido publicado, eles ainda não descansaram, como tu bem sabes.

Infelizmente, tivemos algumas baixas tanto de colaboradores próximos, que foram influenciados pelas sombras, como de leitores ainda inseguros para dar um passo maior em busca da consciência crística. Pessoas que não estão preparadas para uma compreensão maior das coisas não entenderam o objetivo desse trabalho. Contudo, um número muito maior de leitores foi desperto. É isso que importa! Aos que não estão prontos para se libertarem de suas crenças limitantes, ainda existe uma infinidade de livros que abordam temas que lhes são confortáveis e afins.

No entanto, estou tranquilo. Sei que esse nosso novo trabalho será de pura luz. E isso fará com que a minha vibração espiritual se eleve a uma faixa que me desvincule firmemente da sintonia com o mal.

Hermes ajeitou os longos cabelos negros, agora já presos por sua tradicional tiara preta, e concordou dizendo:

— Sem dúvida! Os dois livros sobre a Atlântida foram impressionantes e tivemos que transitar por vibrações mais densas. Fico feliz por termos trazido uma excelente mensagem, mesmo quando estávamos narrando o período de trevas da Grande Ilha.

O nobre mentor, então, apoiou as mãos sobre a murada da varanda e ficou observando a beleza do reflexo da lua nas águas do grande lago. Em seguida, prosseguiu:

— Porém, é chegado o momento de iniciarmos mais um trabalho. Trabalho esse em que teremos realmente de explorar novos e desconhecidos caminhos para ti. Mais uma vez, terás que ir além dos teus paradigmas, meu querido discípulo.

Eu respirei fundo e disse-lhe:

— Sim. E isso tem me preocupado. Eu estarei apto para realizar tal reflexão filosófica e ainda colocá-la em uma linguagem de fácil entendimento para os leitores?

Hermes sorriu e respondeu:

— Como não, querido irmão? Antes de chegares aqui, já estavas realizando essa mesma reflexão filosófica que está te causando tanta ansiedade.

Universalismo Crístico Avançado

E, colocando a mão sobre o meu ombro, o iluminado mentor concluiu:

— Na verdade, quanto mais avançamos rumo a uma maior compreensão de Deus, mais simples e diretas as coisas se tornam. A dificuldade está em fazer as pessoas entenderem e vivenciarem isso. A natureza ainda imperfeita dos espíritos em evolução na Terra é que dificulta a compreensão da vida. Uma vez que os homens desconhecem o objetivo sagrado da obra de Deus, tudo fica mais complicado, levando-os a dilemas de consciência cada vez mais graves neste delicado período de transição para a Nova Era que a humanidade terrena está atravessando.

Esse estado emocional é um terreno fértil para a ação da depressão, tristeza, revolta, ódio e toda sorte de sentimentos negativos. Sem contar o sentimento de culpa que fica represado em seu inconsciente e os faz passar mais tempo julgando os outros e a si mesmos do que realizando ações voltadas para a Luz de Deus.

Hermes, então, olhou-me firmemente nos olhos e completou:

— Por isso te digo que o maior problema da humanidade não está em obter conhecimento espiritual, mas, sim, em sintonizar-se verdadeiramente com os valores crísticos, de forma consciente e lúcida. Vivemos um período em que o acervo de livros e informações espirituais é de amplo acesso à humanidade. Mas, em contrapartida, parece que ela se distancia, cada vez mais, da busca do autoconhecimento e do entendimento de Deus. A era da Internet aproximou o homem da informação, mas também o afastou de seu mundo íntimo, que é o precioso caminho pelo qual conhecemos a nós mesmos.

Eu sacudi a cabeça de forma afirmativa, demonstrando estar concordando com a linha de pensamento do grande mestre. Aproveitando seu silêncio momentâneo, falei:

— Sim. O homem moderno está se escravizando à Internet. Abandonou as leituras edificantes e a meditação que abrem as portas para o autoconhecimento, para passar a maior parte do tempo conectado a redes sociais e salas de bate papo virtuais, muitas vezes trocando informações que pouco acrescentam ao seu crescimento interior. Não que haja algum problema em usar essas ferramentas de interatividade, que são muito úteis se bem aproveitadas; porém, não podemos viver só para isso.

Sem contar que cada pessoa está em um nível diferente de evolução e entendimento. Percebo que muitas das pessoas com que convivo procuram encontrar em mim o equilíbrio para aquilo que as torna fracas. E se decepcionam por eu não refletir exatamente os seus anseios. Elas creem que a forma como veem o mundo é o único e verdadeiro caminho para a evolução.

Hermes concordou, em silêncio, e arrematou:

— Percebes, então, que o conhecimento não é o problema, mas, sim, como os espíritos em evolução o percebem e aplicam em meio à infinidade de distorções, generalizações, deleções de informações e equívocos que permeiam a sua mente?

E, voltando mais uma vez os seus olhos brilhantes para o horizonte, acrescentou:

— Nessa questão reside todo o problema. Devemos tornar a nossa mensagem o mais cristalina possível de forma que atenda tanto aos que enxergam com clareza como àqueles que estão com a visão espiritual embaçada, por conta de seus traumas psicológicos ou de idiossincrasias naturais de sua alma ainda em primária evolução.

Eu respirei fundo, coloquei as mãos no rosto e exclamei:

— Loucura, meu mestre! Como fazer isso? É impossível! Até mesmo entre os nossos leitores, vez ou outra, recebo mensagens demonstrando que eles compreenderam mal aquilo que afirmamos nos livros. Como, então, aspirar isso para pessoas leigas?

Hermes me olhou, decepcionado, como se eu ainda não tivesse aprendido a lição, e redarguiu:

— Nada é impossível para nós. A tua falta de fé e confiança relembra-me Tomé, que negou a volta do Mestre em "corpo glorioso" para elucidar a existência da Vida Maior aos seus discípulos.

Aquela alusão a Tomé provocou uma revolução no meu inconsciente. Meu mundo íntimo virou do avesso. E eu pude me ver através dos olhos do descrente discípulo, que sempre compreendeu com profundidade os ensinamentos de Jesus, mas, na hora derradeira, desacreditou tudo aquilo pensando estar vivendo um sonho delirante. Naquele instante, estranhamente, senti toda a angústia de Tomé ao tocar as chagas nas mãos perispirituais de Jesus, no momento em que o Mestre dos mestres lhe dizia:

— Tomé, tu me viste e creste, mas bem aventurados são aqueles que não me viram e, mesmo assim, creem em mim.

Eu parecia estar vivendo nitidamente aquele inesquecível momento para a história espiritual de nossa humanidade e comecei a chorar compulsivamente.

Hermes, então, abraçou-me e disse:

— Calma, meu amado discípulo, venceremos. Tudo dará certo. Confia em mim.

Em completo desajuste emocional, sussurrei entre lágrimas:

— Eu confio, eu confio, meu mestre! Jamais desconfiarei novamente da voz que vem do Alto.

Mal disse aquelas palavras e apaguei, voltando a acordar somente duas horas depois em um divã mais reservado naquela mesma varanda, ornamentada com belas folhagens. Hermes estava sentado serenamente ao meu lado, aguardando eu me recompor.

Sem jeito, pedi-lhe desculpas pelo meu desequilíbrio e por termos perdido tempo para darmos prosseguimento às atividades daquela noite.

Ele acenou com a mão, demonstrando que isso não tinha a menor importância. Em seguida, o seu sorriso cativante se abriu como uma flor, enquanto ele concluiu dizendo:

— Fique tranquilo! Esse trabalho não pode ser feito às pressas. Melhor perdermos horas em um único parágrafo do que prejudicar a clareza da mensagem. E o choque que tiveste nos demonstra que ainda teremos que esperar mais alguns anos para escrevermos sobre a missão de Jesus. Ainda não estás pronto para reviver tão fortes e inesquecíveis emoções.

Eu iria explicar-lhe que não saberia precisar o que me aconteceu, mas Hermes rapidamente voltou ao tema do trabalho daquela noite, falando:

— Todo o trabalho que realizamos até agora teve como objetivo criar a ponte que levará à compreensão plena do Universalismo Crístico. Portanto, nós nos valeremos de uma linguagem e relatos que aproximem o leitor de um melhor entendimento do que estamos procurando afirmar. Será mais fácil do que podes imaginar. Tem fé, assim como tiveste em todos os nossos trabalhos anteriores.

Eu me levantei do divã e disse-lhe:

— Querido irmão, podemos caminhar às margens do lago? Preciso esticar as pernas e oxigenar o cérebro para me recompor e captar melhor as tuas sábias orientações.

Hermes divertiu-se com as minhas necessidades fisiológicas, mesmo estando em espírito, ajeitou a barra de sua túnica branca e levantou-se jovialmente para me acompanhar. Descemos da varanda por uma elegante escada de madeira e caminhamos lentamente pela margem do lago de tonalidade azul violeta, enquanto eu olhava pensativo para a areia branca que parecia ser toda misturada com pequenos cristais de quartzo que faziam o chão brilhar de forma mágica sob os nossos pés.

Ele, então, manteve-se em silêncio aguardando as minhas reflexões, caminhando descontraidamente pela beira do lago. Passados alguns instantes, eu lhe disse:

— Talvez a minha maior ansiedade seja a respeito do que abordaremos neste livro. Só de pensar em seu título, fazendo referência a uma visão avançada do Universalismo Crístico, minha mente fica irrequieta e curiosa quanto à complexidade do trabalho. O livro *Universalismo Crístico – O Futuro das Religiões* me parece tão completo que me pergunto o que mais falta falarmos sobre o tema.

O nobre mentor me abraçou, divertindo-se com as minhas preocupações e falou:

— No primeiro livro sobre o Universalismo Crístico, abordamos principalmente os fundamentos, ou seja, o lado racional e lógico para entendermos a espiritualidade e a forma de buscar uma evolução espiritual consciente, independentemente das religiões. Apresentamos uma nova forma de caminhar pelo sagrado, com jovialidade e sem rituais.

E o mais importante: utilizamos uma metodologia absolutamente livre, sem guias ou gurus ditando normas, ou coisas do gênero. Ou seja, um belo e inesquecível encontro de cada um com a sua própria consciência.

Agora que os nossos leitores já amadureceram esse conceito, pretendemos trazer uma abordagem mais profunda e,

Universalismo Crístico Avançado

por incrível que pareça, mais simples ao mesmo tempo.

O elegante mentor abriu os seus braços como se desejasse abraçar a natureza e falou com uma voz comovente que terminou por umedecer os meus olhos:

— A beleza está na simplicidade! Quanto mais nos aproximamos de Deus, mais percebemos que todas as coisas do Universo ficam menos complicadas. O homem torna tudo mais difícil devido à sua imaturidade espiritual e, também, por seu desequilíbrio psicológico. À medida que ele evolui, tudo fica mais claro e simples, e dissipam-se todas as trevas que possam ofuscar a sua visão.

Eu franzi a testa, demonstrando dúvida sobre o que ele estava querendo me dizer. Sem demora, o nobre mentor captou os meus pensamentos e perguntou-me:

— Qual o primeiro alicerce do Universalismo Crístico e única verdade indiscutível que temos no plano físico?

Estou tão acostumado a fazer essa mesma afirmação em minhas palestras de divulgação do Universalismo Crístico (ou será que é Hermes que fala pela minha boca e já nem percebo mais, tamanha a nossa sintonia? Só Deus sabe!) que respondi sem demora:

— Amar ao próximo como a si mesmo, buscando cultivar as virtudes crísticas de forma verdadeira e incondicional.

Hermes concordou com um gesto e atalhou:

— Sim. Exatamente! O amor é a única verdade universal aceita por todas as religiões e todos os homens de Bem. É o caminho mais claro e simples para atingirmos a iluminação espiritual e, através dele, nós nos tornarmos verdadeiramente felizes, livres de carmas, dores e sofrimentos.

Concordei com ele e disse:

— Sim. Sabemos disso. Mas o que há de novo nessa tua afirmação?

Ele deu de ombros e falou:

— Nada de novo! Porém, se é assim, por que, então, a humanidade não pratica esse ensinamento milenar de todas as religiões e filosofias espiritualistas?

Eu fiquei sem palavras, mas resolvi responder, quase gaguejando, por falta de uma resposta convincente:

— Pois é... Talvez seja por causa de nosso ego. Não aceitamos contrariedades. Tem também a questão de atendermos aos nossos interesses sem nos importarmos com as consequências que sofrerão os nossos semelhantes.

Além de nossa imaturidade espiritual e até mesmo da nossa completa alienação com respeito a esse conhecimento. A humanidade, em geral, crê apenas em um "Deus formal", sem introspecção nenhuma.

Ele então parou, virou-se para mim, e disse:

— Nossa tarefa neste livro, querido irmão, é simples: fazer o homem compreender que, acima das religiões e das crenças específicas de cada uma delas, o que importa é vivenciar o amor, de forma verdadeira e sincera, em todas as situações da vida. Em essência, é disso que trataremos ao longo de todo este livro. Para falarmos das coisas de Deus, não precisamos citá-Lo. É algo inerente ao homem compreender que amor e Deus são sinônimos.

O amor aos nossos semelhantes é o sol central em torno do qual todas as demais virtudes orbitam. Ou seja, todas elas carecem do amor para existir. Sem amor, é impossível sermos tolerantes, compreensivos, bondosos, caridosos, generosos, brandos, pacíficos etc. A verdadeira amizade é baseada no mais puro e sublime amor. Tudo que é bom assim o é pelo combustível do amor, que a tudo transforma em luz.

Um dia, a humanidade do planeta azul se dará conta de todo o tempo que perdeu por se recusar a aceitar de forma incondicional a receita do amor para a cura de todos os seus males. Em uma sociedade verdadeiramente voltada para o amor, a dor e o sofrimento perdem espaço dia a dia, até não mais existirem.

Enquanto Hermes declamava a sua bela exortação à maior das virtudes, fiquei cabisbaixo, desanimado. Depois lhe disse, no momento em que a sua harmônica voz silenciou:

— Concordo, amado irmão, mas desde o princípio da evolução na Terra, estamos divulgando essa mensagem. O incomparável Jesus tornou o amor o tema central de sua vida messiânica; no entanto, até hoje, engatinhamos nessa compreensão. O que mudará com este nosso livro?

Hermes sorriu, divertindo-se, e respondeu:

— O que mudará é que saberemos falar a linguagem certa, para a época certa! Despertaremos as consciências, atingindo profundamente as almas humanas, procurando libertá-

-las de seus dramas internos, que estão enraizados em áreas profundas do inconsciente, limitando-as no campo do amor.

Eu respirei fundo e disse-lhe, com profunda melancolia no olhar:

— Posso tirar a ficha número um para esse tratamento? Não sei o que viste em mim, mestre. Tu acompanhas os meus passos. Vê os meus esforços. Mas ainda tenho muito a caminhar para atingir esse equilíbrio que invejo em ti. Uma inveja positiva, claro!

Hermes sorriu e me abraçou afetuosamente, enquanto dizia:

— Ah, meu filho querido! Tanta dor e sofrimento incompreendidos em vidas passadas o levaram a ser o que és na atualidade. Mas estás vencendo bem a caminhada. E eu o escolhi porque a humanidade precisa de alguém igual a ela para se libertar. A tua imperfeição, paradoxalmente, é perfeita para apresentarmos a mensagem da Luz.

Modelos aparentemente inalcançáveis não despertam a humanidade. Eles são difíceis de alcançar e geram comparações que resultam em sentimentos de culpa. Já relatos com os quais o homem moderno se identifique são eficazes para o despertar espiritual.

Veja o quão benéficas aos leitores foram as narrações das histórias de Atlântida, Akhenaton e Moisés sob a tua ótica! Elas provocaram mudanças internas em milhares de pessoas por todo o Brasil. E isso é um mérito teu também, haja vista que contribuis diretamente para a elaboração do trabalho, diferentemente dos médiuns tradicionais, que apenas reproduzem as mensagens de seus mentores espirituais, sem o envolvimento que tu tens.

Eu agradeci as palavras do sábio mentor e disse-lhe:

— Sim. É algo de que me orgulho sinceramente e o motivo pelo qual continuo o meu trabalho com afinco, mesmo quando sofro a incompreensão das pessoas que vivem perto de mim, mas não entendem a natureza de minha personalidade.

Ele concordou com um gesto e voltou a falar:

— O Universalismo Crístico já é de conhecimento geral dos espiritualistas, mas precisamos atingir um público universal. Por esse motivo, este livro deve ser escrito atendendo a todos os públicos. E, para isso, devemos trilhar o caminho das verdades universais, e não apenas de crenças específicas, que são aceitas e entendidas somente por essa ou aquela religião ou por grupos de estudiosos do tema Espiritualidade. O segundo alicerce do Universalismo Crístico é a crença na reencarnação e no carma, mas muitas pessoas não creem nisso. E, francamente, diga-me: em que acreditar nisso torna os homens melhores? Eles apenas passam a possuir uma consciência dos mecanismos evolutivos da vida criada por Deus. Crer ou não crer na reencarnação, carma, períspirito, mundo espiritual, magos negros, espíritos de luz, outras dimensões etc., nada disso torna os homens melhores. O que os torna melhores é o amor e a sua real prática!

O homem moderno necessita urgentemente de um "novo pensar" no campo dos "valores espirituais", que poderíamos chamar até mesmo de "valores humanos", pois é um termo mais comum aos leigos.

Eu concordei com as suas palavras com um brilho no olhar e afirmei:

— Realmente. Mais do que nunca, percebo que a verdadeira luta está no equilíbrio da alma, do coração e da mente. Aprender a amar indistintamente e abandonar os caprichos de nosso ego rebelde. Libertarmo-nos da cegueira de acharmos que somos bons e virtuosos, mas, na prática, não refletirmos isso.

Para encontrarmos paz e felicidade é fundamental vivermos para construir um mundo melhor para os nossos semelhantes. As crenças nada mais significam para quem já as compreendeu. São apenas mecanismos de entendimento que, após serem assimilados, não são mais tão importantes.

Hermes sentou-se descontraidamente em um banco às margens do lago, colocou os cotovelos sobre os joelhos e prosseguiu dizendo, concordando com a minha reflexão:

— Já dissemos isso no livro anterior sobre o Universalismo Crístico, mas vou repetir. A visão espiritual do terceiro milênio precisa ser uma ampla porta de acesso a todos. Desde espiritualistas até ateus. Deve ser independente de crenças. Só assim, mais pessoas se sentirão atraídas pela consciência espiritual do terceiro milênio.

Quando o Universalismo Crístico (U.C.) dispuser dos devidos recursos para realizar importantes iniciativas para despertar consciências e promover ações de inclusão social, tu verás céticos, agnósticos e ateus procurarem o U.C. para colaborar com as suas habilidades e recursos, porque a nossa missão não é doutrinar pessoas, mas, sim, provocar-lhes uma reflexão sobre o objetivo da vida criada por Deus e o nosso papel no mundo. Todos devem ser livres para pensar o mundo da forma que desejarem. Cabe a nós mostrar-lhes uma filosofia libertadora que permita isso.

Eu meditei por alguns segundos e falei:

— Compreendo. A nossa missão é despertar a humanidade do mundo das ilusões. Fazer o homem moderno repensar a sua relação com os seus semelhantes e com Deus. Estimulá-lo à compreensão do amor, porque, no amor, encontra-se a chave para todas as virtudes, o que, consequentemente, provoca a evolução espiritual e, ao mesmo tempo, humana, que é o objetivo central de nosso trabalho.

Hermes sorriu e disse-me:

— Sim. E, permeando essa mensagem de valores espirituais, devemos, também, enfocar a divulgação da busca do desenvolvimento da consciência espiritual dessas pessoas. Quem somos, de onde viemos, para onde vamos? Qual a finalidade da vida? Somos apenas animais instintivos como os nossos irmãos menores, ou somos seres conscientes que possuem uma alma que transcende a vida física? O que são as experiências paranormais? Como explicar os fenômenos realizados por grandes mestres como Jesus? Que força movia Chico Xavier a psicografar duas cartas ao mesmo tempo, com ambas as mãos, sobre temas diferentes, em línguas diferentes e algumas escritas de "trás para diante"?

O nobre mentor respirou profundamente e concluiu:

— O leigo ou o religioso que não tem aprofundamento, ao ver a porta larga e sem censura do Universalismo Crístico, entrará por ela para conhecê-lo. Nós apresentaremos conceitos universais, como o amor e a busca do autoconhecimento espiritual. À medida que ele despertar para esses dois fundamentos: amor e autoconhecimento, naturalmente, buscará mergulhar na "toca do coelho" e, nela, encontrará os profundos conceitos espiritualistas que, talvez, logo de início, rejeitaria, devido à sua limitada compreensão à época.

Já os que estão na busca espiritual e são almas livres

naturalmente se identificarão com o Universalismo Crístico. Não precisaremos nos empenhar em despertar aqueles que já estão prontos, pois já estão acordados por sua própria consciência.

Hermes me olhou de forma divertida e questionadora, e concluiu:

— Então? Não é simples? Basta apenas cativarmos as pessoas para essa visão. E tu tens muito carisma. Atingirás os objetivos do Alto, com certeza.

Eu sorri para ele, em sinal de descontração, e falei:

— Carisma? Eu? Quem tem essa qualidade de sobra és tu! Estou cansado de receber tantos e-mails e mensagens de pessoas pedindo para que eu lhe envie abraços e beijos. Todos te amam!

O sábio e querido mestre divertiu-se com a minha observação e me abraçou carinhosamente, convidando-me para retornarmos à biblioteca central do Império do Amor Universal.

Enquanto caminhávamos de retorno, virei-me para Hermes e falei:

— Sabe, irmão, creio que não estamos falando nada de novo. Jesus mesmo disse, em sua passagem pela Terra, que o amor a Deus e ao próximo resumia toda a lei e os ensinamentos dos profetas, sendo um elemento suficiente para atingirmos a evolução da alma.

Hermes concordou e concluiu:

— Não há nada de novo sob o sol. Apenas precisamos adequar a mensagem crística a cada nova era. Estamos ingressando no terceiro milênio, na tão esperada Era da Luz. E temos urgência em adaptar a mensagem para a compreensão da humanidade desse novo ciclo evolutivo.

As religiões estão perdendo a sua influência sobre os homens. Um grande vazio está se criando. E isso pode ser péssimo para o futuro da Terra, caso não se estabeleça um novo modelo que estimule as gerações futuras à busca e ao cultivo de valores espirituais.

O papel exercido pelas religiões no passado precisa ser rapidamente preenchido por uma compreensão espiritual moderna e livre de dogmas religiosos que venham a engessá-la de acordo com "crenças específicas" de um ou outro grupo.

É necessário um modelo que seja livre e adequado à

evolução das consciências no terceiro milênio. Caso isso não ocorra, teremos uma grave deterioração de nossa civilização nas próximas décadas, tornando-a fria e insensível. O homem pensará somente em seu próprio interesse, fomentando guerras e uma desumanização de nossa espécie.

A diminuição da influência da religião representa um avanço. Isso implica menos julgamentos condenatórios que causam profundos traumas psicológicos e pouco acrescentam em termos de evolução espiritual, porque o individuo acredita sob a imposição do medo, e, não, por conquista da consciência. Ocorre, também, a libertação das crenças antigas que nos prendem ao passado e levam a um retrocesso. Sem contar os ritos desnecessários, como já foi amplamente debatido no livro anterior sobre o ideal do Universalismo Crístico.

Hermes respirou e prosseguiu:

— Entretanto, a fé é importante e precisa ser reavivada nas consciências em evolução na Terra. O Universalismo Crístico não significa um materialismo e racionalismo exacerbados, que pode nos tornar mecânicos e insensíveis. É necessário buscarmos o equilíbrio de uma consciência mais ampla e universal, combinando racionalidade e sensibilidade humana e espiritual. Jamais devemos confundir lógica e bom senso com intolerância racional. Existe grande saber espiritual profundo nos mistérios da fé e da subjetividade espiritual.

Eu concordei serenamente e nada mais disse. A mensagem era muito clara. Como mensageiros do Mais Alto, precisamos urgentemente fazer o homem compreender e praticar sinceramente o amor e as demais virtudes crísticas. E, para tal, é necessário despertá-lo para o autoconhecimento. O famoso "Conhece-te a ti mesmo" tão apregoado pelos antigos filósofos gregos.

A noite de estudos estava chegando ao fim. Eu estava cansado. Dessa forma, apenas retornamos em profundo silêncio, apreciando a beleza do grande lago da Cidade Luz e meditando sobre tudo o que havíamos conversado.

2
A filosofia do autoconhecimento

Várias semanas depois, deitei o meu corpo físico na cama e aguardei o sinal para desprender-me em espírito, e, assim, prosseguirmos com os trabalhos, conforme havíamos agendado. Não demorou muito para acontecer esse fenômeno fascinante e, para alguns, inexplicável.

Rapidamente, saltei da cama, em espírito, e me dirigi à sala, em busca da escada que me levaria mais uma vez ao Império do Amor Universal. Entretanto, chegando lá, avistei apenas a janela e a paisagem normal do mundo físico. O grande e florido pé de *flamboyant*, em frente ao meu apartamento, apenas balançava as suas flores vermelhas ao sabor do vento. Estávamos no final do mês de novembro de 2011, início do período mais exuberante dessa bela árvore.

Ao me lembrar de que já estávamos no final do ano, fiquei preocupado com o atraso na elaboração deste livro, causado pelos meus problemas pessoais. Sem saber o que fazer, porque, mais uma vez, não encontrei nenhum espírito assistente para me auxiliar, apenas fechei os olhos e pedi a intervenção do Alto para que a escada surgisse, permitindo-me partir para o Mundo Maior. Eu não poderia admitir mais atrasos na elaboração deste livro. A situação estava ficando preocupante.

Prossegui meditando dessa forma por uns três minutos, acreditando que, quando eu abrisse os olhos, lá estaria ela. Porém, quando abri os olhos, eu me vi transportado, na velocidade do pensamento, para o alto de uma colina com vista para um mar deslumbrante.

Hermes estava em pé, com os braços cruzados sobre o peito, meditando de olhos fechados, apreciando a brisa que beijava delicadamente o seu rosto. Agradeci a Deus, com fervor, por estar ali com o mestre. Este capítulo, ainda que com quatro meses de atraso, seria elaborado naquele dia. "Finalmente!", pensei. E respirei aliviado.

Não demorei muito para reconhecer o local. Era a mesma praia paradisíaca onde iniciamos o livro *Atlântida – No Reino da Luz*, nas ilhas Canárias, mais precisamente a praia de *Buena Vista del Norte*, em Tenerife. Sem dúvida, um excelente local para meditar.

O vento estava um pouco mais forte do que da última vez em que ali estivera, tanto que a túnica de Hermes agitava-se a cada imprevista rajada de vento, talvez devido à época do ano: era quase início do inverno no hemisfério norte.

Aproveitei o estado contemplativo de Hermes para também realizar as minhas reflexões. Depois de alguns meses de paz e felicidade no início do ano, a minha vida tinha sido assaltada novamente por tumultos emocionais e espirituais.

Havia acreditado ter encontrado uma pessoa que me trouxesse paz e apoio para a elaboração de novos livros e realizar a divulgação do Universalismo Crístico, mas terminei por encontrar nela um frequente comportamento de transtorno e desequilíbrio, o que atrasou de forma preocupante a confecção desta obra. Eu precisava de paz e harmonia, mas a minha vida tinha se transformado em puro caos emocional.

Estava perdido nesses pensamentos, quando percebi que o nobre mentor tinha saído de seu estado reflexivo. Prontamente, coloquei-me à sua disposição.

Ele percebeu a minha angústia e perguntou se estava tudo bem comigo. Obviamente, ele sabia, pois, mais do que ninguém, estava ciente dos motivos do atraso em nosso trabalho. Talvez tenha me perguntado para que eu pudesse desabafar e, assim, aliviar o meu coração.

Meditei por alguns instantes e disse-lhe, expondo as minhas lamúrias:

— Querido irmão, eu gostaria de estar assim como tu, desencarnado, trabalhando exclusivamente no plano espiritual. A vida humana é muito complicada. Tu não imaginas os problemas que tenho vivido. Preciso de paz e harmonia para escrever, mas quem deveria ajudar-me e trazer-me luz tem me prejudicado constantemente, lançando trevas sobre mim. Mal consigo me concentrar nos trabalhos que devo realizar por causa do transtorno emocional em que ela me enredou.

Ele colocou a mão direita sobre o meu ombro, em sinal de apoio, e falou:

— Imagino sim, meu querido irmão. E saiba que estou sempre ao teu lado, principalmente nos momentos mais difíceis.

Logo após essas palavras, ele me olhou firmemente nos olhos e repousou as suas poderosas mãos sobre os meus ombros. Senti, naquele instante, uma onda de energia agradável que reequilibrou o meu sistema nervoso e dissipou completamente a minha ansiedade. Ao perceber que eu estava mais aliviado, o mestre iluminado voltou a falar:

— Nós aqui no plano espiritual também temos muitos problemas a enfrentar. Ontem mesmo, os trabalhos das equipes espirituais nas zonas de dor e sofrimento tiveram de ser adiados devido a difíceis negociações com os irmãos das sombras que dominam essas regiões. Além disso, precisamos de mais canais como tu no mundo para esclarecermos a humanidade. Mas, infelizmente, poucos se predispõem ao trabalho e se qualificam para isso.

Sem contar as nossas atividades nos países sob o jugo de ditaduras cruéis que estão em constante guerra civil ou em protestos por liberdade. É triste vermos os nossos irmãos sendo massacrados ou vivendo em situação de fome e miséria. Precisamos tentar inspirar essas consciências para o caminho do Bem com o objetivo de amenizarmos a dor e o sofrimento desses povos. A cada dia que passa, nós temos mais e mais desafios importantes em nome da Luz, mas poucos recursos para os enfrentarmos. Graças a Deus, tu estás sempre firme, trabalhando conosco, não é mesmo?

Ele, então, manteve-se em silêncio por alguns instantes e, em seguida, disse-me, com compaixão:

— Conta-me mais, meu irmão, o que te angustia tanto ao ponto de estares desanimado para realizar o trabalho sob a égide do Cristo?

Eu engoli o que iria dizer, reconhecendo a pequenez de meus contratempos diante de seus relatos. Naquele instante,

Universalismo Crístico Avançado

fui envolto por uma onda de ânimo e os meus problemas pareceram tão insignificantes, que apenas disse-lhe:

— Nada demais. Eu sou abençoado por estar vivendo no mundo físico e poder realizar este maravilhoso trabalho. O que mais posso querer da vida?

E, tentando demonstrar firmeza e confiança, concluí:

— Estou pronto para o trabalho. Podemos começar.

Ele concordou com um sorriso gentil e virou-se para o mar, certamente para buscar inspiração para tecer os seus primeiros sábios ensinamentos daquele fim de tarde. Enquanto ele organizava as suas ideias, vi uma pequena pedra, que se assemelhava a um simples banquinho, em meio à relva verdíssima do alto da colina em que nos encontrávamos, e resolvi nela me sentar para melhor anotar as exposições do querido mestre. Aquele, certamente, era o meu devido lugar diante de uma alma grandiosa como a de Hermes.

É difícil descrever a sensação de estar na presença de um ser iluminado como ele. Vivemos em um planeta por onde transitam bilhões de pessoas diariamente. Entretanto, raríssimos seres possuem um décimo da luz de Hermes. Eu poderia comparar a sensação de estar em sua presença à experiência transcendental que tive nas poucas ocasiões em que pude me aproximar de Jesus. Algo inenarrável. Não encontro palavras para descrever a mudança interna que ocorre em nossa consciência, despertando e motivando-nos para o caminho do amor e das iniciativas da Luz.

Viajar até as esferas superiores e conviver com almas verdadeiramente nobres são experiências de inenarrável felicidade; contudo, causa-nos posteriormente grande tristeza, quando regressamos ao mundo dos homens e vemos o quanto toda a humanidade ainda precisa se aprimorar para ser melhor. Infelizmente, o nosso mundo ainda está bem longe de uma verdadeira evolução espiritual e humana.

Hermes estava de costas para o mar, voltado para mim, no ponto mais alto da colina, que era ornamentada com grama de um verde vivíssimo, muito encantadora. É claro que essa aparência de perfeição resulta do fato de estarmos na frequência astral do local e, também, por influência da mente poderosa de Hermes.

Se, no mundo real, algumas pessoas conseguem transformar a vibração espiritual de um lugar perturbado em um ambiente de paz e vice-versa, imaginem o que uma mente como a de Hermes pode realizar na paisagem ideoplástica do plano espiritual!

Ajeitei-me naquele minúsculo assento, apoiando o instrumento digital de anotações sobre o joelho, e fiquei admirando a figura iluminada de Hermes gesticulando e expondo os seus belos conceitos com a vista encantadora do mar e céu ao fundo.

Várias pessoas me pedem para descrever Hermes ou me perguntam se eu não teria algum retrato ou pintura mediúnica dele. Naquele instante, imaginei que aquela cena poética seria uma ótima imagem para ilustrar a capa desta obra e, ao mesmo tempo, trazer aos leitores uma representação desse iluminado mentor que tem estimulado tantas almas à busca da Luz com o seu trabalho de divulgação das Verdades Eternas.

E assim, caro leitor, nasceu a idealização da capa deste livro que agora repousa em suas mãos. Pela primeira vez, tentaremos retratar a imagem espiritual de Hermes para que o leitor tenha uma maior identificação com esse nobre mentor, que trabalha há milênios pela evolução de nosso mundo.

Hermes, naquele final de tarde, vestia a sua tradicional túnica branca, presa na cintura por um cordel dourado, e calçava as suas sandálias em estilo grego antigo. Os cabelos, mais negros do que a asa de um corvo, muito lisos e longos, até a altura dos ombros, estavam presos por uma tiara preta, o que realçava ainda mais o seu rosto moreno. O semblante nobre e limpo do mestre egípcio retratava naturalmente o seu elevado quilate espiritual e compromisso com a vontade da alma crística na Terra.

Sem dúvida, o seu rosto sereno e nobre é a sua maior característica. Ele sempre deixa entrever um sorriso alegre, iluminado e contagiante ao presenciar o Bem e o progresso de seus irmãos incipientes na caminhada evolutiva, mas torna-se sério e com traços austeros quando percebe as ações voltadas para o mal. O seu olhar profundo e poderoso nos desperta para a autorreflexão quando cometemos equívocos. Entretanto, não há como conter as lágrimas ao receber o seu sorriso amoroso nos momentos em que ele se sente feliz e realizado ao ver os nossos pequenos progressos em nossa jornada da animalidade à angelitude.

A sua pele é da cor do bronze, semelhante aos antigos egípcios e indígenas. Os olhos, negros, como os cabelos, irradiam intenso e verdadeiro amor aos semelhantes e a Criação de Deus. No seu olhar, encontramos a simplicidade e a simpatia daqueles que sabem amar sem se fazerem superiores.

Em vários momentos, emociono-me ao presenciar o seu olhar contemplativo, enquanto a sua vigorosa mente traça profundos conceitos espirituais e o seu coração repleto de amor brilha como um belíssimo diamante.

Os traços de seu rosto são suaves. O nariz e a boca são discretos. Porém, os olhos, sem dúvida alguma, tornam os seus traços ainda mais marcantes; unidos às sobrancelhas e às suas expressões faciais amorosas, eles nos convidam a profundos sentimentos de amor e respeito para com os nossos semelhantes.

Assim, enquanto Hermes se preparava para o nosso debate filosófico, eu disse-lhe:

— Estive meditando sobre o tema que abordamos em nosso primeiro encontro. Certamente, tens razão! O Universalismo Crístico deve buscar não só a união das filosofias e crenças espirituais, mas, acima de tudo, a unidade no amor. A nossa meta deve ser reunir todas as crenças e pessoas em torno de uma filosofia abrangente e renovadora sobre valores espirituais, de forma fraterna e respeitosa.

As pessoas sinceras e realmente voltadas para o amor entenderão a importância de deixar as suas crenças religiosas em um segundo plano para que a unidade no amor vença. Somente nos concentrando na aceitação universal da maior das virtudes como preceito básico e máximo da harmonia entre os homens, atingiremos verdadeiramente o objetivo de irmanar, no caminho da luz, toda a humanidade.

As novas gerações terão o amadurecimento necessário para compreender que os valores espirituais e humanos estão acima das crenças religiosas. O que realmente "salva" a alma não é seguir essa ou aquela religião, mas, sim, o Bem que fazemos ao nosso próximo e à humanidade como um todo.

Creio que, através da filosofia e da educação espiritual, fazendo os homens se libertarem de sua alienação, daremos um passo fundamental para essa integração entre todas as crenças. A verdade é uma só! E isso se torna bem claro para quem expande a sua consciência. Portanto, não devemos fazer as pessoas crerem no que cremos, mas, sim, chamá-las à busca de seu desenvolvimento interno, através de sincera reflexão. Isso as levará naturalmente à iluminação, independentemente de sua crença religiosa, despertando, inclusive, a atenção de ateus e agnósticos, que sejam pessoas de bons valores e estejam à procura de uma filosofia de vida que promova uma consciência humana mais fraterna, pacífica e harmoniosa.

O grande mestre concordou com as minhas palavras, feliz ao ver que eu estava finalmente focado no trabalho, e disse-me:

— Exatamente. Por séculos, as religiões tentaram impor as suas verdades, constrangendo almas que não estavam sintonizadas com as suas crenças. Mas, no passado, não havia outra escolha: ou o homem aceitava e acreditava na imposição religiosa ou era delatado como herege, correndo o risco de ser condenado à pena de morte.

A contestação de um dogma religioso era mais grave do que o crime de assassinato. Infelizmente, essa é a visão de crenças fundamentalistas. Foi assim na igreja cristã medieval, e, agora, ocorre de forma semelhante em algumas nações em que alguns grupos radicais interpretam mal os ensinamentos sublimes e sagrados do Islamismo.

Como em tudo na vida, a real e sincera assimilação de um ideal ou conceito só ocorre quando a realizamos através da liberdade de pensamento. A fé deve ser raciocinada, jamais imposta! E o Universalismo Crístico deve ser sempre pautado por essa visão: a liberdade de pensamento.

O Universalismo Crístico deve ter como postura básica a frase de Voltaire, ilustre pensador iluminista: "Posso não concordar com uma só palavra do que vós dizeis, mas defenderei até a morte o vosso direito de dizê-las".

Todas as pessoas devem ter o direito de expressar as suas opiniões desde que não sejam ofensivas e desrespeitosas. Jamais alguém poderá decretar que uma crença específica é fundamental e inquestionável. Por isso, sempre te afirmo que o amor é a nossa única verdade absoluta. Os demais preceitos são crenças em que acreditamos por as estarmos estudando profundamente e percebermos a sua lógica e bom senso. Entretanto, ainda não podemos atestá-las como fundamentais e inquestionáveis do modo como fazemos com o amor e as demais virtudes que elevam a alma.

Hermes caminhou de um lado ao outro, segurando os pulsos nas costas, como fazem os grandes sábios ao refletirem, e prosseguiu, enquanto andava de forma contemplativa, mirando o horizonte no mar:

— Percebo que, com a tua gradual expansão da consciência, tens te libertado da postura do "tem que ser assim" e estás adotando a do "pode ser assim". É sinal de maturidade espiritual ter humildade para reconhecer que a verdade não está plenamente em nossas mãos. Somos pequenos ainda para entendê-la em toda a sua plenitude. Sem contar que cada alma está em um nível diferente de percepção e compreensão, o que termina influenciando diretamente o seu julgamento de valores e crenças. Cada um crê no que pode e no que se permite crer!

Vê como exemplo a crença na reencarnação e no carma. Sabemos que a lógica e o bom senso nos mostram que, nesses princípios, encontramos a Justiça Suprema de Deus. Só por meio desses conceitos, podemos entender as doenças, as deficiências físicas de nascença, as tragédias, as diferenças sociais e todo o tipo de situação que diferenciam o caminho existencial de cada criatura, aparentemente beneficiando uns e punindo outros. No entanto, Deus não beneficia e não pune ninguém; trata-se somente da lei de ação e reação, onde a cada um é dado segundo as suas obras, nesta e em vidas passadas.

Contudo, não temos o direito e nem tampouco argumentos definitivos para impor essa verdade aos nossos irmãos que creem em conceitos como o da "graça divina" ou que algumas pessoas sofrem por ordem de Deus para servirem de exemplo à humanidade, sem que haja qualquer motivo para tal.

E, como falamos no capítulo anterior, isso não promove a evolução espiritual de ninguém. Trata-se apenas de discussões que podem fazer o homem compreender melhor a obra de Deus. Entretanto, somente a ação solidária, ou seja, a prática sincera das virtudes crísticas embasadas no amor, é capaz de nos tornar pessoas melhores, promovendo a evolução de nossa consciência.

Hermes respirou profundamente a brisa que vinha do

mar, tomou fôlego e prosseguiu, enquanto eu me mantinha como uma estátua, sentado na pequena pedra e anotando as suas importantes considerações.

— Meu querido filho, o importante não é ter razão. Nos saudáveis debates que sempre devemos realizar com os nossos irmãos para encontrar a iluminação espiritual, mais ganha quem enxerga e percebe um novo caminho do que aquele que consegue impor as suas crenças aos outros. Lembra-te sempre disso!

O maior vencedor é aquele que ouve e se permite ver um novo caminho. Aquele que se apega às suas crenças como se elas fossem absolutas e definitivas termina estagnando em sua caminhada evolutiva. E, fatalmente, tornar-se-á um idoso ranzinza e intolerante que não aceita ouvir nada e ninguém, pois, em sua concepção, todos só falam bobagens, mesmo sem ele ter prestado atenção a uma só palavra do que foi dito.

Nós devemos trabalhar para extirpar a intolerância de nossa mente e coração. Arrancar até as suas raízes para que ela não volte a brotar jamais! Basta olhar ao teu redor e verás que tudo de ruim acontece às pessoas que não estão harmonizadas com o Universo. E isso ocorre porque são intolerantes e intransigentes. Falta-lhes o espírito de amor para respeitar a opinião de seus semelhantes, até mesmo daqueles que lhes querem muito bem. Mas essas pessoas, pela dureza de seu coração, não ouvem nada e ninguém. Em geral, os seus argumentos são: que estão muito velhos para mudar, ou que possuem absoluta convicção de seus pontos de vista, ainda que o céu esteja desabando sobre a sua cabeça.

Abrir mão de velhos conceitos e pontos de vista para compreender e aceitar uma nova visão é ampliar a própria consciência. É evoluir! Não estou sugerindo que concordemos com tudo o que nos disserem como se fossem verdades absolutas; todavia, negar tudo, sempre, para não sair da zona de conforto e teimosia, é candidatar-se a um futuro de raríssimos momentos de sucesso e alegria.

Mais uma vez, o elegante mentor fez uma pausa, caminhou de um lado ao outro com a mão direita sob o queixo, buscando alinhavar as suas ideias e, em seguida, voltou a falar:

— Neste capítulo, gostaria de provocar nos leitores uma reflexão sobre se, e como, estamos praticando as virtudes. De que modo o mundo nos vê? Somos simpáticos, agradáveis?

Universalismo Crístico Avançado

Aqueles que convivem conosco nos admiram ou sempre têm reservas a nosso respeito? Os nossos relacionamentos são tranquilos e harmoniosos ou sempre intempestivos e marcados pela discórdia?

Algumas pessoas dizem que as demais possuem inveja ou despeito delas e vivem lhes prejudicando. É possível, pois a humanidade ainda vive em uma vibração inferior. Contudo, como nasceu esse sentimento no coração daqueles que nos invejam? Será que não fomos nós que alimentamos esses sentimentos a partir de nossos maus hábitos e comportamentos?

Se nós somos luz, naturalmente, atrairemos luz; se a nossa mente vibra em trevas, nas trevas viveremos!

Um dos mais sábios ensinamentos do mestre Jesus nos diz que não devemos acusar o cisco no olho de nosso companheiro, mas, sim, perceber a trave que se encontra no nosso.

Hermes fez nova pausa e, então, aproveitei para tecer algumas considerações:

— Nesse ponto encontro talvez a minha maior preocupação em relação ao despertar de consciências. Já compreendi que não devemos "doutrinar" as pessoas com as nossas crenças, mas "despertá-las" através de perguntas reflexivas para que se deem conta, por si sós, de seus equívocos. Mas como fazer isso, querido irmão?

Ele concordou com um gesto e respondeu:

— O homem comum, ou inconsciente, tem por hábito apontar os erros de seus semelhantes, mas não apresenta soluções para o problema. Apenas coloca o dedo na ferida, em vez de fazer um delicado curativo.

Por exemplo, ao depararmos com uma pessoa maledicente, não devemos chamá-la de caluniadora e agredi-la, mas fazê-la ver como aquelas palavras podem prejudicar a sua vítima e a todos envolvidos na questão. Talvez até mesmo ela própria. Basta perguntar o que ela espera de suas ações. O que imagina que acontecerá com a sua vítima e com todos ao seu redor? Convidá-la a refletir sobre o estrago que causará a sua má conduta.

Outro exemplo seria uma pessoa negativa, pessimista, depressiva e que acredita que tudo dá errado em sua vida. Nós não devemos apenas apontar o seu comportamento antipático e pessimista como causa, mas, sim, perguntar-lhe se ela já pensou em como a sua vida seria diferente se pensasse de forma mais positiva. Ou, então, questioná-la se já parou para avaliar como vivem as pessoas de quem sente inveja e, para as quais, acredita que tudo dá certo, e por que não passa a agir do mesmo modo que elas agem para obter sucesso.

Em resumo: se elas conseguiram, siga o exemplo delas e tu também conseguirás. Em vez de invejar, procure admirá--las e se inspirar nelas.

Caros leitores, as situações que nos levam à dor e ao sofrimento geralmente são escolhas exclusivamente nossas. Portanto, trilhemos o caminho do amor e da sabedoria, e não o do culto ao nosso próprio ego, o qual fatalmente nos conduzirá às estradas da dor e do sofrimento.

Sejamos bons com a vida, e ela nos retribuirá na mesma medida. Equilíbrio e bom senso, eis o caminho! Basta enxergar a vida com clareza espiritual, além das formas ilusórias da vida humana, e tudo começará a dar certo.

Hermes meditou por alguns instantes e completou:

— Nem todas as pessoas conseguirão se transformar, pois cada um tem o seu momento de despertar. No entanto, certamente, a abordagem positiva, proativa e reflexiva tem mais resultado do que a condenatória, que é utilizada tão frequentemente pelas pessoas.

Eu concordei com as suas indiscutíveis observações e disse-lhe:

— E como devemos fazer para despertar, ou seja, tomar consciência de nossas necessidades evolutivas? Já que temos a tendência de só enxergar o cisco no olho dos outros...

O iluminado mestre respirou profundamente e soltou o verbo com toda a sua habitual sabedoria:

— O autoconhecimento é a luz que nos ilumina! E somente alcançamos o autoconhecimento através da salutar prática da meditação com real caráter de reflexão sobre a nossa vida e comportamento em relação a nós mesmos e aos nossos semelhantes.

A prática da meditação acalma a mente e favorece o desenvolvimento de nossa compreensão do mundo. Passamos a perceber melhor o universo que nos cerca e conseguimos afastar a influência draconiana de nosso ego inferior. Por esse motivo, os grandes mestres sabiamente "retiram-se" do

Universalismo Crístico Avançado

mundo por, no mínimo, meia hora por dia para terem uma conversa com o seu "eu superior" e, assim, domarem o "ego inferior", que, se não for vigiado, toma as rédeas da carruagem e leva-nos rapidamente ao despenhadeiro.

Com o tempo e com o amadurecimento de nossa consciência, damos um passo além, que seria a contemplação, que é uma meditação ainda mais profunda. A contemplação é um estado meditativo no qual nos integramos com o Todo, vibrando intensamente com a alma de Gaia, o Cristo Planetário da Terra. Com esse estado de espírito, compreendemos o objetivo da vida e como devemos nos relacionar com nós mesmos e com o mundo, a fim de vivermos em harmonia universal. Na contemplação, acessamos o plano da integração cósmica.

Hermes percebeu que eu estava captando todos os seus conceitos maravilhosamente bem, piscou para mim e prosseguiu com um amigável sorriso no rosto:

— Além da meditação e da contemplação, outra prática maravilhosa para o autoconhecimento é o salutar hábito de filosofar com amigos e companheiros de ideal sobre assuntos dessa natureza. Somos professores e alunos uns dos outros. Irmãos caminhando lado a lado na estrada evolutiva!

Conversar, como já foi dito, de mente aberta, de forma receptível aos conceitos de nossos irmãos, procurando mais aprender do que ensinar. Certamente, teremos um grande ganho se agirmos desse modo. E, se já estivermos habituados à prática de meditar sobre o nosso próprio comportamento, poderemos exercitar um bom relacionamento com os nossos semelhantes e, concomitantemente, adquirir conhecimento e sabedoria.

Presta atenção, meu amado irmão: conhecimento é adquirir o saber relativo a determinado assunto; sabedoria é viver esse conhecimento. O primeiro reside na mente, o segundo na alma!

Seguindo essas práticas: meditação, contemplação e troca de ideias fraternas sobre espiritualidade, pouco a pouco, condicionamos a nossa alma a atingir o equilíbrio voltado plenamente para as emoções superiores.

Do mesmo modo, devemos desenvolver o hábito de ler bons livros e assistir a bons filmes que nos levem a reflexões interessantes. Até mesmo em histórias de super-heróis, podemos obter interessantes ensinamentos sobre valores. Mas, para isso, temos que ler esses livros e assistir a esses filmes com a mente aguçada, analisando as informações com a devida maturidade espiritual que devemos obter através do estudo das elevadas filosofias espirituais de que dispomos no mundo.

Agindo assim, nada nos abalará, pois não seremos mais escravos dos instintos enraizados em nossa alma desde a época em que éramos regidos somente pelos desejos inferiores. Além disso, superaremos melhor as atitudes negativas dos nossos semelhantes, tanto de estranhos, como daqueles que amamos profundamente, mas, infelizmente, ainda vibram em frequência desequilibrada.

Hermes respirou profundamente e concluiu dizendo:

— Se a humanidade em geral procurasse realizar essas práticas de autoconhecimento, deixasse de ser serva de seu ego e buscasse a compreensão espiritual, certamente, os consultórios dos psicólogos estariam menos lotados e as clínicas psiquiátricas também.

Lembra, caro discípulo, que todos os nossos defeitos brotam quando esquecemos a própria identidade da alma, ou seja, quando esquecemos que somos filhos de Deus e fazemos parte de um projeto muito mais grandioso do que as nossas limitadas vidas egocêntricas.

O fruto de suas ações reflete o que está contido no interior do homem! Portanto, analisemos os nossos padrões de comportamento. Questionar-se, por exemplo: por que a felicidade parece fugir de nossas mãos? Por que sempre temos problemas de relacionamentos pessoais, profissionais ou amorosos? Por que nos apaixonamos por pessoas problemáticas que instalam o caos em nossa vida? É porque criamos padrões de comportamento inconscientes em nossa mente que terminam sempre se repetindo, até que, finalmente, paremos para meditar, refletir e construir novos padrões, ou seja, atrair coisas positivas que desejamos para a nossa vida.

Somos o que pensamos e falamos. Portanto, todo o cuidado é pouco com o que produzimos diariamente em nossa mente. Algumas pessoas vivem traumatizadas durante toda a vida apenas por uma palavra ou julgamento infeliz de seus pais que tomaram como verdade.

Todo o nosso potencial divino pode ser destruído a partir

Universalismo Crístico Avançado

de uma má programação do nosso inconsciente. Para reprogramá-lo positivamente, uma das formas é meditar e promover um reencontro com nós mesmos, livrando-nos de todo o lixo mental que possuímos e que precisa ser reciclado periodicamente.

Eu ouvi aquelas palavras com especial atenção, procurando reter cada detalhe do ensinamento, tanto para mim, como para relatar aos queridos leitores.

Hermes havia se calado. As suas palavras penetraram profundamente em minha alma. Eu precisava digeri-las calmamente. Era muita informação. E cada palavra valia mais do que todo o ouro da Terra. Ele percebeu isso e passou a caminhar de um lado ao outro pela colina, absorto em seus pensamentos e apreciando a beleza do mar, deixando-me lá, sentado no singelo banquinho, a meditar e anotar, como um aluno aplicado.

Não sei precisar depois de quanto tempo Hermes voltou a se aproximar e prosseguiu, com determinação:

— O homem perceberá que evoluiu quando verdadeiramente sentir compaixão e empatia pelos seus irmãos! Somente assim será feliz. O egoísmo é um veneno que sufoca e cega a alma a médio e longo prazo. O amor vive da doação e da amizade; o egoísmo vive de tomar e querer as coisas apenas para si mesmo, esquecendo que fazemos parte da família universal.

É importante para o nosso crescimento que nos coloquemos no lugar de nossos semelhantes e sintamos a dor que estão vivenciando. Só assim nos sensibilizaremos para construir um mundo melhor e mais humano. Isso é algo que vai muito além das religiões. Isso é espiritualidade na mais pura essência!

Tu sabes bem por que temos tantos mendigos. Eles foram ricos e indiferentes à nudez, à fome e ao frio que afligiam os seus irmãos em uma encarnação passada. Almas indiferentes... nada sentiam pelo seu próximo...

Assim, para despertar esse sentimento de compaixão, é necessário que voltem em nova existência vivenciando a mesma privação que desprezaram, para, dessa forma, tornarem-se sensíveis à dor do próximo.

Ah! Terra! Terra! Quantos séculos tu ainda precisarás para despertar! Para compreenderes a mensagem crística! O tempo está terminando para os insensatos. Chegou a hora do "agora ou nunca"! O momento do "Grande Juízo".

Hermes novamente ficou em silêncio. E, dessa vez, não foi para que eu assimilasse as informações. Senti que ele precisava se recompor. Percebi a tristeza que sentia em seu coração por ver a indiferença de nossa humanidade para evoluir.

Em uma determinada reunião no astral, ouvi de um grupo de debates que a humanidade terrena tem um nível de aproveitamento evolutivo bem inferior ao da média dos demais mundos do Universo. Isso, certamente, deve entristecer os nossos mestres espirituais do mesmo modo que um professor se aborrece ao perceber que a sua turma de alunos é uma das piores de toda a escola.

Calei-me. Não saberia o que lhe dizer. Eu faço parte dessa humanidade ainda imperfeita e que insiste em cometer os mesmos erros, século após século, vida após vida. Senti um nó na garganta e dei as costas para o mestre, enquanto continha as lágrimas que queriam escapar dos meus olhos, fugindo completamente ao meu controle. Não queria que ele me visse assim.

Depois de alguns instantes, em que ele pareceu se recompor, e eu também, voltou a falar:

— Os valores espirituais precisam ser percebidos, e, não, aprendidos. O amor é um sentimento, não uma teoria que podemos agregar à nossa alma através apenas de estudo. É necessário vivenciá-lo em todas as suas nuances. Compreendes?

Eu sacudi a cabeça em sinal afirmativo, tentando ser convincente, e ele prosseguiu no ritmo intenso de sua alma genial:

— Isso é algo para que a humanidade do terceiro milênio precisa despertar urgentemente. É o fim da era das aparências em que as pessoas dizem uma coisa e fazem outra. A hipocrisia ainda está em voga no planeta azul, até mesmo entre os espiritualistas, que deveriam dar o exemplo.

Alguns pregam o perdão, mas se recusam a se libertar de mágoas e rancores. Somente almas pequenas se comportam assim. E, certamente, não é assim que desejamos ser. Mas, como eu disse, o amor não é algo que se aprende com teorias, mas, sim, com desprendimento da alma, com real entrega, com a superação do ego imaturo e egoísta.

Universalismo Crístico Avançado

Hermes silenciou e sentou-se na relva maravilhosa daquele paraíso. Em seguida, colocou os braços sobre os joelhos, ergueu a cabeça para o céu e respirou profundamente. Tenho certeza de que, naquele momento, sintonizou-se com Gaia, o Cristo Planetário de nosso mundo. Estava em contemplação, em plena comunhão com o nosso irmão maior na Terra.

Enquanto isso, eu aproveitei para meditar sobre as suas palavras e fazer as minhas anotações, com o objetivo de não deixar escapar nenhuma de suas notáveis reflexões filosóficas.

Depois, quando percebi que ele havia retornado de sua breve meditação, disse-lhe:

— Meu mestre querido, essa tua impressionante filosofia deveria fazer parte das disciplinas educacionais das escolas e universidades. Creio que somente plantando esses conceitos na mente de nossas crianças é que construiremos um futuro melhor.

Nós deveríamos estimular nos jovens o saudável hábito de filosofar, em vez de apenas ensinarmos cultura religiosa, ainda que ela também seja importante para a formação humana, pois passamos a conhecer a história de nosso mundo, das civilizações e de suas crenças. Hoje em dia, os homens parecem robôs, que são facilmente dominados por instrumentos de manipulação de massas. Tudo porque a filosofia, o ato de pensar e chegar a uma conclusão por reflexões próprias, foi completamente abandonado no modelo educacional vigente.

Hermes concordou com um gesto sereno e falou:

— Sem dúvida! As escolas precisam resgatar o modelo educacional filosófico e reflexivo. Hoje em dia, os alunos apenas decoram as matérias, sem "integrar o conhecimento". Eles não compreendem o significado daquele saber para o seu desenvolvimento humano e espiritual. Muitos nem sequer se lembram mais do que estudaram no ano anterior, tornando-se adultos sem opinião própria e sem capacidade de conceber reflexões que poderiam ser de grande valia em sua profissão e vida.

Ele meditou um pouco sobre isso e completou:

— Se o desenvolvimento filosófico do ser humano pode torná-lo um homem consciente dentro dos cenários da política, economia, sociedade, ecologia, psicologia, ética, antropologia, ciência e a vida em geral, imagina o quanto pode fazer pelo homem se ele desenvolver também esse viés no campo da metafísica, ou seja, da espiritualidade. Sem dúvida, tornar-se-á um novo homem e um candidato perfeito à felicidade e à paz.

Eu concordei com as suas palavras e concluí:

— Creio que, com este capítulo, desejaste deixar bem claro a todos nós que mais importante do que as nossas crenças religiosas é avaliarmos o modo pelo qual estamos vivendo a nossa experiência humana, procurando realizar a prática sincera dos valores espirituais que recebemos dos grandes mestres da humanidade.

Convocaste-nos claramente a analisar as virtudes do amor, perdão, tolerância, compreensão, bondade, justiça, amizade, serenidade, dignidade, entendimento, solidariedade, companheirismo, igualdade, respeito, gratidão, pureza, otimismo, solicitude, brandura, hospitalidade, sinceridade, fraternidade, caridade etc.

Creio que todos nós conhecemos muito bem esses valores e os defendemos como o modelo para uma civilização voltada para o Bem, independentemente de nossas crenças religiosas. Contudo, é comum mascararmos o nosso comportamento, defendendo esses valores, mas deixando de colocá-los em prática. Temos de ser sinceros com nós mesmos. Se desejamos realmente evoluir espiritualmente, pouco vale defendermos esses valores se continuamos agindo conforme as nossas tendências inferiores enraizadas há séculos.

Como podemos nos considerar espiritualistas ou religiosos, ou até mesmo ateus ou agnósticos justos e que valorizam as virtudes, se não somos capazes de perdoar nem sequer pequenos acontecimentos que contrariam o nosso ego inferior?

Creio que quiseste nos ensinar, também, que devemos mudar a nossa relação com o aprendizado, buscando filosofar para adquirir a verdadeira sabedoria espiritual.

Hermes fez um sinal afirmativo e concluiu:

— Exatamente. Chegou a hora da mudança. O planeta não pode mais esperar o amadurecimento dos retardatários. Aqueles que protelam a sua evolução sincera há séculos estão tendo, nesta existência, a sua última oportunidade de evolução na Terra.

Universalismo Crístico Avançado

3
Réveillon no astral

No final de 2011, os meus problemas pessoais se agravaram. A mulher que eu acreditava ser a pessoa escolhida para ficar ao meu lado até o fim desta vida e, juntos, trabalharmos pela implantação do Universalismo Crístico, tinha se revelado uma criatura pequena e imatura. Depois de atitudes insensatas e mesquinhas, o relacionamento havia chegado ao fim de uma forma muito desagradável, causando-me grande tristeza e decepção.

Jamais imaginei que poderia me enganar tanto, mas as pessoas ao meu redor confirmavam a triste constatação do que eu não tinha percebido. Comecei a repensar até onde ia a minha capacidade intuitiva. Se bem que, como diz o ditado: o amor nos deixa cegos, fazendo com que vejamos apenas o lado positivo da pessoa amada.

Devido à crise emocional que vivi por conta disso, os trabalhos de elaboração deste livro, que já estavam atrasados, ficaram ainda mais comprometidos. Percebendo o meu delicado estado de espírito, resolvi passar a entrada do ano de 2012 em meu apartamento, em profundo estado de meditação, vibrando energias positivas para a humanidade e, sobretudo, mentalizando a concretização do ideal do Universalismo Crístico no mundo.

Seria o melhor a fazer para colocar a mente e o coração no lugar. Ainda mais por se tratar do período de festas de fim de ano, uma época muito difícil para se viver uma desilusão amorosa.

Contudo, para a minha maravilhosa surpresa, Hermes me convidou para passar a entrada de ano na cidade astral Império do Amor Universal, conforme noticiei para os meus amigos na rede social *Facebook*. A propósito, agradeço a todos pelas palavras de apoio que recebi naqueles dias.

Eu falei para o iluminado instrutor espiritual que não era digno de participar de tão grandiosa festa, ainda mais no estado emocional em que me encontrava.

Hermes serenamente sorriu e disse-me, ao anunciar o convite:

— Tudo já está planejado pela Mente Suprema de Deus! O Grande Plano já está em processo, porém, a ação de cada um é fundamental para estabelecermos um mundo novo na Terra. Somos protagonistas dessa história. E cada um que contribuir para isso multiplicará as dádivas em sua vida.

A tua intenção pelo mundo na virada do ano sensibilizou os irmãos da Cidade Luz, que decidiram lhe estender esse convite especial. Ademais, precisamos de tua presença para que narres os acontecimentos espirituais relativos à chegada desse ano tão importante para a Terra.

Eu agradeci, com lágrimas nos olhos. Só Deus sabe o quanto precisava do apoio dos sábios mentores espirituais naquele momento. Eu estava me sentindo só e abandonado no mundo, tendo apenas o apoio da minha querida família e de alguns grandes amigos. Eu precisava interagir com seres mais avançados do que eu, para que, na sua paz, encontrasse a minha. Aquele convite, para mim, não tinha preço!

No dia combinado, trinta e um de dezembro, providenciei os preparativos para iniciar a minha meditação às dezenove horas e trinta minutos. Eu havia definido que começaria às vinte e uma horas. No entanto, resolvi antecipar, devido ao sorteio da "Mega Sena da Virada". Quem sabe Deus resolvesse, em seus sábios desígnios, conceder-me esse prêmio para fazer as coisas realmente caminharem para o sucesso do projeto Universalismo Crístico na Terra? A minha parte inicial eu já tinha feito: jogar um cartão. E por que não tentar influenciar aquelas caprichosas bolinhas da sorte através da fé? Para Deus, nada é impossível. Não custaria tentar.

Infelizmente, neste mundo de alienação em que vivemos, grandes projetos de espiritualização requerem recursos financeiros e apoio da mídia. O Universalismo Crístico não tem nenhum dos dois.

Contamos apenas com o apoio dos bravos leitores que já despertaram a sua consciência e promovem a divulgação do U.C. boca a boca, dando a sua contribuição conforme as suas possibilidades e habilidades. O restante da humanidade ainda encontra-se alienada, comportando-se como uma "manada" e seguindo cegamente as orientações da mídia e dos formadores de opinião de massa.

Assim, nesse horário, pontualmente, sentei-me em posição de lótus em frente ao espelho, e fiquei meditando profundamente, mentalizando um novo mundo, onde as pessoas realmente sigam os ensinamentos dos grandes mestres espirituais da Terra, como Jesus, e aprendam a viver integralmente em sintonia com as virtudes crísticas.

Alternava imagens em minha mente de crianças, a nova geração, despertando para as verdades eternas, mesmo contrariando as tendências de seus pais, ainda presos ao velho modelo materialista. Vi também jovens dedicados a mudar o mundo, enxergando toda a humanidade como seus irmãos, que precisam acordar para uma nova visão. Sem fanatismos e com verdadeiro amor no coração, chamando-os para uma nova experiência humana, voltada para o companheirismo e a integração em vez do isolamento de castas sociais e da postura arrogante dos ricos em relação aos pobres.

Vi os pobres, por sua vez, abandonando a mediocridade de sua relação primitiva com o mundo e partindo para a busca do conhecimento e dos valores espirituais que libertam. Todos unidos por uma nova consciência espiritual; verdadeiramente irmanados. Vi um novo mundo, com a redescoberta da filosofia como centro de libertação da alma humana!

O homem é escravo da matéria e da alienação em que vive. Só será verdadeiramente livre quando filosofar, buscar respostas, refletir sobre a vida e o seu verdadeiro objetivo. Ninguém jamais será realmente feliz alienando-se. Somente entendendo o sentido da vida é que alcançaremos a felicidade eterna que nos foi prometida pelo grande mestre Jesus.

Fiquei assim por horas, abrindo discretamente os olhos vez ou outra, para ver se, por acaso, havia surgido na janela de minha sala a escada de mármore astral que me levaria à cidade Império do Amor Universal.

Quase duas horas haviam se passado e nada. Aquilo me perturbou um pouco. Será que eu estava tão desarmonizado que o convite tinha sido cancelado? Mas logo me tranquilizei. A minha proposta era passar a virada do ano meditando. O convite para o réveillon no Império do Amor Universal era algo que eu nem mesmo esperava. Portanto, fechei os olhos e prossegui com as minhas mentalizações, irradiando luz pelo nosso planeta sombrio.

Algumas pessoas adotam a prática da meditação deixando a mente plenamente vazia. Algumas vezes, também procedo dessa forma, até mesmo para receber as intuições e orientações dos planos superiores. Só que, naquele instante, a proposta era outra: construir, no plano mental, o que eu desejava para o físico.

Hermes sempre me diz que o Universo é mental, apenas o materializamos no físico de acordo com a capacidade que possuímos de concretizar os nossos sonhos. Quanto mais forte for o nosso poder mental, mais realizaremos. É algo mágico que possui ingredientes de fé e dedicação. E eu tenho treinado com afinco para materializar os meus sonhos no mundo. Luto por eles diariamente. E sei que isso fará a diferença; porque trabalho pela luz em nome do Cristo, em meio a um mundo de trevas e alienação. Mesmo diante de todas as adversidades, com o apoio dos eleitos que já estão reencarnando na Terra, venceremos!

De todas as formas, as sombras tentam me desestimular e derrubar. Este ano, as entidades das trevas usaram uma tática que sinceramente eu não esperava e que prejudicou seriamente o cronograma de elaboração deste trabalho, e ainda o está prejudicando. Mas, para mim, a vida sem esse propósito perde o sentido. Vim ao mundo para ajudar a construir a Boa Nova do terceiro milênio. E só cessarei esse trabalho quando o Pai me chamar de volta para o seu Mundo Maior.

Sei que, no futuro, a Terra será um paraíso onde viverão almas conscientes em sincero processo de regeneração espiritual. Será o fim do ciclo das almas inconscientes, que estão na matéria em busca apenas de felicidades transitórias, mas passam a maior parte de sua vida expiando carmas, em um rosário contínuo de dor e sofrimento.

Universalismo Crístico Avançado

É triste ver o olhar sofrido de homens e mulheres na velhice, quando geralmente são acometidos de todo tipo de tristeza, desde doenças até o abandono daqueles que pensavam que os amavam. A desilusão e a depressão os assaltam por completo quando se dão conta do vazio de sua vida, pois jamais se dedicaram a verdadeiros projetos que visavam ao amor ao próximo e à construção de um mundo melhor. A única coisa que lhes interessava era atender aos interesses de seu ego, desejando amores e valores perecíveis, que jamais levarão como riqueza para a eternidade.

Espiei discretamente mais algumas vezes e ainda não havia surgido a escada para conduzir-me ao Alto. Fechei novamente os olhos e dediquei-me fervorosamente a irradiar amor à humanidade realizando uma suave respiração diafragmática, aquela em que respiramos com o ventre, e, não, com a caixa pulmonar.

Mesmo com a minha alma dolorida, em conflito de sentimentos, resolvi centrar todas as minhas forças em irradiar amor, mentalizando os necessitados e todos aqueles que sofrem as dores da vida. Pedi a Deus, se todo o trabalho que realizei até hoje me permitiu acumular algum crédito na sua perfeita contabilidade divina, que parte desse crédito fosse transferido, através de irradiações de boas energias, a essas criaturas sofridas.

Aquela atitude elevou a minha alma, trazendo-me um agradável conforto. Senti-me bem, mas, mesmo assim, chorei. Chorei lembrando todos os meus equívocos durante o ano que estava chegando ao fim. Talvez influências ainda da difícil experiência de escrever o livro *Atlântida – No Reino das Trevas*, que mexeu profundamente com o meu inconsciente, revirando o porão adormecido de milênios.

Mas não me arrependo. Era importante trazer ao mundo aquela revelação. E, mesmo que tenha tido de colher uma inevitável perturbação na minha alma, sei que Deus e Hermes estão comigo, amparando-me e trabalhando pelo meu retorno ao meu "eu superior".

Não sei por quanto tempo fiquei mergulhado nessas reflexões. Tanto que me esqueci de observar o portal que me levaria à cidade astral. A ansiedade para que a escada para a festa de luz se abrisse havia sumido de meus pensamentos.

E, assim, com a cabeça voltada para o chão e com lágrimas nos olhos, senti uma mão suave sobre o meu ombro, generosa e pacífica. Despertei, sobressaltado, e vi duas entidades angelicais completamente iluminadas. Era um casal. Provavelmente almas afins que evoluíram juntos por séculos tal a sua afinidade. Creio que pessoas com menos consciência espiritual os interpretariam como anjos de Deus. Hoje realmente o são. Mas eles também viveram experiências humanas como nós no passado. Não existem criações distintas na obra de Deus. Todos nós fomos criados iguais, simples e ignorantes. O que nos diferencia é o quanto cada um de nós já caminhou em direção à Luz. E aquele casal parecia já ter trilhado uma longa e bela jornada juntos.

Eles me olharam com um sorriso amoroso que se irradiava de forma harmônica por todo o seu semblante e disseram-me, pela linguagem do pensamento:

— Vem, meu irmão! Hermes nos pediu para buscá-lo. Estás muito fragilizado para subir sozinho pela escada que conduz ao Alto. Tememos que sofras algum ataque das sombras ao passar pelas camadas mais densas que separam a Terra do Céu.

Eu concordei passivamente, desprendendo a minha alma do corpo, que prosseguia em profunda meditação. Eles me apoiaram um de cada lado, e, segurando-me pelos braços, subiram aos Céus carregando-me, cabisbaixo, como se eu fosse um fardo querido e precioso aos seus olhos. Aquela onda de amor que irradiava daquelas almas me trouxe grande alegria. Ah... que sensação maravilhosa, sentir-se verdadeiramente amado. Eu precisava muito daquele sentimento, sobretudo naquele instante.

Os anjos compreenderam o bem estar de minha alma e sorriram. Eu olhei para eles, maravilhado, e um pequeno sentimento de inveja da felicidade deles surgiu no meu coração. Era uma inveja pura. Eu sentia alegria pela felicidade deles, mas, ao mesmo tempo, uma grande tristeza por não encontrar alguém que me compreenda e complete assim como eles, um ao outro.

A alma feminina, cujo nome era Ariane, disse-me:

— Tu encontrarás, meu irmão! Deus ama infinitamente os seus filhos e os quer ver felizes. Mas, antes, precisas passar por experiências que lhe tragam uma nova e especial evolução.

Thomás, que segurava o meu outro braço, durante o processo de ascensão aos Céus, abraçou-me e disse:

— Serás feliz, sim! Tu mereces. Todos acompanhamos a tua batalha na vida humana. És muito inspirador para todos nós. A vivência no mundo físico, no atual grau de alienação da humanidade, é realmente muito difícil. Almas mais evoluídas que tu, teriam, também, dificuldades para resistir e prosseguir com o ideal.

Já és um vitorioso, mas ainda precisas vencer o teu ego para que a conquista seja total. E creio que conquistarás essa vitória com a idade e com experiências marcantes como esta que estás vivendo. A maturidade do corpo faz com que os anseios da vida humana diminuam, permitindo à alma a oportunidade de respirar melhor os ideais divinos, tornando-se ainda mais produtiva para a obra de Deus. Antevejo para ti, nos anos futuros, muitas alegrias pelo trabalho em nome do Pai.

Eu agradeci as palavras de conforto e apoio e nem percebi o momento em que os nossos pés tocaram o chão da Cidade Luz: o Império do Amor Universal. Hermes me aguardava no portão de entrada. E, ao me ver, tão emotivo, abraçou-me fraternalmente dizendo:

— Caro discípulo, eu fico feliz em ver que estás te recuperando dessa dor terrível que sofres na alma.

Eu retribuí o abraço e me demonstrei contrariado, com um indisfarçável sentimento de revolta, dizendo-lhe:

— Mestre, se tu sabias que ela era uma agente das trevas, por que permitiu que eu me entregasse de tal forma? Quantas vezes orei a ti e a Deus, quando percebia reações negativas nela, para que me alertassem antes que eu colocasse tudo a perder? Quantas vezes pedi para que a afastassem caso ela fosse prejudicar o projeto Universalismo Crístico? Por que permitiste que eu me envolvesse a tal ponto que mal consigo respirar de tanta dor por essa perda?

Hermes ficou triste com os meus comentários duros e respondeu:

— Não digas isso, meu irmão. Ela não é uma agente das trevas. É apenas uma alma perdida, sem rumo. Quando estamos perdidos, somos privados da noção do que é certo ou errado, onde está o Bem e onde está o Mal, o que é a Luz e o que é a Treva.

Desse modo, nós nos tornamos facilmente instrumentos de espíritos malignos, acreditando que estamos certos em nossas convicções. Em nenhum momento, ela agiu de má fé, somente por isso apostamos que poderia dar certo e não interviemos. De qualquer forma, essa experiência serviu para o teu amadurecimento e também servirá para o dela. No futuro, ela perceberá que descumpriu sagrados compromissos com o Alto por conta de sua imaturidade espiritual para vivenciar um relacionamento sincero e verdadeiro.

E, sem dúvida, continuaremos a acompanhá-la para prestar-lhe socorro no caminho que decidiu seguir. Afinal, ela é nossa irmã muito amada e receberá todo o amparo que o seu carma lhe permitir.

O valoroso mentor colocou, então, as mãos sobre os meus ombros e concluiu:

— Ah, querido irmão! Conversamos sobre isso no capítulo introdutório do livro *Atlântida – No Reino da Luz*. Como as sombras não conseguem atuar diretamente sobre ti, devido à nossa proteção, elas o fazem por meio daquelas pessoas que tu amas e não são bem estruturadas, para conseguirem, assim, atingir-te e ferir-te. Ela é mais vítima do que algoz! Compreende isso!

Eu fiquei ruborizado com a minha atitude pequena e pedi-lhe desculpas, dizendo:

— Querido irmão, perdoa-me, estou ainda muito confuso e abalado. A dor vai e volta, prejudicando o meu raciocínio e o meu trabalho contigo. Nunca senti algo assim. Tenho medo! Temo até comprometer as festividades dos irmãos da Cidade Luz.

E, apresentando a minha vestimenta espiritual projetando vibrações instáveis, disse-lhe:

— Olha o estado da minha alma! Não estou portando a túnica nupcial imaculada para participar deste banquete de luz!

Observei mais atentamente a contextura da minha alma e a vi toda manchada, com preocupantes tons escuros. Eu tinha, também, marcas nos braços, mãos e pés. E os punhos estavam muito roxos. Isso tudo era reflexo, no corpo perispiritual, das diversas feridas abertas que tinha na alma.

No peito, na região do coração, onde fica o chacra cardíaco, uma mancha escura e instável irradiava energias preocupantes. E as minhas costas doíam muito. Eu parecia um soldado atingido por estilhaços de bombas em um campo de batalha.

O corpo espiritual é de natureza ideoplástica. Os reflexos da alma surgem instantaneamente nele, mostrando claramente o estado em que nos encontramos.

Hermes concordou e disse-me, enquanto fazia sinal para alguns enfermeiros espirituais:

— Calma, meu querido, vamos resolver isso agora mesmo. Preciso de ti aqui nesta noite especial; portanto temos que colocá-lo em condições para ingressares na Cidade Luz. O nosso trabalho já está muito atrasado e esta noite precisa ser relatada em nosso novo livro.

Dei razão a Hermes, decepcionado comigo mesmo, cabisbaixo, enquanto gentis entidades espirituais me convidavam a deitar em uma "maca de sustentação magnética" em uma espécie de posto clínico improvisado na entrada da cidade. Essa maca simplesmente não existia! Eles me colocaram na posição horizontal e fiquei flutuando a uma altura de um metro e cinquenta centímetros do chão, por meio de um campo magnético controlado por suas mentes.

Hermes acompanhou-me serenamente enquanto os enfermeiros iniciavam os procedimentos de atendimento. Imediatamente, percebi que a intenção era me dar um passe energético com o objetivo de harmonizar-me.

Os enfermeiros realizaram passes longitudinais, removendo todos os miasmas deletérios que me envolviam. No teto, uma lâmpada irradiava sobre o meu corpo luzes direcionais, de amplo espectro, que iam do verde ao violeta.

Em seguida, um dos atendentes retirou delicadamente de minha cabeça uma coroa de espinhos fluídica. A remoção causou-me imensa dor. Impossível conter as lágrimas à medida que as pontas agudas rasgavam o couro cabeludo de meu corpo etéreo. Procurei Hermes com um olhar assustado, em busca de respostas.

O mestre percebeu o meu espanto e esclareceu-me, sem alarde:

— Essa é uma forma de os espíritos das sombras ridicularizarem o serviço sacrificial dos trabalhadores do Cristo. A coroa de espinhos manifesta a sua zombaria e irritação, assim como fizeram os soldados romanos com Jesus.

Ela causa dores de cabeça intensas, bruxismo e outros desconfortos. Entretanto, tu deves te sentir honrado em recebê-la. Isso demonstra que as sombras reconhecem o teu trabalho como algo importante e sintonizado com a ação do Cristo na Terra, que eles tanto temem e repudiam.

Contudo, essa ação das forças do mal só aconteceu porque vacilaste, sintonizando-te com sentimentos negativos devido à decepção que viveste, permitindo assim a ardilosa ação das sombras. Reflete sobre isso!

Naquele instante, eu entendi porque a minha massagista encontra, às vezes, contraturas musculares terríveis em minha cabeça, que parecem espinhos cravados no couro cabeludo. É provável que seja reflexo desse sádico artefato utilizado pelos magos negros atlantes.

Em seguida, um dos técnicos se sentou rapidamente em um pequeno banco posicionado sob o meu corpo, que flutuava por causa da ação do campo magnético, e passou a retirar pequenos e sofisticados dispositivos eletrônicos de obsessão espiritual da minha nuca, onde se localizam as vértebras cervicais. Os sinistros artefatos também haviam sido implantados pelos magos negros atlantes nas últimas semanas, ao se aproveitarem de minha grave instabilidade emocional.

Abordamos esses dispositivos eletrônicos de obsessão com profundidade em nossos livros *Sob o Signo de Aquário – Narrações sobre Viagens Astrais* e *A Nova Era – Orientações Espirituais para o Terceiro Milênio*, portanto, não nos ateremos a descrevê-los neste trabalho.

Ao sentir as desagradáveis vibrações em meu sistema nervoso central, decorrentes da intervenção dos auxiliares, compreendi o motivo da excessiva irritação e revolta que estava sentindo nos últimos dias, ao ponto de não conseguir nem mesmo pensar com discernimento sobre assuntos triviais, quanto mais sobre as elevadas reflexões de Hermes necessárias para a elaboração desta obra. Dessa forma ardilosa, as sombras tinham conseguido paralisar a elaboração deste trabalho.

Sim. Apesar de toda a minha vigilância, eles haviam conseguido me pegar através das atitudes infelizes de quem eu acreditava estar junto a mim para me proteger. Eu me desarmei ingenuamente, apostando na proteção do amor, e fui surpreendido pela sutil emboscada do mal.

Naquele instante, lembrei-me da história de Sansão que teve os seus cabelos cortados por Dalila e acabou sendo derrotado pelos inimigos. A fonte de sua força não eram as suas famosas madeixas, mas, sim, a confiança e cumplicidade que depositava em Dalila. Ao perceber que a fidelidade de quem mais amava era falsa, Sansão perdeu a fé e a esperança na vida, e entregou-se docilmente às mãos dos inimigos. É esse o verdadeiro sentido dessa história bíblica.

Assim como Sansão, naquele instante, orei com fervor, elevei a minha alma ao Pai, pedindo-lhe pelo menos mais uma derradeira chance de erguer-me sobre as sombras e vencer novamente, concluindo e publicando este livro.

Em meio a essas reflexões, percebi, então, que o nobre Hermes se posicionou sobre a minha cabeça e começou a irradiar, de suas poderosas mãos, energias para desanuviar a minha mente que lutava desesperadamente para recuperar a lucidez e o equilíbrio, e, assim, poder voltar a trabalhar em paz.

Inclinei a minha cabeça para trás com o objetivo de procurar o rosto sereno do mentor amigo, pois ele estava na cabeceira da "maca invisível", e dirigi-lhe um olhar de extrema gratidão. Eu estava fora de controle. A minha alma estava sem condições de governar aquela onda avassaladora de emoções irracionais. Eu precisava de seu apoio e socorro.

Ele sorriu e me disse, com a sua voz pausada e agradável:

— Querido irmão, o nosso cérebro é muito complexo. Se esticássemos todas as reações elétricas dele, percorreríamos a distância que separa a Lua da Terra.

Algumas vibrações energéticas negativas se alojam em sua região inconsciente, onde não exercemos um controle direto. As emoções ficam gravadas profundamente no sistema límbico, e se não forem trabalhadas e tratadas, com o tempo, deixam cicatrizes graves que terminam impedindo a alma de ser feliz e restabelecer plenamente o sentimento de amor. Em casos mais graves, levam até mesmo à perturbação mental por toda a existência.

Lembras que, no antigo Egito, acreditava-se que a alma morava no coração? Nos tempos modernos, o homem já compreende que a centelha divina reside no cérebro e se comunica com o físico através da glândula pineal.

Concordei com um gesto sereno, já bem mais aliviado pela intervenção espiritual que estava recebendo. Entretanto, o atendente que estava sentado abaixo de mim realizou um procedimento nas minhas costas, na altura da escápula esquerda, que me infligiu uma dor extrema. Eu vi "estrelas" e gritei de forma agonizante, tal era a intensidade da dor. Pensei que desmaiaria. Tudo ao meu redor passou a girar, os meus membros ficaram gelados e senti uma desagradável ânsia de vômito.

Quase perdendo os sentidos, ouvi a voz do atendente dizendo a Hermes:

— É impossível remover agora!

O mentor se abaixou para melhor averiguar a situação e apenas sentenciou:

— OK! Mantém e energiza!

Em seguida, tudo se apagou e desmaiei. Só voltei a acordar uns vinte minutos depois, em um estado bem melhor.

Sentei-me lentamente na maca de sustentação magnética, sentindo-me revigorado. Olhei para a minha vestimenta espiritual e notei que as manchas e vibrações em desequilíbrio haviam desaparecido. Eu estava vibrando uma tênue luz. Ainda que fosse uma luz pálida e apagada, já era um avanço. O importante era que a ação obsessiva havia sido anulada.

Esqueci-me da dor atroz nas costas, abracei Hermes e agradeci aos enfermeiros que me atenderam, dizendo-lhes:

— Sou-lhes muito grato pelo que recebi aqui hoje. Que Deus e o Cristo lhes retribuam essa generosidade eternamente.

Todos sorriram, e aquele que parecia mais tímido disse-me:

— É uma honra ajudá-lo, irmão Roger.

O seu olhar era tão sincero e verdadeiro que não me contive e fui até ele para abraçá-lo. Ele não conteve as lágrimas. Em seguida, abracei um a um, até que, finalmente, Hermes me convidou para entrarmos na cidade.

Enquanto atravessávamos o imponente portão da Cidade Luz, virei-me para Hermes e disse-lhe:

— Sinto-me péssimo! Estudamos, no capítulo inicial, a importância do amor e dos valores crísticos como roteiro absoluto para a evolução. E, agora, aqui estou, à deriva, sem en-

Universalismo Crístico Avançado

65

contrar um caminho para reencontrar-me com o sentimento de amor ao próximo, principalmente nesse caso específico de minha vida que me atormenta.

Mestre, como nós devemos fazer para amar quando não encontramos o caminho para isso? A razão me chama ao amor, mas o coração rejeita isso de forma inexorável.

Naquele instante, meditei sobre o quão fácil é ser virtuoso na teoria, sem verdadeiros problemas que aflijam a alma. Eu, assim como muitos divulgadores das Verdades Eternas, declarei em palestras e livros a importância de ser virtuoso, mas nunca tinha sentido como isso pode ser difícil de realizar em situações extremas. Meu Deus, que aprendizado eu estava tendo naquele momento! E, infelizmente, pelo caminho da dor.

O nobre mestre fez um discreto gesto afirmativo e respondeu-me:

— Meu irmão, é comum vermos textos e exortações evangélicas a respeito do amor. Mas somente isso não basta. A maior das virtudes precisa ser construída, percebida, e não apenas declamada em versos vazios. Falar sobre o amor e as virtudes espirituais é algo que precisa emergir do coração, e não simplesmente da garganta.

No capítulo inicial deste livro, afirmei que o amor é o sol central em torno do qual orbitam todas as virtudes. Mas, paradoxalmente, para chegarmos até ele plenamente, precisamos realizar a revitalização das demais qualidades nobres da alma, em um sutil caminho inverso.

Tu precisas compreender, aceitar e exercitar a tolerância para com quem te ofendeu. A tolerância é um exercício fundamental de aceitação do próximo. Já a compreensão fará com que tu entendas os motivos que levaram o teu desafeto a realizar a agressão que sofreste. Isso, por fim, o conduzirá finalmente ao sentimento de perdão. É uma construção de sentimentos que precisas realizar; colocando pedra sobre pedra, até chegares ao topo dessa nobre edificação interna que trará paz à tua alma.

Ele colocou a mão sobre o meu ombro e completou com carinho:

— Não te preocupes, teremos alguns meses durante a elaboração deste livro para reverter o estado de tua alma.

Será uma lição proveitosa para ti e para os nossos leitores. E não te envergonhes disso. A sincera predisposição em evoluir sempre deve ser vista como algo louvável. Vergonhoso seria varrer tudo isso para baixo do tapete da consciência, enganando a si mesmo, o que ocorre até mesmo com louváveis espiritualistas, sob o argumento de preservar a sua vida pessoal. É preciso ter muita humildade para realizar esse enfrentamento com o seu próprio ego em público.

Hermes silenciou e aproveitei para meditar sobre as suas palavras, enquanto admirava a beleza daquela cidade celestial e mirava o céu, onde podíamos ver o grandioso planeta azul, morada das almas em experiência no plano físico. Percebi, naquele mesmo instante, que, apesar de estarmos adentrando o ano 2012, a Era da Luz, a aura do planeta ainda continuava carregada de fluidos densos, deletérios e negativos. Pensei comigo mesmo: quanto trabalho nós ainda temos pela frente, em todos os sentidos! E eu, assim, neste estado!

Hermes leu os meus pensamentos e apenas concordou com um olhar de cumplicidade, enquanto prosseguíamos caminhando para as margens do Grande Lago. Meus pés estavam leves. Sentia-me quase flutuando naquela vibração maravilhosa de paz e amor, mesmo com todos os conflitos internos que vivia. O nobre mentor percebeu e sorriu.

Não perdi a oportunidade e falei-lhe, cheio de amargor:

— Depois, tu não compreendes por que, quando venho para cá, não desejo mais voltar. No mundo humano, sou incompreendido. Mas, aqui, sinto-me em casa. Não gosto da vida física. Não gosto do que vejo lá. As pessoas me decepcionam muito. São indignas e sem valores.

Ele sorriu, tentando me animar, e disse-me com severidade, mas compreendendo o meu atordoado estado de espírito naquele momento:

— Aquieta o teu coração. A tua dor está o tornando injusto. Nem todas as pessoas são assim. Existem almas excelentes, espiritualizadas e dignas vivendo na matéria. O caminho da revolta e da negação é sombrio. Cuidado para não mergulhar em sentimentos negativos profundos, pois talvez não tenhamos condições de resgatá-lo.

Tu deves ficar firme e com pensamento positivo no mundo humano para ajudar na Grande Mudança. Não esmoreças!

Universalismo Crístico Avançado

Ainda temos muito trabalho para ti lá!

Hermes apontou para a Terra, gigantesca nos céus do Império do Amor Universal. Mesmo estando na estratosfera, era possível perceber os fogos de artifício sendo disparados em longitudes do planeta em que o ano novo já tinha começado ou estava começando.

Aquilo me deixou intrigado e perguntei ao querido orientador:

— Hermes, como nós podemos ver os fogos desta altura?

Ele sorriu e respondeu-me com uma pergunta:

— Que altura? Não estamos no plano físico. Aqui, tempo e espaço nada significam. Vê!

Ele me chamou para uma área mais reservada e questionou-me:

— O que tu queres ver, especificamente?

Eu fiquei sem saber o que responder e disse-lhe:

— Bom... pode ser o Brasil, quem sabe até o réveillon de Copacabana no Rio de Janeiro.

Hermes então me respondeu:

— Que assim seja! Focaliza a tua mente lá.

E, assim, mesmo com o céu encoberto e chuvoso, pude ver claramente a orla de Copacabana e o aglomerado de pessoas assistindo aos shows da noite e divertindo-se aguardando a hora da virada.

Eu voltei a minha mente rapidamente à realidade da Cidade Luz e disse-lhe:

— Mas isso é fantástico! Parece que estou pilotando um satélite espião da NASA!

Ele concordou e afirmou:

— Mais do que isso, tu podes ir ao lado da pessoa que desejar neste instante e participar ativamente do que ela estiver realizando. E mais! Ouvir o que ela estiver falando e até mesmo se conectar com os seus pensamentos.

Eu fiquei boquiaberto e disse-lhe:

— Isso é mais do que fantástico! É quase a onipresença divina!

Ele, então, convidou-me para prosseguirmos na nossa caminhada e disse-me:

— Mais tarde, faremos um giro pelo país para observarmos como estão as vibrações dos habitantes do Brasil durante as primeiras horas após a entrada do ano em que se iniciará a Era da Luz.

Eu concordei e segui os seus passos como um menino, ansioso para brincar com o novo e mágico brinquedo que está ao alcance de suas mãos; esquecendo-me, assim, dos problemas que me atormentavam horas atrás. Nada como trabalhar em algo edificante e instigante para recuperarmos a alegria de viver.

Contudo, compromissos mais urgentes nos convocavam ao centro das festividades. Ao contrário das festas humanas, carregadas de comidas e bebidas para entorpecer os convidados, ali aquelas almas libertas e iluminadas estavam recebendo diversos encarnados, assim como eu, para trazer-lhes palavras de estímulo e esperança para continuarmos o processo de libertação de almas presas à alienação da vida humana: a terrível *matrix* da vida física.

Eu e Hermes nos aproximamos do anfiteatro, onde ilustres almas discursavam sobre a proximidade da entrada da Era da Luz, que ocorrerá em 21 de dezembro de 2012, selando mais um dos estágios para a conclusão definitiva da Nova Era dentre algumas décadas, como já relatamos em nossos livros anteriores e, principalmente, no último: *Atlântida – No Reino das Trevas.*

Depois de acompanharmos alguns importantes discursos, os meus pensamentos começaram a se anuviar novamente, talvez devido ao cansaço e à dor que sentia. Eu sabia que, naquele exato momento, a pessoa que tanto me magoou estava fazendo algo que, segundo os meus valores, considero indigno para alguém que se considera espiritualista.

Isso me enojou e fez a minha vibração espiritual despencar, causando-me incontrolável mal estar. Comecei, então, a desejar que Deus fizesse justiça. Pedi ao Espírito Criador que a lição cármica não faltasse naquele caso de forma alguma. Que ela pagasse até o último ceitil pelo mal que me causara!

Então, nesse mesmo momento, o meu olhar cruzou misteriosamente com o do nobre Hillel, um dos grandes mestres presentes no evento. Ele foi um dos instrutores de Jesus em sua passagem pela Terra e, hoje em dia, é uma das almas mais avançadas de nosso mundo. Ele percebeu as minhas vibrações negativas e me mirou com paciência e compaixão.

Li em sua mente a mensagem: "Não faze aos outros aquilo que não gostarias que te fizessem", que ele tanto ensinou aos seus contemporâneos em sua passagem na Terra e, também, ao Mestre dos mestres para que ele alicerçasse a sua mensagem renovadora para a humanidade nessa inesquecível máxima.

Desejei desaparecer de tanta vergonha. Em seguida, coloquei as mãos no rosto, tentando conter as lágrimas, respirei fundo, procurando me recompor, e pedi-lhe perdão, em pensamento.

Hermes apenas acompanhou discretamente o nosso diálogo mental. Hillel sorriu de forma fraterna e desejou-me sucesso na luta para vencer as minhas dores da alma. O seu gesto me ajudou a restabelecer-me e afastar os maus pensamentos que me dominavam, sobre os quais, infelizmente, mal tinha controle, por causa da ferida aberta em meu coração.

Agradeci com um olhar, enquanto acompanhávamos mais alguns importantes discursos que antecediam a entrada do novo ano.

Algumas pessoas acreditam que podemos dissimular os nossos sentimentos, como bons atores. No plano astral, isso é impossível, sobretudo perante os grandes mestres da Espiritualidade. A alma reflete inexoravelmente o seu brilho ou escuridão, por mais que tentemos disfarçar esta última condição. No plano espiritual, não há como ser falso e hipócrita. A verdade se revela de forma clara e inconteste.

Hermes, então, abraçou-me e disse:

— Existem pessoas boas no mundo. Não perca a esperança de encontrar uma mulher valorosa, que esteja à tua altura. Precisamos que a tua mente e coração tenham fé e esperança na humanidade. A nossa mensagem é voltada essencialmente para a construção de um mundo melhor. Tu precisas ser símbolo dessa esperança.

Eu também o abracei e fiz isso com a alma. Ele percebeu e me abraçou com mais força ainda, tentando me resgatar do despenhadeiro emocional em que me encontrava. Depois, convidou-me a voltar a prestar atenção aos discursos idealísticos da noite e concluiu:

— Tu precisas retornar à essência crística: o amor!

Naquele instante, uma energia maravilhosa me envolveu, como se tivesse vida própria, e trouxe-me paz e conforto.

Olhei para Hermes maravilhado e intrigado e indaguei:

— Que energia é essa que me ampara? De onde ela vem? Meu Deus, obrigado, a dor que sinto na alma tornou-se mais leve! Eu estava quase caindo de joelhos, tal era a minha fraqueza emocional. Entretanto, ao me envolver, aquela força mágica trouxe-me novo ânimo, parecendo que tinha a capacidade de me reerguer do abismo em que me encontrava.

Hermes sorriu e respondeu-me com uma expressão no rosto de gratidão ao Criador do Universo:

— Essas energias são oriundas das orações de todos os teus leitores que amam o teu trabalho literário e admiram o teu empenho na divulgação do Universalismo Crístico. Observa como existem pessoas maravilhosas no mundo, meu filho. Não te deixes abalar apenas por um caso isolado.

Sim, naquele dia doloroso, o que mais me segurou de pé foram as orações dos meus queridos leitores, geralmente nobres senhoras, que conservam o saudável hábito da oração noturna. Em várias oportunidades, muitas delas me disseram, com um amável sorriso no rosto, que sempre se lembravam de pedir por mim em suas preces antes de dormir. Nunca imaginei que aquele gesto nobre dessas pessoas formidáveis me seria tão importante um dia.

Agradeci a Deus por ser amado por essas pessoas adoráveis. Então, pensei: essas, sim, são dignas de meu amor! Depois, disse a Hermes, profundamente comovido:

— Assim que eu estiver restabelecido, desejo retribuir em dobro o bem que recebi de cada uma dessas pessoas neste instante, utilizando-me de meus créditos espirituais pelo trabalho que realizamos. Quero visitá-las, em espírito, beijá-las, abraçá-las e mobilizar todas as bênçãos que estiverem ao meu alcance para trazer felicidade tanto a elas como às suas famílias. Quero ser um instrumento de Deus para premiá-las pelo bem que me fizeram. A cada um deve ser dado segundo as suas obras. Elas realizaram uma ação de Luz e, portanto, devem receber muitas bênçãos.

O nobre mentor sorriu e disse-me:

— Sim, meu irmão, a gratidão é uma das mais nobres virtudes. Deus abençoa os caminhos das pessoas dignas e que são gratas aos seus semelhantes pelo Bem que recebem. Já as almas ingratas e indignas são açoitadas pela dor frequentemente, através dos mecanismos de ação e reação, cujo objetivo é educar aqueles que caminham pela estrada do erro.

Eu concordei com um gesto e, naquele mesmo instante, realizei uma prece agradecendo a todos que me socorriam naquele momento, sem saber, por meio de suas preces. Respirei aliviado. Sentia-me melhor. E isso permitiu que eu voltasse a me concentrar melhor no evento espiritual que se desenrolava diante dos meus olhos e que necessitava narrar para este livro.

Depois de memoráveis exortações à importância de a humanidade finalmente despertar para os seus compromissos espirituais, libertando-se das amarras da ignorância, subiu ao palco um dos principais espíritos encarregados da evolução de nosso país, o Brasil, desde o período da colonização portuguesa. Era Ismael!

O venerável servidor de Cristo tomou a palavra para si, dizendo:

— Queridos irmãos que sonham junto comigo com o dia em que a humanidade despertará, alegrai-vos, pois esse momento está próximo! Nesta noite, mais um passo do período de transição planetária da Terra será dado.

Como preparativos para a chegada da Era da Luz nesse ano, a partir da entrada do novo ano, falanges do Cristo, aliadas a almas de todo o Universo, trabalharão com mais afinco pela higienização espiritual do planeta, permitindo, assim, que os nossos irmãos que estão realizando o seu aprendizado na matéria possam enxergar a verdade com maior clareza.

A purificação da aura de nosso mundo e a sua já programada mudança de frequência aliviará aqueles que buscam o amor e o progresso do fundo de seu coração. Gradualmente, elas não mais se sentirão sufocadas pelas densas vibrações da atual atmosfera enfermiça da Terra. Por outro lado, as almas voltadas para o crime experimentarão maior aflição por causa do reflexo inconsciente em sua alma de que o momento do Grande Juízo é chegado.

Bem aventurados os mansos e pacíficos, pois herdarão a Terra, ao passo que as almas rebeldes serão exiladas para um mundo inferior para recomeçarem o seu aprendizado, assim como ocorreu no passado com boa parte de nossa humanidade, que veio de Capela e de outros mundos.

Que a humanidade terrena abra os olhos para a especial

dádiva que está recebendo neste momento tão delicado da evolução planetária. Que cada homem e cada mulher possam, através da saudável prática da oração, captar as mudanças que ora chegam para libertar a Terra de seu lamentável ciclo evolutivo de expiação e provas.

Aqueles que tiverem olhos para ver, verão. Os anos passam, os sinais de Deus se apresentam dia a dia, e aquele que está atento percebe e sintoniza-se com os valores crísticos. Cada um fará o seu destino, optando pela luz ou pelas trevas.

E que, neste instante, desçam sobre a Terra e, mais especificamente, sobre o nosso Brasil, as novas vibrações para 2012.

Naquele momento, todos nós olhamos para o Céu astral e vimos entidades iluminadas, verdadeiramente angelicais, sobrevoando o planeta azul e irradiando energias positivas, amenizando as nuvens energéticas cinzentas que costumeiramente envolvem a Terra. Uma cena belíssima de se ver. Por onde os seres celestiais cruzavam, abriam-se clareiras de luz na atmosfera intoxicada de nosso planeta.

Eu fiquei extasiado e sussurrei para mim mesmo:

— Então o sonho é verdadeiro!

Eu já tinha visto isso em meus sonhos esporádicos. Não sei se já relatei aos leitores em outro livro, mas eu nunca sonho. Talvez isso ocorra uma vez por ano. Na verdade, todos sempre sonhamos. Só que eu não os registro em nível consciente, porque o meu sono é muito profundo. Apenas vivo experiências de projeção astral, como as narradas neste livro, que muitas pessoas confundem com sonhos.

Contudo, quando os recordo, as lembranças sempre dizem respeito a assuntos relacionados à nossa luta para despertar a humanidade. Esse é o meu sonho nos dois sentidos, o qual se apresenta como utopia durante o sono e como ideia dominante que sigo com interesse e paixão quando acordado. Vivo para esse ideal!

Logo em seguida, lá embaixo, começaram as queimas de fogos de artifício no Brasil. Imaginei que seria meia noite em nosso país e torci para que os brasileiros estivessem aproveitando a festividade do réveillon de forma proveitosa para o seu crescimento espiritual. Desejei que o nosso povo aproveitasse aquele momento para meditar sobre o ano que chegara ao fim e de que modo poderiam melho-

Universalismo Crístico Avançado

rar os seus valores para tornarem-se pessoas melhores no novo ciclo que se iniciava. Infelizmente, não foi o que vimos em nosso giro pelo Brasil.

Ficamos todos ali por mais algumas horas em estado de oração, vibrando pelo mundo, torcendo para que a nova vibração de luz que se inicia agora em 2012 tenha o efeito esperado na humanidade encarnada. Demos o nosso singelo apoio também às equipes que sobrevoavam a Terra higienizando o planeta, serviço que perduraria até o amanhecer. O nosso país recebeu especial atenção, pois, logo após se tornar uma grande nação econômica, também se destacará como a principal nação espiritualista da Terra.

Em meio àquela atividade intensa do Alto, perguntei a Hermes de que modo sentiríamos essa influência da Era da Luz em nosso íntimo. Ele respondeu serenamente, sem tirar os olhos do trabalho energético ao qual ele também dava importante sustentação com a sua poderosa mente:

— Querido discípulo da luz, como disse o irmão Ismael, quem tiver olhos para ver, verá! Aqueles que estiverem focados em sua mudança interna, em comunhão com Deus, perceberão aquilo de que os leigos nem mesmo suspeitam.

A luz ficará mais intensa, destacando tanto as boas como as más índoles do mundo. Algumas pessoas creem que, com a chegada da luz, as sombras desaparecerão. Mas isso não acontecerá em um primeiro momento.

A luz mais intensa tirará da obscuridade a ação do mal. A sua maior intensidade nos fará perceber mais claramente as trevas, revelando o que estava oculto, tanto no mundo exterior como em nosso mundo íntimo.

Os falsos gurus que procuram controlar as pessoas através de ameaças e sugestionamentos perderão finalmente o seu sinistro e egocêntrico poder de influência. As pessoas estão abrindo os olhos e se dando conta disso. Os agentes das sombras estão cada vez mais atemorizados com isso, atacando todas as iniciativas do Bem em nome do Cristo, pois percebem que seu reinado está com os dias contados.

A humanidade finalmente será liberta de sua perniciosa influência! Por esse motivo, aqueles que são instrumentos do lado negro passarão a intensificar os seus ataques a iniciativas transparentes de liberdade de consciência, como o Universalismo Crístico, procurando causar confusão e retardar o despertamento espiritual da humanidade. Porém, a sua ação tresloucada será inútil!

Máscaras cairão, revelando ao mundo aqueles que não são puros e verdadeiros. A humanidade sentirá também algumas mudanças internas em seu corpo, desde dores musculares, a tão comentada fibromialgia, devido ao estresse que a nova frequência causará inicialmente, até insônia, introspecção e estranhas mudanças de comportamento.

Aqueles que estiverem desconectados da luz se tornarão pessoas depressivas, agitadas e doentes, procurando, cada vez mais, remédios antidepressivos. Tudo devido à adaptação necessária à nova frequência da Era da Luz, que se aproxima da Terra e já faz sentir os seus efeitos.

As mudanças na Terra afetarão cada vez mais os nossos padrões de comportamento e relacionamento. Tudo isso pode envolver sintomas como enxaquecas, fadiga, sensações elétricas na coluna, dores no sistema muscular, sintomas de gripe e alterações no sono.

A entrada na Era da Luz afetará a nossa consciência e percepção da realidade. Poderemos vivenciar estados mentais extremamente desconcertantes ou prazerosos. A nossa percepção do tempo e da realidade será alterada e, dependendo de nossa preparação, permitirá experiências místicas, mudanças de consciência, e, em casos especiais, o desabrochar de poderes mentais.

Esse é um processo de iniciação peculiar a cada alma. Essa nova percepção fará com que as pessoas sintonizadas com a Nova Era experimentem os seus sentidos de formas diferentes. A sensação de tempo está se acelerando à medida que nos aproximamos do epicentro da Grande Mudança, devido à alteração da ressonância do campo eletromagnético do planeta, que era de 7,83 pulsações por segundo e está aumentando de forma alarmante. Esses pulsos são uma espécie de marca-passo responsável pelo equilíbrio da biosfera, condição comum de todas as formas de vida.

"Coincidentemente", desequilíbrios ecológicos, perturbações climáticas, maior atividade dos vulcões, crescimento de tensões e conflitos no mundo e aumento geral de comportamentos desregrados, entre outros, são também consequência desse aumento da ressonância do campo magnético do planeta.

Devido à aceleração geral, a jornada de 24 horas é hoje percebida como se tivesse cerca de 16 horas. Portanto, a percepção de que a vida está passando rápido demais não é ilusória, mas tem base real nesse transtorno chamado de "ressonância Schumann", haja vista que foi o físico Winfried Otto Schumann que definiu matematicamente as frequências do espectro do campo eletromagnético da Terra em 1952.

O coração da Terra disparou. A alma do planeta, que é Gaia, o Cristo, retornará ao seu equilíbrio natural depois do período de transição que estamos vivendo. Contudo, o preço a ser pago pela biosfera e pelos seres humanos será preocupante para as futuras gerações.

"Aqueles que tiverem olhos para ver" perceberão que tudo o que pensarmos ou desejarmos vai se manifestar rapidamente. Isso inclui pensamentos e sentimentos diversos inconscientes. A intenção passará a representar um papel de suma importância na vida humana.

As pessoas conectadas verão presenças espirituais, ouvirão vozes, perceberão forças invisíveis e sentirão uma poderosa união com o universo que nos rodeia. Algo semelhante ao estado de conexão dos médiuns bem desenvolvidos. Todavia, nem todos sentirão o mesmo ou reagirão da mesma forma.

Ao redor do mundo, os indivíduos mais perceptivos ouvirão sons estranhos, de natureza metálica, decorrentes dessa mudança de faixa vibratória do planeta. Entretanto, é preciso ter olhos para ver e ouvidos para ouvir, ou seja, estar sintonizado com o Alto, assim como nos ensinou o mestre Jesus.

Algumas pessoas experimentarão paz e euforia, ao passo que outras passarão por momentos de agressividade e depressão. Quem estiver sintonizado com a busca espiritual sentirá os efeitos positivos. Perceberá que os fenômenos fazem parte da expansão de sua consciência, estabelecendo uma conexão com a onipresente presença divina. Para melhor estabelecer essa sintonia, faz-se necessário preparar a própria mente através da meditação e oração.

As almas conscientes perceberão que o mundo humano perderá a sua atração. Verão que as coisas que as divertiam agora parecem tolas. Creio que os nossos leitores já têm percebido isso. Cada vez mais, as coisas que faziam a alegria dos humanos por séculos perderão a sua magia. É a nova consciência brotando no coração daqueles que estão preparados para a Nova Era!

Hermes colocou a mão sobre o meu ombro e falou com animação:

— É o que tanto esperas e desejas, querido irmão! Gradualmente, a humanidade se libertará da alienação em que vive, abandonando a sua vida fútil e superficial, para mergulhar definitivamente na consciência crística. Portanto, alegra-te!

Eu concordei com um sorriso pálido, enquanto o mestre prosseguia:

— Mudanças no tecido planetário ocorrerão mais intensamente a partir das próximas décadas, sacudindo as consciências, através de terremotos, erupções vulcânicas e enchentes cada vez mais graves e frequentes, convidando novamente a humanidade às reflexões que tanto adia por estar hipnotizada pelos atrativos sedutores do mundo das ilusões.

Com o passar dos anos, graduais mudanças na inclinação do eixo da Terra e em seu magnetismo influirão de forma determinante na vida sobre o globo, mostrando à civilização terrena que o mundo como ela o conhecia já não será mais o mesmo. Essas transformações não serão apenas destrutivas. Elas terão a finalidade de higienizar o planeta e aumentar a sua frequência vibratória para a chegada da nova consciência.

Somos todos um! Quando a humanidade como um todo tiver consciência disso, conseguirá controlar as energias que causam caos e destruição, a partir do poder de sua mente coletiva, ou seja, da união de todos em prol de um mesmo objetivo. Contudo, para isso, precisamos de mentes maduras. Cada pensamento, cada oração, cada ser que desperta a sua consciência, eleva a vibração do planeta. É simples assim!

Se o homem percebesse a força interna de sua centelha divina, realizaria maravilhas. Mas a limitação de sua consciência e a sua fraqueza, ainda maximizadas pela influência negativa dos meios de comunicação, que só mostram crimes, tragédias e desgraças, terminam por reverter essa energia, agravando a vibração densa e negativa que envolve a Terra neste momento. É lamentável assistir a tragédias coletivas, como enchentes e terremotos, e constatar que um dos fatos

Universalismo Crístico Avançado

geradores para isso encontra-se nas suas próprias vítimas, que criam a egrégora mental alienada e distanciada dos valores crísticos, desencadeando o desequilíbrio da Natureza.

Quem tiver olhos para ver verá que existem muitas consciências despertando na Terra e criando maravilhas, pois reconhecem a grandeza de sua alma e têm consciência do seu papel no mundo. Reconhecem-se como filhos de Deus, espíritos criadores, como o seu Pai, que rege toda a Criação. E, por isso, manifestarão cada vez mais o poder que dormita na alma de todos os filhos de Deus.

As trevas só existem porque permitimos a ausência da luz. Onde há luz, não há espaço para a ação do apelo negativo. Quem vive deprimido, negativo, sofrendo, recebendo apenas coisas ruins é porque afugentou a luz de sua vida. Não acreditou no poder dela, que emana do Espírito Criador.

Quem desperta a sua luz interna, vibra com o amor de Deus, abre um caminho infinito de realizações e alegrias para o seu futuro. Alguns reclamam que gostariam de ter nascido no futuro, quando técnicas médicas controlarão o envelhecimento e descobrirão até mesmo o segredo da imortalidade física. Visão de materialistas céticos!

A humanidade terrena está vivendo agora o melhor período de sua história. E muitos não estão percebendo isso. A civilização atual será protagonista da maior mudança vibracional da Terra em toda a sua história recente. E aqueles que vibrarem na frequência da Luz serão abençoados. Já os que se sintonizarem com as trevas, perderão mais uma vez o trem da evolução que nos promove a um futuro de eterna felicidade e paz.

Hermes percebeu que o meu cérebro parou de registrar as suas complexas informações, por causa do drama pessoal que eu estava vivendo naqueles dias, e silenciou. Eu me sentia como um boxeador nocauteado, mas ainda de pé, balançando de um lado ao outro e segurando-me nas cordas do ringue para não cair. Além disso, aquela terrível dor nas costas havia retornado como se um punhal estivesse sendo cravado na altura da escápula (ou omoplata) esquerda.

Ele, então, me sacudiu e perguntou:

— Meu filho, tu estás bem, preciso repetir o que foi dito?

Eu despertei do transe, assustado, e respondi que estava

tudo bem e que tinha captado as suas informações. Depois pedi que ele me perdoasse pela minha falta de atenção. O gentil mestre me abraçou com imenso carinho, dando-me apoio, e pediu para que eu me esforçasse. Aquele dia era um momento muito importante para a Terra e precisava ser relatado em nosso novo livro.

Coloquei as mãos no rosto, procurando me libertar da dor causada pela ação indireta das trevas, respirei fundo e disse-lhe:

— Sim, mestre! Podemos prosseguir.

O sábio mentor me olhou com piedade, observando o meu delicado estado de espírito para realizar aquela atividade, que era muito exaustiva para alguém em minhas condições, e prosseguiu, procurando falar de forma mais pausada possível para eu melhor captar as suas ideias:

— Estamos entrando em um novo tempo. Será o fim da era da fé cega e da crença e o início da era do saber e da consciência. O mundo da ilusão caminhará para o seu fim, pois a verdade será descortinada aos olhos de todos com o apoio da própria ciência tradicional.

O ciclo da escuridão terminará à medida que formos banhados pela energia transmutadora da Era da Luz. Isso se deve ao fato de que, mais uma vez, a Terra iniciará a sua passagem pelo cinturão de fótons da estrela Alcyone. Estamos avançando gradativamente para uma interação mais intensa com essa transformadora nuvem de energia cósmica.

Sim. Hermes tinha razão. Graças a Deus, consegui me concentrar melhor e captar os seus pensamentos! O seu abraço, envolvido em poderosas energias reconfortantes, tinha me recuperado.

Os fótons funcionam como purificadores do código genético humano. E isso permitirá uma melhor sintonia de cada indivíduo com a aura crística do planeta. Através de suas partículas de luz, às quais estamos expostos através dos raios estelares, muito em breve, estaremos imersos na Era da Luz, depois de termos vivido um período milenar dentro da idade das trevas cósmica, como esse período é chamado pela Alta Espiritualidade.

Ele sinalizou que eu tinha captado bem e voltou a falar:

— Com essa mudança de ciclo, precisaremos adequar a nossa alma e corpo para entrarmos em sintonia com a ressonância quântica gerada a partir dessa radiação de fótons. Teremos, invariavelmente, de nos ajustar a um novo campo vibratório. Em vez de a transmutação se processar através da dor, o processo pode (e deve) acontecer através do amor.

A reversão da consciência planetária é difícil, mas não impossível. Basta que o ser humano entre em sintonia com as vibrações do amor crístico.

A humanidade mais consciente perceberá qual é a saída para a crise global. Seremos capazes de identificar a causa atual da enfermidade que assola o planeta e trabalharemos para o estabelecimento de uma nova relação com o mundo e com os nossos semelhantes, com o objetivo de harmonizar Gaia.

Essa exposição à irradiação do cinturão de fótons da estrela Alcyone não só provocará experiências místicas e mudanças de consciência, mas também permitirá a quebra de paradigmas conscienciais. Isso é muito importante!

O homem despertará o potencial de regiões do cérebro nunca antes utilizadas. Ele utilizará plenamente o seu enorme potencial, permitindo a oportunidade para o desenvolvimento de diversos poderes mentais, como a telepatia. Será uma questão de tempo para a humanidade que prosseguirá evoluindo na Terra dar um grande salto evolutivo.

Esses acontecimentos foram percebidos pelo povo Maia, que assinalou a data dessa mudança em seu calendário, que se encerra no solstício de verão no hemisfério sul, no dia 21 de dezembro de 2012. Data essa que marca a entrada definitiva da Terra no cinturão de fótons por dois mil anos ininterruptos, como já afirmamos no capítulo introdutório do livro *Atlântida – No Reino das Trevas*.

Hermes fez uma nova pausa para que eu pudesse absorver as informações. Conforme já falamos no livro citado, "cinturão de fótons" é o nome dado ao gigantesco anel de radiação que fica ao redor da estrela Alcyone, localizado na constelação das Plêiades. Em torno dessa estrela, orbitam o nosso Sol e todos os planetas que o acompanham. Durante a translação de nosso sistema planetário em torno de Alcyone, que dura 26 mil anos, atravessamos esse anel de micropartículas de radiação duas vezes, sendo uma ao norte e outra ao sul.

O meu sábio instrutor concordou com os meus pensamentos e prosseguiu:

— A transição planetária é um período oportuno e auspicioso para a evolução física, mental e espiritual de todos aqueles que estiverem devidamente preparados para essa passagem, mas poderá ser extremamente negativa e destrutiva para os que não se sintonizarem com uma consciência mais ampla. A humanidade está aprendendo uma importante lição nesta época, que é perceber a sua divindade, a sua ligação com o Criador e com toda a sua Criação.

E isso casa perfeitamente com o trabalho da Alta Espiritualidade, preparando o renascimento, no mundo físico, dos eleitos para a Nova Era, que alguns chamam de "crianças índigo ou cristal". A entrada nessa nova frequência é ideal para essas almas. Já as rebeldes, deverão ser exiladas da Terra, por não terem atingido o nível de evolução necessário e por não terem condições de evoluir nessa nova frequência, como já explicamos em outros livros.

Para a humanidade estar mais bem preparada para essa nova experiência evolutiva, além de procurar ter uma alimentação saudável, deve se conectar mais com a natureza, liberar as emoções bloqueadas e reprimidas, ter boas intenções, pensamentos e ações. Tudo isso contribuirá para a transição e adaptação à frequência da Nova Era.

A lição desse novo ciclo é perceber que todas as coisas estão interligadas e que somos todos unos com o Espírito Criador. O resultado dessa transição planetária será a vivência de um período completamente novo para a humanidade, onde imperará a harmonia e o amor entre os homens. Será a entrada da humanidade na Era da Luz, o tão esperado despertar da Consciência Crística. Uma nova compreensão de Deus e da vida surgirá gradativamente, libertando o homem de sua terrível alienação para com os objetivos sagrados de sua existência.

Portanto, é necessário nos tornarmos conscientes dessa grande mudança para que essa transição se torne mais suave e positiva para todos, reinserindo o nosso planeta em seu propósito original, ou seja, o de tornar-se uma escola de evolução consciente, onde o homem compreenderá que é eterno, e não somente um ser biológico com vida limitada e sem um objetivo superior.

Passaremos a ter consciência de que os pensamentos

negativos e os estados de desarmonia, como a raiva, geram miasmas deletérios que provocam bloqueios energéticos em nosso organismo. É necessário trabalhar o corpo emocional através de diversos métodos terapêuticos, psicológicos, astrológicos ou corporais, para liberar as energias bloqueadas.

A massagem, acupuntura, homeopatia, florais, meditação, yoga, musicoterapia, cromoterapia e alguns tipos de danças também são técnicas que trazem excelentes resultados, pois trabalham o corpo sutil e abrem os canais que se encontram bloqueados.

São terapias e práticas que trabalham com a cura dos corpos sutis, evitando que muitas doenças sejam desenvolvidas antes mesmo de alcançar o corpo físico, além de curar outras já instaladas. Além de nos preparar para a nova consciência.

Hermes silenciou para continuar a parte mais intensa de seu trabalho de apoio energético e fiquei ali, em silêncio, procurando anotar todas aquelas informações e oferecendo ao mundo o pequeno apoio energético que me era possível, tendo em vista as minhas precárias condições naquele dia.

De fato, não havia mais nada a dizer sobre as suas colocações. Por décadas, várias canalizações têm nos indicado essas mesmas advertências, alertas e instruções, dentro das crenças de cada um. Todavia, poucos se interessaram em se esforçar para alcançar uma sintonia com a Nova Era que está por vir. E, dentre esses poucos, ainda existe um grande número que se preocupa apenas com os alardes infundados sobre o "fim do mundo" em vez de mudar o seu "mundo interior", através de uma verdadeira reflexão e mudança de hábitos para se tornar uma pessoa melhor.

Refletindo sobre isso, resolvi indagar ao nobre mentor:

— Mestre, e o que dizer a essas pessoas que acreditam que, no dia 21 de dezembro deste ano, o mundo acabará ou iremos para outra dimensão?

Hermes arqueou as sobrancelhas, demonstrando preocupação com essas crenças descabidas, e simplesmente respondeu:

— É uma pena que muitos irmãos encarnados prefiram viver nesse mundo de fantasia em vez de se ocuparem em fazer a real transformação interna para ingressarem na Era da Luz. Como já afirmamos, para os leigos, nada mudará, porém, para aqueles que tiverem a percepção apurada, ou seja, desenvolvida através de uma verdadeira busca de Espiritualidade, um novo mundo se descortinará aos seus olhos.

Eu agradeci as suas sábias colocações com um expressivo olhar. Depois, Hermes finalmente convidou-me para mergulharmos nas principais regiões do país e acompanhar o desenrolar das festividades.

O que vimos não foi nada animador. A humanidade primitiva da Terra, ainda muito presa a rituais, trata o réveillon da mesma forma que lida com o natal. Uma festa meramente materialista, abrindo mão da grande oportunidade de utilizar o simbolismo do novo ano que se inicia para rever a caminhada e traçar planos e metas que realmente engrandeçam a alma.

Observamos pouquíssimas pessoas refletindo sobre a sua jornada evolutiva e traçando novos desafios para 2012. O réveillon ainda é entendido como uma festa de celebração sem reflexão interna, portanto, até mesmo os espiritualistas tiveram de se render aos rituais fúteis tipicamente adotados nessas festas, como simpatias, crendices e a comilança e bebedeira, para agradar os seus familiares e a sociedade alienada.

Se o homem ocidental tivesse o hábito salutar de praticar a meditação, talvez compreendesse melhor a importância de fazer uma revisão séria e verdadeira de sua vida a cada nova entrada de ano. Geralmente, o que vemos são planos loucos de dietas e mudanças de hábitos que não são colocados em prática no transcorrer do ano. Tudo cai no esquecimento após a farra da virada.

Contudo, o mais triste foi presenciar os diversos acidentes de trânsito, com vítimas fatais ou deixando várias sequelas, em geral pessoas jovens, com toda uma vida pela frente. Vítimas do abuso de álcool ou drogas, ou simplesmente devido à ansiedade de chegar mais rápido à praia ou ao destino da viagem, dirigindo de forma imprudente. A humanidade corre de um lado ao outro, mas anda completamente perdida... sem rumo.

Em uma dessas ocorrências, nós nos aproximamos e foi possível ver os corpos esfacelados de belos jovens. Aproximei-me de uma mulher que teria pouco mais de vinte anos e pude ver o estado de embriaguez em que se encontrava. Em segundos, a sua alma se desprendeu do corpo coberta por chagas e com um aspecto repulsivo, gritando desesperadamente, como um animal ferido.

Universalismo Crístico Avançado

Assustei-me com a situação imprevista e dei um salto para trás. Mas ainda pude ver o símbolo que identifica os futuros exilados grafado em sua testa. Naquele instante de choque, lembrei-me da frase de Jesus dita aos fariseus na semana que antecedeu a sua morte: "sepulcros caiados: belos por fora, mas cheios de podridão por dentro". Ao recordar essa frase, voltei a me lembrar de minha dor emocional e uma onda de tristeza voltou a me invadir, comprometendo o meu trabalho junto a Hermes.

O nobre mentor rapidamente percebeu o meu declínio vibratório e chamou-me para ajudar:

— Vem, Roger! Nada mais podemos fazer para despertar essas consciências. Contudo, o amor aos nossos semelhantes nos convoca a irradiarmos energias reconfortantes nesse momento trágico de suas vidas.

Eu concordei sinceramente com suas palavras, desanuviei a minha mente e me coloquei ao seu lado, com as mãos espalmadas para as vítimas, enquanto as equipes de socorro, tanto do plano físico, como do espiritual, trabalhavam no resgate.

O nosso esforço valeu a pena. Junto com o auxílio de toda a equipe, conseguimos adormecê-los, o que facilitou o trabalho de resgate. Essas almas seriam levadas para os hospitais do plano espiritual para atendimento.

Entretanto, a sua consciência atormentada faria com que logo fugissem desse local para vagarem pelo astral, como indigentes espirituais atormentados por seus próprios erros, até que a sua alma seja conduzida para o novo mundo que habitarão nos próximos milênios, reiniciando a sua experiência evolutiva. A Terra, como nós já afirmamos diversas vezes, será escola somente de almas em regeneração espiritual a partir do final do período de transição para a Nova Era.

Em seguida, presenciamos brigas, assassinatos e todo tipo de violência. Cansado de tanto atraso espiritual e de ver os instintos mais bárbaros estimulados por álcool e drogas, pedi a Hermes se podia ver e abraçar as poucas almas que começaram o ano meditando, nem que seja por apenas cinco minutos, desejando verdadeiramente um mundo novo para si e para os seus semelhantes.

O iluminado mentor me apresentou diversas dessas pessoas, demonstrando que existem muitos trabalhadores da luz anônimos por todo o Brasil. Ele sorriu e me disse:

— Querido irmão, essas pessoas não são notícias para a imprensa. Humanidades primitivas desejam ver mortes e tragédias. Ações pelo Bem são geralmente desprezadas pelos meios de comunicação.

Depois, fomos a um orfanato no interior de São Paulo e vimos uma cena mágica, mesmo sendo tão tarde da noite. Crianças rezando em conjunto, conduzidas pelas dignas orientadoras, agradecendo a Deus pelo alimento e pedindo que 2012 seja um ano melhor para todas e para o mundo. Aquela cena me emocionou e pensei: "Meu Deus, por que essas crianças dignas têm uma vida tão difícil, enquanto pessoas torpes gozam de todos os privilégios"?

O meu grande amigo e instrutor espiritual colocou a mão sobre o meu ombro e respondeu, após identificar os meus pensamentos:

— Vivemos em um mundo primitivo com relação aos valores espirituais. Como a humanidade da Terra é ainda uma criança inconsequente, costuma, geralmente, despertar para o aprendizado através da dor. Essas crianças valorizam o "pão nosso de cada dia" devido à vida de privações em que vivem. Se lhes fosse dada a abundância desde cedo, talvez se comportassem como as pessoas fúteis e sem valores a que tu te referes. E o processo inverso também ocorreria.

É por isso que vivemos por séculos dentro de uma estrutura de vida de expiação e provas, dor e sofrimento, doenças, carmas e tragédias. Esse era, e ainda é, o "motor" necessário para impulsionar as almas infantis que evoluem na escola Terra. Não existem injustiças na obra do Criador.

Mas isso mudará! As novas gerações de eleitos, que conquistaram as virtudes crísticas em vidas passadas e nesta, prosseguirão vivendo na Terra, e não mais necessitarão desses severos estímulos para evoluir. Por serem almas conscientes, evoluirão naturalmente pelo caminho do amor, permitindo que os avanços da medicina e sociais possam finalmente acontecer e livrar a humanidade terrena desse cenário de dor e tragédias que perdura há tantos séculos.

Eu concordei serenamente com o nobre mentor e o abracei, dizendo-lhe:

— Ajuda-me, irmão, para que eu possa fazer a minha

parte. Sei que eu poderia me esforçar ainda mais para libertar consciências e, também, que preciso me melhorar como pessoa.

A dificuldade em aceitar essa alienação espiritual que citaste tem me afastado do convívio social. Por vezes, perco até a vontade de conversar com as pessoas. Os seus hábitos, comportamentos e crenças me chateiam profundamente, roubando-me o prazer de conviver com elas e tentar estimulá-las ao crescimento interior.

Hermes ficou satisfeito com essa minha demonstração de consciência e disse-me:

— Fico sinceramente feliz que estejas acordando para isso. A dor é um excelente professor em certas ocasiões. O teu atual estado de espírito abriu a tua mente e o teu coração para reflexões que são fundamentais no estágio em que te encontras em tua caminhada terrena.

Ele suspirou com os olhos úmidos e concluiu:

— Eu te ajudarei, meu amigo! Tu és meu parceiro para esclarecimento dos homens. Além disso, és meu pupilo dileto, que aprendi a amar como a um filho desde os tempos da Atlântida. As nossas histórias estão entrelaçadas. Não descansarei enquanto não o vir rumando a passos firmes pela trilha da felicidade e da realização interior.

E, puxando a minha cabeça de encontro ao seu peito, concluiu:

— Tem a certeza de que jamais te abandonarei e farei todo o possível para que concluas a tua tarefa na Terra com absoluto êxito. Semearemos o terreno como nos foi solicitado pelo Cristo. Já a germinação e a colheita entregaremos nas mãos do Espírito Criador!

Por volta das quatro horas da madrugada, Hermes finalmente passou a me levar aos oásis da pátria Brasil. Muitos deles localizados na região de Brasília, que é, certamente, o local mais espiritualizado de nosso país. Não estou dizendo "religioso", mas, sim, voltado para o verdadeiro despertar da consciência crística.

Em vários locais, encontramos comunidades onde as pessoas se reuniam para, em verdadeira comunhão com Deus, mentalizar e orar por um ano melhor para todos nós. Na alma de cada uma delas, era possível sentir o desejo de criar um mundo mais humano e voltado para os bons valores. Enxergava o amor sincero e verdadeiro brotando em seus corações.

Creio que Hermes deixou esses locais para o final com o objetivo de me permitir regressar ao corpo físico envolvido em vibrações de paz, amor, felicidade e esperança.

Algumas dessas pessoas eram tão especiais que chegavam a notar a nossa presença espiritual no local. Elas olhavam diretamente em nossos olhos e faziam uma suave reverência, que retribuíamos de coração.

Trata-se de almas que, diariamente, dedicam a sua vida ao próximo e à sua evolução espiritual, tanto nos afazeres domésticos como no trabalho em busca do sustento. Possuem um comportamento fraterno e voltado para o espírito de conciliação com os seus semelhantes. Almas sinceras, que refletem diariamente sobre as suas atitudes e estudam a melhor forma de solucionar os problemas do cotidiano, através de ações em conformidade com a mensagem crística.

Analisando a tela mental dessas pessoas, admirei-me com a sabedoria dessas almas para resolverem complexos problemas da natureza humana. Infelizmente, eu ainda fico muito mais na teoria do que na prática. Para mim, a experiência humana é ainda muito confusa, dificultando o meu sucesso em manter relacionamentos profundos com as pessoas.

Tenho bons resultados com amigos e pessoas que não convivam diretamente comigo, despertando o melhor de mim. Já no campo das relações íntimas, encontro grande dificuldade. Nem sei mais se conseguiria viver na mesma casa com outras pessoas. A minha consciência se expande dia após dia, fazendo-me ver muito além, no entanto, paradoxalmente, estou me desconectando do mundo lentamente... E isso não é bom e me assusta.

Hermes captou os meus pensamentos e voltou a falar:

— Precisas cobrar menos resultados de ti e do próximo, Roger. Deixa que Deus conduza o leme da embarcação por alguns momentos e relaxa.

Eu olhei para o rosto suave e divertido de Hermes, ao expressar essa ideia, e resolvi entrar na brincadeira, até para relaxar mesmo, como ele havia solicitado, e disse-lhe:

— Tu falas isso porque vives aqui no astral superior, onde

as almas são conscientes da verdade. Tu estás fora da *matrix*, ou seja, da realidade alienante de nosso mundo!

Ele sorriu abertamente, fazendo brilhar ainda mais o seu sorriso encantador, e falou:

— Já vivi, meu irmão, dentro desses mesmos conflitos, que são naturais na evolução de todas as almas no Universo. E Deus não se ofende com isso, porque sabe que faz parte do processo de amadurecimento de seus filhos. No entanto, o Criador nos envia para acelerar esse processo de amadurecimento com o objetivo de abreviar o tempo pelo qual essas almas necessitarão passar pela experimentação da dor para evoluir.

Concordei com o nobre mestre, apenas sussurrando, enquanto o abraçava:

— Eu sei, mestre... Eu sei que é assim...

A noite estava se encerrando. Era momento de voltar para casa. Mas, antes disso, ele me levou a uma rica residência com baixas vibrações espirituais, onde as pessoas estavam realizando uma festa grosseira, com músicas de baixa vibração e com os seus pensamentos voltados somente para interesses mundanos.

Sem entender por que estávamos ali, perguntei a Hermes:

— Por que estamos aqui, caro irmão? Nada de positivo se tira desse lugar. Pensei que querias que eu terminasse a noite em boas vibrações.

Ele sorriu e disse-me:

— Algumas vezes, meu caro amigo, belas flores nascem em meio aos pântanos.

Fiquei entusiasmado com a sua metáfora, imaginando do que se tratava, e caminhamos, então, lentamente até os jardins da casa. Lá, uma doce menina, de cinco anos, brincava sozinha com a sua boneca. Uma leve brisa sacudia os caracóis de seus cabelos castanhos, tornando-a ainda mais angelical. Hermes me fez sentar ao lado dela no degrau da varanda e ficou do outro lado. E disse-me com convicção:

— Leia a tela mental dessa criança!

Eu sacudi os ombros e falei:

— O que verei de tão impressionante na mente de uma simples menina?

Ele segurou o queixo com as mãos e falou-me com os cotovelos apoiados sobre os joelhos:

— Por detrás dessa simples criança, habita uma alma milenar.

Eu fiquei extasiado e logo atendi ao seu pedido, penetrando na mente da surpreendente criança. Em alguns segundos, pude perceber a alma genial que comandava aquele corpinho infantil ainda em formação. As conexões dos neurônios trabalhavam incessantemente criando, na mente daquela criança, concepções filosóficas geniais, amparando-se unicamente em seu mundo infantil, mas rico em fantasias. Olhei para o lado e vi, sobre a mesa, consagrados livros infantis, que serviam de modelo para, dentro de sua imaginação, conceber ideias que transformarão o mundo no futuro.

Apesar de aqueles pais estarem voltados somente para a inferioridade de sua alma, eles atendiam aos pedidos da filha que já adorava ler mesmo com tão pouca idade. Se os pais estimulassem os filhos à boa literatura, teriam, no futuro, adolescentes adoráveis e brilhantes, e mais adiante, veriam as suas crianças se transformarem em homens e mulheres dignos e honrados trabalhando por um mundo melhor.

E não era só isso. Além da mente sadia e equilibrada daquela criança, com elevado potencial para criatividade e raciocínio profundo, ela ainda tinha uma sensibilidade brilhante.

Ela olhou em meus olhos e falou bem baixinho:

— Oi, anjo do Senhor! Estou falando baixinho porque meus pais não podem saber que falo com os anjos. Eles ficam preocupados e nervosos.

Foi difícil segurar as lágrimas e apenas pude dizer para mim mesmo:

— Em que mundo nós vivemos, oh meu Deus, onde uma criança lúcida como essa precisa esconder a verdade porque seus pais, que vivem no mundo das ilusões, só creem em suas fantasias bobas, típicas de almas estúpidas e imaturas? Quem são as crianças nessa casa e quem é o adulto, pelo amor de Deus?

Sob forte emoção, aproximei meus lábios da fronte da iluminada criança e a beijei com todo o amor do meu coração, dizendo-lhe:

— Deus te abençoe, meu anjinho. Esperança do meu coração! É por ti e por toda a nova geração que está por vir que trabalho incessantemente abrindo mão de minha própria vida

Universalismo Crístico Avançado

pessoal, desbravando as matas da incompreensão humana, para construir a estrada do futuro que todos trilharão.

Apesar de ter utilizado uma metáfora profunda para uma criança, o seu cérebro genial captou a mensagem e ela apenas respondeu, sorrindo:

— Sim, eu sei, anjo de Deus!

Em seguida, ela se virou para Hermes e também disse algumas palavras, que eu não consegui registrar. O meu coração batia descompassado, por conta daquela experiência mágica. Eu tinha vivido momentos inesquecíveis naquela noite, mas aquele desfecho era impossível não reter no coração por todo o sempre.

O nosso tempo havia se esgotado, então, Hermes convidou-me para voltarmos. Eu me despedi da bela menina e disse-lhe:

— Vai dormir, criança divina. Está muito tarde.

E ela, mais uma vez, deixou-me boquiaberto, afirmando, com um brilho no olhar:

— Estava esperando a visita dos anjos para ir dormir. Hoje foi a vez de encontrar-me com vocês. Levem um beijo carinhoso para o nosso Pai que mora com vocês lá no Céu.

Contendo a emoção, eu acenei para ela, enquanto me retirava, e disse-lhe com todo o afeto do meu coração:

— Claro, meu anjinho, eu levarei.

O tempo urgia. Desse modo, deixamos aquele local em passos rápidos. Mas, antes, voltei mais uma vez o olhar para ela, que acenava graciosamente para nós. Retribuí o gesto e segui o nobre mentor.

Quando estávamos saindo da casa, vi os pais da criança embriagados e fazendo um papel ridículo na frente dos amigos. Não me controlei. Pedi a Hermes um minuto, aproximei-me deles e lhes apliquei dois tapas, um na cabeça do pai e outro na da mãe. Eles registraram apenas um leve desconforto e uma repentina dor de cabeça, que atribuíram ao excesso de álcool.

Em seguida, retirei-me a passos rápidos, sob o olhar impressionado de Hermes, que me perguntou:

— Mas o que é isso, Roger? Enlouqueceste?

Eu apenas respondi:

— Desculpa, mestre! Eles merecem isso e muito mais.

Ele levantou as mãos para cima e disse-me:

— Tu não tens jeito mesmo! Precisas controlar o teu gênio.

Eu não discordei de sua afirmação, mas protestei:

— Aceito a reprimenda se me mostrares que não tenho razão.

Ele sacudiu a cabeça em silêncio. Percebi que ele desaprovou a minha atitude, mas era melhor esperar eu esfriar a cabeça e começar naturalmente o processo de retorno ao estado de equilíbrio. Era muito cedo para amansar a minha alma estilhaçada pela dor.

Assim, retornamos à base no Império do Amor Universal. A hora estava muito avançada. Eu precisava retornar para o meu corpo. Apesar de já ter adormecido, o meu sono estava muito turbulento e instável.

Hermes colocou as mãos sobre os meus ombros e disse-me, olhando profundamente em meus olhos:

— Creio que, a partir desta noite, tu podes encerrar o teu luto, a tua dor, e voltar definitivamente para o equilíbrio necessário para realizarmos o nosso trabalho. Terás ainda a viagem ao Egito e ao monte Sinai em maio deste ano, na qual deves dedicar a todos o máximo de carinho e atenção. Eles esperam ansiosos por isso.

O líder do projeto Universalismo Crístico na Terra meditou por alguns instantes e perguntou:

— O Mais Alto precisa que este livro seja lançado na metade do segundo semestre de 2012. Podemos contar contigo?

Eu concordei com um gesto sereno, e afirmei, sem hesitação:

— Pode deixar, querido amigo. O nosso trabalho tem prioridade máxima em minha vida.

Ele sorriu, feliz com a minha postura e solicitou que eu fosse reconduzido ao meu apartamento. Antes de partir, fiz uma pergunta que deixou Hermes estranhamente desconcertado:

— E Sol e Lua, por que não estavam na festa da Cidade Luz?

O nobre mentor manteve um silêncio enigmático e respondeu com breves palavras:

— Elas não estavam em condições de estarem presentes. Suas vibrações espirituais estavam abaixo do mínimo necessário para ingressarem em uma esfera daquela natureza.

Universalismo Crístico Avançado

Aquela sua afirmação não me convenceu e fiquei na dúvida se Hermes estava me escondendo algo. Sem controlar o meu ímpeto, afirmei:

— Eu também estava em péssimo estado espiritual e mesmo assim fui convidado.

Sem hesitação, ele respondeu:

— Precisávamos de ti para narrar os preparativos no astral para a entrada na Era da Luz. Por isso, abrimos uma exceção e tivemos que atendê-lo na entrada da cidade. Foi uma deferência especial para que tu pudesses levar aos encarnados todas as informações importantes desta noite.

Depois dessas palavras, mantivemos um silêncio que me pareceu durar longos minutos. Em minhas confusas reflexões, levei um susto. A dor que aquela mulher havia me causado vinha como ondas incontroláveis de insanidade e roubava-me a lucidez, levando-me a protestos amargos.

Minha intuição não poderia estar me pregando tal peça, portanto, gritei para Hermes, na tentativa de expulsar aquela dor do meu coração:

— Não me digas que ela era mesmo Lua... Não pode ser. Ninguém ficaria com a personalidade tão deformada em uma única existência. Mesmo que a sua infância tenha sido o pior dos infernos.

Passando as mãos pelos meus longos cabelos loiros e andando de um lado ao outro, como uma fera acuada, mal conseguia ouvir as considerações de Hermes, que falava com firmeza:

— Meu filho, eu não disse que ela era Lua. Tu estás chegando a estas conclusões por tua própria cabeça. Estás obcecado e comprometendo a elaboração de nosso trabalho. Esquece isso. Esse assunto não é importante!

Ao ouvir aquelas palavras, explodi:

— Não é importante? Como não é importante? Tu estás falando de minha vida. Eu também mereço ser feliz e ter uma vida normal. Não posso apenas ser a tua "caneta viva" no mundo dos homens.

Aquelas emoções foram fortes demais. Não me lembro de ter discutido daquela forma com Hermes em nenhuma outra oportunidade. Reconheci o meu erro e comecei a chorar compulsivamente.

Ele me abraçou com carinho e falou:

— Calma, meu filho, calma... tudo está ainda muito recente. Vai passar. Não podíamos permitir que tu viesses a seguir por aquela estrada sombria e em desarmonia, que te levaria certamente a problemas constantes. Precisas de um porto seguro, e não de uma tempestade incontrolável. A pessoa ideal surgirá em tua vida no momento certo, amadurecendo contigo, ao teu lado, para juntos tornarem-se um exemplo para as gerações futuras que os recordarão como importantes pioneiros da Nova Era.

Eu concordei com as suas palavras, respirando mais aliviado, enquanto secava as lágrimas que escorriam por todo o meu rosto. E perguntei-lhe com um aperto no peito, de forma chorosa:

— E que eu faço com todo esse amor represado no coração?

Ele me abraçou e disse, serenamente, bem próximo ao meu ouvido, quase como um sussurro:

— Canalize-o... Ama a Deus, a ti mesmo e aos teus semelhantes, como sempre fizeste em tua vida. Esse é o maior e mais pleno amor que todos devemos almejar. Quem muito ama, muito será amado... Cerca-te de pessoas que tenham afeição sincera e verdadeira por ti. Elas lhe darão a força e o apoio de que necessitas para passar por esta fase delicada de tua vida.

Convencido por suas amoráveis palavras, eu me recompus rapidamente, pedi-lhe desculpas e prometi categoricamente que esse era um problema superado.

Ele concordou gentilmente e se despediu com carinho. Thomás e Ariane, os anjos que tinham me trazido até lá, rapidamente me conduziram de volta, profundamente comovidos com o meu drama íntimo.

Durante o trajeto, em absoluto silêncio, meditei sobre como aquela noite tinha sido mágica e especial. Certamente, fora o "sonho de consumo" de muitos dos meus leitores. Qual ser em busca da luz não desejaria passar um réveillon assim?

Mas eu não pude aproveitar o momento sublime. Um momento que era para ser inesquecível tornara-se o pior dia da minha vida. Tudo que eu desejava era apenas esquecê-lo. Eu estava destruído psicologicamente. Sim, os agentes das trevas não dormem em serviço. Atingiram-me de forma sorrateira e precisa. Caí no golpe como uma criança ingênua. Mas Hermes saberia reverter o quadro... sempre soube. Graças a Deus!

Naquele momento, finalmente entendi profundamente o que Jesus me disse, certa vez, quando afirmou: "A dor de derramar lágrimas é mais intensa e sofrida do que a de quando derramamos o nosso próprio sangue". Sim, o Mestre dos mestres tinha razão, como sempre!

Ao entrar no escritório de meu apartamento, encontrei o meu corpo esparramado sobre o sofá-cama, ao lado do local onde antes eu estava meditando. O cansaço deve ter feito com que a minha máquina física automaticamente buscasse um local mais confortável até o meu regresso.

Imediatamente, conectei-me ao corpo físico e despertei. Olhei ao meu redor e vi, ao lado do local onde estava meditando, o copo de água que havia deixado ali, para caso tivesse sede. Ele estava cheio até a borda, intocado, todavia, a cor da água estava escura, bem turva.

Provavelmente, o tratamento que recebi em meu corpo perispiritual antes de entrar na Cidade Luz havia sido refletido diretamente no meu físico. Ao pegar o copo de água e observá-lo, ouvi a voz de Thomas, o anjo que havia me conduzido, dizendo:

— Despeja essa água no vaso sanitário. Ela contém toda a tua dor e as vibrações negativas que recebeste da difícil experiência que viveste no ano que passou. Liberta-te dela e volta para os braços amorosos do Pai. A tua missão é mais importante! Contamos contigo!

Eu caminhei até o banheiro, despejei todo o líquido no vaso sanitário e dei a descarga, enquanto acompanhava com o olhar aquele líquido viscoso e doentio escoando pela tubulação. Em seguida, meditei por alguns instantes e repeti para mim mesmo a frase que ouvi de uma grande amiga:

— Acabou. Está consumado. O show deve continuar. *(The show must go on)*.

Depois, fui para o meu quarto e dormi o sono dos anjos até a hora do almoço do primeiro dia do ano de 2012, o ano da entrada da Terra na Era da Luz.

4
No íntimo da alma

No dia de nosso próximo encontro, quando percebi, já estava em um amplo corredor, bem iluminado, que lembrava um hospital ou uma instituição de ensino. Não havia ninguém no local, à exceção de Hermes, que encontrei sentado em um banco semelhante aos de praças ou estações rodoviárias.

Quando me viu, Hermes saiu de seu estado meditativo e levantou-se para me abraçar. O mentor espiritual, então, perguntou-me com cordialidade:

— Tu estás melhor, querido irmão? A dor está diminuindo?

Eu afirmei que sim, com um gesto sereno, e falei:

— O tratamento com acupuntura que estou fazendo tem me trazido bons resultados. Além disso, o abnegado atendimento diário que tenho recebido de nossa equipe espiritual tem aliviado o meu coração. Antes de dormir e ao acordar, sem dúvida, são os momentos mais difíceis.

Ele me mirou com carinho por alguns segundos e disse:

— Vai passar! Não te preocupes. A dor é necessária para o teu aprendizado e amadurecimento, e, também, para melhor elaborarmos este livro.

Demonstrei-lhe gratidão por suas palavras fraternas e logo perguntei:

— Onde estamos? Que lugar é este?

O sábio amigo sorriu e respondeu de forma enigmática:

— Nós estamos em um local bem perto do teu coração. Em breve, tu o reconhecerás.

E, fazendo um gesto para que eu o acompanhasse, completou:

— Estás pronto? Podemos ir? Segue-me!

Sem nada dizer, acompanhei os seus passos, observando com atenção aquele estranho lugar, mas no qual eu me sentia muito à vontade. Apreciei a arquitetura e o capricho em cada pequeno detalhe. Tudo muito belo e bem cuidado. As diversas portas eram modernas e trabalhadas com esmero. As janelas, amplas e arejadas, permitiam boa iluminação e a suave passagem do ar fresco da noite. O piso era claro e revestido com pedras refinadas, de extremo bom gosto. Nas paredes, pude apreciar quadros magníficos, provavelmente de renomados pintores.

A cada passo, eu ficava mais curioso para descobrir que lugar era aquele e por que não via ninguém transitando por lá. Tudo estava deserto, contudo, parecia uma instituição em plena atividade, seja lá qual fosse o seu objetivo.

Depois de caminharmos muitos metros pelo extenso corredor, Hermes apontou para uma porta e disse-me, demonstrando conhecer bem o local:

— É por ela que devemos entrar.

Ele a abriu sem hesitação e a transpomos rapidamente. O que vi lá apenas me deixou ainda mais curioso e perplexo. Adentramos mais um extenso corredor, com mais portas, muito brancas, que pareciam quartos hospitalares ou salas de aula de uma escola ou faculdade.

Novamente, caminhamos em silêncio por longos minutos. Eu sabia que Hermes não queria ouvir perguntas naquele momento, portanto, resolvi respeitar a sua vontade, dedicando-me a observar tudo ao meu redor. Isso poderia ser útil mais adiante.

O interessante é que eu parecia já ter estado ali e conhecer aqueles caminhos, mas não me recordava de ter estudado em uma escola ou faculdade parecida. Imaginei que poderia ser um *déjà vu* de alguma vida passada, algo muito comum nessas experiências astrais.

Naquele momento, a minha curiosidade já estava chegando ao extremo quando, finalmente, Hermes sinalizou outra porta e falou, com um ar de simulada surpresa, como se quisesse me dar algum recado sutil:

— Ah! Encontrei. É esta aqui!

Novamente, ele a abriu com facilidade e ingressamos em um novo ambiente. O interessante é que, ao entrarmos em cada uma dessas portas, eu sentia sensações estranhas dentro de meu mundo íntimo, como se os meus pensamentos e emoções estivessem sendo observados. Atribuí isso, naquele instante, às emoções e tristezas que havia vivenciado nos últimos meses e tinham instabilizado a minha alma de maneira surpreendente.

Hermes continuou caminhando em silêncio. Era possível ouvir apenas o barulho monótono dos nossos passos cadenciados. Observei, então, que esse novo corredor era mais estreito e menos iluminado. Um ambiente mais *underground* e restrito. Imaginei que aquela área do grande prédio era restrita a pessoas autorizadas.

Ao contrário dos dois primeiros corredores, algumas portas tinham várias trancas de segurança. Fiquei imaginando o que havia lá dentro para estar tão bem guardado. No início, imaginei que fosse uma universidade ou hospital particular, por causa do luxo, mas, agora, já estava começando a crer que pudesse se tratar de um Banco ou instituição de valores, por causa da excessiva segurança.

Caso não fosse, por que os responsáveis por aquele local teriam tanto receio de algum assalto? Sem dúvida, eles estavam bem resguardados e deviam contar com uma excelente equipe de segurança.

Percorremos aquele lugar de um extremo ao outro, como se Hermes desejasse me apresentar todo o corredor, que era bem menor do que os anteriores.

Depois, ele me falou:

— Roger, agora é contigo! As próximas portas devem ser abertas pelas tuas mãos.

Esbocei um riso nervoso e disse-lhe:

— Como assim, mestre? Como posso saber qual a porta certa se nem sequer sei onde estou e o que procuras?

Com um olhar extremamente afetuoso, ele colocou a mão sobre o meu ombro e falou sem rodeios:

— Tu não sabes e eu também não sei. Mas, se tu soubesses, qual porta seria? Lembra que o teu inconsciente sabe! É só deixar fluir a tua intuição.

Aquela frase enigmática de Hermes causou-me estranheza, mas eu sempre confiei nele, portanto, não duvidei. A quem mais, além dele, eu poderia me entregar sem reservas?

Universalismo Crístico Avançado

Ele sempre me amparou nos momentos difíceis, jamais me abandou e, de forma nenhuma, traiu-me.

Em vista disso, sem pestanejar, caminhei pelo corredor olhando com atenção para cada porta e meditando diante delas para tentar identificar intuitivamente qual seria a nossa passagem. Imaginei que conhecia aquele local de outra vida ou por meio de minha consciência imortal, livre das influências da vida física, que tanto nos limitam.

Eu fiquei alguns bons minutos em frente a cada uma delas e nada... até que parei diante da que possuía as diversas trancas de segurança e algumas inscrições misteriosas que me deixaram curioso. Parecia se tratar da antiga língua atlante, mas resolvi não me concentrar nisso. Apesar de sentir algo estranho ali, desde o primeiro momento, não me demorei muito em frente a ela. Achei que seria inútil. Já que estava absolutamente travada.

Hermes chamou-me a atenção:

— Querido irmão, por que tu não analisaste adequadamente esta porta?

Eu apontei as trancas e disse-lhe, demonstrando impotência:

— Essa nós não temos como abrir. Tu tens as chaves?

Ele fez um sinal de contrariedade e pediu-me para voltar a ela e me concentrar. Sem protestar, atendi ao seu pedido. Realmente, tinha algo de especial ali, porque senti algo diferente. Talvez ele estivesse certo. Fechei os olhos e procurei aguçar o sexto sentido.

A minha mente, então, pareceu mergulhar em um caminho misterioso, típico das trilhas do inconsciente. Senti como se a minha alma mergulhasse num processo profundo de regressão e tive uma nova sensação de *déjà vu*.

Segundos depois, as travas destrancaram automaticamente, fazendo um estrondoso movimento mecânico. Olhei assustado para Hermes e perguntei-lhe:

— Mas o que é isso?

Ele nada respondeu. Apenas me pediu para abrir a porta. Eu coloquei a mão na maçaneta e ela se entregou facilmente ao meu comando. Entrei com passos cautelosos, observando todo o recinto. Era uma área bem protegida. Mesmo assim, não tivemos maiores problemas para ingressar.

Ao contrário dos corredores principais, ali o ambiente era instável. As luzes piscavam de forma intermitente e as paredes ora se apresentavam bem pintadas, ora com aleatórias manchas cinzentas. Imaginei, a princípio, que fosse apenas uma impressão causada pelos problemas de iluminação no local, mas logo perceberia que estava enganado.

Os móveis eram ricamente ornamentados. Alguns eram peças raríssimas da Europa medieval e outros pareciam ser objetos genuínos do antigo Egito. Sem falar de itens que eu não imaginava do que se tratava, por jamais tê-los visto nesta vida. Imaginei que, certamente, o responsável por aquele local tinha realizado ricas experiências, viajando por todo o mundo.

Eu pressentia que estava em um local familiar, e, ao mesmo tempo, percebia um desconforto que não sabia explicar. Era como se alguém estivesse prestes a invadir a minha mais secreta intimidade. Sentia um misto de emoções que ia desde uma estranha aflição até uma incompreensível euforia.

As minhas mãos ficaram suadas e trêmulas. Senti um frio na barriga, sinalizando um medo incompreensível. Cerrei os dentes como se estivesse tendo uma crise de bruxismo, algo tão comum em noites de sono mal dormidas. Passei a bater o pé de forma nervosa, denunciando o meu estado de espírito.

Apesar de tudo, eu estava com Hermes. E isso me tranquilizava. Não contendo mais a minha curiosidade, perguntei:

— Tu me dirás onde estamos ou não?

Ele fez que não com a cabeça e respondeu:

— Melhor não. Faltam apenas duas portas. Já vais descobrir.

Ele me fez sinal para escolher uma nova porta entre três que estavam à minha frente. Eram todas simples e iguais. Como a minha curiosidade estava cada vez mais aguçada, rapidamente escolhi a da esquerda, procurando, assim, ingressar em um ambiente mais estável. Aquelas luzes piscando estavam me agoniando. A cada piscada, faziam um ruído típico de curtos circuitos em redes elétricas, aumentando a minha aflição.

Novamente, as trancas se abriram. Só que, daquela vez, por mais que eu a forçasse, a porta se recusava a abrir.

Olhei para Hermes e afirmei-lhe:

— Alguém deve ter trancado por dentro. Ela não abre!

O mentor, sério como poucas vezes o vi, falou-me, com voz suave e um tom hipnótico:

Universalismo Crístico Avançado

— Concentra-te, meu filho. Ela se abrirá ao teu comando.

Percebi que não era momento para brincadeiras, nem tampouco perguntas, e fiz o que ele me solicitou. Fechei os olhos, segurei firme a maçaneta e a girei com determinação. Dessa vez, ela abriu, sugando a porta para dentro e puxando-me como um imã. Eu me assustei e pedi socorro a Hermes, que vinha logo atrás com serenidade e demonstrando ter absoluto controle sobre a situação. Isso me tranquilizou.

Dentro da nova sala, um turbilhão de energias circundava-nos intensamente; eram como rajadas de vento que agitavam descontroladamente os nossos cabelos. Sons estranhos, que vinham não sei de onde, tornavam aquela experiência ainda mais sinistra.

As paredes pareciam maleáveis, mudando de forma de acordo com padrões que eu não conseguia compreender. O piso também sofria distorções, como se estivéssemos surfando nele. Tudo me parecia instável e caótico naquele novo ambiente.

Imaginei que aqueles sons estranhos fossem fruto da distorção do ambiente, que deveria, também, estar afetando a acústica daquela psicodélica sala. E não estava enganado. Talvez fosse importante traduzir o significado daqueles ruídos, mas, por mais que eu me esforçasse, nada me fazia sentido.

A impressão que tive era de que estava olhando para um programa de computador em "linguagem de máquina", ou seja, em uma compilação indecifrável de códigos.

Assustado com tudo aquilo, gritei para Hermes, porque o barulho era muito intenso e ele não me ouviria de outra forma:

— Que inferno é esse? Por Deus? Onde estamos?

Ele não respondeu. Apenas apontou para o fim daquela pequena sala, onde tinha mais uma única porta. Só que, nessa porta, havia algo que me surpreendeu ainda mais, deixando-me boquiaberto, quase em estado de choque.

Em frente a ela, havia dois guardiões muito fortes e com mais de dois metros de altura. Um deles era a personificação dos anjos de Deus, iluminado e de beleza pura e harmoniosa. Ele estava vestido todo de branco e empunhando um cetro de cristal com intenso brilho. O outro, por sua vez, era também igualmente belo, porém, sensual, sinistro e ardiloso como os magos negros. Ele trajava vestes pretas, cingia um chapéu elegante, da cor vermelha, e segurava um cajado de madeira ricamente trabalhado.

Eu fiquei mudo, sem saber o que dizer. Para ser sincero, até tive vontade de recuar. Dei dois passos discretos para trás, mas terminei pisando desastradamente nos pés de Hermes, que estava atrás de mim. Então, eu me dei conta do quão covarde estava sendo e me envergonhei.

O amorável benfeitor percebeu que eu estava impressionado demais para perguntar e respondeu naturalmente:

— Não são espíritos. São apenas projeções da tua mente para proteger essa porta. Eles são a tua "luz" e a tua "sombra". Todos os espíritos no atual estágio de evolução da Terra possuem essas entidades interiorizadas em suas mentes, em menor ou maior grau. Eles habitam o inconsciente humano, travando lutas homéricas durante o processo de evolução da alma.

Eu concordei com ele. Já havia ouvido falar sobre isso. E perguntei o que deveria fazer. Hermes ergueu as mãos para controlar os elementos em constante turbulência dentro daquela sala e, enquanto amenizava o caos ao nosso redor, disse-me:

— Ordena que liberem a passagem. Tu és o mestre deles e tens a senha para acessar essa porta.

Eu olhei impressionado para o meu orientador espiritual, sem saber o que dizer. Mesmo assim, dei dois passos para frente, olhando firmemente para os dois guardiões e disse-lhes:

— Liberai a passagem! Desejo entrar.

Eu não proferi essas palavras com grande convicção. Não sabia onde estava e nem onde entraríamos. Eu estava inseguro. Passei a suar frio e exteriorizar alguns tremores febris. Os meus pelos ficaram arrepiados.

Imediatamente, o "ser de luz" abriu passagem sem nenhuma contestação. Já a "sombra", por sua vez, esboçou um sorriso sarcástico e resolveu se rebelar.

Hermes imediatamente sussurrou ao meu ouvido:

— Essa é a natureza da "sombra"! Ela o testará e tentará impedi-lo. Tenha mais autoconfiança que ela cederá.

Ouvi atentamente as palavras do querido mestre e procurei me acalmar. Respirei profundamente, sentindo o ar fluir por todo o meu corpo, revitalizando-me. Concentrei a minha atenção na energia sagrada que me envolvia e, olhando firmemente para a "sombra", disse-lhe com convicção:

Universalismo Crístico Avançado

— Abra o caminho! Desejo passar.

O ser sombrio ajeitou a sua capa negra, olhou-me profundamente com seus terríveis olhos vermelhos e falou, com voz irônica, procurando realizar um jogo de medo e insegurança:

— Tens certeza de que desejas entrar aqui e descobrir o que há por trás dessa porta? Acreditas estar preparado para enfrentar a tua ferida mortal, que é justamente aquilo que mais afeta o teu ego?

Eu novamente me concentrei, procurando estabelecer definitivamente o controle sobre a situação e falei com ainda mais autoridade e um pouco de indignação:

— Ouve-me! Tu estás aqui para me servir. Afasta-te dessa porta. Libera a passagem já! Estou com o meu mestre e ele sabe o que é melhor para mim. Confio nele e quero entrar! Sai agora! Vamos!

O ser novamente se demonstrou irônico, mas, dessa vez, afastou-se vagarosamente da porta, demonstrando indisfarçável má vontade. Depois de se retirar, disse de forma pausada:

— Tu não estás preparado para o que verás. Depois, não venhas dizer que não te avisei...

Os dois, "luz e sombra", então, ficaram nos observando a uma distância de mais ou menos três metros, enquanto eu e Hermes nos aproximamos daquela que parecia ser, finalmente, a última porta. Nela havia um teclado numérico que indicava ser necessária uma senha para abri-la.

Eu estava ansioso demais para sair daquele local e pensei angustiado:

— Mais uma barreira! Meu Deus, meu Deus, como abro isso?

Olhei para Hermes e ele apenas fez sinal de que todas as chaves estavam comigo. Mais uma vez, respirei profundamente, procurando controlar o meu estado emocional alterado, e, sem hesitar, coloquei a mão inteira sobre o teclado e disse para mim mesmo com convicção:

— O mundo é mental! Se eu tenho autorização para entrar nessa sala, transforma-te, agora, em uma leitora digital.

No mesmo instante, os elementos se rearranjaram e o teclado se transformou em um *scanner* de leitura digital de mão. Em segundos, uma luz percorreu o aparelho e leu a minha mão, destravando a porta.

Hermes sorriu e falou com satisfação:

— Agora tu finalmente estás compreendendo e acreditando em como tudo funciona. Aqui e na matéria, tudo depende do poder de nossa mente. Sucesso e fracasso estão mais ligados às nossas crenças do que ao próprio fato em si. Isso é criação de realidade! Nós criamos o nosso mundo. Quem percebe isso passa a controlar a própria vida, alcançando os seus sonhos, pois os transforma em fatos reais.

Eu sorri para ele e empurrei a pesada porta que nos permitia acessar a última das salas. Já lá dentro, cerrei a porta, apoiei-me nela para melhor travá-la e, finalmente, respirei aliviado por ter deixado do lado de fora aquelas criaturas enigmáticas.

O nosso destino final era um ambiente sereno, limpo e bem iluminado. Enfim, um local muito agradável. Tudo o que eu desejava naquele instante! Percebi que era ali que Hermes queria chegar e onde ficaríamos por um bom tempo. Finalmente, relaxei!

Era uma sala muito clara e com aparência tecnológica. Nas paredes, vi vários monitores de TV projetando cenas diversas. Porém, o mais curioso estava bem no centro da sala, em uma espécie de altar. Uma luz branca tremeluzente realizava os movimentos oscilatórios de uma chama, só que branca como uma névoa, sendo que, às vezes, oscilava em variados tons de cinza. Parecia a representação de uma alma. Sim, a centelha divina que habita o mais íntimo de nosso ser!

Um calafrio percorreu a minha coluna vertebral, voltei-me para Hermes, espantado, e ele confirmou o que eu havia descoberto:

— Sim, Roger! Adentramos o teu inconsciente profundo. Eis uma representação da parte mais essencial de tua alma.

Em uma fração de segundos, tudo fez sentido em minha mente. As portas para acessar a área mais íntima e inconsciente do ser, as trancas de segurança, as turbulências, a minha luz e a minha sombra protegendo a entrada, defendendo-me de possíveis ataques externos... tudo passou, então, a fazer perfeito sentido.

As sensações que tive ao ingressar em cada estágio retratavam os reflexos internos em minha alma. Ali, naquele momento, serenei, pois estava ciente dos meus medos e anseios. A turbulência havia acabado. Agora estava em paz e com lu-

Universalismo Crístico Avançado

cidez suficiente para estudar aquele mundo íntimo que é o grande tormento psicológico e evolutivo do homem.

Se nós conhecêssemos melhor a nossa natureza inconsciente, compreenderíamos finalmente os nossos dramas interiores, que vão desde o medo de andar de elevador até angústias inexplicáveis que nos acometem sem motivo aparente.

Hermes, já antevendo as minhas futuras perguntas, antecipou-se nas respostas:

— Claro que se trata de uma projeção holográfica para que tu possas melhor compreender e, consequentemente, para que os leitores consigam acompanhar os nossos estudos de forma mais didática. Assim, poderemos entender um pouco melhor o funcionamento de nossa alma, através dessa maquete que simboliza especificamente a tua centelha divina e está intimamente ligada a todos os teus centros de força neste exato momento.

Como já informei, este livro não tem o objetivo de discutir as crenças específicas de cada um, e, sim, contribuir para que as pessoas se conheçam melhor e possam realmente evoluir, permitindo que o amor verdadeiro desabroche em seu coração e alcançando um sincero e real avanço na conquista das virtudes crísticas.

Fascinado com toda aquela reprodução de minha própria alma, resolvi analisá-la com mais atenção. Caminhei em direção aos monitores nas paredes que circundavam a representação holográfica da minha centelha divina, no centro da sala, e percebi que reproduziam cenas de minha vida e as minhas respectivas reações diante delas. Observei que eram memórias muito antigas, algumas de que não me lembrava mais em nível consciente, e que tinham um reflexo direto sobre o meu comportamento atual.

Imediatamente, vi uma cena específica, que não vem ao caso aqui citar, e percebi que ela estava sendo retratada de forma distorcida. Protestei com Hermes, alegando até mesmo um defeito no funcionamento do sistema. Mas ele me respondeu com segurança:

— Querido irmão, esse é o fato tal qual ele o é. A tua recordação da situação é que foi distorcida. Cada pessoa possui um nível de percepção da realidade que, aliado às suas crenças pessoais e à instabilidade do campo emocional, terminam criando um perigoso campo de distorção da realidade, prejudicando as suas decisões e interpretações dos fatos.

Eu fiquei abismado e lhe falei, com uma expressão triste no rosto:

— Espero que o meu campo de distorção da realidade não seja muito grande... Não desejo de forma alguma desvirtuar a tua mensagem que deve fluir incólume pelo meu ser.

Hermes sorriu e disse-me:

— Pelo contrário, tu és um discípulo muito bom para se trabalhar. És fiel aos fatos e enxerga com clareza. Também adotamos mecanismos especiais para garantir isso. Eis o motivo pelo qual te fazemos tantas recomendações nos dias de trabalho, como alimentação e exercícios meditativos.

Porém, na tua vida pessoal, às vezes, essas distorções ocorrem, prejudicando-te devido à intervenção do campo emocional, como veremos no holograma da tua alma. O teu lado racional é muito desenvolvido, contudo, o emocional é pouco trabalhado, causando-te problemas quando essa face da tua alma é exigida.

Tens o conhecimento e a sabedoria de um idoso, mas, no campo das emoções, ainda és um adolescente imaturo, por não teres exercitado essa área da tua alma. Reconheço que temos uma parcela de responsabilidade em relação a isso também.

Desde cedo, nós te chamamos para o trabalho espiritual com a finalidade de seres a nossa ponte entre os dois mundos. Não tiveste adolescência e nem tampouco juventude. Viveste desde cedo para divulgar a mensagem do Cristo dedicadamente, abdicando das interações sociais que todos os jovens normalmente vivenciam.

Constrangido com a minha atual situação emocional, disse-lhe, envergonhado:

— Creio que esse não é o melhor momento para analisar em praça pública a minha alma...

Ele me abraçou carinhosamente e concluiu:

— Meu pupilo querido, tu estás nesse mundo para seres um instrutor de almas. Qual melhor oportunidade para isso do que ensinar através do próprio exemplo, ainda que, em alguns momentos, seja mostrando aquilo que não deve ser feito? Tu verás! Venceremos transformando a tua dor em luz! Somos alquimistas, não é mesmo?

Universalismo Crístico Avançado

Sorri com a referência de Hermes sobre sermos alquimistas, relembrando a nossa vivência na busca da pedra filosofal na Europa medieval. Não aprendemos a transformar cobre em ouro, mas descobrimos do que se tratava verdadeiramente a busca da pedra filosofal: a transmutação da própria alma, das trevas para a luz.

Ele concordou com os meus pensamentos e disse-me:

— Se tu não tivesses feito tantos estragos em teu período sombrio, após a derrocada da Atlântida, já terias encontrado definitivamente a pedra filosofal dentro de teu coração.

Eu concordei, com um semblante triste, dando-me conta do preço alto que paguei por todos aqueles séculos de rebeldia.

O mestre da Luz me abraçou, meditou por alguns instantes e falou-me, com aquele sorriso inesquecível e acolhedor:

— Por outro lado, a tua existência tem sido muito rica. Às vezes, seguir o caminho mais longo é cansativo; no entanto, vemos paisagens magníficas que aqueles que trilham os caminhos mais fáceis jamais conhecerão.

Com os olhos marejados, concordei, lembrando, em uma fração de segundos, toda a minha caminhada, algumas vezes dolorosa, mas sempre repleta de experiências marcantes e ao lado de almas inesquecíveis...

Hermes não resistiu ao meu estado contemplativo, abraçou-me, beijou a minha fronte com infinito amor, levando-me a lágrimas ainda mais intensas, e, para acalmar as emoções, disse-me:

— Vem! Vamos estudar como se processa o funcionamento da alma.

Aqui, nessas telas de TV, vemos o mundo externo ao ser. Através de seus sentidos sensoriais, ele capta o universo ao seu redor e, por meio do cérebro, registra a sua interpretação daquelas informações, conforme a sua percepção de mundo. No entanto, algumas vezes, a alma é vítima de seus campos de distorção da realidade, criando assim, uma compreensão e realidade próprias a cada indivíduo, mas que não refletem necessariamente o que realmente aconteceu, devido às suas omissões, generalizações, deleções e distorções de fatos.

Eu concordei com um gesto e perguntei:

— Por isso algumas pessoas assimilam os mesmos fatos

de forma tão diferente? O que para um é um fato insignificante e fácil de ser vencido, para outro pode ser de grande tristeza e algo intransponível, levando algumas almas menos preparadas até mesmo ao suicídio? Ou, então, presenciam um mesmo fato, mas um deles o relata de uma forma e o outro com enfoque diferente, geralmente defendendo as suas próprias crenças?

— Exatamente. — respondeu Hermes. — Mas isso também é fruto diretamente do amadurecimento da alma. Quando nos sensibilizamos com a dor de nossos semelhantes, tornamo-nos mais preparados para vivenciar a nossa própria. E as distorções baseadas em crenças, valores, rememorações e decisões equivocadas são mais naturais do que o homem comum imagina.

Eu concordei com um gesto e comentei:

— Sim, eu estou bem desacostumado da experiência pelo caminho da dor. Talvez seja por isso que fui me tornando tão indiferente à dor alheia nos últimos anos. Esqueci-me do sofrimento de meus irmãos por não ter mais vivido situações de dor.

Ele meditou por um breve instante e voltou a me oferecer os seus sábios ensinamentos:

— Tu sabes muito bem que existem dois caminhos para a evolução. Falamos sobre isso desde o nosso primeiro livro *A História de um Anjo*. Existe a trilha do amor e da sabedoria, e a da dor e do sofrimento.

Como tu vens desenvolvendo plenamente a tua espiritualidade desde criança, estava sendo desnecessário o teu aprendizado pelos caminhos da dor. Entretanto, com o passar do tempo, tu começaste a te tornar muito teórico e técnico, abandonando o caminho da compaixão e da caridade para com os teus semelhantes, argumentando que todo o sofrimento alheio é fruto de carma. O que não deixa de ser verdade, mas não cabe a ti julgar, e, sim, sensibilizar-te, ter empatia para com o teu próximo e procurar auxiliar esses irmãos através do amor. Uma alma que não se sensibiliza com a dor de seus irmãos está enferma.

Eu abaixei a cabeça, vencido por suas sensatas argumentações. Hermes percebeu que eu estava receptivo às suas críticas construtivas e, então, prosseguiu:

— Naturalmente, também estás sofrendo o impacto de

teu desenvolvimento humano anormal. Como já falamos, tu te dedicas desde criança ao nosso trabalho, nunca pudeste e conseguiste te dedicar a amar verdadeiramente alguém, fato que ocorre pela primeira vez geralmente na adolescência. E, somente agora, aos quarenta e dois anos, vivenciou a primeira experiência realmente marcante. Pena que foi negativa devido à tua imaturidade e a da pessoa que escolheste.

Mas isso vai passar! Somente pessoas que não compreendem a vida morrem por um amor não correspondido. E tu tens um trabalho maravilhoso pela frente, ao nosso lado. Estaremos contigo, amparando-te e auxiliando-te mais uma vez.

Além disso, tu bem sabes que não existem almas gêmeas. Ninguém nasceu para ser a metade de outro, ou algo assim. Almas inteiras e realizadas não têm carências. Já são completas. Existem somente almas afins! E elas se unem por ligação, cumplicidade, conexão e semelhança. Jamais por dependência ou para ser uma "bengala" uma da outra.

Pensa nisso! Apenas ainda não encontraste alguém que esteja na mesma sintonia que tu, ou seja, que possua os mesmos valores e ideais. Tem fé!

Eu agradeci sinceramente com um olhar e ele, então, apontou uma área daquela misteriosa chama tremulante, no centro da sala, e falou-me:

— Agora veremos o holograma da tua alma, que é infinitas vezes mais complexa do que o cérebro humano. Cada região atende especificamente a um centro de percepção e desenvolvimento de nosso eu. Algo ainda incompreensível aos médicos e cientistas da Terra, que mal conseguem compreender o cérebro, muito menos a alma. Levará muitas décadas ainda para a natureza da alma ser desvendada tecnicamente pelo homem.

E, olhando e apontando para a minha centelha divina, disse com satisfação:

— Vê como a tua alma é boa no conjunto: tons claros e harmoniosos. A energia que flui é dinâmica e saudável. Bons valores, dedicada ao progresso e a nobres ideais. Um dia, eu mostrarei algumas coisas que te assustarão.

Eu, então, vi uma área, mais ao lado, que estava escurecida e com energias em desalinho, e perguntei:

— E por que essa área está assim tão feia?

Ele parecia estar aguardando aquela pergunta e respondeu:

— Como eu estava dizendo, tu evoluíste satisfatoriamente bem pelo campo do conhecimento, mas te afastou das experiências e reflexões voltadas para os sentimentos nobres da alma. Em algum momento de tua jornada, o teu carro saiu dos trilhos e passaste a demonstrar sinais preocupantes de egoísmo, frieza e indiferença para com os teus semelhantes. E isso, naturalmente, ativou essa região da tua alma para despertar o processo evolutivo através dos caminhos da dor e do sofrimento.

Ele refletiu por mais alguns segundos e prosseguiu:

— Esse é um processo natural e salutar de reequilíbrio da alma. É como um alarme que dispara indicando problema. Pessoas lúcidas espiritualmente identificam o soar do alarme e reorganizam o seu mundo íntimo. Já os alienados não percebem o aviso e, geralmente, terminam iniciando a sua correção do desequilíbrio espiritual de forma amarga nos vales de sofrimento do plano espiritual, após a sua morte.

Eu percebi que Hermes tinha razão. Ultimamente, estava me sentindo mais amargo com relação à vida e ao mundo, mas, também, achei injusta aquela avaliação devido a todo o trabalho que tenho feito pelo esclarecimento espiritual da humanidade, e questionei-lhe:

— Eu dediquei a minha vida toda ao ideal do Universalismo Crístico. Escrevi, juntamente contigo, diversos livros que ajudam milhares de pessoas. Não entendo isso como egoísmo, frieza e indiferença. Pelo contrário, se eu fosse egoísta e indiferente, estaria cuidando dos meus interesses pessoais, como faz a humanidade em geral. Teria constituído família, tido filhos, e estaria vivendo voltado apenas para o meu próprio umbigo, atendendo aos interesses da família genética, e não da família universal, como sempre fiz.

Hermes concordou com uma suave reverência e respondeume:

— Sem dúvida, mereces muitos méritos pelo teu trabalho. E, por isso, interviemos a tempo, esclarecendo-te. No entanto, além do trabalho que realizas, precisas de uma atuação mais direta, mais humana, reintegrando-te com os semelhantes que cruzam o teu caminho, além do belo trabalho que já fazes pelo coletivo.

Ele, então, chamou a minha atenção para mostrar-me uma

região da projeção holográfica de minha alma completamente iluminada, parecendo um diamante refletindo o brilho da luz. Enquanto eu observava, maravilhado, Hermes me falou:

— Vê, aqui! Essa é a região que abriga o amor pela coletividade, o amor idealista, que tens em abundância no teu coração. Talvez tu estejas com deficiência de amar individualmente as pessoas, no entanto, as tuas ações e os teus sentimentos para o ideal de esclarecer e iluminar a humanidade são dignos de louvor e te qualificam para a missão que colocamos em tuas mãos com absoluta confiança.

Senti, naquele momento, com as palavras carinhosas de Hermes, uma sensação de reconhecimento e paz. Eu tinha passado os últimos meses sofrendo tantas agressões e críticas sarcásticas da pessoa que amava que já estava com a minha autoestima seriamente abalada. Já tinha dúvidas sobre qual era o meu real valor e sobre o quanto eu amava os meus semelhantes e a humanidade como um todo.

O generoso mentor, então, me olhou com profundo amor e falou:

— Se não acreditássemos em ti, querido irmão, se não acreditássemos na beleza de tua alma, não estaríamos trabalhando todos esses anos ao teu lado. Sabemos o que fazemos! Não te martirizes por críticas infelizes, mesmo que tenham vindo da pessoa a que ainda estás tão ligado. No atual estágio evolutivo em que ela se encontra, ainda é comum a atitude de apontar nos outros os defeitos que não quer enxergar em si própria. Trata-se de uma forma de autodefesa egocêntrica.

Eu me emocionei com as suas palavras e demonstrei, com um olhar, a minha imensa gratidão por todo o seu carinho.

Sim. Eu havia cometido um erro para com os meus semelhantes no âmbito individual. Precisava ouvi-los e ampará-los em seus dilemas particulares. O trabalho coletivo estava a contento, mas essa ação individual precisava ser reavaliada por mim. Só me restava, então, aprender a lição para não mais ser convidado a trilhar a estrada da dor, segundo as sábias leis divinas.

Depois de certa reflexão, perguntei-lhe:

— Grato, meu irmão. Isso me conforta. Tudo o que passei me fez pensar se já não era mais digno do teu amor. Então, estás me dizendo que essa experiência emocional terrível que vivi em 2011 foi uma punição divina pelo meu egoísmo, frieza e indiferença para com os meus semelhantes?

Hermes sorriu carinhosamente e disse-me:

— Caro irmão, tu bem sabes que Deus não fica analisando a vida de cada um individualmente e atribuindo prêmios ou castigos conforme o merecimento. Existe a lei de "ação e reação" que a tudo rege e interpenetra o Universo. Tudo o que aconteceu contigo no ano que passou foi apenas fruto da tua própria semeadura. Lembra-te de que a semeadura é livre, mas a colheita é obrigatória, conforme nos ensinou Jesus.

Ao ouvir a advertência do sábio instrutor, meditei sobre tudo o que tinha acontecido comigo nos últimos anos, sobretudo no campo dos relacionamentos que tive, os quais, para mim, foram somente relações passageiras e sem um envolvimento profundo, mas que poderiam ter tido mais importância para as mulheres com que me envolvi, que podem ter sofrido com a minha indiferença.

Refleti que, naquele momento, era possível que eu estivesse padecendo tanto ou mais do que elas. Sem dúvida, estava colhendo o que plantei. Fui indiferente com os sentimentos alheios e, naquele momento, estava recebendo a mesma indiferença para com os meus sentimentos. Mensagem recebida!

Somente sentindo na "carne" é que compreendemos a real intensidade de nossos atos negativos. Essa é a evolução pela dor e pelo sofrimento. Almas sensatas e sábias evoluem pelo caminho da luz e da sabedoria. Já aqueles que ainda estão em evolução transitam pelos dois caminhos. O primeiro passo para a felicidade eterna é alcançarmos a plenitude de uma evolução que se dá exclusivamente pelo caminho da luz.

Além do reflexo de ações da minha atual encarnação, havia ainda os resquícios de meu passado distante, na antiga Atlântida, onde, depois de minha revolta pela morte de Evelyn, passei a ter relações com mulheres sem respeitar os seus sentimentos, causando, até mesmo, indiretamente, a morte da irmã de Gadeir, como relatamos no livro *Atlântida – No Reino da Luz*. Apesar de muito tempo já ter se passado desde aquela época, sempre podem existir reflexos que precisam ser dirimidos. A purificação de nossos erros do passado é um trabalho longo e complexo.

E creio que a impossibilidade de evoluir ao lado de Evelyn (Crystal) novamente, devido ao meu atraso evolutivo, tem feito com que eu tenha dificuldade para encontrar uma pessoa com quem seja capaz de estabelecer uma sintonia plena e verdadeira. Talvez esse equilíbrio só me possa ser proporcionado por Sol ou Lua.

Hermes percebeu os meus pensamentos e tranquilizou-me:

— Não te punas dessa forma. A tua experiência pelo caminho da dor não é tão grave. Existem pessoas cuja vida é um constante sofrimento. Pessoas em cuja vida absolutamente tudo dá errado, desde problemas de cunho social, financeiro e amoroso até problemas de saúde etc. E o mais triste é que elas não percebem que estão em desarmonia com a lei universal e continuam gerando mais e mais carmas para si mesmas.

O teu caso foi simples. Foi apenas um alerta. E tu estás tendo humildade para reconhecer, o que já facilita muito o reencontro do caminho do reequilíbrio. Nem todos fazem isso. Muitos são teimosos e ingratos, o que faz com que o seu tempo de padecimento seja infinitamente maior, estendendo-se, em alguns casos, por várias encarnações.

Ao ouvir aquelas palavras de Hermes, lembrei-me da vez em que ele me mostrou o "carma do mendigo", do qual já falamos anteriormente neste livro. Estávamos em estudo no astral e paramos perto de um indigente, e o generoso mentor me mostrou a encarnação anterior dele, quando havia sido um grande empresário gaúcho e passava insensível pelos mendigos que dormiam ao relento durante o rigoroso inverno do sul do Brasil. Embora possuísse recursos para mudar aquele triste cenário, a sua alma se encontrava em um padrão de tamanha indiferença que nada fez, precisando retornar à Terra naquela penosa condição para sentir "na carne" todo aquele sofrimento e, assim, finalmente sensibilizar a sua alma em relação à miséria humana.

Eu meditei por alguns instantes e pensei: "Graças a Deus que recuperei a lucidez rapidamente. Agora é hora de trabalhar pelo reequilíbrio, voltando-me sinceramente para as virtudes crísticas".

Hermes concordou com os meus pensamentos e falou:

— Sim, fico feliz que tu tenhas tido esse gesto digno de humildade, porque outro problema já estava se tornando mais destacado. Vê esse cenário aqui em tua alma.

Eu olhei para um determinado ponto da centelha divina, que tremulava agitada naquele canto e, rapidamente, refletiu nas telas televisivas nas paredes que retratavam cenas de minha vida onde, de alguma forma, eu tinha demonstrado sentimentos de arrogância e egocentrismo.

Mais uma vez, tive de baixar a cabeça e reconhecer a minha fraqueza em silêncio, com uma serena lágrima escorrendo pela face. Hermes me abraçou e prosseguiu acompanhando as cenas, apertando forte o meu ombro, dando-me forças para enfrentar aquela batalha contra o meu ego inferior.

Eu tentei me justificar, dizendo:

— Algumas vezes, a alienação espiritual da humanidade me decepciona de tal forma que não os vejo como irmãos. Entra em cena, então, o meu lado justiceiro, de achar que o sofrimento que colhem é merecido por viverem uma vida voltada exclusivamente para o materialismo e interesses mesquinhos...

Hermes me olhou com imensa compaixão e disse-me:

— Meu filho, tu não está aqui para julgar, e, sim, para seres o professor. Deves ensinar, amar e seguir o teu caminho. Deixa que Deus, através da lei de ação e reação, exerça os julgamentos. Convença-te disso e serás feliz! Tens tudo para obter a vitória máxima nesta existência. Não a jogues fora por causa de tola e infantil arrogância.

Por um lado, tens a alma iluminada pelo desejo de trabalhar em nome da mensagem crística e realizá-la, como tens feito com dedicação. Ficas feliz e amorável com quem ouve a mensagem. Entretanto, por outro lado, rebelas-te com a imaturidade dos que persistem no erro ou na simples alienação, obscurecendo, assim, o brilho de tua alma generosa.

Eu concordei, mas tentei me justificar mais uma vez, dizendo, em um tom de voz desanimado:

— Sinto-me cansado de trabalhar há tantos anos pelo esclarecimento espiritual da humanidade e saber que tão poucos ouvem a nossa voz. Livros e músicas vulgares fazem sucesso, ao passo que os livros que escrevemos ao longo de nosso trabalho de quase doze anos continuam com um alcance tão limitado...

Hermes sentou-se ao meu lado e falou, convidando-me à reflexão:

Universalismo Crístico Avançado

— Meu filho, por que o fato de tão poucos se interessarem pelos nossos ensinamentos necessariamente tem que te afetar?

Eu sacudi a cabeça, de forma negativa, sem saber o que responder.

O nobre mentor aproximou-se mais de mim, colocou a mão em meu ombro, de um jeito fraterno, e declarou, de forma brilhante e sensata:

— Apenas trabalha sem esperar nada em troca. Cumpra a tua missão à risca e deixa nas mãos de Deus o julgamento e o destino do mundo.

Eu me dei por vencido e falei:

— Certo. Sem dúvida, tens razão. Creio que estou envolvido por um desejo egocêntrico de ver o nosso trabalho ser aceito e reconhecido. Não devo agir assim. Não deve ser esse o meu papel no mundo.

Nesse exato instante, através das palavras de Hermes e da reflexão sobre a dor sofrida com o fracasso do relacionamento em que havia depositado tantas esperanças, amadureci a minha alma e despertei novamente a minha mais profunda espiritualidade, que tinha sido obscurecida pelas rememorações necessárias para escrever o livro *Atlântida – No Reino das Trevas*.

Agora, mais do que nunca, percebia o alerta de Hermes sobre as influências negativas de nosso último livro que só seriam plenamente sanadas neste atual trabalho. E ele estava certo. Só não imaginei que o sonho de um amor verdadeiro, o qual, na verdade, não passava de uma paixão hipnótica, pudesse ser um instrumento para isso. As trevas jamais dormem! Preciso estar sempre atento.

Refletindo sobre a experiência triste que tinha vivido no ano passado, perguntei ao mentor:

— Por que me atraio e apaixono por mulheres problemáticas, negativas, fúteis e insatisfeitas com a vida, como a personagem Kermosa do livro *Akhenaton* e dos dois volumes sobre Moisés? Seria isso um carma que não consigo solucionar há séculos?

Hermes desviou o olhar da análise que estava fazendo de minha alma projetada e respondeu:

— Não vejo como um carma. Apenas tens repetido padrões inconscientes equivocados. Tu te apaixonas pelo exterior das mulheres. Analisas mais a casca do que a alma. E, infelizmente, muitas mulheres bonitas e sensuais não tiveram boas experiências de vida no campo espiritual e emocional, tornando-as despreparadas para um relacionamento de amor e doação, algo absolutamente necessário para a tua companheira nessa missão especial que o Pai te delegou. Meu filho, almas pequenas não são capazes de compreender o trabalho que vieste edificar na Terra.

Ele meditou mais uma vez, procurando as palavras certas, e prosseguiu:

— Para almas imaturas, a beleza física não é uma benção; pelo contrário, representa um terrível fardo. Geralmente, as mulheres bonitas vivem desde a adolescência sendo assediadas por rapazes fúteis e que pouco contribuem para o seu crescimento integral. Pelo contrário, elas são elogiadas e assediadas demasiadamente, desequilibrando-as no campo da vaidade e da arrogância.

Além do mais, isso lhes rouba o tempo de solidão necessário para que se dediquem ao desenvolvimento do intelecto e da espiritualidade. Ou essas nossas irmãzinhas se casam cedo demais, sem estarem preparadas, ou colhem frustrações emocionais contínuas, prejudicando o seu desenvolvimento humano e espiritual, o que, com o passar dos anos, resulta em sérios transtornos psicológicos. E isso vale para os homens bonitos também. Todavia, a mulher, por ter uma psique mais sensível, sofre maiores consequências.

Sim. Entendi ao que Hermes se referia. Os homens malandros e que desejam apenas uma curtição momentânea geralmente são "só elogios" às mulheres vaidosas, criando a falsa ideia de que são perfeitas, pouco se importando com as suas necessidades urgentes de crescimento interior.

Já os homens que amam de verdade desejam que a sua companheira cresça e adquira valores. Fazem uma crítica positiva porque esperam construir uma união duradoura com ela. Preocupam-se em abrir-lhe os olhos para a necessidade de melhorar em todos os aspectos.

Mas, como elas foram muito mimadas por toda a vida pelos galanteadores sem compromisso, rejeitam e se ofendem com as críticas construtivas que recebem de quem realmente

Universalismo Crístico Avançado

as ama. O verdadeiro amor não é ficar apenas paparicando egos, mas, sim, ajudar a crescer!

Em resumo: o que é o amor verdadeiro? É apenas dar "tapinhas nas costas" das pessoas, de forma sorridente e simpática, fazer elogios superficiais e gentilezas? Ou amar verdadeiramente é procurar esclarecer, orientar com carinho, ainda que com firmeza, procurando ajudar a perceber os caminhos equivocados pelo qual estão seguindo? Amar é apenas agradar de forma superficial, dar uma alegria momentânea, ou construir juntamente com a pessoa um roteiro definitivo de felicidade através de um aconselhamento sincero? Meu Deus! Será que estou tão enganado assim ou as pessoas é que estão cometendo graves erros de percepção sobre a vida?

O grande mestre espiritual aguardou as minhas reflexões e nada disse a respeito delas. Em seguida, resolveu analisar o meu problema especificamente.

— Já o teu inconsciente busca mulheres problemáticas porque tu crês que a tua missão é ajudar as pessoas a se encontrarem. Assim como fazem algumas pessoas que se casam com alcóolatras na esperança de curá-los.

Depois que passas a namorá-las, tu tenta mudá-las, mas não tens esse poder, nem direito, que é exclusivo do livre arbítrio de cada um. Tu deves lhes mostrar o caminho, sem envolvimento emocional, e não obrigá-las a trilhá-lo.

Ele silenciou por um instante e concluiu:

— Quando olhares mais para a alma das pessoas, e menos para o exterior, encontrarás uma pessoa especial que te afastarás definitivamente desse perfil das "Kermosas". Não analises isso pela ótica do carma. São apenas os teus padrões inconscientes em relação a esse assunto, como já te falei. Conhece-te melhor! Muda teus padrões. E verás que a tua vida será muito mais feliz.

Hermes tinha razão. Muitas mulheres especiais passaram pela minha vida, mas não tocaram o meu coração, porque certamente o meu foco de atração emocional está distorcido. Se a minha missão e vida são espirituais, tenho de encontrar uma pessoa com bons valores e evitar aquelas que se dizem espiritualistas, mas são, na verdade, tristes fraudes.

E como não percebi isso antes? No início, ela parecia ser a pessoa ideal, com todos os valores e atributos que sempre sonhei. O que aconteceu então?

Hermes percebeu as minhas reflexões e respondeu:

— Não percebeste porque estavas carente em tua busca desesperada pela mulher de teus sonhos. Isso fez com que o teu campo emocional visse somente o que ele queria enxergar. O teu lado racional se perdeu e comprou algo ilusório, falso, no afã de resolver essa carência. Ela sempre foi a mesma pessoa; os teus olhos é que viram o que não existia.

O querido mestre fez uma pausa e concluiu, com total sabedoria:

— A verdade sempre esteve lá! Tu que não querias enxergá-la, mesmo nos momentos mais difíceis. Foi uma ação inconsciente de tua alma na tentativa de resolver de uma vez por todas essa angústia de não encontrar a mulher ideal. A tua alma viu nela algo que nunca existiu. Foi pura ilusão!

Sim, idealizei tanto a pessoa perfeita para mim e, por não encontrá-la, criei uma ilusão em quem não tinha os atributos que eu procurava. Agora, voltando no tempo e analisando cada dia de nossa relação, vejo que foi tudo um grande engano. Os sinais sempre estiveram presentes, mas eu só via uma perfeição que nunca existiu, com exceção dos primeiros dias, que são aqueles em que naturalmente sempre mostramos o melhor de nós para concretizarmos a conquista. Logo depois, tudo ficou bem claro, mas, inconscientemente, eu me neguei veementemente a aceitar a verdade por medo de perder alguém a quem tinha me afeiçoado tanto.

Eu, então, olhei para a representação de minha alma e disse-lhe:

— Não teria como desligar a área responsável pelo interesse no amor humano e deixar ativo apenas o amor altruístico? Prefiro ficar só a ter de viver esses tormentosos relacionamentos que prejudicam a minha concentração e atrapalham a minha dedicação ao trabalho que devemos realizar. Tu sabes que o projeto Universalismo Crístico é, sempre foi e sempre será a prioridade número um de minha vida.

Em seguida, abaixei a cabeça e falei, com um aperto no coração e excessiva dramaticidade:

— Apaixonar-se é a experiência mais horrível que um homem pode viver. Não quero isso nunca mais para mim.

Hermes me olhou com carinho e respondeu:

Universalismo Crístico Avançado

— Sei, sim, meu filho, de teu empenho pelo Universalismo Crístico. E não te decepciones tanto com o amor romântico. Estás sendo muito exagerado! Uma pessoa errada não significa que todas serão assim. Em breve, encontrarás uma mulher equilibrada e harmonizada que te ajudará em tua missão, dividindo contigo todas as esperanças da construção de um novo mundo, onde vós sereis felizes até o fim de vossos dias nessa existência.

Mas, como já te disse, para isso tu precisas mudar os teus padrões. Pede ao Universo uma mulher generosa, compreensiva e tolerante que possa ajudá-lo, e não uma pessoa carente que precise de socorro. Não confundas a caridade que deves realizar pelo mundo com o amor verdadeiro que procuras.

O objetivo da vida é sermos felizes! Falaremos, nos próximos capítulos, que, para resgatar um carma, é necessário adquirir o aprendizado, não basta vivê-lo. Da mesma forma, para evoluirmos não é suficiente realizarmos grandes obras. Precisamos fazer isso com amor e felicidade. Deves mudar a tua forma de ver as coisas. Meu irmão, realiza a tua missão com alegria e verás que atingirás o objetivo muito mais rápido e ainda serás feliz. A tua caminhada será mais prazerosa!

Hermes tinha razão. Eu tenho tanto conhecimento espiritual, mas agora vejo que estava cego e tenho muito a aprender. Conhecimento e experiência são duas coisas distintas. O meu despreparo no campo emocional custou-me muito caro. Mas é algo que eu posso reverter e aproveitar esse aprendizado para o meu crescimento interior e para o trabalho que estamos realizando.

Deus, em sua infinita sabedoria, utilizou-se da lei de ação e reação para chacoalhar a minha alma e, assim, poder realizar esse trabalho com a sensibilidade que ele exige. O nobre Hermes deseja, neste livro, enfatizar o desenvolvimento real dos valores espirituais. Como eu poderia escrever sobre isso sem esse "choque" que estremeceu as fibras mais íntimas de minha alma?

Ele, então, resgatou-me de minhas reflexões chamando a minha atenção para verificar novamente a projeção de minha alma. Os seus olhos brilhavam, enquanto ele me dizia com profundo interesse:

— Vê, nessa região aqui, a área turbulenta. Eis a tua zona

de sofrimento devido à dor emocional que estás sofrendo. Estás padecendo por isso, mas, ao mesmo tempo, essa instabilidade está acionando várias outras regiões de tua alma que estavam adormecidas, provocando-te diversas reflexões sobre a tua existência e como estavas conduzindo a tua vida.

Querido irmão, estás amadurecendo no campo emocional! Sairás desse infortúnio com a tua alma ainda mais vitoriosa. Tu te tornarás uma pessoa melhor, mais sensível e conectada com os anseios e necessidades dos teus semelhantes. E, só por isso, essa experiência já está te sendo de grande valor.

Ainda estás muito magoado e isso está exteriorizado claramente nas tuas colocações. Mas, com o passar dos meses, a dor passará, e agradecerás, de coração, a quem te feriu de forma tão inconsequente. A dor passa, mas o aprendizado fica! Um aprendizado que, certamente, será útil aos dois.

E, quando chegar a pessoa realmente especial em tua vida, aquela que mereces, tu estarás amadurecido e à altura de viver esse grande amor.

Sorri, em silêncio, com lágrimas nos olhos, e abracei o querido mentor, agradecido por suas generosas palavras. Ele passou a mão na minha cabeça, como faz um pai com o seu filho, e falou-me, apontando para áreas específicas de minha alma:

— Consegues ver os reflexos gerais que a zona de sofrimento tem te causado? Regiões que antes estavam adormecidas passaram a vibrar intensamente em tua alma, como, por exemplo, a da compaixão, que é o sentimento de pesar que desperta em nós ante a infelicidade, a dor e o sofrimento de nosso próximo. Isso é lindo de ver! — concluiu o mestre, empolgado.

E, realmente, eu estava sentindo isso nos últimos dias, conectando-me mais com os problemas das pessoas e sendo solidário em suas dores. Parece que, quando estamos sofrendo, o ato de tentar amenizar a dor alheia se torna um bálsamo sagrado para as nossas próprias feridas.

Ao perceber isso, dediquei-me a realizar atividades assistenciais, sem dizer nada a ninguém. Sempre que podia, passava horas conversando e auxiliando pessoas carentes. Eles acreditavam que eu estava sendo caridoso com eles, mas quem recebia as bênçãos era eu mesmo.

Esse gesto de me focar na dor alheia fez com que eu es-

Universalismo Crístico Avançado

119

quecesse momentaneamente a dor que me consumia todas as noites antes de dormir e ao acordar. As primeiras vezes em que voltei a sorrir aconteceram nos braços dessas admiráveis pessoas desafortunadas. A caridade, sem dúvida, é o melhor e mais saudável antidepressivo que podemos encontrar.

Toda essa experiência traumática me fez refletir, também, se o amor entre duas pessoas não é algo egoísta, porque terminamos nos isolando dos amigos, pessoas queridas e parceiros de ideal para vivermos aquela relação exclusivista e, algumas vezes, carregada de ciúme doentio. Mas creio que Hermes tem razão: o amor com a pessoa certa deve ser sublime, com a errada é que se torna um terrível problema.

Quando eu encontrar a pessoa ideal, ela me acompanhará em todas as minhas iniciativas de luz, compreendendo, profundamente, a missão que devemos realizar.

Interrompi as minhas meditações e falei ao mentor amigo:

— Sim, eu compreendo! Mas a dor é muito grande. Maior do que uma dor física. E é muito difícil lidar com ela. Tem momentos que penso estar curado, mas, quando menos espero, ela reaparece repentinamente, oprimindo o meu peito e causandome muita tristeza. Tenho medo de não vencê-la.

Sem me dar tempo para novas reflexões, ele atalhou, de forma categórica:

— Tens que evitar pensar nela. Muitas vezes, a intenção de se mudar uma vivência desagradável piora a situação por energizá-la ainda mais com a atenção dada a ela. A vontade de corrigir, procurando entender os erros cometidos, reforça a condição atual, fazendo-a perdurar por mais tempo.

É melhor esforçar-se para limpar as lembranças responsáveis pela ansiedade em relação a determinado problema, porém guardando a lição. A recordação provoca ansiedade e tristeza; já a construção de uma nova realidade é como uma folha de papel em branco, onde poderemos desenhar um novo e iluminado destino.

Ele ficou em silêncio por alguns instantes e falou-me com um olhar amoroso:

— Vencerás, meu filho! Confia em mim. Eu estou contigo hoje e sempre.

Esbocei um tímido sorriso. Senti-me feliz por ter o apoio do querido mentor. Contive-me para que novas lágrimas não brotassem do fundo de meu coração. O amor e o carinho do querido amigo invadiam-me, transbordando-me de serenidade e paz.

E assim, satisfeito com a evolução de minha alma, conquistada através da dolorosa ferida aberta nela, perguntei a Hermes:

— Antigamente, eu tinha a visão de que o aprendizado pela dor e pelo sofrimento era algo negativo, devido à nossa recusa em evoluir com sabedoria, mas agora vejo que, em alguns casos, o aprendizado pela dor pode ser muito útil. Não é assim?

Ele concordou demonstrando especial interesse na abordagem que lhe apresentei, e respondeu com empolgação:

— Seria maravilhoso se evoluíssemos somente pelo caminho do amor e da sabedoria. Entretanto, é muito difícil, no atual estágio evolutivo em que se encontra a Terra, dispensarmos o aprendizado pela dor. Por isso, Jesus nos disse que só encontraríamos a felicidade eterna no reino dos Céus.

Eu fico triste em ver que a escola da dor não é entendida pela humanidade. Em vez de as pessoas se analisarem para corrigirem os erros que cometem em sua vida, partem para lamúrias sem fim, acreditando que o seu sofrimento é uma injustiça de Deus ou dos homens.

Por isso, o trabalho que realizamos precisa ser ampliado. Uma nova compreensão espiritual precisa ser difundida na Terra para que os espíritos encarnados obtenham um melhor aproveitamento da experiência da vida humana.

Volto a afirmar que não existe um só engano na obra de Deus. Colhemos aquilo que plantamos. Sem exceção! Se a vida do homem está desarmonizada é devido ao seu próprio plantio. Façamos uma reflexão geral de nossas atitudes e comportamentos, analisando se temos "feito ao nosso próximo somente o que gostaríamos que nos fizessem". Dessa forma, obteremos as respostas de que precisamos para colocarmos novamente o nosso carro nos trilhos da evolução, através da paz e do amor; sem dores, tristezas e sofrimentos.

A vida é como um espelho. Se tu sorrires para o espelho, ele te sorrirá de volta. Da mesma maneira, a atitude que tomarmos em relação à vida é a mesma com que ela nos retribuirá. E isso ocorre em qualquer situação de nossa existência,

Universalismo Crístico Avançado

121

até mesmo nos mínimos e imperceptíveis detalhes.

É uma pena que as pessoas não percebam isso. Raramente, entendem que estão sendo desagradáveis com a vida e, portanto, terminam recebendo de volta somente aquilo que plantaram. O homem deve analisar a sua existência e, se ela estiver cheia de problemas e à beira do caos, é porque a sua relação com o mundo e os seus semelhantes está equivocada.

Eu admirei profundamente as suas palavras. Inclusive, elas me fizeram erguer o músculo que fica logo acima da sobrancelha, aquele que faz com que ganhemos um ar intrigado, como se eu tivesse escutado, pela primeira vez, algo que merece mais atenção.

Depois, voltei-me para os painéis na parede daquela sala de projeção da minha alma e disse-lhe:

— Querido mestre, tenho me dedicado ao estudo da percepção que temos do mundo. Realmente, os fatos são fatos! A realidade é uma só. No entanto, cada pessoa percebe aquela informação de acordo com a sua capacidade de percepção da realidade, que é seriamente comprometida por traumas desta e de outras vidas. Creio que, se todos nós tivéssemos clareza para compreender bem os fatos, o conteúdo que a nossa alma absorveria seria bem mais lúcido e evoluiríamos melhor.

Ele demonstrou especial interesse pela minha colocação e dissertou prontamente:

— Sim. Esse é um grande problema para a evolução espiritual. Não basta apenas aprendermos os ensinamentos dos grandes mestres, como Jesus. É fundamental tratarmos de nossa própria alma. A humanidade terrena é composta de espíritos ainda em desequilíbrio, que sofreram traumas psicológicos em dezenas de encarnações anteriores e nesta. Sem contar a sua imaturidade, que faz com que interprete os fatos de acordo com os seus interesses infantis e egocêntricos.

E isso é algo que não está enraizado na área consciente da alma. Portanto, por mais que alguma pessoa seja chamada à razão, só mudará o seu comportamento se reconhecer as suas fraquezas e se predispuser a uma sincera meditação reflexiva sobre os seus atos e comportamentos. E, para isso, é necessário humildade, desejo sincero de mudança, sabedoria e perseverança. Um conjunto de atribuições da alma muito raro nos dias atuais.

Eu concordei com ele e falei:

— Sim, é comum vermos espiritualistas dizendo que "vibram plenamente no amor", mas são rancorosos, negativos e maledicentes. Quando são chamados a tomarem uma postura verdadeiramente voltada para os valores espirituais, como o perdão, a tolerância e a compreensão, lançam mão de argumentos absurdos para justificarem a sua atitude incoerente para com os princípios espirituais que abraçaram em sua vida.

Hermes voltou-se para a projeção da alma no centro da sala e voltou a falar:

— É verdade! Essa má captação externa do mundo que o cerca leva ao imo da alma informações contraditórias a serem assimiladas pela sua consciência, que, geralmente, já não possui harmonia para lidar bem com isso. O resultado são distorções crônicas da realidade que podem levar ao estado de loucura ou, simplesmente, algumas patologias psicológicas de impacto moderado, tornando a criatura muito infeliz.

— E o que tu nos sugeres para melhor evoluirmos?

Ele refletiu um pouco e respondeu:

— Sugiro o que já estamos falando desde o início deste trabalho. Se a nossa mente distorce a realidade que capta ao seu redor, devemos nos empenhar em clareá-la, buscando evitar esse desvirtuamento!

É necessário procurar ver o mundo como ele o é, e não como desejamos enxergá-lo. Tentar perceber o porquê de nossa visão das coisas ser sempre diferente das demais pessoas. Será que todos são cegos e somente nós possuímos a visão clara das coisas? Por que todas as pessoas nos perseguem ou nos criticam? Será que estão todos errados e nós somos os certos?

E, se o caso for grave, talvez seja até interessante realizar um tratamento psicológico ou de reprogramação mental através de técnicas como programação neurolinguística ou hipnose.

Estando com a mente mais ciente da realidade que nos cerca, o segundo passo é meditarmos e refletirmos para o pleno desenvolvimento das virtudes crísticas em nossa alma. Atingir um sentimento mais profundo de amor, compreensão, tolerância, perdão, fraternidade etc. Os valores crísticos não são aprendidos do mesmo modo que o conhecimento; eles precisam ser percebidos!

Universalismo Crístico Avançado

Ninguém consegue absorver plenamente essas virtudes da noite para o dia. Trata-se de uma construção que pode levar uma vida inteira, ou até mesmo diversas vidas, para almas leigas no processo de reflexão espiritual.

Em vista disso, temos que procurar nos tornar pessoas melhores a cada dia. Se não consigo perdoar hoje, pelo menos devo procurar guardar um pouco menos de rancor a cada dia, até que esse sentimento negativo seja extinto. Também é necessário trabalhar a alma para não se melindrar por todas as pequenas coisas que acontecem no cotidiano. São fatos naturais do dia a dia, que devem ser interpretados sem afetação. Magoar-se por qualquer coisa é uma atitude infantil, imatura e egocêntrica.

Grandes almas veem a possibilidade de construir o Céu em meio ao inferno. Pequenas almas só enxergam defeitos, mesmo estando no Paraíso.

Eu absorvi integralmente a reflexão de Hermes e afirmei:

— Em resumo, temos que melhorar a nossa percepção de mundo, encarando os fatos como eles realmente são, sem distorcê-los conforme os nossos interesses ou caprichos. Além disso, devemos meditar e refletir, procurando nos compreender melhor para que, através do autoconhecimento, possamos traçar um plano de melhoria com a finalidade de avançarmos na conquista das virtudes que aproximam o homem de Deus. Entre elas, sermos mais amorosos e fraternos.

O grande Hermes Trimegisto abriu os braços em um gesto amigável, realçando a beleza de sua túnica imaculada, e concluiu:

— Sim! Simplesmente isso, meu querido discípulo. Ver o mundo de forma clara e real, sem distorções, e enxergar a ti mesmo, procurando identificar aquilo que deve ser modificado para te tornar uma pessoa melhor.

Eu esbocei um leve sorriso e disse:

— Sim. É muito simples. Basta querermos e nos libertarmos da alienação da vida humana, que faz com que nos comportemos um pouco melhor do que os seres irracionais da Criação Divina.

O querido mestre suspirou e me questionou, de forma divertida:

— Estás pronto, então, para retornar à superfície?

Eu sorri, lembrando que estávamos no meu mundo íntimo mais profundo e disse-lhe:

— Claro que sim. E obrigado por essa aula de autoconhecimento. Espero ter maturidade para realizar esse exercício com frequência em meu dia a dia. E que sirva de aprendizado para os nossos leitores também.

Hermes ficou satisfeito com as minhas conclusões e me convidou para sairmos pela mesma porta por onde entramos, enquanto falava:

— Sem dúvida! Conhecendo-nos a nós mesmos naturalmente promovemos a nossa própria evolução. Uma alma sincera em busca da luz, ao avaliar-se, encontra as suas falhas e procura corrigi-las sem alarde. Não há modo mais eficiente para crescermos!

Concordei com Hermes e nos dirigimos à porta de saída. Fiquei imaginando o que veríamos ao abri-la. Será que a minha "luz" e a minha "sombra" estariam lá? E aquele caos completo na antessala de entrada da minha alma? Como ele estaria agora?

Hermes leu os meus pensamentos e sorriu discretamente. Logo, percebi o seu recado. Abri a porta e o ambiente externo estava tranquilo e harmonioso. A minha "luz" sorriu para mim. Já a "sombra", encontrava-se aborrecida. Ela não havia conseguido realizar o seu intento, que é conspirar contra mim. Sempre que fazemos algo que termina nos prejudicando ou conspirando contra os nossos objetivos, de forma injustificável, é porque esse lado negativo de nosso inconsciente tomou para si o controle da decisão final.

Saí de lá sem medo, sem angústia, em paz! Ainda não tinha vencido a dor que me causara tanto transtorno. Hermes ainda não tinha resolvido trabalhar a minha "ferida mortal", mesmo com as evidentes ameaças de minha "sombra", ou seja, o meu próprio inconsciente negativo. Contudo, eu já começava a enxergar uma luz no fim do túnel. Aqueles que têm fé no amparo de Deus e do Cristo sabem que, em todas as situações, estando no lado da Luz, é só uma questão de tempo para a paz e a felicidade voltarem a reinar em sua vida.

Universalismo Crístico Avançado

5
Reflexões sobre a viagem
ao Egito em julho de 2011

Por causa dos problemas pessoais relatados nos capítulos anteriores, os quais tiveram início na viagem ao Egito em julho de 2011, não pude captar e me integrar plenamente a essa experiência, perdendo a oportunidade de meditar e sentir as energias marcantes da terra dos faraós, como eu desejava e sonhava desde criança.

Em uma viagem ao Egito, devemos levar conosco somente pessoas especiais, que estejam inclinadas a fazer parte integrante de nossas vidas, mantendo laços eternos de amor e de amizade. As experiências energéticas vividas em um local com cultura e registros milenares, como é o Egito, reavivam recordações intensas de vidas passadas, criando laços muito fortes em almas sensíveis, que se entregam de coração, de forma ingênua e sem reservas.

Talvez esse tenha sido o maior de todos os meus erros e o que terminou acarretando todo o desequilíbrio que sofri e que comprometeu, de forma preocupante, o cronograma de atividades traçado por Hermes para a elaboração deste livro.

Por esse motivo, solicitei a Hermes que me levasse em espírito novamente aos principais locais por onde passamos, para que fizéssemos uma análise da excursão, como eu deveria ter feito na viagem, interligando as sensações físicas e espirituais do passeio. Dessa forma, poderemos trazer essas impressões também a quem não pôde vivenciar conosco essa experiência e gostaria de conhecer um pouco mais sobre os mistérios do antigo Egito, mas ainda não conseguiu realizar esse sonho.

Assim, no meu próximo encontro com Hermes no plano astral, perguntei-lhe:

— Mestre, visitaremos hoje a nossa antiga terrinha?

Ele sorriu com a minha pergunta divertida e respondeu:

— Sim, caro amigo. Esse será um interessante relato para os nossos leitores. E verás que não fugiremos do tema central deste livro.

Hermes olhou para o lado, sorriu e completou:

— E, para essa viagem, teremos uma companhia especial.

Eu me virei para o lado direito e percebi a aproximação de um espírito iluminado por uma abençoada luz dourada, assim como o sol deslumbrante da terra dos faraós. Ele era alto, magro, com feições asiáticas e com uma postura levemente curvada, em sinal de humildade. Sim, era Akhenaton!

Eu fiz um cumprimento solene para o mestre da luz dourada, em sinal de deferência, mas ele achou que isso não bastou para selar o nosso reencontro. Logo, ele me chamou para um fraterno abraço, bem ao seu estilo.

Emocionado, ouvi as suas primeiras palavras com atenção:

— Querido amigo, fico feliz em saber que estás te recuperando e pronto para iniciarmos este relato, o que já devia ter acontecido há alguns meses.

Eu agradeci por sua preocupação comigo e disse-lhe:

— E eu fico feliz por ires conosco ao Egito. Uma das coisas que mais sinto é não poder ter percebido a tua presença espiritual lá da forma como desejaria, principalmente na visita a tua tumba em Amarna, devido à presença de um soldado armado e à antipatia da arqueóloga responsável. Ambos não compreenderam os nossos propósitos na cidade que fora, durante os seus anos dourados, palco de um inesquecível projeto de avanço espiritual para a humanidade.

Ele fez um sinal só seu com a mão, indicando que isso não tinha importância, e falou:

— Meu amigo, hoje em dia é mais interessante visitar o Egito no astral do que no plano físico. Os bons tempos se foram. Lá temos apenas ruínas e uma nova cultura que não está em conformidade com a visão libertadora de nossa busca espiritual.

Mas, no plano do espírito, as energias se mantêm vivas e atuantes, como verás daqui a pouco. Se bem que, estando lá

Universalismo Crístico Avançado

pessoalmente, tocando cada pedra, cada monumento, as almas que estão encarnadas no mundo material podem fechar os olhos e sentir as vibrações energéticas poderosas de um tempo que já se foi.

Akhenaton refletiu por alguns segundos e completou:

— O importante, nos dias atuais, é construirmos a "nova Amarna" no coração dos homens, independentemente do local em que vivamos.

Eu concordei com o sábio mestre, enquanto Hermes chamava a nossa atenção, perguntando:

— Prontos para partirmos?

Eu e Akhenaton fizemos um sinal afirmativo com a cabeça, enquanto eles seguravam as minhas mãos: Hermes à direita e o faraó, filho do sol, à esquerda. Em seguida, fechamos os olhos, realizamos uma breve oração íntima e, na fração de um segundo, abri os olhos e me vi em meio ao platô de Gizé, alguns instantes antes do amanhecer. Foi uma viagem muito mais agradável do que as intermináveis horas de avião para chegarmos até lá em uma viagem física.

O astro rei, mesmo sem eclodir no horizonte, já irradiava a primeira claridade do dia. Porém, o mais admirável de tudo foi ver as pirâmides em suas duas dimensões: a física e a astral. Na frequência material, elas apareciam tal como eu as vi em julho de 2011, ainda imponentes por sua grandeza, mas muito danificadas pela ação do tempo e dos homens.

Todavia, na dimensão espiritual, elas se encontravam absolutamente magníficas, com seu acabamento perfeito, remontando à arquitetura original do final da civilização atlante, há doze mil anos, momento em que as pirâmides foram construídas perfeitamente alinhadas com o cinturão de Órion.

Naquela época, elas eram grandes centros de estudo e manipulação da energia atlante denominada "vril", conforme relatamos nos livros *Atlântida - No Reino da Luz e Atlântida - No Reino das Trevas*. Somente cinco mil anos depois, quando o domínio sobre essa energia foi absolutamente perdido, que esses monumentos foram "lacrados energeticamente" e abandonados pelos sacerdotes. Posteriormente, foram transformados pelos faraós da quarta dinastia em seus suntuosos templos funerários, já que eles não entendiam qual era o significado daquelas construções. Eles até tentaram realizar construções semelhantes, como a pirâmide de degraus de Sakara; mas não obtiveram o mesmo êxito dos atlantes.

Eu olhei para os dois mentores espirituais e disse-lhes:

— Sem dúvida, é melhor visitar o Egito na dimensão astral, apesar da inegável experiência que é conhecê-lo na matéria e estar em condições de perceber e sentir toda a sua energia espiritual.

— Certamente, disse Hermes, imagine as comparações que podes fazer agora que a tua consciência física desta encarnação já conhece os locais. Por isso te trouxemos aqui, em espírito, para teres condições de realizar um bom relato aos nossos leitores e, também, para que, quando regressares na segunda viagem, possas fazer outras observações a partir do que verás aqui na dimensão astral.

Eu concordei com um gesto, percorrendo com o olhar todo aquele conjunto arquitetônico, rodeado por belas árvores e fontes, na dimensão astral. Naquele período remoto, fim da civilização atlante, aquela região não era tão desértica como hoje. A última era glacial da Terra tinha terminado há pouco mais de mil anos, propiciando temperaturas mais amenas nos trópicos e na linha equatorial, porém congelantes nos polos. Além da ação das cheias do Nilo, que fertilizavam a região próxima às pirâmides.

A sobreposição das dimensões me permitia ver perfeitamente os dois cenários: a exuberância do passado, com sacerdotes elegantes e sábios percorrendo as vias arborizadas que ligavam as pirâmides e a esfinge, e a dimensão física atual, onde podia observar apenas o clima árido do deserto e os pobres vendedores que, completamente ignorantes do significado energético e espiritual daquele lugar sagrado, preparavam-se para receber os turistas.

Hermes e Akhenaton me levaram, então, para a pirâmide de Quéops, a maior e mais famosa de todas as pirâmides. Observei que eles estavam me conduzindo para uma entrada pela face esquerda àquela por onde, hoje em dia, os turistas ingressam para visitar a "sala do rei", local onde foi construído o acesso à cripta onde repousava o corpo do faraó.

Eu os questionei sobre aquela entrada, que não aparecia na dimensão física, e Akhenaton me respondeu:

— Caro irmão, a arquitetura da grande pirâmide foi alte-

Universalismo Crístico Avançado

rada, como já falamos. Antigamente, era um templo energético e espiritual, na época em que os atlantes da era de ouro ajudaram a construir esse monumento no início da colonização do vale do Nilo.

Posteriormente, essa entrada foi lacrada com a energia vril, antes que o homem perdesse todo o domínio sobre o "quinto elemento", como essa energia era chamada. A "sala do conhecimento", que vamos adentrar agora, não poderia ser manipulada por mãos profanas pelo bem da preservação da integridade do próprio planeta. São vestígios de uma época que caiu no esquecimento há muito tempo. O homem comum crê que as pirâmides são antigas, mas te digo que ele não tem ideia de quão antigas elas realmente são.

Pulei para a frente deles, expressando incontida curiosidade, e perguntei:

— Quer dizer, então, que existem mesmo salas secretas que ainda não foram descobertas? Quero dizer, além das cinco que os arqueólogos conhecem e ficam nas imediações da "sala do rei e da rainha", e cujo acesso se dá pelo outro lado?

Eles concordaram e Akhenaton disse-me:

— Em um tempo anterior ao período dinástico do Egito, essas pirâmides eram utilizadas para promover o desenvolvimento espiritual e humano do povo que vivia nessa região. Era um tempo em que os antigos diziam que "os homens falavam com os deuses"... herança da influência atlante, como bem narraste nos dois últimos livros.

Eu concordei, em silêncio, ansioso por mais informações e para ingressar por aquela misteriosa entrada. Assim, seguimos por trilhas em jardins lindamente ornamentados, na dimensão espiritual, obviamente, já que, na física, só temos areia, pedra e um deserto escaldante nos dias atuais.

Sem demora, chegamos a uma entrada onde, na dimensão física, só enxergamos os habituais monólitos de duas toneladas sobrepostos uns sobre os outros. Mais de dois milhões e seiscentos mil blocos que pesam, em média, duas toneladas cada um. Uma "massa total" de 31 milhões e duzentas mil toneladas. E os leigos ainda insistem e acreditam que ela foi construída utilizando apenas a força humana...

Hermes acionou, então, um dispositivo na base da grande construção, que era ornamentada com diversos desenhos característicos elaborados com acabamento perfeito, e, em seguida, uma porta se abriu lentamente, deixando-me estupefato.

Os mestres me fizeram sinal para entrar e não demorei um segundo sequer para isso. Rapidamente, infiltrei-me porta à dentro e observei, impressionado, um longo corredor, iluminado por tochas douradas, que não geravam luminosidade a partir do fogo, mas, sim, por meio do vril! Emocionei-me ao ver o quinto elemento em ação novamente depois de tanto tempo.

Depois de uma breve caminhada, deparamos com um amplo salão com uns dez metros de altura, no centro da base da pirâmide, embaixo da famosa "sala do rei", mas muito maior em largura e altura. Na dimensão astral, no centro do amplo salão, havia um altar de cristal transparente onde repousava misteriosa energia tremulante, em forma do símbolo do infinito, mas de pé, como se fosse o número oito.

Sim, caros leitores, era o vril em sua forma elementar! A energia que impulsionou o progresso atlante no passado e realizará o mesmo em nossa humanidade no futuro, quando aqui estiverem encarnados somente os eleitos para a Nova Era. Porém, antes, é preciso purificar o mundo físico de todas as energias negativas geradas pela atual humanidade.

O vril era chamado de quinto elemento porque representava, na antiguidade, um elo perdido entre o mundo material e o astral. Aqueles que o dominavam necessitavam ter o poder sobre toda a matéria, representada pelos quatro elementos: terra, água, fogo e ar, mais o domínio do fluido cósmico universal, o éter, que interpenetra todo o Universo. Era necessário penetrar em uma frequência mais sutil para percebê-lo e somente almas especiais poderiam manipular essa força, de acordo com as suas respectivas capacidades. Uns mais, outros menos.

Através do vril, os atlantes realizavam fantásticas metamorfoses de um elemento em outro, inclusive os que não possuem correspondência química. Essa fabulosa energia era também utilizada para gerar força motriz, e, em aplicações energéticas, para o restabelecimento físico da saúde.

Eu caminhei em direção à Grande Energia e apenas balbuciei:

— Eu não acredito no que estou vendo. O vril realmente está vivo hoje em dia? Ou isso é só uma projeção de um tem-

Universalismo Crístico Avançado

po distante?

Akhenaton colocou a mão sobre o meu ombro e respondeu, de forma calma e pausada, como lhe é característico:

— O vril sempre esteve vivo. Ele apenas se encontra adormecido para o domínio das consciências primitivas da atual fase evolutiva da Terra.

Eu me aproximei da energia tremulante e me concentrei mentalmente para manipulá-la, como fazia na extinta Atlântida. Ela naturalmente respondeu aos meus comandos mentais, sem hesitação e de forma dócil.

Os mestres sorriram com a minha empolgação e Hermes me disse:

— Que tu achas, querido irmão, de utilizá-la para o Bem? Aproveita a oportunidade para exercitar-te. Direcione-a para amenizar a dor dessa humanidade ainda tão sofrida e afastada do caminho da luz.

O nobre mentor se sentou em uma confortável poltrona de material irreconhecível na Terra, ao lado de Akhenaton, e ficou me observando com atenção.

Entusiasmado com a oportunidade, concentrei-me de forma especial e, em pouco mais de um minuto, subiu até o topo da pirâmide a poderosa carga energética vril, passando, também, pela sala do rei, geralmente ocupada por vários turistas no plano físico. Não mais do que um minuto depois, ela já estava circundando o planeta, sob o meu comando.

Fiquei extasiado com a sensação de poder novamente ter o vril em minhas mãos e o distribuí por todo o lugar que passava pela minha mente. Dei ênfase especial ao próprio Egito, pedindo para que o seu povo desperte para uma nova consciência, de paz, amor e democracia, libertando-se das práticas religiosas exteriores (algo ainda comum a todas as religiões), e passando a viver verdadeiramente o amor crístico, respeitando-se mutuamente.

Pedi, também, que serenasse o ânimo de seu povo para evitar mais derramamento de sangue e que os membros da junta militar finalmente realizassem a transição de poder para a democracia, que é tão necessária desde a revolução de fevereiro de 2011, deflagrada a partir dos protestos por liberdade em todo o mundo árabe.

Irradiei uma forma especial da energia vril para que ela

ajudasse a abrir a mente dos egípcios. Desejei-lhes sabedoria no voto para a constituição de um parlamento e de um futuro governo voltado para o Bem e para o progresso, desviando-se do caminho de governos teocráticos e ditatoriais.

Depois de passar alguns momentos maravilhado com aquela experiência, Hermes resolveu me testar e disse de forma intrigante:

— Agora, eu quero que direcione essa energia a pessoas que te fizeram sofrer. Em especial a uma delas, que agora me vem à mente e quero que a leias.

Um calafrio percorreu todo o meu corpo. Naquele mesmo instante, a energia vril desceu do topo da pirâmide e se recolheu sobre o altar, mantendo-se em seu estado dormente, quase como se fosse um reflexo vivo das impressões de minha própria alma.

Um silêncio mortal tomou conta do amplo salão. O som característico do vril havia cessado. Apenas um leve ruído se ouvia, típico de seu estado latente.

Hermes, então, perguntou-me em um tom cordial:

— O que houve, meu querido aluno?

Eu fiquei cabisbaixo, triste, e respondi, em tom quase imperceptível:

— Não consigo...

— Por que não consegues? O que te impede?

Eu gaguejei e completei, de forma confusa e vacilante:

— Ainda não consigo amar indistintamente... Surge, em minha mente, o justiceiro. Aquele Roger que crê que a cada um deve ser dado segundo as suas obras. Quero tomar em minhas mãos a justiça divina. Aplicá-la! Eu sei que não cabe a mim realizar esse julgamento, contudo, é difícil deixar de desejar que ele seja realizado e aplicado.

Todo o mal feito deve ser pago até o último centavo! Pelo bem do próprio agressor. Só assim ele aprenderá e não voltará mais a ferir. Sinto que estarei influenciando a lei de ação e reação se interferir em benefício de quem não merece. Por milênios, fui um senhor do carma. Não é fácil abrir mão de sua própria verdade...

Depois que esvaziei o meu coração, Hermes suspirou e falou de forma pausada e reticente:

— Até quando desejas reproduzir esse padrão? Já dei-

Universalismo Crístico Avançado

133

xaste de ser um senhor do carma há milênios, mas tens voltado a esses mesmos padrões com frequência... Liberta-te de teu personalismo do passado. Já venceste essa etapa. Por que agora, nesse caso específico, voltas a reproduzir esse padrão de um passado distante? Já conversamos sobre isso...

Eu me sentei ao seu lado, sem olhar em seus magnânimos olhos, e apenas falei, procurando eu mesmo me entender:

— Eu sei! A mente sabe. Mas o coração ainda reluta em aceitar.

Os dois mestres se entreolharam, levemente preocupados, e Hermes sentenciou:

— Depois da próxima viagem que farás com leitores até aqui, quero que analises externamente essa pirâmide, procurando conectar-se com o amor incondicional que brota dela na sua dimensão espiritual. Em teu retorno, voltaremos novamente a esse templo sagrado, em espírito, e quero ver a tua vitória absoluta sobre esse ressentimento.

A sentença de Hermes foi firme e inquestionável. Percebi, na mesma hora, a importância que ele dava ao gesto de eu perdoar para poder seguir em frente. Concordei, então, cabisbaixo e derrotado pelas minhas dificuldades, e segui-os em silêncio até nos retirarmos daquela fantástica usina energética, ainda incompreensível para o homem que não despertou a sua consciência espiritual.

Ao transpormos o portal de entrada, percebi que a claridade do dia já estava intensa. O sol já dominava o cenário, com o seu aspecto mágico, que só no Egito é possível vislumbrar, tanto no passado como no presente. E foi isso que tornou o astro-rei uma das mais importantes divindades para os antigos egípcios, seja sob o nome de Rá, em sua forma individual, ou em composição com outros deuses, como Amon-Rá ou, também, como Aton, que tão brilhantemente foi definido pelo faraó Akhenaton.

Todavia, o mais impressionante foi ouvir o canto dos pássaros e o barulho das fontes de água, que, hoje em dia, inexistem no local. Impressionei-me, também, com a proximidade das pirâmides e da esfinge com as águas do Nilo, como já citei.

Hoje em dia, o rio sagrado se encontra bem mais afastado por causa da construção da barragem de Assuan no Alto Egito, responsável pelo controle das cheias do Nilo que antigamente permitiam abundantes colheitas o ano todo, enquanto os demais povos amargavam as terríveis secas do deserto. Como disse Akhenaton em seu célebre hino a Aton: "Tu colocas um Nilo na terra para irrigar as nossas colheitas e dás um Nilo no céu para regar os campos e cidades dos estrangeiros". Entretanto, antes da construção da barragem, os agricultores podiam plantar somente uma vez por ano, porque precisavam esperar a cheia do Nilo baixar. Atualmente, com a construção dos canais de irrigação e sem a cheia do Nilo, realizam três colheitas ou mais por temporada. É uma situação melhor do que a do passado. O progresso e a inteligência do homem propiciam melhores condições de vida em todos os campos.

Os mestres depois me conduziram até a esfinge e pude vê-la como ela era naquele período distante. A sua face ainda era a cabeça de um leão, perfeitamente proporcional ao corpo. Só no período da quarta dinastia que o faraó Kéfren mandou esculpi-la com o seu rosto.

O acabamento do monumento era perfeito como o das pirâmides. Obra divina, fruto da habilidade dos geniais atlantes, que auxiliaram no progresso dos povos primitivos que habitavam o Vale do Nilo.

Apreciando a beleza do lugar, que era perfeitamente arborizado, lembrei-me da pedra próxima à esfinge em que eu havia perdido o equilíbrio em julho, sofrendo uma ruptura no menisco medial.

Eu pensei que apenas praticando a natação já estaria bem fortalecido para as "maratonas do Egito", mas o sol escaldante do verão e o cansaço de caminhar de um lado ao outro pelo extenso planalto de Gizé cansaram as minhas pernas. Em um momento de desequilíbrio em frente à esfinge, tive que decidir depois de saltar de um grande bloco ao outro: ou eu caia de cima daquelas pedras imensas, da altura de uma pessoa, ou me apoiava no joelho torcido, o que terminou causando o rompimento do menisco.

Ainda bem que tínhamos três médicos na expedição e um deles me emprestou anti-inflamatórios e, dessa forma, pude prosseguir a viagem normalmente. Claro que mancando levemente, assim como Natanael há três mil anos, conforme relatamos no livro *Moisés – O Libertador de Israel*, o que terminou virando motivo de brincadeiras por parte do divertido

Universalismo Crístico Avançado

grupo da expedição de julho 2011. Observa, caro leitor, como os padrões do passado, tanto positivos como negativos, são reavivados com facilidade quando visitamos uma cultura milenar como a do Egito.

Mas, voltando à esfinge, pude perceber, também, que ela tinha túneis e salas subterrâneas, que hoje em dia estão lacradas, da mesma forma que o acesso principal da grande pirâmide. Esses túneis subterrâneos ligavam a esfinge às pirâmides, assim como acontece no complexo da pirâmide de Sakara, onde existem diversos túneis. Curioso com todas aquelas revelações, perguntei aos mestres se realmente, embaixo da pata direita, existe uma sala com textos que revelam o conhecimento dos atlantes da era de ouro.

Hermes meneou a cabeça e respondeu:

— Ali embaixo existe de fato uma sala subterrânea que, no passado, guardou muita informação, assim como ocorre naquela que visitaste na grande pirâmide. No entanto, já se passaram doze mil anos e não há mais nada ali embaixo, a não ser, talvez, alguns registros arqueológicos que podem ser interessantes aos pesquisadores.

Eu concordei com um gesto e prossegui analisando a bela construção e os demais prédios que circundavam os monumentos de pedra, mas que não resistiram à passagem do tempo. Quase todos eram "escolas da vida". Era assim que os antigos egípcios chamavam os templos de estudo da medicina, astrologia, arquitetura e ciência em geral.

Fiquei imaginando quantas civilizações passaram pela Terra e deixaram registros incompletos, ou, até mesmo, nenhuma informação arqueológica. Fato que confunde o trabalho dos pesquisadores, que, muitas vezes, analisam tudo segundo a ótica moderna, sem compreender a cultura e as crenças do passado.

Muitos espíritos rebeldes de Capela conseguiram a sua remissão e voltaram para o seu mundo glorioso no período entre a submersão da Atlântida até a quarta dinastia egípcia. Permaneceram na Terra os mais duros de coração que foram, pouco a pouco, atrasando o desenvolvimento humano e espiritual, tanto do Egito, como de todas as civilizações da época. E, por esse motivo, muito dos ricos conhecimentos atlantes do passado se perderam.

Eu me voltei para os mestres e eles perceberam que eu estava satisfeito. Akhenaton, então, perguntou a Hermes:

— Podemos seguir para os templos de Karnak e Luxor?

O nobre mentor concordou com um gesto e, imediatamente, nós nos transportamos para lá, em espírito, sobrevoando a terra de Kemi. Mais uma vez, pude observar o fantástico Vale do Nilo em meio ao deserto.

No centro, regendo soberanamente as Duas Terras, o grandioso Nilo, ladeado por terras férteis, com verde abundante, mesmo em uma região sem chuvas. E, a poucos quilômetros mais adiante, para os dois lados, só é possível vislumbrar um deserto sem fim. O Egito é o Nilo; e o Nilo é o Egito! Que o seu povo proteja para sempre esse rio sagrado, porque hoje, assim como ontem, a vida de sua gente depende da saúde desse rio que é uma dádiva em meio ao deserto.

Aterrissamos em Karnak e, imediatamente, senti-me muito bem. A energia do Sol naquele dia estava fantástica. Tanto no astral como no físico, tenho uma simpatia muito grande por esse templo milenar, onde importantes atividades espirituais para o mundo são realizadas no plano espiritual.

No mundo físico, trata-se apenas de mais um centro fascinante de turismo. Foi interessante ver o local nos dois planos mais uma vez: o atual, corroído pelo tempo, e a fase áurea do passado, onde todos os relevos estavam bem pintados e cuidados, assim como as esculturas intactas e conservadas.

No entanto, esses templos eram voltados em geral para as crenças antigas egípcias, focadas no obscuro deus Amon, portanto não eram muito relevantes para a nossa visitação. Apesar de que, no plano astral, hoje em dia, trabalham almas com uma nova consciência nesses templos, uma situação bem diferente das crenças politeístas do antigo Egito.

Logo depois, seguimos pela avenida das Esfinges até Luxor. Foi interessante seguir por aquele caminho mágico, que tantas vezes eu tinha percorrido em vidas passadas. Na viagem física ao Egito, percorremos esse trecho de ônibus devido ao calor e à longa distância que separa os dois templos. Sem contar que, hoje em dia, ele é recortado por ruas da vida moderna.

Lembrei-me, então, da festa anual de Opet, quando o deus Amon era levado de barca pelo rio, saindo do templo de Karnak e navegando em direção ao de Luxor. Uma cerimônia

Universalismo Crístico Avançado

muito semelhante à procissão de Nossa Senhora dos Navegantes em minha cidade natal, Porto Alegre, onde a imagem da santa é levada da igreja do Rosário até a de Navegantes. A procissão é feita, também, pelas águas. No Egito pelo Nilo, aqui pelo lago Guaíba. Os séculos passam, mas as tendências milenares ficam gravadas no inconsciente coletivo das criaturas, que repetem as mesmas crenças que se encontram profundamente enraizadas.

No templo de Luxor, durante a viagem física em julho passado, senti um mal estar e um desgaste energético. Era uma vibração pesada de dor, sofrimento e magia negra. E a minha impressão foi confirmada por Hermes posteriormente. A poucos metros dele, em um anexo do já extinto templo de Amon, ele e Crystal, nas personalidades de Ramósis e Isetnefret, no antigo Egito, foram condenados a serem murados vivos no templo, conforme relatamos no livro *Akhenaton – A Revolução Espiritual do Antigo Egito*. Esse fato me causou imensa dor na época e essa dor acabou se agravando ainda mais pelo reflexo da morte trágica de Isetnefret em Atlântida, naquela época na personalidade de Evelyn, conforme relatado em nossos livros sobre a Grande Ilha.

No entanto, os mestres me afirmaram que as minhas impressões se referiam ao passado e às ações das sombras contra o projeto Universalismo Crístico. Aquele templo, hoje em dia, na dimensão astral, é centro de grandes trabalhos energéticos e de cura voltados para o Bem e para o progresso. Fiquei feliz em saber, porém aquela informação não mudou a minha impressão sombria sobre o local.

Principalmente porque, bem ao fundo do templo, presenciei energias densas e negativas, típicas de magias negras. Certamente, algo relacionado ao seu mau uso posteriormente, às minhas impressões negativas daquele ambiente e à ação das sombras que ainda se utilizam daquele local em uma dimensão mais profunda.

É interessante que, no plano astral, luz e treva podem ocupar o mesmo espaço, só que em dimensões diferentes. O Céu e o Inferno podem estar no mesmo local, dependendo da vibração e da sintonia de nossa consciência.

Desejei partir novamente, em espírito, com os mestres e recordar os bons momentos no cruzeiro pelo Nilo, a integração do grupo, as trocas de experiências que desejo aprofundar na próxima viagem, sobretudo no que diz respeito ao Universalismo Crístico. Este livro deverá estar noventa por cento pronto até maio e vou querer trocar ideias com os leitores associados a esse ideal para aprofundarmos outros temas importantes com Hermes até a sua publicação no mês de setembro.

A proposta deste livro não é ser um manual explicativo sobre a metodologia do Universalismo Crístico. O primeiro livro sobre esse tema já cumpriu esse papel. Nesta obra, desejamos mexer com o íntimo das pessoas, trazer um novo pensar sobre a espiritualidade e a conquista de valores.

Em seguida, fomos ao templo de Kom Ombo, que é um dos mais importantes, na minha opinião, por ser voltado para o deus da medicina Imhotep, que foi uma das encarnações de Hermes. Ele concordou com o meu interesse, esclarecendo-me:

— É natural que tenhas mais afinidade com esse local. Trabalhamos e estudamos juntos pelos ideais retratados nesse templo, procurando ajudar o nosso povo na busca da cura para os seus males, por meio da ciência médica.

A liberdade que tínhamos para estudar o interior do corpo humano, por meio das autópsias e mumificações, permitiu-nos grandes avanços no campo da medicina. Por várias encarnações, eu me dediquei a essa bela vocação na terra de Kemi.

As casas da vida do antigo Egito, em diversas encarnações, foram escolas onde muito aprendi. Ao contrário do período medieval, onde quase fomos queimados na fogueira da inquisição na Europa, por causa da ignorância religiosa da época, que não nos permitia estudar o corpo humano.

Agradeci as suas elucidações e seguimos viagem. Relembrei os demais passeios a templos que realizamos na viagem física durante a estada no barco, que foram maravilhosos. Para mim, o melhor período da viagem foi quando estivemos no barco, confraternizando no *deck* até a hora de dormir, momento em que conversávamos sobre as nossas experiências físicas e espirituais vividas durante os passeios do dia.

Fizemos, também, uma viagem ao templo de Abu Simbel. Ela foi longa, mas também mágica, porque nos permitiu conhecer a grandiosidade das obras do faraó Ramsés II, que conviveu diretamente com Moisés, conforme relatamos no livro *Moisés – O Libertador de Israel.*

Depois, seguimos para o Vale dos Reis. A experiência mais marcante foi visitar a tumba de Tutankhamon. Observar a sua múmia e o sarcófago externo em exposição no local em que foi sepultado há 3.300 anos. Entretanto, o mais impressionante foi ver os afrescos na parede da tumba, descrevendo a cerimônia de abertura da boca do faraó morto, para dar-lhe a vida eterna, sendo realizada justamente pelo vizir Aye, o seu próprio assassino, que vestia a pele de leopardo, traje sagrado dos sacerdotes de Amon, e já cingindo a coroa de faraó do Egito. Fantástico ver aquele retrato impressionante das últimas atrocidades que deram fim ao projeto de implantação do monoteísmo e de esclarecimento espiritual no Egito Antigo. Algo muito marcante para mim.

Recordei-me, também, da visita às demais tumbas, ornamentadas com belíssimos afrescos, ainda muito bem conservados, mesmo tendo se passado três mil anos, como, por exemplo, a do faraó do êxodo: Merneptah. Caminhar por aqueles corredores foi uma verdadeira viagem no tempo para mim.

Lembrei-me, também, do fantástico passeio de balão que fizemos sobrevoando o Vale dos Reis, principalmente sobre o templo da rainha Hatshepsut e os colossos de Memnon. Pedi aos amigos espirituais que me levitassem sobre aquela região, para respirar aquela brisa maravilhosa e vislumbrar a vista de nossa terra de um passado distante, onde pude me reencontrar com o passado.

Depois, viajamos rapidamente até Alexandria, berço da cultura na antiguidade, e pude ver, nas duas dimensões, a biblioteca da Alexandria. A grandiosa do passado e as ruínas atuais, rodeadas por prédios velhos que quase invadem aquele importante sítio arqueológico.

Imaginei quanto saber foi perdido ali onde havia a maior biblioteca da Antiguidade. Ela possuía mais de um milhão de volumes. Mas foi destruída pelo gesto insano de Amru, um dos conquistadores da Alexandria, que usou os manuscritos clássicos como combustível durante seis meses para aquecer os quatro mil banhos públicos da cidade.

Ninguém sabe quanto conhecimento que ainda desconhecemos pode ter sido utilizado para esquentar água para os conquistadores árabes, pois Alexandria não era só um centro literário, mas também um importante pólo científico. Essa bárbarie ocorreu no século sete, sendo que, três séculos antes, o imperador romano Teodósio já havia cometido semelhante atrocidade contra esse magnífico acervo literário da humanidade. Certamente, a destruição da biblioteca da Alexandria agravou ainda mais o atraso da humanidade terrena nos séculos futuros, fazendo com que doze mil anos depois da submersão da Atlântida ainda não se tenha uma evolução semelhante à daquela época no continente perdido.

Depois dessa breve visita, fomos, em espírito, ao ponto mais esperado da viagem: a visita a "Akhetaton", a cidade celestial de Akhenaton, hoje conhecida como Tell-El-Amarna.

Quando estivemos fisicamente lá em julho de 2011, tivemos que percorrer uma longa distância do Cairo até a região, além das dificuldades impostas pela polícia e uma estranha festa nativa próxima ao ponto central da cidade celestial de Akhenaton, fato que nos impediu de chegarmos ao local mais sagrado da região: o "templo de Aton".

Infelizmente, só nos restou visitarmos algumas tumbas, mas, pelo menos, visitamos a de Akhenaton e de Meri-Rá (Ramatís). O tempo que nos foi dado para fazermos a nossa conexão espiritual foi curto e marcado por pressão. Mesmo assim, conseguimos realizar as nossas preces íntimas e cumprir o objetivo pretendido.

Depois, nós fomos informados pelos mestres espirituais que a nossa missão no trabalho realizado lá era criar a egrégora mental para o que iríamos vivenciar no local. Plasmamos no plano mental, já no dia anterior, tudo o que faríamos em Amarna, através de nossas orações e mentalizações. Realizar isso fisicamente seria apenas um simbolismo ritualístico desnecessário.

Segundo os mestres, desmanchamos, naquele local, vibrações de ódio dos sacerdotes de Amon contra o projeto de Amarna e o seu idealizador, que ainda estavam plasmadas três mil anos depois. Vários trabalhos de magia negra foram desfeitos e almas escravizadas naquele período foram libertas. E também nós fomos libertos das energias às quais estávamos ligados desde aquela época remota. Precisávamos dessa redenção consciente, tanto os que lutavam por Amon naquele período, como os que defendiam o reinado espiritual de Aton.

Quando chegamos, em espírito, a esse solo sagrado, pude ver novamente as duas dimensões: a aridez e a pobreza atu-

Universalismo Crístico Avançado

ais e a época de ouro quando Akhenaton fundou a sua cidade celestial voltada para o crescimento espiritual, humano e, até mesmo, científico da época, conforme relatamos no livro *Akhenaton – A Revolução Espiritual do Antigo Egito*.

É bom rever o passado para compreender o presente e planejar o futuro. Nos momentos em que nos conectamos com o que já vivemos, despertam, em nossa mente, recordações de quem somos e do que viemos realizar neste mundo nos dias atuais.

Naquele deserto inóspito, floresceu no passado um dos maiores projetos de conscientização espiritual da humanidade. E isso através da vontade do homem mais poderoso do mundo na época: o faraó do Egito. E nem mesmo o poder divino dos reis do Egito foi suficiente para fazer com que aquelas criaturas rebeldes abandonassem os seus antigos ritos e anseios egocêntricos para se dedicarem a uma vida mais humana e fraterna. O faraó era o deus vivo do Egito, e nem isso os habitantes da terra de Kemi respeitaram.

Lembrei-me, então, da orientação dos mestres espirituais. Eles nos informaram que todos aqueles que possuem conexão com o Egito e a mensagem de Akhenaton fazem parte desse grande projeto de despertamento da consciência e universalização do saber espiritual, que a Alta Espiritualidade da Terra atribuiu o nome de Universalismo Crístico.

Hermes captou os meus pensamentos e confirmou:

— Exatamente, querido amigo. Mais do que realizar uma viagem de lazer ao Egito, a proposta é reunir os trabalhadores do Cristo para trocarem ideias e criarem afinidades para, juntos, fazerem florescer o ideal do Universalismo Crístico no mundo. O grupo que intuímos a participar em julho de 2011, como o de maio deste ano, são colaboradores nossos de várias eras. Por isso, já sintonizam com a nossa proposta. O primeiro contato, a ligação entre todos, pouco a pouco, ajudará a criar uma grande rede de conscientização espiritual no Brasil e, no momento certo, cada um realizará o seu papel nesse trabalho pelo Bem e pela Luz.

Eu fiz um sinal afirmativo com a cabeça e falei:

— Vou procurar me ater a conhecer mais detalhadamente cada pessoa nessa nova viagem, criando fortes laços de amizade para que, no futuro, estejamos bem unidos para o trabalho que realizaremos juntos. Eu tenho certeza de que as pessoas realmente ligadas ao projeto Universalismo Crístico serão amigas para sempre depois desses nossos encontros no Egito ou nos futuros congressos que realizaremos pelo Brasil. É incrível como, dez minutos após nos encontrarmos, todos nós tínhamos a sensação de nos conhecermos há séculos. As pessoas que se juntarem a nós por mero acaso naturalmente se afastarão. Porém, os irmãos de longa data, compromissados com a obra do Cristo na Terra, guardarão essa amizade e afinidade para sempre.

Hermes e Akhenaton sorriram com a minha disposição em prosseguir firme com o trabalho de esclarecimento espiritual da humanidade e me acompanharam por um passeio pela maravilhosa cidade de Akhetaton. Foquei-me em sua dimensão astral, que remonta à época de ouro do Egito antigo, quando vivemos o sonho de construir um mundo novo voltado para a paz, a felicidade e o progresso, mas que, infelizmente, não durou muito tempo, como narramos no livro *Akhenaton – A Revolução Espiritual do Antigo Egito*.

Enquanto escrevia essa parte do livro, peguei uma pequena pedra que trouxe dessa cidade na última viagem e fechei os olhos, procurando sentir as energias sagradas do local, que ainda permanecem vivas por meio dos registros radiestésicos, mesmo tendo se passado tanto tempo desde aquele período áureo.

Ao tocar a pedra, a conexão com as informações da minha projeção astral tornou-se ainda mais clara e pude sentir intensamente as emoções que vivi naquela região abençoada do Vale do Nilo. Desde os grandes projetos até a minha vida cotidiana ao lado de Isetnefret, Ramósis, Meri-Rá e Akhenaton, ou seja, os mentores espirituais Crystal, Hermes, Ramatís e Akhenaton.

Relembrei adoráveis momentos ao lado dessas maravilhosas almas. Espero ser digno novamente de poder conviver com seres tão especiais. Que o exílio na Terra logo finde, trazendo para perto de mim pessoas dignas e especiais, às quais poderei confidenciar com alegria os anseios de minha alma.

Essas lembranças me trouxeram grande alegria, fazendo-me recuperar um pouco o prazer de viver, que eu havia perdido nos últimos meses. Sorri sinceramente para eles e disse-lhes:

— Obrigado por me presentearem com esse passeio. Foi inesquecível.

Universalismo Crístico Avançado

Os sábios mestres me abraçaram e Hermes disse-me:
— Ainda não terminou. Vamos passear pelo museu do Cairo.
Eu aceitei a proposta e nos deslocamos na velocidade do pensamento para lá. Foi interessante caminhar pelos corredores do museu e rever toda aquela impressionante história de uma civilização milenar, desde a estela de Menés (o grande Atlas e que depois fora Moisés) até os tesouros magníficos da tumba de Tutankhamon.

Fiquei feliz em pensar que, em maio de 2012, estarei lá de novo com mais um grupo de pessoas especiais, que, certamente, enriquecerão muito essa nova experiência através da saudável troca de conhecimentos e emoções.

Nós já estávamos nos preparando para regressar ao Brasil quando pedi a Hermes que déssemos um pulo na praça Tahir, bem ao lado do museu, local onde estavam sendo realizados os protestos por liberdade e que foi cenário de tristes atos de violência.

Eu desejava apenas realizar mais uma prece, como fiz na grande pirâmide, pedindo para que a paz se instale de forma definitiva no Egito. Pedi que a democracia finalmente seja compreendida e aceita pelos egípcios e que eles percebam que partidos humanitários (e não os fundamentalistas religiosos) são o caminho para o progresso e a prosperidade.

Já é tempo de o Egito voltar a ser uma grande nação, respeitando o seu povo e, sobretudo, o papel da mulher, relembrando os tempos áureos das rainhas Nefertiti, Hatshepsut e Cleópatra.

Permanecemos em silêncio por alguns minutos, em íntima oração, e depois voltamos para o Brasil. Muito trabalho nos esperava no "celeiro espiritual da humanidade no terceiro milênio"; porque é aqui, em nosso amado Brasil, que tudo começará, transformando o nosso velho e desgastado mundo materialista na escola de regeneração espiritual para os séculos futuros.

Informo aos leitores que esse mesmo procedimento de visita astral ao Egito será realizado após a viagem de maio de 2012, já que o livro será lançado somente em setembro, o que permitirá a inclusão de mais um "capítulo-relatório" sobre esse assunto.

6
Novamente nos caminhos da alma

Quando dei por mim, estava novamente naquele longo corredor com várias portas que me levou até o íntimo de minha alma. Hermes estava outra vez sentando no banco do corredor, de óculos, lendo um grande jornal.

Eu sorri e disse-lhe, divertindo-me com aquela cena insólita:

— Acho que tu não precisas ler os jornais para saber das notícias e, muito menos, utilizando óculos.

Ele abaixou o periódico imenso, no formato antigo, e falou-me:

— Querido amigo, creio que tu estás tendo uma distorção da realidade.

Em seguida, olhando profundamente nos meus olhos, quase de forma hipnótica, completou:

— Por favor, concentra-te e percebe novamente o mundo ao teu redor.

Eu fechei os olhos, meditei um pouco e, quando os reabri, Hermes estava no mesmo local, mas em posição meditativa, sem jornal nenhum e muito menos usando óculos. Ele estava apenas em comunhão com a alma crística do planeta, obtendo informações de tudo e de todos, obviamente sem a ajuda de um limitado impresso. Todavia, foi isso que o meu campo de compreensão conseguiu captar naquele momento.

Eu captei corretamente que ele estava colhendo informações da mente de Gaia, o Cristo Planetário, contudo, a minha mente percebeu aquele fenômeno de uma forma prosaica, através da simplória leitura de um jornal.

Ele percebeu que eu estava vendo mais claramente, deu uma piscada com o olho esquerdo e me falou:

— O que vemos nem sempre é real. Algumas vezes, são distorções da realidade. O nosso cérebro, em geral, interpreta o que podemos ou o que queremos ver de acordo com as nossas crenças. Nesse detalhe é que reside toda a confusão que transforma a vida humana, algumas vezes, em um verdadeiro caos.

Compreendi as suas palavras e disse-lhe:

— Como é difícil vermos as coisas como elas realmente são. O nosso ego e ignorância, infelizmente, deixam-nos cegos.

Eu, então, percorri o olhar pelo amplo corredor, demonstrando tê-lo identificado, e perguntei-lhe:

— Estudaremos a minha alma novamente?

O nobre mentor fez um sinal negativo com a cabeça e respondeu:

— Não. Hoje nós estudaremos a alma de outras pessoas, para melhor compreendê-las. Vamos analisar o seu campo de distorção da realidade.

Eu fiz um sinal de que não estava entendendo e perguntei:

— Mas aqui? Dentro da minha alma?

— Esta não é a tua alma, Roger, mas, sim, o corredor de acesso da tua consciência. A tua centelha divina se encontra somente lá naquela sala que visitamos, depois de todas aquelas portas defensivas que penetramos e que fazem parte de tua mente inconsciente.

Nesse corredor encontramos a tua conexão com toda a família universal. Estamos todos interligados. Somos todos um! Centelhas divinas do Espírito Criador. Estamos em comunhão absoluta com o Pai.

Eu demonstrei entender com um gesto afirmativo com a cabeça e ele me convidou a segui-lo. Desta vez, entramos por uma das portas que ficavam do outro lado do corredor. Passamos por uma discreta recepcionista, típica de centros médicos, e adentramos uma das salas de atendimento. Hermes lhe fez apenas um gesto com a cabeça, mas foi o bastante para que ela demonstrasse grande emotividade, quase chegando às lágrimas de emoção por estar na presença de tão nobre entidade.

Lá dentro, encontramos um estranho aparelho no centro da sala. Ele era composto de uma cadeira confortável na parte central. Na sua volta, em forma de ferradura, podíamos observar uma estrutura metálica, luminosa, que envolvia totalmente o paciente que ali se sentasse. Toda a sala e o equipamento foram confeccionados em um tom muito branco, realçando a pureza do ambiente.

Eu fiz um sinal, apontando a cadeira, e perguntei ao mentor de forma reticente:

— Devo sentar-me?

Ele fez um sinal negativo e respondeu:

— Ainda não. Primeiro gostaria de falar sobre como a percepção que temos do mundo afeta a nossa evolução e a harmonia com os nossos semelhantes. Já falamos que o amor e as demais virtudes derivadas dele são a essência divina para a nossa evolução.

Entretanto, para amar verdadeiramente, precisamos melhor compreender os nossos semelhantes, sentir e conhecer o que se passa em suas almas. Assim entenderemos as suas aflições e anseios, poderemos perdoá-los por suas atitudes negativas e até mesmo ajudá-los a recuperarem a lucidez e o amor, se for este o caso.

Um grande erro é tentar analisar os nossos semelhantes e problemas de relacionamento apenas através de nossos olhos. As pessoas não pensam de forma igual, seja por seu nível evolutivo ou por seus traumas vividos no passado, que terminam tornando, em alguns casos, a alma amarga e perturbada.

É natural percebermos que conviver com pessoas de bem com a vida, amorosas e positivas é muito mais fácil, porque elas procuram sempre harmonizar, mesmo quando o seu interlocutor caminha por trilhas pedregosas. É da natureza de uma boa alma criar paz, ser gentil, positiva, tolerante e harmoniosa.

O sábio mestre meditou por alguns instantes e, em seguida, prosseguiu:

— Cada indivíduo tem uma interpretação própria da realidade. O mundo é o mesmo para todos, mas cada um o vê de

Universalismo Crístico Avançado

forma diferente, conforme o seu estado interior. O sol nasce diariamente da mesma forma para todos, abençoando a natureza de forma plenamente igualitária. Então, por que parece que o dia é sempre mais cinzento para alguns? Isso também independe de condições sociais e da natureza do mundo que cerca cada indivíduo. É possível viver feliz e com a luz em qualquer realidade.

Tu mesmo já viste várias pessoas ricas e bonitas em profunda depressão, fazendo tratamento psiquiátrico e vivendo à base de drogas. Por outro lado, já conversaste com irmãos muito pobres, que não têm nem o dinheiro para o sustento do dia seguinte, e viste-os louvando a vida, amparando e amando os seus semelhantes. Algumas vezes, exatamente a mesma situação leva indivíduos a diferentes reações e estados de espírito.

Como compreender isso? De um lado, pessoas privilegiadas pela vida entregues à depressão; do outro, desafortunados vivendo felizes e dedicando-se a apoiar irmãos em condições ainda piores do que as suas. Temos uma contradição: felizardos infelizes e desafortunados radiantes! Eis um intrincado campo de estudo para a psicologia, que seria mais bem compreendido com a aceitação da ideia de que a nossa existência começa milênios antes da vida intrauterina.

Eu concordei em absoluto silêncio, prestando a máxima atenção às palavras do mestre, que revelavam inquestionável sabedoria sobre os problemas humanos.

Depois de uma breve pausa, ele voltou a falar:

— Em geral, as pessoas refletem sobre os problemas da vida analisando toda a questão através apenas de seu ponto de vista, que é limitado, sem jamais refletir sobre a posição do seu próximo. Isso é ainda pior, porque, além de observarem somente o mal que recebem, segundo a sua compreensão, ainda deletam de sua mente o mal que fizeram, em um sutil processo de autodefesa inconsciente que lhes é muito prejudicial nas interações humanas.

É muito difícil reconhecer os próprios erros! No primário estágio evolutivo em que se encontra a escola Terra, é comum os indivíduos criarem um mecanismo de defesa para justificarem as suas atitudes mais absurdas. Isso é ainda agravado pela falta de reflexão diária.

Eu concordei com as suas sábias palavras e disse-lhe:

— Talvez isso ocorra porque mergulhamos profundamente em nossas crenças e na forma como vemos o mundo. Precisamos ter convicção em algo para termos segurança e seguirmos em paz com a nossa vida. É por isso que as religiões pouco reflexivas são tão bem aceitas. Elas dão segurança ao homem apregoando: acredita cegamente nisso e vive a vida!

Hermes sorriu e falou-me:

— Quando tu disseste isso, imaginei um boi sendo atrelado a um arado e depois andando feliz pela área de plantio até o fim de sua vida... Tu tens razão! Refletir, analisar, mensurar resultados, verificar a nossa relação com o mundo, tudo isso pode trazer muita insegurança, porque teremos de fatalmente mudar as nossas crenças, os nossos pontos de vista, sendo que alguns estão arraigados à nossa alma por séculos. Ou seja, implica sairmos de nossa zona de conforto. Toda mudança é desconfortável até ter sido concluída, mesmo que seja para o nosso bem.

Além disso, ainda há os mecanismos de defesa que criamos para nos protegermos do sofrimento. Muitas pessoas se isolam emocionalmente porque sofreram demais em vidas passadas ou nesta, durante a infância e a juventude, e criam um grande mecanismo de indiferença e insensibilidade, isolando-se de praticar uma interação com o mundo para evitar mais dor. Fecham-se para o amor e a tolerância, tornando-se amargas e desconfiadas.

O sábio mentor olhou firme em meus olhos, irradiando o seu sorriso carinhoso, e depois voltou a falar:

— Falamos em capítulos anteriores que devemos aprender a amar verdadeiramente, realizando uma busca sincera nesse sentido. Afinal, o amor é, sem dúvida, a chave que abre a porta de nossa iluminação interior. Não há crescimento sem amor. Além dele, devemos buscar o autoconhecimento e filosofar com os nossos semelhantes, para alcançarmos o entendimento que harmoniza e, assim, tornarmo-nos pessoas melhores.

Agora, digo-te, meu filho, que devemos, além desses dois primeiros itens, aprender a compreender os nossos semelhantes.

Amor, autoconhecimento e compreensão do próximo!

Universalismo Crístico Avançado

Anota, pois, meu querido discípulo; eis os primeiros passos no caminho da iluminação.

Naquele instante, a minha alma vibrou intensamente. Senti energias revitalizando todo o meu equipo físico-espiritual.

Hermes sorriu e eu lhe disse:

— As tuas revelações estão penetrando fundo em minha alma. Eu já sabia de tudo isso, mas, sinceramente, nunca essas informações haviam me tocado tão profundamente. Creio que estou realmente amadurecendo com a experiência triste que vivi.

Sinto como se os meus centros de força do corpo espiritual (chacras) estivessem sujos e empoeirados, mas agora estão voltando a girar normalmente. Assim como aqueles ventiladores internos *(coolers)* de computadores antigos, que rangem por falta de lubrificação. Agora, com essa nova consciência das coisas e o despertar que sofri pela dor, estou voltando a meu estado normal, recuperando, pouco a pouco, a esperança na vida e nos homens. Sinto o meu corpo sendo inundado novamente pela energia cósmica do Pai.

O querido mestre sorriu e me abraçou, feliz por minha nova disposição espiritual. Em seguida, ele voltou a falar com um olhar iluminado:

— Toda a nossa equipe está feliz por estares de volta! As agruras da vida, às vezes, terminam tornando-nos amargos. Temos que estar sempre vigilantes. Fomos criados à imagem e semelhança de Deus. A nossa natureza primordial é amar! Jamais permitas que as tristezas da vida obscureçam a tua bela alma, meu querido irmão.

Eu retribuí o abraço e disse-lhe, profundamente sensibilizado:

— Sim, Hermes! Semelhantes atraem semelhantes. Se eu desejo encontrar uma pessoa especial para compartilhar o meu ideal e me acompanhar nesta jornada humana, tenho que naturalmente vibrar nesta mesma frequência. Deus me abençoe e me fortaleça para atingir esse propósito.

Ele concordou e disse-me:

— O Espírito Criador vai te abençoar, sim, à medida que fores fazendo tua parte.

Depois de breve pausa, ele voltou a discursar com sabedoria:

— Somos seres diferentes, verdadeiramente únicos. Por isso, devemos aceitar e compreender as nossas discordâncias. Não somos iguais. Cada um de nós vive uma realidade diferente. Ninguém vê o mundo exatamente como tu, porque ninguém compartilha tua mesma perspectiva, que é particular e única. O resultado é que nunca conseguirás ver as coisas exatamente da mesma forma que outra pessoa. Por mais que tentes!

Ninguém teve exatamente o mesmo conjunto de experiências na vida, o que é um fator importante na formação da personalidade. Um exemplo disso é que nem os gêmeos univitelinos são iguais, tanto por serem espíritos milenares com evolução diferente, como pelas experiências individuais e exclusivas que tiveram na vida. Mesmo quando recebem idêntico carinho e atenção dos pais, eles percebem essas interações de forma diferente, de acordo com a sua própria compreensão da vida.

Quando entendemos isso, as possibilidades de compreender e aprender com os outros aumentam. Devemos parar de perder tempo tentando fazer com que todos pensem o mundo como nós. Discutir raramente é produtivo! Em vez disso, vamos aceitar as diferenças e procurar aprender com elas. Pontos de vista diferentes não significam necessariamente que um está certo e o outro errado. Existem vários caminhos para se chegar à Luz.

Para sermos felizes, precisamos encontrar o lado bom das pessoas. É ilusão achar que elas se tornarão o que desejamos. Talvez isso sequer seja bom, pois podemos estar errados na forma como pensamos. Comparando as divergências de opinião, teremos um meio-termo para nortear o nosso caminho com equilíbrio.

Portanto, aceita as pessoas como elas são. Ajuda-as, sugerindo novas formas de pensar, fazendo-as refletir, jamais impondo as tuas ideias. Pensa nisso, meu filho.

Hermes, então, calou-se e ficamos em profundo silêncio por um bom tempo, meditando sobre tudo que havíamos conversado. Depois de um certo tempo que não sei precisar, ele fez um sinal para eu me sentar na cadeira do estranho equipamento e disse-me:

Universalismo Crístico Avançado

— Querido irmão, por favor, senta-te. Vou te conectar a essa máquina muito interessante. Ela projetará o mundo íntimo da alma de outras pessoas em tua consciência. Assim, de forma única e extraordinária, tu poderás fazer o fantástico exercício da empatia prática, ou seja, tu vais viver na mente de outras pessoas por alguns instantes e perceber como elas enxergam o mundo e as suas relações com ele.

Eu concordei com o admirável mestre e perguntei:

— Mas pelos olhos de quais pessoas eu verei o mundo? Elas precisam ser conhecidas ou eu ter vivido fatos semelhantes para poder realizar a comparação e ter o entendimento do que for apresentado.

— Não te preocupes! — respondeu Hermes. — Veremos fatos em que tu poderás traçar um perfil comparativo e te analisar, também, dentro da situação.

Em um primeiro momento, ele me conectou à consciência de uma jovem adolescente que não compreendia os gestos de amor da mãe, tratando-a com aspereza e desdém. Desenrolaram-se, frente aos meus olhos, situações em que a sua genitora a tratava com amor e cuidado, mas, estranhamente, na mente da jovem, aquelas ações eram percebidas como terríveis agressões. Algo realmente incompreensível.

Eu pensei ter enlouquecido, pois as reações da adolescente não faziam nenhum sentido para mim. A justificativa inconsciente que ela dava para si mesma era a de que o excesso de zelo da mãe, em sua interpretação, só acontecia quando ela tinha algum interesse em algo.

Pela minha avaliação, as suas reações eram injustificáveis. Ela nem sequer percebia que a sua grosseria era desmedida, por causa da falta de reflexão e por não conhecer a si mesma. O ponto focal do seu problema estava em uma carência reprimida, que vinha de encarnações passadas e tinha se agravado nesta.

A jovem adolescente tinha esse desvio de conduta por traumas não curados em sua psique eterna. Já a mãe, não tendo consciência do universo mental da filha, ou seja, de seu mapa distorcido da realidade, vivia triste e abatida, sem saber como agir.

Em seguida, as imagens desapareceram e desconectei-me da mente da jovem. Depois de respirar um pouco para me desligar daquela onda de ódio, perguntei para Hermes:

— O que fazer nessa situação? Como a mãe pode encontrar a solução para uma situação tão complexa e difícil de identificar?

O meu orientador respondeu, sem hesitação, enquanto já estudava o próximo quadro que me apresentaria.

— Meu caro irmão, viver é uma arte e uma arte bem complicada em nosso mundo tão desequilibrado nos campos emocional e mental. Eis o motivo pelo qual é tão importante um aprofundamento nas filosofias espirituais, na complexa arte de amar o próximo e na busca do conhecimento de si próprio e do próximo.

Se almeja ser feliz, o ser humano deve dedicar-se mais a essa busca. Infelizmente, ele prefere dedicar toda a sua atenção aos interesses passageiros de seu ego e do mundo das ilusões. Depois, quando as tragédias visitam a sua casa, lamenta-se, entregando-se a uma depressão profunda.

Eu concordei com ele, mas ressaltei:

— Sim, tens razão. No entanto, esse é um caso intrigante. Espero que o próximo seja mais fácil de compreendermos.

Poucos segundos mais tarde, Hermes me conectou a um homem que não aceitava orientações de seus chefes no trabalho. Logo pude perceber que ele era uma figura de difícil trato. Testemunhei cenas de seu cotidiano onde o chefe lhe sugeria formas melhores de executar o trabalho, com educação, cortesia e bondade, ainda que de forma dura e disciplinada. Ele, contudo, percebia aquelas intenções como agressão e desmerecimento ao seu trabalho.

A sua alma confusa interpretava tudo como se fosse uma crítica destrutiva, maldosa e desnecessária. O ponto focal de seu problema verdadeiro era a insegurança, pois, quando criança, o seu pai perfeccionista nunca elogiava o que ele fazia. Sempre apontava defeitos que deveriam ser melhorados. A partir dali, a sua mente infantil não mais conseguiu assimilar qualquer tipo de avaliação ao que fazia, levando tudo para o campo da crítica destrutiva.

Fiquei impressionado com aquele interessante caso e perguntei a Hermes:

— Pois bem, se estamos estudando como conhecer e interpretar a percepção de mundo de nosso próximo, dize-me:

Universalismo Crístico Avançado

153

como deve esse chefe se comportar para que as suas recomendações de trabalho sejam bem aceitas?

Hermes fez um gesto só seu e respondeu:

— Ele deve reconhecer sinceramente o trabalho que o funcionário está realizando, elogiando a parte boa e positiva, devolvendo-lhe a autoconfiança e a segurança. Depois disso, pedir a sua opinião sobre as mudanças ou melhorias que ele deseja implementar, de forma gentil, perguntando ao subordinado qual a sua opinião sobre elas e se ele acha que agregariam maior valor ao seu trabalho. As pessoas sentem-se felizes quando são respeitadas e as suas opiniões são ouvidas.

Fiquei boquiaberto com a lógica e a sensata sabedoria de Hermes, enquanto ele me desconectava daquela consciência e me levava para a terceira e última. Mentes lúcidas são felizes por isso. A alma de Hermes é cristalina, sem distorções da realidade, sem nuvens cinzentas e traumas que venham a obscurecer a sua visão. Por esse motivo, ele é feliz e vive sempre em harmonia.

Senti uma inveja positiva dele e disse, para mim mesmo, que me esforçaria ao máximo para buscar esse estado da alma. Hermes percebeu, olhou-me com carinho e sorriu, ao captar os meus humildes propósitos.

Pouco depois, sem nada dizer, mergulhou-me na consciência de uma intrigante mulher, altamente competente em seu trabalho, que recebia elevado salário, mas gastava todo o seu dinheiro em futilidades ou em projetos fracassados, onde perdia tudo o que conquistava.

Ao entrar em sua mente, percebi que, inconscientemente, ela tinha uma relação negativa com o dinheiro, achando-o sujo e que fatalmente lhe traria tristezas. O seu esposo e familiares viviam sempre preocupados com as suas tragédias financeiras e com os empréstimos a altos juros em que ela estava sempre enredada. Contraía dívidas e mais dívidas e terminava sem dinheiro nenhum para passar o mês. A solução seria diminuir gastos e administrar os seus recursos. Porém, ela parecia conspirar contra si mesma, enredando-se em empréstimos insensatos.

Eu olhei para Hermes, procurando entender, e ele me fez voltar à infância pobre daquela mulher, em uma cidade agrícola do interior do Brasil, época em que o seu pai batia em sua mãe quando ela gastava dinheiro em coisas que ele considerava desnecessárias e supérfluas. Fui levado, também, a analisar a sua formação religiosa, que indicava que somente os "pobres entrarão no reino de Deus". Esses fatos criaram crenças em sua mente que a faziam ter uma aversão e má relação com a riqueza.

O ponto focal dela era: dinheiro traz sofrimento! E ninguém em seu meio estava percebendo isso, por esse trauma encontrar-se em uma região muito inconsciente de sua alma. Ela também não percebia isso e não tinha como verbalizar esse problema, pois desconhecia a sua origem e até mesmo a sua existência.

Eu olhei para Hermes, impressionado, e disse-lhe:

— Esse é um caso muito, muito interessante, porém complicadíssimo também...

Ele fez um sinal descontraído de que "nem tanto assim" e respondeu:

— Quanto mais as pessoas buscarem conhecer intimamente a si e ao seu próximo, mais terão capacidade de perceber desajustes de percepção em si e em seus semelhantes. O mais importante não é entender profundamente as pessoas. O fundamental é, a partir dessa compreensão aqui apresentada, passar a amá-las verdadeiramente e dar-lhes maior atenção. O verdadeiro amor nasce da compreensão e do entendimento. Ele não é apenas um gesto gratuito e inconsciente.

O mundo moderno tornou as almas mais ricas em informação e experiência, no entanto elas não processam tudo isso da forma como deveriam, causando confusão no campo íntimo e inconsciente da alma.

Geralmente, o nosso maior trauma, o nosso ponto focal, a nossa ferida mortal, é algo que menos imaginamos. A nossa mente, em um processo inconsciente de autopreservação, faz com que o plano consciente não perceba a origem de nossos problemas, acobertando-a na equivocada tentativa de evitar sofrimentos. Foi isso que Jesus quis dizer quando afirmou que é fácil ver o cisco no olho do companheiro, mas difícil enxergar a trave que obstrui a nossa visão. As mentes primárias entregamse naturalmente a essa postura equivocada.

Hermes meditou, parecendo buscar a metáfora correta, e arrematou:

Universalismo Crístico Avançado

— Qual é a melhor forma de esconder algo? Enrustir em algum canto impenetrável ou deixar bem à vista, mas disfarçando-o?

Ele mesmo respondeu:

— A nossa mente inconsciente, pilotada pelo nosso ego, sabe que é melhor apresentar o defeito bem em frente aos nossos olhos, mas de forma descaracterizada, fazendo assim com que não percebamos o comportamento equivocado.

O nosso inconsciente é como uma criança ingênua que atende a todos os nossos desejos, sem distinguir se são positivos ou negativos. O problema é que ele mora em uma área irracional do cérebro e extremamente primitiva. Lá onde as coisas são gravadas e enraizadas de forma profunda.

Eu concordei com Hermes. Lembrei-me de quando fiz um treinamento vivencial envolvendo hipnose e programação neurolinguística e levamos várias horas para driblarmos o meu inconsciente. O meu ponto focal dançava entre vários pontos, disfarçando sutilmente o problema central, por mais que eu me esforçasse em trazê-lo à tona.

Percebi que, em muitas situações, eu reagi de forma autoritária e sentia que precisava manter o controle sobre as situações da vida. No final de toda a busca no meu mais profundo inconsciente, descobri que o problema estava bem ali, diante de meus olhos. O meu ponto focal nada mais era que a insegurança e o medo de rejeição!

Demorei muito a aceitar aquilo, porque eu acreditava, com base no meu consciente, que era a pessoa mais segura do mundo. Sempre realizei tudo a que me propus. Realizava palestras com naturalidade para auditórios lotados com apenas dezoito anos de idade e nada me foge ao controle. Eu não perco nem mesmo um guarda-chuva, quanto mais oportunidades de realizar as coisas em que acredito. O meu nível de timidez é quase zero.

Sempre tive êxito no meu trabalho e escrevi livros sem ter a menor dúvida de que seriam publicados e bem aceitos. A minha vida é um sucesso. Como eu poderia ser inseguro? De onde surgira aquela informação descabida?

No entanto, esse era justamente o disfarce de minha insegurança para eu não reconhecê-la. Avaliando melhor, posteriormente, percebi o quanto eu era inseguro em algumas questões e como o medo da rejeição era algo presente em minha personalidade.

Eu me esforçava sempre para atingir o máximo sucesso pelo receio de ser julgado e rejeitado. E o trabalho que realizo de divulgação de uma verdade espiritual inovadora agravou essa insegurança, por causa dos eventuais ataques e o ranço dos ortodoxos, que não desejam o progresso. Por isso, algumas vezes, respondo de forma meio desaforada a esses ataques no nosso site e nas redes sociais, em uma tentativa ingênua de proteger o meu ego ferido.

Hoje em dia, estou me trabalhando para vencer essa sutil (porém incômoda) insegurança. Tento não ser mais tão dominador e controlador. Delego responsabilidades às pessoas e confio nelas quando vejo que isso é possível. Eu me preocupo com resultados, mas, no dia a dia e nas relações pessoais, tenho procurado "deixar o barco correr", como se diz. Não tenho dado mais tanta importância a críticas infundadas. É da natureza humana enxergar maldade e defeitos no trabalho de seus irmãos. Entretanto, esse problema não é meu, mas, sim, deles.

Eu tenho empreendido sinceros esforços para fazer submergir do meu inconsciente essa ferida mortal. Mesmo assim, esse problema ainda tem me prejudicado bastante, como no caso específico narrado neste livro, que foi um dos fatores que levou à ruptura do relacionamento citado e ao meu descontrole e falência emocional, que quase comprometeram a elaboração desta obra. Pensei até em "jogar a toalha" e deixar o projeto deste livro para o próximo ano, mas Hermes sempre sabe como contornar as situações difíceis.

O nobre mentor apenas acompanhou as minhas reflexões, sem nada dizer. Depois de realizarmos essas três experiências, eu exclamei para ele:

— Realmente, é fantástico como as pessoas enxergam as coisas a partir de suas próprias formas de pensar, geralmente cristalizadas em suas crenças, de tal forma que não percebem como o que interpretam ser real é, na verdade, um equívoco absurdo e incoerente. Assim se dá tanto com a menina que não compreende o amor da mãe, como com o funcionário distorcendo a crítica construtiva do chefe e com a mulher que afasta o dinheiro por crer, inconscientemente, que ele traz infelicidade. Temos muito que aprender para podermos lidar

Universalismo Crístico Avançado

com situações tão diversas na vida e, assim, compreender as pessoas, aceitá-las e dar-lhes mais carinho e atenção. Esse é o verdadeiro amor! Entender a psicologia humana exige muita sabedoria.

Ele concordou com as minhas palavras e me liberou da experiência, convidando-me a sair da máquina. Esses três casos já eram suficientes para dar uma boa ideia aos nossos leitores do tema que abordávamos neste capítulo.

No entanto, continuei sentado no equipamento, cabisbaixo. Hermes logo captou os meus pensamentos. Ele ficou penalizado com a minha dor e falou:

— Tu sabes que esta pode não ser uma boa ideia. Verás coisas que te causarão ainda mais sofrimento.

O querido mentor havia captado a minha intenção de ver o mundo pela mente da mulher que eu tanto havia amado e, mesmo com todo o amor e carinho que havia lhe dedicado, tinha terminado o nosso relacionamento de forma injustificável. Eu sabia que isso me traria mais sofrimento, mas precisava compreender o que se passava em sua cabeça. Dessa forma, a partir dessa experiência, poderia me aprimorar para não repetir mais os mesmos erros e, assim, quem sabe, encontrar a paz que tanto precisava para continuar com o trabalho de construção e divulgação do Universalismo Crístico.

Hermes meditou por alguns instantes e concordou. Ele apenas me pediu para realizar uma oração e me harmonizar ao máximo para suportar melhor as coisas que veria. Assim, em poucos segundos, consegui mergulhar dentro de sua alma e passei a ver tudo que vivemos juntos através de seus olhos.

Imediatamente, senti o grande e sincero amor que nasceu em seu coração por mim desde as primeiras semanas em que nos conhecemos. Percebi como ela, do mesmo modo que eu, nutria a esperança de ter encontrado finalmente uma pessoa semelhante, que fosse espiritualizada e que tivesse os mesmos ideais. Aquilo me deixou muito feliz, ao ponto de meus olhos ficarem marejados. Era o que sempre procurei também!

Quando nos conhecemos, eu não estava no meu melhor momento. Precisava de compreensão e bons conselhos, que ouviria dela de coração se fossem ministrados com amor e ternura. Contudo, logo pude identificar que sua alma era muito intolerante para qualquer coisa que a desagradasse. Não ouvia e não queria ser ouvida. Uma pena!

Eu estava vindo de um período difícil desde a elaboração do livro *Atlântida – No Reino das Trevas*, mas ela não teve maturidade para compreender isso. Em vez de me apoiar e esclarecer com carinho, passou a ser intolerante e sarcástica, desprezando os conceitos espirituais mais básicos de caridade e amor, que todo espiritualista sincero tanto procura cultivar.

Esse é o problema com quem me relaciono. Em geral, as pessoas comuns começam com baixa expectativa e admiram mais e mais a quem amam com o passar do tempo. Já quem se aproxima de mim me endeusa pelo trabalho que realizo com Hermes e, quando conhecem o Roger humano, comum e falível, decepcionam-se por esperarem alguém angelizado ao qual, também, não se fariam merecedores.

Naquela máquina fantástica, eu via cada lance de nossa convivência, observando, em *flashes*, os reflexos em sua alma. Algumas de suas contrariedades foram justificadas, principalmente por eu estar passando por um período difícil, quando estava inconformado com a alienação da humanidade. Eu desejava sempre me isolar do convívio social, sendo pouco tolerante com conversas e eventos fúteis. Eu almejava viver no Céu, mas a minha alma não estava nem mesmo sendo digna da Terra.

Entretanto, quem poderia me amparar nessa situação delicada mal tinha condição de ajudar-se a si própria, pois vivia atormentada pelos mesmos problemas e, talvez por isso, parecíamos almas tão afins. Só que a cegueira espiritual é algo comum a todos nós. Temos facilidade em ver defeitos em nossos semelhantes, mas não em nós mesmos – mais uma vez, o sábio ensinamento de Jesus sobre ver o cisco no olho do próximo, mas não a trave no seu.

Avaliando agora a sua alma, percebi como isso é grave e intenso nela. Sem contar as dificuldades de relacionamento que sempre teve durante toda a sua vida, devido a uma impostura que se recusa a reconhecer. Ela sempre condena e critica os outros por maus comportamentos que também lhe são comuns, mas que faz de tudo para não enxergar.

Nessa profunda avaliação de seu íntimo, percebi que ela é insegura, e isso termina se manifestando através de sua arrogância e intolerância sem limites – talvez uma forma de proteger o seu ego frágil e vulnerável da verdade.

Universalismo Crístico Avançado

Creio que, mesmo que eu estivesse em um bom momento espiritual, dificilmente teria dado certo. A sua miopia espiritual, a sua distorção da realidade, é muito grande. Apesar de espiritualizada, ela consegue ver apenas os defeitos nos outros, em seus mínimos detalhes, colocando em último plano as virtudes de quem convive com ela, como se toda boa ação não fosse nada além de uma mera obrigação.

Analisando-a, compreendi a origem de sua ingratidão. Isso explicava porque eu nunca recebi nem ao menos um "obrigado", tanto em relação a pequenos quanto a grandes gestos, favores ou presentes.

Mergulhando em sua mente, percebi que uma de suas distorções da realidade era que, devido a esta e a encarnações muito difíceis no passado, ela não desejava dever favores a ninguém para não ser obrigada a pagar de forma que achasse indigna ou, simplesmente, ser cobrada. Logo, isso fez com que a sua personalidade se tornasse desconfiada e orgulhosa, negando-se a pedir auxilio a quem quer que fosse.

Um profundo poço de traumas em uma mulher apaixonante. Fora no passado uma linda mulher, por dentro e por fora, mas o sofrimento e o açoite de tantos carmas e traumas fizeram-na perder a generosidade e o nobre gesto do perdão, intoxicando a sua alma com mágoa, sarcasmo e rancor.

Fazendo rápidas análises no profundo campo inconsciente de sua alma, diagnosticamos o seu ponto focal: a mesma insegurança que encontrei em mim e um revelador complexo de inferioridade. Isso me surpreendeu! Exatamente aquilo que eu jamais imaginara, já que sempre achei que ela estava à minha altura. Sim, a nossa ferida mortal se esconde no meio da sala, porém muito bem disfarçada...

Entendi, então, porque ela sempre desmerecia as minhas realizações, diminuindo-me na frente de amigos e leitores para, segundo o seu campo de distorção da realidade, poder nivelar-se a mim. A sua deformação da percepção dos fatos fazia, também, com que ela interpretasse como ofensas imperdoáveis coisas que eu dizia com carinho e sinceridade para ajudá-la a melhorar-se. A meu ver, parecíamos perfeitos para evoluirmos juntos, mas, infelizmente, não era o que os seus olhos percebiam.

Finalmente, compreendi, então, que ela não agia por maldade em seus gestos de sarcasmo e desprezo, mas, sim, devido a uma grave enfermidade da alma. Uma compreensão distorcida das coisas e a ação implacável de espíritos obsessores, com os quais convive em simbiose há anos, levavam-na a interpretar carinho e cuidado como se fossem gestos de agressão. Desse modo, quando eu a chamava à reflexão sobre alguns de seus atos equivocados, não era porque eu a achava inferior, mas, sim, porque buscava construir com ela um sólido e positivo crescimento espiritual a dois.

Percebi que fugira da relação por medo de enxergar o que precisava mudar em si para tornar-se uma pessoa melhor. Esse é o problema de relacionamentos profundos. Eles chamam ao crescimento interior e assustam almas imaturas. Assim, compreendi porque ela voltou a viver relacionamentos fúteis e vazios. Esse comportamento é a sua fuga.

A partir daquele momento, o meu sentimento inicial de raiva, rancor e amor ferido transformou-se em piedade, dó e comiseração pela forma como ela percebia o mundo ao seu redor. Finalmente, comecei a enxergar todo o drama através de sua visão distorcida dos fatos. Isso me fez, finalmente, compreendê-la.

Naturalmente, entristeci-me por não estar em uma melhor condição espiritual para ajudá-la. Uma das mulheres que mais amei nesta vida foi, infelizmente, a que menos pude ajudar. A lição deste capítulo penetrou em cheio no meu coração, dilacerando a minha alma já tão abatida. Sim, antes de julgarmos, precisamos compreender o que se passa no mundo íntimo de nosso próximo. Hermes aproveitava os temas centrais do livro *Universalismo Crístico Avançado* para gravar, a ferro e fogo, o ensinamento em minha alma. Talvez somente assim as almas primárias da escola Terra aprendam...

Naquele instante, navegando nas águas turbulentas de sua alma, senti em seu âmago um grande (porém confuso) amor por mim. Mesmo com todo esse forte amor recíproco, a nossa falta de grandeza e de tolerância, devido a não nos aceitarmos em nossas imperfeições, impediu que continuássemos juntos a nossa experiência humana, traumatizando gravemente a nossa consciência. Todo o nosso saber espiritual de nada serviu... – tudo apenas teoria que não tivemos grandeza para colocar em prática.

Entre nós, existe amor, mas não a aceitação da personalidade um do outro. Evolução a dois significa acima de tudo aceitação, com o objetivo de ajudar-se mutuamente a crescer, com tolerância aos defeitos do outro e humildade para reconhecer os seus próprios. Ambos devem ter o compromisso de mudança e crescimento interior. Nada disso aconteceu, infelizmente.

Devemos compreender que o conto de fadas não existe. As pessoas não são perfeitas. Além disso, por mais que desejemos, elas não serão como queríamos que fossem. Para ser feliz, é preciso respeitar as diferenças e amá-las como elas são. Porém, para nos entregarmos de coração, devemos analisá-las e verificar se estão dispostas a ouvir conselhos para crescerem junto conosco.

Ao sentir a beleza de sua alma, em sua mais pura essência, sem seus traumas, tão maravilhosa quanto quando a conheci, eu estremeci. Parecia que o sentimento de amor desejava brotar novamente com força no meu coração. Sem dúvida, ela é uma criatura doce e encantadora, mas se mantém presa ao lodo das vibrações inferiores, por causa dos padrões equivocados de encarnações anteriores e da vida atual. Somado a isso, existe a ação implacável de seus obsessores e dos magos negros atlantes que procuram sempre me atingir, perturbando as pessoas que amo, com o sinistro objetivo de desestabilizar o trabalho de libertação de consciências que realizo.

Ao analisar isso, sacudi a cabeça de forma negativa e determinada, e disse para mim mesmo:

— Se eu tivesse percebido isso antes, talvez as coisas tivessem sido diferentes. Agora é tarde demais. Todas as pontes já foram queimadas. O cristal já está trincado. Não há mais conserto. Só me resta agora aprender a amá-la como a uma irmã em Cristo, à distância.

A ação dos magos negros é implacável. Até mesmo a pessoa que eu tanto amava e desejava ao meu lado para ter uma vida pessoal feliz foi tirada de mim. Às vezes, penso que eles nunca me perdoarão por tê-los abandonado e estar trabalhando agora como instrumento do Alto para desarticular o seu império do mal.

Respirei fundo e meditei sobre toda a confusão mental

dela e me perguntei se eu, de certa forma, também, não era o responsável por alguma parcela de sua enfermidade, devido a atitudes equivocadas do passado. Meu Deus, quanta dor!

Eu, então, retirei o equipamento que estava ligado ao meu cérebro e levantei-me da cadeira, cambaleante, muito abalado. Hermes me apoiou em seu ombro e realizou um rápido passe energético para recuperar-me. Eu mal conseguia respirar, tal era o aperto no meu peito que parecia até mesmo travar o funcionamento do coração e dos pulmões.

Depois que me refiz da experiência, ele confidenciou:

— Eu te falei que não seria fácil. Vós tendes uma ligação profunda de outras vidas, além da afinidade que torna as vossas consciências muito ligadas!

Ele, então, mirou-me com o seu olhar amoroso e conciliador e falou-me em um tom de súplica:

— Perdoa, meu filho. Isso já é passado. Vence o sentimento negativo para seres feliz.

Eu fiz um sinal afirmativo para ele e respondi, com um forte aperto no peito:

— Eu perdoarei. Estou caminhando para isso dia após dia, mas a minha alma está longe de ser tão grandiosa quanto a tua, que com nada se ofende. Tu nem precisas perdoar, pois és tão superior a tudo que nem sequer te magoas.

Entretanto, para nós, meros aprendizes das verdades eternas, a tarefa é mais difícil. Estou me esforçando nesse caso para alcançar as três metas que traçaste. Amar: eu sempre a amei e sempre a amarei, independentemente do nosso destino. Autoconhecimento para me melhorar e libertar da dor: estou trabalhando esse aspecto todos os dias. Agora, com a ajuda dessa máquina fascinante, consegui compreendê-la. Não lhe dou razão, mas vejo, na enfermidade de sua alma, a justificativa para essa decisão que me parece tão ilógica de sua parte.

Eu meditei por alguns instantes e voltei a falar com voz sofrida:

— Só me falta transformar o amor que sinto por ela, de um homem por uma mulher, em um amor fraterno, de irmão para irmã. Em seguida, apagar de minha alma o ressentimento que ainda teima em corroer-me. Sei que esse sentimento é um veneno para mim mesmo, mas ele navega por áreas de minha

Universalismo Crístico Avançado

163

alma que infelizmente são difíceis de controlar apenas pela razão... Estou na luta, mestre!

Hermes, então, concordou comigo. Eu cambaleei de um lado ao outro, sendo amparado pelo solícito amigo e voltei a falar:

— Tenho receio de que esse sentimento esteja me enlouquecendo e eu esteja distorcendo os fatos. Não estamos falando sobre percepções, ou seja, como cada um percebe o mundo à sua volta? Estarei percebendo as coisas como realmente são ou será que estou vivendo o meu campo de distorção da realidade?

O querido amigo me abraçou com imensa compaixão, apoiou-me firmemente e falou:

— Todo ser humano apaga, generaliza e distorce a realidade de acordo com o seu nível de compreensão e evolução espiritual, mesmo utilizando-se de um instrumento avançado como este. Todavia, não te preocupes com isso no momento. O que importa é que precisas colocar esse sentimento para fora. Deves expulsar essa dor de dentro de ti. Essa é a tua realidade, ou seja, a dor de teu mundo íntimo; e precisas resolvê--la. Só assim poderemos adentrar os capítulos mais profundos e importantes deste livro.

Eu demonstrei estar entendendo o que ele dizia e balbuciei:

— Não compreendo a origem dessa paixão inexplicável... Perdoa-me, mestre, por comprometer o nosso trabalho com algo tão pequeno comparado com a tarefa que temos de realizar.

Hermes ficou em silêncio, profundamente penalizado com a minha dor. Depois de alguns instantes, disse-me com carinho:

— Chega por hoje, querido irmão! Precisas descansar. Vou te levar de volta ao teu corpo físico.

Eu concordei com ele sem pronunciar qualquer palavra. Enquanto o amorável mentor me conduzia em seus braços, fiquei apenas meditando sobre tudo aquilo que tinha visto através da mente daquela mulher que fora tão especial para mim.

7
Universalismo Crístico: a essência

No nosso próximo encontro, desprendi-me do corpo de madrugada, caminhei até a sala e, pela janela, percebi que era o amanhecer naquele ambiente astral. Porém, o mais fantástico: estávamos de frente para uma praia paradisíaca! Eu me aproximei da janela e vi Hermes caminhando pela beira do mar, em trajes de banho e brincando com um cão da raça *Golden Retriever*. Ele jogava um graveto entre as ondas do mar, e o cão, abanando o rabo de felicidade, mergulhava em busca do brinquedo.

A minha lucidez era tal que ouvia nitidamente o característico som das ondas do mar. O sábio mestre notou que eu estava consciente, acenou para mim sorridente e convidou-me para juntar-me a ele.

Eu pulei a janela e corri pela areia fofa da praia, sorrindo, feliz pela oportunidade de ter contato com o mar, o sol, a brisa revigorante e poder apreciar a beleza daquele maravilhoso paraíso. Pensei comigo mesmo sobre como Hermes é atencioso e se preocupa com as minhas necessidades. Sim: a água do mar para lavar e purificar a minha alma. Era tudo de que eu precisava nesses dias amargos que estava vivendo.

Rapidamente, cheguei até ele e abracei-o com entusiasmo. O iluminado mentor ficou feliz com o meu saudável estado de espírito e falou de forma gentil:

— Vamos caminhar pela praia. Hoje quero filosofar sentindo a brisa e ouvindo o som relaxante das ondas do mar quebrando aos nossos pés, como se fossem uma graciosa reverência da Natureza à obra de Deus.

Eu concordei, aproveitando a brisa fresca da manhã. Em seguida, caminhamos lado a lado, sob o olhar atento do animado cão, que mantinha os olhos vidrados em Hermes à espera de uma nova brincadeira.

Enquanto o querido mestre alinhava os seus pensamentos para começarmos, alonguei-me e respirei profundamente para revitalizar-me. Fiz uma sequência de profundas respirações diafragmáticas e, em seguida, perguntei:

— Mestre, creio que hoje seria interessante falarmos sobre os princípios do Universalismo Crístico, realizarmos comparativos entre as religiões, debatermos os novos rumos para o entendimento das crenças espirituais etc. Estou preocupado com o atraso no foco central da obra.

Ele sorriu de forma enigmática e respondeu:

— Meu caro amigo, tu achas que precisamos estudar tudo isso?

Eu olhei abismado para ele e respondi:

— Creio que esse é o objetivo deste livro. Estou enganado?

Hermes brincou com algumas ondas, suaves e tímidas, chutando-as de forma divertida, e respondeu:

— O que realmente importa não são as crenças, mas, sim, como tudo isso reflete em nossa alma. Estou achando mais enriquecedor para os nossos leitores os estudos que estamos fazendo da natureza humana e os seus reflexos no íntimo de cada um. Eu já te falei que este livro tem o objetivo de despertar o "deus interno" dentro de cada um, e não apenas abordar teorias religiosas.

Sobre o aprendizado a respeito do Universalismo Crístico, ele já está acontecendo nos grupos de estudo espalhados pelo Brasil, nos grupos de Internet, nas redes sociais etc. Não é a nossa função dizer para as pessoas no que elas devem acreditar, mas, sim, estimulá-las a fazer uma reflexão sobre aquilo em que creem, trocando ideias entre si, de forma fraterna.

Se nós queremos que o Universalismo Crístico se torne amplamente aceito, não devemos impor crenças. No livro anterior sobre o Universalismo Crístico, estabelecemos toda a metodologia para a compreensão espiritual da humanidade.

A ferramenta já está nas mãos de todos. Basta cada um trabalhar-se para desenvolver a sua espiritualidade e procurar trocar experiências com outras pessoas que estejam realizando essa mesma busca. Como te falei no início desse trabalho: o belo é o simples!

Também, certamente, é função de todos ajudar a divulgar a ideia do U.C. O nível de alienação espiritual da humanidade ainda é muito grande. Temos muito trabalho a fazer nesse campo.

Eu concordei com ele e disse:

— Sim. Sem dúvida. Mas creio que tu poderias tecer alguns comentários mais aprofundados sobre o que é o Universalismo Crístico, já que este é o tema central deste livro.

Algumas gaivotas pousaram bem perto para procurar mariscos, atiçando o nosso fiel acompanhante, que correu sobre elas latindo e dando saltos divertidos. Hermes sorriu entusiasmado com a felicidade do cão e percebeu que eu também estava tentando esboçar um tímido sorriso. Ele me abraçou da forma como só fazem os grandes amigos e disse-me:

— Fico feliz em te ver sorrir. Fazia tempo que não via o teu semblante assim, iluminado e leve.

Eu fiquei meio sem jeito e falei:

— Sim. Tudo nesta vida passa. De uma forma ou de outra, superamos as tristezas e adaptamo-nos à vida da forma como ela é. Basta termos paciência. Não devemos esperar das pessoas mais do que elas podem nos dar. Corações generosos, como o teu, meu mestre, que amam sem esperar nada em troca, são raros.

Ele ficou feliz com o meu novo estado de espírito e nada comentou. Apenas mergulhou em suas reflexões sobre o tema a ser abordado:

— Já que insistes, vamos falar sobre o que pediste. No livro que lançamos no ano de 2007, *Universalismo Crístico - O Futuro das Religiões* nós nos concentramos em trazer uma visão mais básica da compreensão espiritual do terceiro milênio. Nele, enfocamos a importância de nos libertarmos da visão dogmática e exclusivista de uma única religião, por meio da compreensão de que todas as crenças do planeta são verdadeiras e provêm de Deus, trazendo uma única mensagem essencial: "ama o teu próximo como a ti mesmo". Fora

Universalismo Crístico Avançado

isso, de forma secundária, possuem um conjunto de regras e rituais adequados a cada época e cultura, que reflete a necessidade evolutiva daquele momento específico de nossa história e/ou a compreensão espiritual de um povo.

Hermes refletiu por alguns instantes e, depois, prosseguiu com a sua voz serena e agradável:

— No livro anterior sobre o Universalismo Crístico, afirmamos que a verdade é relativa, pois ela é um reflexo da percepção limitada de cada época, de cada cultura e de cada povo. Com o avanço da consciência e compreensão espiritual dos alunos da "escola Terra", a verdade vai se revelando de forma mais ampla, iluminando-se e libertando-se de antigos dogmas e preconceitos, mostrando-se de forma mais universal, tolerante e com maior clareza.

As normas religiosas e sociais do passado não estavam erradas. Eram apenas fruto do entendimento limitado daquela época. Trata-se da verdade daquele momento evolutivo de nosso mundo. Refletiam a capacidade de compreensão daquela humanidade, que era a mesma de hoje, mas que vivia a sua infância espiritual. Estamos em constante evolução, então, o entendimento espiritual também deve evoluir sempre. É isso que estamos fazendo neste novo livro...

Portanto, no livro anterior sobre o U.C., nós estruturamos essa visão básica do Universalismo Crístico sobre três alicerces e dois roteiros fundamentais.

O primeiro alicerce seria: "O amor ao próximo como a si mesmo, buscando cultivar as virtudes crísticas de forma verdadeira e incondicional, de modo a refletir diretamente o amor do próprio Criador". O segundo: "A crença na reencarnação do espírito e no carma, pois sem eles não existe Justiça Divina". Por fim, o terceiro: "A busca incessante pela sabedoria espiritual aliada ao progresso filosófico e científico com o objetivo de promover a evolução integral da humanidade".

Além desses três alicerces que fundamentam a metodologia de entendimento espiritual que a Alta Espiritualidade denominou "Universalismo Crístico", estabelecemos, também, dois roteiros para melhor nortear o leitor em sua busca: O primeiro é a lei do amor. Tudo que foge à maior das virtudes deve ser descartado, pois não provém de Deus. O segundo é a busca da verdade. Jesus nos ensinou: "conhece a verdade e a verdade te libertará". A verdade está onde estão o bom senso e a lógica.

O líder do projeto Universalismo Crístico na Terra meditou uns instantes e prosseguiu:

— Não nos aprofundaremos nesses alicerces e roteiros do Universalismo Crístico básico, porque eles foram amplamente debatidos em nosso livro de mesmo nome. Desejo abordar mais claramente os alicerces e roteiros do Universalismo Crístico Avançado.

Concordei com Hermes e aguardei as suas palavras, enquanto o grande mestre jogava novamente o graveto para a alegria do belo cão de pelos dourados. Sem pressa, respirei profundamente e deixei-me abençoar pelos agradáveis raios solares das primeiras horas da manhã.

Naquele momento, agradeci a Deus pela minha recuperação emocional. Pouco a pouco, eu estava conseguindo me reerguer do terrível ataque das trevas que havia sofrido.

Hermes, então, despertou-me de meus pensamentos, dizendo com carinho:

— Meu querido discípulo, nós já estamos abordando cada alicerce do Universalismo Crístico Avançado desde o início deste livro.

O primeiro deles, mais uma vez, é o amor, a mãe de todas as virtudes, só que em um entendimento mais profundo e reflexivo. Aprender a amar não é algo fácil, tanto que estamos falando disso há vários capítulos, desde o início deste trabalho. De fato, pela tua própria experiência pessoal, pudeste perceber o quão difícil é amar verdadeiramente. As pessoas em geral creem que amam, mas estão ainda bem longe do verdadeiro significado e compreensão do amor.

Antes de amar o próximo, precisamos aprender a amar a nós mesmos e desenvolver as demais virtudes que são alimentadas pelo amor. É uma relação de duas mãos. Por exemplo: a tolerância é fundamental para aprendermos a amar; ao mesmo tempo, para amar, precisamos ser tolerantes. Como o homem pode afirmar que ama se está sempre condenando e recriminando os seus irmãos ou, então, sendo meigo e simpático apenas para manter as aparências? Amar verdadeiramente é estabelecer relações fraternas de bem querer, respeito e aprendizado com o próximo.

Universalismo Crístico Avançado

O iluminado mentor olhou para mim e perguntou:

— Estou me fazendo entender, irmão?

Eu concordei com um olhar compenetrado e respondi:

— Certamente que sim!

Ele ficou feliz e prosseguiu:

— O segundo alicerce do Universalismo Crístico Avançado é a busca do autoconhecimento. Somente sabendo quem somos e o que precisamos melhorar em nossa personalidade é que poderemos realmente evoluir e atingir a felicidade que procuramos. Conhece-te a ti mesmo! Lembra-te dessa máxima?

O autoconhecimento é um antídoto para grande parte dos problemas inconscientes da humanidade. Ele convida o homem a uma maior aceitação de si mesmo, faz com que aprenda a tolerar os seus próprios defeitos, os quais geralmente causam frustração e tristeza sem causa aparente. O autoconhecimento leva a uma diminuição dos conflitos internos que levam tantas pessoas aos consultórios psicológicos e tratamentos psiquiátricos. Ele livra o indivíduo das culpas e remorsos. Descobrindo-se, o homem se perdoa de modo profundo e verdadeiro. O amor ao próximo deve começar por si mesmo. Se não nos amarmos, não teremos equilíbrio para amar o próximo e a humanidade.

Quanto mais se conhecer, mais o homem vai descobrir o divino dentro de si. A criação de um mundo mais humano e espiritualizado começa dentro de si, através da construção da paz interna. Conhecendo-se, o homem fará um esforço sincero e consciente para se tornar um ser humano mais íntegro, alcançando a verdadeira felicidade.

Hermes respirou, analisou-me para ver se eu estava com satisfatória capacidade perceptiva para entender os seus pensamentos e concluiu:

— Por sua vez, o terceiro alicerce se resume em entendermos como pensa o nosso próximo; compreender como ele enxerga o mundo para melhorarmos a nossa relação com ele. Não basta apenas conhecer a si mesmo. É preciso ter a grandeza de aceitar que as pessoas são diferentes e pensam o mundo de formas diversas, ou seja, respeitar os nossos semelhantes; verdadeiramente aceitá-los, procurando harmonizar sem discriminação; amá-los sem impor as nossas crenças e modelos de mundo. O amor incondicional passa inevitavelmente pela tolerância.

É preciso aceitar e entender que as pessoas possuem uma intenção positiva em suas ações, mesmo que prejudiquem o seu próximo. Para elas, aquela é a melhor escolha que podem fazer no momento. Geralmente, agem de forma negativa por conta de sua imaturidade e limitada evolução espiritual. Se compreendermos as suas limitações, certamente teremos mais lucidez para solucionar o problema que se apresenta em nosso caminho.

Eu concordei com ele e, procurando resumir este momento tão importante do livro, disse:

— Então os três alicerces seriam: primeiro *a compreensão profunda e verdadeira do amor*, o segundo é *a busca do autoconhecimento* e o terceiro *entender o nosso semelhante*, ou seja, procurar compreendê-lo e aceitá-lo, pois pensarmos diferente uns dos outros é algo natural. O importante é estabelecermos o entendimento fraterno, segundo os ensinamentos crísticos.

Hermes concordou com um olhar expressivo e concluiu:

— Chega de tentarmos impor as nossas crenças e maneiras de ver o mundo. Os nossos semelhantes têm direito ao seu livre arbítrio. Amar, antes de tudo, é respeitar o pensamento e o jeito de ser de nosso próximo! Porém, é claro que devemos estabelecer limites, identificando até que ponto a liberdade do outro não está invadindo a nossa e causando-nos prejuízo e desconforto. É necessário encontrar o equilíbrio da balança entre aceitação e respeito!

Essa é a fórmula elementar para evoluirmos em harmonia com os nossos semelhantes. De fato, não é exatamente isso que estamos falando desde o início deste livro e ainda enriquecendo o ensinamento ao aproveitar a tua desafortunada experiência pessoal como exemplo?

Eu assenti com certa amargura e meditei por alguns instantes. Nada é por acaso... Sim, aquela desastrada vivência foi útil para a elaboração deste livro. Será que foi este o motivo pelo qual ela cruzou o meu destino: para servirmos de modelo prático para as profundas reflexões deste livro?

Hermes aguardou-me em silêncio, brincando descontraidamente com o cachorro. Desanuviei a minha cabeça e voltei

Universalismo Crístico Avançado

171

a perguntar. Eu precisava focar-me no trabalho.

— E quais seriam os roteiros do Universalismo Crístico Avançado? No U.C. básico devemos seguir o amor e a verdade. E no avançado?

Hermes se agachou e fez um carinho no querido cachorro, que se chamava "Fiel", enquanto respondia:

— Os roteiros não são necessariamente novos. A finalidade não é o U.C. avançado substituir o U.C. básico, e, sim, convidar os leitores a exercitá-los e refleti-los em um nível bem mais profundo e significativo.

Logo, o primeiro roteiro se repete como na visão básica: *tudo que foge à lei do amor deve ser descartado, pois não provém de Deus.* Nas relações humanas, ou seja, na busca da construção de um mundo harmônico e verdadeiramente espiritualizado, devemos ter sempre como roteiro fundamental o amor e a harmonia. Fugir disso é fugir de Deus e da concepção do Universalismo Crístico, tanto na visão básica como na avançada.

Como alguém pode afirmar que ama quando age, em certas ocasiões, de forma intolerante e discriminatória? Amar é compreender que cada um, independentemente de suas escolhas, possui em seu interior uma centelha divina. Mesmo vivendo de forma equivocada, segundo o nosso olhar, cada pessoa é um embrião do próprio Deus. Sendo tolerantes, compreensivos e fraternos conseguiremos auxiliá-los em seu processo de desenvolvimento.

Hermes silenciou por alguns instantes, aguardando o meu sinal de que tinha compreendido e prosseguiu:

— O segundo roteiro é a *autoavaliação*! Precisamos mensurar se estamos nos conhecendo melhor e entendendo o nosso próximo adequadamente, com base nos preceitos sagrados do amor. É importante avaliarmos e refletirmos sobre o nosso progresso, procurando perceber se estamos nos aperfeiçoando em nossa relação com o mundo. Em resumo: verificar as melhorias internas necessárias para que evoluamos.

Certamente, através de uma sincera autoavaliação, nós nos conheceremos melhor e compreenderemos os porquês das reações que sofremos do mundo externo, ou seja, das demais pessoas. Compreendendo e fechando esse ciclo, aprenderemos a amar verdadeiramente.

Ele pensou por alguns instantes e falou de uma forma especial:

— Nesse quesito mora a nossa maior preocupação. É muito difícil as pessoas realizarem essa tão necessária autoavaliação. Poucos desejam enfrentar o seu próprio ego. Isso exige muita, mas muita humildade...

É preciso coragem para enfrentar os seus próprios enganos e o medo da verdade. Perceber que aquilo que tanto nos incomoda nas outras pessoas espelha-se justamente em nosso próprio comportamento. Esses são os espelhos difusos...

Encarar tudo isso não é uma tarefa fácil porque as pessoas se sentem inferiorizadas quando os seus defeitos são percebidos. Não deveria ser assim! O homem não deve ter vergonha de suas falhas, mas, sim, de sua negligência em melhorar-se! Esse é o verdadeiro mal!

Eu dei-lhe razão, completamente cativado com a sua sabedoria, e perguntei:

— E tu, querido mestre, nos darás algumas dicas de como realizar essa autoavaliação? Já que ela é tão importante e somos despreparados para realizar tal tarefa. Seria importante termos a tua sábia orientação para isso, porque, em nosso atual estágio evolutivo, temos o mau hábito de só vermos os defeitos em nossos semelhantes e não enxergarmos os nossos. Sem contar que tenho certeza de que boa parte de nossos leitores não tem ideia de como fazer essa autoavaliação.

Ele sorriu e respondeu:

— Certamente que sim. Porém, farei isso em um capítulo à parte, mais adiante. Esse é um tema muito importante que abordaremos com profundidade.

Em qualquer empreendimento humano e espiritual, para obtermos sucesso, precisamos mensurar o nosso progresso. É muito importante saber medir o quanto estamos ampliando o nosso grau de percepção para observar melhor os nossos avanços. A humanidade está entrando em uma era onde ficar se enganando será um terrível equívoco. Além do que, viver alienado com relação aos valores espirituais e humanos, nos dias atuais, é algo inadmissível.

Sim, Hermes estava certo. A Nova Era será construída com pessoas mais conscientes e responsáveis por seu próprio destino, enfim, com uma nova postura. O descaso para com a

Universalismo Crístico Avançado

sua própria evolução, sem a busca por melhorar-se, será algo do passado, já que a Terra tornar-se-á um mundo de regeneração espiritual.

Estava tudo muito claro. Os alicerces e o roteiro do Universalismo Crístico Avançado realmente demonstram um progresso na compreensão de nós mesmos e de nossos irmãos, encontrando Deus (o amor) dentro de cada um, transcendendo as crenças religiosas. A abordagem básica ainda se prendia às religiões. A nova visão simplesmente abre as portas para toda a humanidade, independentemente de suas crenças específicas.

Ser espiritualizado, segundo a ótica do Universalismo Crístico, não se resume a crer em espíritos ou em Deus. Basta procurar compreender e seguir os valores espirituais, como o amor e as demais virtudes crísticas e realizar a incrível busca do autoconhecimento e da compreensão de seus semelhantes.

Hermes, naquele momento, trazia uma nova compreensão de Espiritualidade, indicando que o homem deve realizar uma busca voltada diretamente para Deus, como a expressão máxima do amor universal. Ao fazê-lo, deve mostrar, como roteiro absoluto, a aplicação harmoniosa do amor para com os semelhantes, de forma consciente, procurando realizar uma autoavaliação periódica sobre os seus atos, pensamentos e interações com os seus semelhantes.

A meta é vencer a si próprio, estabelecendo relações de equilíbrio e paz com a família universal, que não deixa de ser o objetivo das religiões, as quais ainda continuam sendo mal compreendidas. Os homens creem que suas religiões são como tribos ou times de futebol que devem ser defendidos com fervor, algumas vezes chegando a desrespeitar a crença de seus semelhantes.

No entanto, a essência espiritual dos ensinamentos religiosos, ou seja, a mensagem dos grandes mestres nas quais elas foram inspiradas, não é observada. Isso ocorre porque o homem ainda encontra-se alienado. Não compreendeu a verdadeira essência da mensagem espiritual trazida pelos líderes de todas as religiões.

Quanto mais ampliamos a nossa compreensão da meta a alcançar, mais vemos que tudo é muito simples. Hermes está certo: o belo é simples! Se é necessário somente amar, de forma verdadeira e sincera, através de um autoconhecimento de nossas fraquezas e virtudes e compreendendo como os nossos irmãos veem o mundo para melhor nos relacionarmos, então, entendemos porque um ateu pode chegar ao "reino de Deus" antes do que um religioso. A evolução espiritual independe das religiões! É apenas uma experiência de conquista íntima dos valores da alma. As únicas credenciais são o amor, a harmonia e a verdade.

O Espírito Criador não está preocupado se creem nele ou com as defesas radicais das religiões. O segredo está na aplicação verdadeira da lei do amor e na prática sincera das virtudes crísticas. Contudo, só podemos bem aplicá-las conhecendo as nossas limitações e sendo compreensivos conosco e com os nossos irmãos. Isso é a verdadeira sabedoria espiritual! Sim, sem dúvida, o plano divino é genial!

A visão básica do Universalismo Crístico focava no estudo das religiões. Hermes agora trazia-nos uma visão avançada que transcende os cultos, liturgias e crenças. Lembrei-me de quantos séculos vivêramos dentro de estruturas religiosas rígidas e arcaicas e pouco tínhamos aprendido.

Refleti sobre os ensinamentos dos grandes mestres, como Jesus, que trouxeram a mensagem do amor, mas foram incompreendidos pelos seus seguidores, que engessaram as suas sábias palavras às crenças que conheciam. Jesus é um grande exemplo. A mensagem dele nada tinha a ver com o Judaísmo tradicional. Porém, os seus discípulos não conseguiram se dissociar das velhas crenças e terminaram moldando os seus evangelhos à crença antiga.

Hermes sorriu, pois acompanhava mentalmente as minhas reflexões e estava satisfeito com elas. Depois afirmou:

— O que digo não é nada de novo. Estamos somente, mais uma vez, refrescando a memória das almas eternas que estão temporariamente encarnadas no mundo humano e transitório. O homem esqueceu quem é, de onde veio e para onde deve partir. A ilusão da vida humana fez a humanidade esquecer-se que o seu reino não é deste mundo. Choram quando chega a hora de partir porque se escravizaram cegamente ao maya (ilusão).

O grande mestre fez uma pequena pausa para que eu

conseguisse absorver aquela mensagem e depois prosseguiu:

— Universalismo Crístico é simplesmente captar a essência espiritual da sabedoria das religiões e libertar-se de rituais desnecessários. Depois disso, cada um deve refletir e entender profundamente o modelo filosófico e espiritual que aceitou para si. É fundamental analisar as crenças e rituais que sempre aceitou e confrontá-los com a sua própria reflexão acerca da importância deles.

Se cada um de nós tem um nível diferente de compreensão do mundo, certamente o entendimento espiritual também será diferente. Todavia, isso não significa que alguns estejam certos e outros errados: apenas são almas com percepções diferentes sobre a natureza divina e compreensão dos mecanismos da vida criada por Deus.

A nossa Espiritualidade deve ser algo absolutamente consciente. Só assim teremos verdadeira fé e objetividade para atingirmos as metas do programa de evolução espiritual que traçamos para nós mesmos.

Ele meditou alguns instantes, enquanto apreciávamos o sol subindo no horizonte do mar, e prosseguiu:

— Depois de entender e tornar-se consciente de qual é a sua busca espiritual, o indivíduo obtém as ferramentas necessárias para se autoconhecer e conhecer os seus semelhantes, com o objetivo de melhor aplicar as suas conquistas espirituais no cotidiano.

Não basta dizermos que amamos os nossos semelhantes. Precisamos aplicar esse amor em todas as situações da vida. Em algumas, é mais fácil; em outras, mais difícil, como tu bem sabes por teres vivido situações bem complicadas nesse ano que passou. Até mesmo quando amamos profundamente, algumas vezes, terminamos ferindo. É um processo muito delicado que exige sabedoria, amor e equilíbrio. O entendimento verdadeiro da maior das virtudes, às vezes, fica embaçado devido às confusões de egos ainda imaturos.

Eu concordei com as suas palavras e disse-lhe:

— Sim, entendo as tuas colocações. Mas algumas pessoas ainda não estão compreendendo bem sequer o Universalismo Crístico básico. Creio que seria de grande valia abordarmos algumas questões. Por exemplo, temos percebido que alguns leitores têm confundido Universalismo Crístico com ecumenismo. O que achas de tecer algumas considerações sobre isso?

O nobre mentor meditou por alguns instantes e concordou, dizendo:

— Sim, estás certo! O Universalismo Crístico não significa reunir a sabedoria de todas as religiões isoladamente e simplesmente divulgá-las. Isso é o que chamamos de ecumenismo e já é realizado de forma competente por instituições respeitáveis.

É preciso entender que o Universalismo Crístico é um passo além. Trata-se de um modelo de compreensão espiritual que analisa, sem paixões, todas as crenças e procura construir a etapa seguinte de evolução da compreensão espiritual da humanidade. A partir dos modelos do passado, faz uma nova reflexão integradora e que convida a humanidade a uma análise de sua real conexão com Deus, com o amor e com o bem.

O Universalismo Crístico desponta no mundo com a função de integrar o conhecimento humano para auxiliar no progresso da humanidade. Ele está além das religiões. O U.C. tem a pretensão de transcender o campo religioso e penetrar em todas as áreas, integrando filosofia e espiritualidade com os demais ramos da vida humana. Quanto menos crenças específicas ele tiver, mais facilmente se integrará com tudo e todos.

Ele meditou uns instantes e concluiu:

— Falaremos mais sobre a importância do Universalismo Crístico na educação escolar nos próximos capítulos. Isso é de fundamental importância. Só mudaremos o mundo quando as nossas crianças tiverem uma formação educacional associada à filosofia e à espiritualidade, integrando conhecimento e fazendo-as perceber qual a finalidade do que aprendem em sua experiência escolar. Mais ainda: procurando desenvolver a inteligência emocional do aluno. Esse é um ponto fundamental!

Se já tivéssemos esse modelo plenamente implantado, o caráter e os valores de nossos jovens já seriam outros, permitindo-lhes uma experiência evolutiva muito mais rica e isso refletiria na paz e na harmonia de nosso tecido social. A educação familiar e a escolar são os alicerces máximos da boa formação do homem.

Universalismo Crístico Avançado

A criança que recebe uma educação positiva e com bons valores, através dessas duas estruturas, tornar-se-á um adulto de sucesso e feliz. Claro que, se ela tiver uma má índole que seja herança de vidas passadas, o trabalho será mais difícil. No entanto, terá elementos favoráveis para vencer as suas tendências negativas do passado.

Eu concordei, empolgado, já que particularmente creio na importância de realizarmos essa transformação em nosso modelo educacional. Se Deus um dia, nesta existência, permitir-me, trabalharei com fervor para mudar as nossas leis para que o ensino escolar seja integrador, conforme Hermes relatou. Se o projeto Universalismo Crístico crescer como o esperado, criaremos escolas por todo o Brasil baseadas nesse modelo, procurando desenvolver essa nova consciência nos educadores. Não basta mudar as leis. É preciso mudar a consciência dos professores também.

Hermes se recostou em um humilde barco de pesca e ficou acariciando o brilhoso pelo do cão, enquanto eu meditava. Depois de alguns instantes, eu disse-lhe:

— Creio que tudo ficaria mais claro e fácil de entender se a humanidade compreendesse a natureza do Cristo e de Jesus, que são duas entidades espirituais diferentes. Tu poderias nos trazer um aprofundamento sobre esse tema? Creio que isso tem tudo a ver com o entendimento definitivo do Universalismo Crístico e a sua função de integrar todas as crenças e ideais fraternos.

Hermes apoiou os braços na beirada da embarcação e dissertou:

— Certamente que sim. Na verdade, nesta obra, especificamente, não gostaríamos de entrar em crenças que não podem ser comprovadas. O nosso enfoque é estimular as pessoas a se tornarem seres melhores e em constante evolução. Isso é um fato! Deve ser analisado com carinho porque reflete uma verdade incontestável a todos os seres humanos.

Todavia, para melhor compreender o processo evolutivo da Terra, é interessante saber que os seus grandes mestres espirituais foram, na verdade, intérpretes de uma alma ainda mais avançada, que já não possui mais corpo espiritual há muitas eras e vive apenas no plano mental, sendo onipresente em toda a Terra. É a alma crística do planeta, que podemos chamar de Gaia, Cristo ou Logos Planetário.

Esse ser extraordinário "encarnou" no planeta Terra e estabeleceu a vida em seus primórdios. Ele é o Logos que mantém vivo o ecossistema, o campo magnético do planeta, as correntes marítimas, as dos ventos e todas as demais variantes que sejam necessárias para o equilíbrio de nosso mundo. Ele possibilita ao planeta gerar vida, ser a "Grande Mãe" de seus filhos e nutri-los. Os corpos físicos que nossas almas utilizam para evoluir foram gerados a partir do "corpo de Cristo", ou seja, a matéria prima da Natureza de nosso próprio mundo! Logo, agredir a natureza é agredir a nossa própria mãe!

Gaia, na verdade é uma integração do Cristo e de nós. É composta pela biosfera (seres vivos) e os componentes físicos da Terra: atmosfera (ar), criosfera (gelo), hidrosfera (água) e litosfera (solo) que formam um complexo sistema integrado que mantém o clima do planeta e as condições biogeoquímicas em perfeito equilíbrio. A Terra é de fato um organismo vivo que reage através de seus sistemas, buscando sempre uma condição de equilíbrio.

Da mesma forma que nosso corpo responde às interações de nossa alma, a Terra responde ao controle do Cristo. Quando ferimos o planeta com nossas atitudes antiecológicas ou com energias negativas, estamos literalmente ferindo o corpo da entidade espiritual máxima da Terra, ou seja, o representante direto de Deus em nosso mundo. Quando o homem destrói a Natureza, através do desmatamento das florestas, poluição de rios, do ar e lançando produtos não biodegradáveis na Natureza, está agredindo diretamente o Cristo de forma vil, da mesma forma que foi feito com Jesus, seu sublime emissário, no dia de sua triste crucificação. Caro leitor, reflete sobre isso.

Quando acabar a vida em nosso mundo, esse será o dia de seu desencarne. Ele ficará livre para assumir novas incumbências dentro do Eterno Plano Divino. Espero que, um dia, a humanidade compreenda o quão importante é respeitar e amar o verdadeiro "corpo de Cristo"! É por esse motivo que o Universalismo Crístico entende que as questões ecológicas e humanitárias são tão importantes quanto as espirituais em nossa jornada evolutiva.

Nós, habitantes da Terra, somos como as células de um grande organismo: Gaia. Só seremos verdadeiramente felizes

Universalismo Crístico Avançado

e venceremos as trevas se orquestrarmos uma evolução conjunta. Mais uma vez, comprova-se a tese de que "somos todos um".

Um exemplo disso está no massacre dos animais em matadouros, que fere a alma grupo daquela espécie e, indiretamente, o corpo de Gaia. Essa atitude infeliz acarreta desequilíbrios no campo astral de todo o planeta, estimulando a ação das trevas e o desencadeamento da violência humana no plano físico.

Por isso, os budistas e espiritualistas mais conscientes defendem com afinco a vida e a natureza como um todo. Digo isso sem contar os desequilíbrios ambientais como terremotos, furacões, tempestades e outros fenômenos destrutivos da natureza. Essas tragédias não constituem uma ação vingativa do planeta, mas, sim, uma reação natural de defesa e de busca de reequilíbrio gerada a partir de nossa ação depredatória contra Gaia. Quem planta espinhos, jamais colherá flores!

O líder do projeto Universalismo Crístico na Terra ergueu as mãos para o Alto e falou, em um tom comovente:

— A humanidade deve se conscientizar da importância de purificar a aura do planeta, com boas ações e pensamentos, e trabalhar para salvar a natureza, que, a cada dia, está sendo mais devastada pela ambição humana. Amai-vos uns aos outros, cuidai do planeta e a paz se estabelecerá na Terra!

Depois de falar sobre a natureza do Cristo, o grande mentor, que também interpretou a mensagem crística no antigo Egito na personalidade de Toth, meditou por alguns instantes. Eu fiquei em silêncio, sentindo-me um ser integrante de toda a grande família terrena. Orei pela paz e pela consciência espiritual, que ainda estamos tão longe de alcançar entre todos os homens.

Olhamos para a bela natureza ao nosso redor: a praia, os pássaros, árvores e o nosso amigo canino. Sentimos a brisa que vinha do oceano para beijar a nossa face e a água salgada do mar que acariciava os nossos pés. Sim, sem dúvida, a presença do Cristo se manifesta em tudo, abençoando-nos a todo instante. O que seria de nossa vida sem a água potável, o ar que respiramos e o alimento que nos nutre? Refleti. Quantas vezes na vida já paramos para pensar sobre isso?

Hermes suspirou, entristecido com a ignorância de nossa

humanidade, e voltou a falar:

— Jesus não é o Cristo. Ele foi o seu sublime medianeiro para trazer a mensagem do amor crístico aos povos ocidentais, assim como ocorreu com Buda, Krishna, Zoroastro, Moisés, Maomé, Antúlio entre outros grandes mestres que realizaram tarefa semelhante entre seus povos.

Analisando por essa ótica, percebemos que a mensagem do Cristo já venceu na Terra. Todos os povos do planeta já a receberam e o trabalho da Alta Espiritualidade está sendo realizado conforme o Plano Divino.

O Universalismo Crístico entende que a verdade reside no bom senso e na lógica. Se Jesus fosse o Cristo, a sua mensagem teria falhado, já que nem mesmo uma metade do mundo é Cristã.

Agora, se o Cristo é uma entidade espiritual planetária, Gaia, a alma do planeta, e utilizou-se de vários "avatares", médiuns incomuns, para trazer a mensagem do amor crístico a todo planeta, adequando-a a cada cultura, a cada povo, então, a sua missão foi plenamente vitoriosa, pois todas as nações do mundo receberam essa mensagem, possuindo roteiros divinos de evolução espiritual.

Analisando sob o enfoque de que Jesus e os demais profetas foram médiuns do Cristo, percebemos que a mensagem do amor venceu na Terra. Se analisarmos isso, isentos de paixões religiosas, veremos que faz pleno sentido.

As gaivotas deram um novo rasante bem perto de nós e depois caminharam, elegantes, fugindo das ondas que insistiam em persegui-las. O nosso belo companheiro canino parecia não se importar mais com elas. Ele cavava um buraco atrás de um caranguejo ou algo assim. Travessuras de um jovem animal, que ainda vive somente a realidade de seu mundo íntimo.

Invejei a sua felicidade e, também, a ingenuidade de ainda não ter consciência. O fato de ser parte de uma alma grupo, sem consciência individualizada, dependendo da situação, pode ser uma grande dádiva. Sorri e disse-lhe mentalmente:

— Aproveita bem, meu amigo, em breve estarás vivendo no mundo hominal e participando de todos os nossos erros e acertos em busca de algo tão elementar e simples: o amor, a mais preciosa das virtudes, mas que exige profunda sabedoria para ser percebida e compreendida.

Ah, meu Deus, é tudo tão simples, mas ao mesmo tempo tão complexo! No passado, estávamos presos a estruturas religiosas atrasadas. Praticamente ontem despertamos para o Universalismo Crístico! Agora, poucos anos depois, Hermes nos traz uma visão ainda mais aprofundada: o Universalismo Crístico Avançado! Onde termina essa fantástica jornada em busca da luz?

Hermes pareceu controlar o voo das gaivotas com a sua poderosa mente e, depois, disse-me, demonstrando que acompanhava os meus pensamentos:

— A compreensão espiritual é infinita! À medida que evoluímos, Deus nos apresenta novos entendimentos para seguirmos na nossa jornada com o objetivo de transformarmo--nos da animalidade para a angelitude.

Em seguida, ele apontou para a imensidão do mar e falou:

— O número de coisas que temos de aprender ainda é maior do que todas as gotas de água desse oceano.

Eu refleti sobre as suas palavras em silêncio. Segundos depois, ele completou, com um sorriso sutil e maneiro, bem a seu estilo:

— Se fosse noite, eu realizaria essa comparação com todas as estrelas do Universo.

Eu me virei para ele e dirigi-lhe um olhar significativo. Sim, eu havia compreendido a mensagem. Sorri! Eu estava me sentindo muito bem e feliz. O querido mentor piscou para mim e eu até mesmo soltei uma risada descontraída antes de abraçá-lo.

O belo cão percebeu e latiu para nós. Em seguida, correu e pulou sobre mim, quase me derrubando. Eu me ajoelhei e o abracei. Feliz com o seu carinho sem esperar nada em troca. Sim: o amor incondicional sendo praticado por uma criatura ainda irracional, enquanto nós, humanos, mesmo com todo o conhecimento e "suposta consciência", algumas vezes, comportamo-nos de forma egoísta e pequena. Meditei sobre aquilo. Deus e a sua misteriosa forma de transformar-nos em Seus anjos.

8

Amar sem julgar

Naquela noite, quando despertei, vi-me no corredor de um humilde hospital. Será que estaria novamente às portas de minha alma ou rumo a um estudo da consciência alheia? Logo percebi que não. Aquele era um hospital do mundo físico e estava lotado de pacientes que recebiam péssimo atendimento.

Tratava-se de uma instituição pública muito mal administrada de alguma cidade pequena do interior do país, onde políticos insensíveis se aproveitam da simplicidade da população para desviar as verbas públicas para interesses escusos. Como ocorre geralmente em hospitais dessa natureza, havia macas pelos corredores, falta de medicamentos e médicos, além de enfermeiros e técnicos sobrecarregados de serviço. Um verdadeiro caos administrativo e descaso com os pacientes.

Além disso, para piorar o quadro, em um mundo com limitada consciência espiritual, obviamente, a relação das pessoas com o seu templo sagrado, o próprio corpo, tende a ser de abuso e desrespeito, o que exige soluções extremas em salas de emergência. Vivemos em um mundo onde a saúde preventiva ainda é uma utopia. O homem inconsciente comete abusos contra o seu corpo, levando-o ao socorro emergencial com frequência.

Em geral, eram vítimas de acidentes causados por bebida e imprudência. Outros lá se encontravam por problemas de saúde devido aos seus próprios abusos de drogas ilícitas e lícitas, entre elas o cigarro e a bebida alcoólica. Ou, então, devido à imprudência alimentar que leva ao entupimento das artérias e outros males para o organismo, causando enfartos, diabetes e outras doenças.

Era noite de carnaval, portanto, não poderíamos esperar outra coisa.

Segundos após essas reflexões, Hermes surgiu serenamente ao meu lado. Eu olhei para ele com um ar crítico e disse-lhe:

— Hoje, vamos mostrar novamente aos encarnados o que não devemos fazer com a nossa saúde? Justamente nesse período de entorpecimento dos sentidos, quando as pessoas colocam para fora todas as suas energias, pensamentos e ações mais baixos?

É noite da festa da "carne nada vale" (carnevale). As interações sexuais irresponsáveis e a sensualidade vulgar são um dos maiores alimentos astrais para as entidades das sombras. Devíamos estar agora junto com as equipes celestiais vibrando energias positivas para a psicosfera do Brasil e não nos afundar nesse mar de lama que é o carnaval.

Creio que já transmitimos esse recado em outros livros. Sem contar que existem centenas de textos espiritualistas que narram as consequências desses hábitos e vícios inconsequentes de nossa humanidade, principalmente nessa semana funesta.

Hermes me olhou com infinita paciência, percebendo o meu azedume, e respondeu com ternura:

— Da próxima vez, eu te trarei um espelho para que vejas a amargura em teu olhar quando te referes aos teus irmãos falidos na caminhada rumo à luz de Deus.

Eu me calei e percebi que estava criando perigosos hábitos mentais negativos desde a elaboração do livro *Atlântida - No Reino das Trevas*, que foram agravados pelo trauma que vivi. Isso me preocupou. O negativismo e a depressão estavam se instalando sorrateiramente em minha alma.

Eu precisava reverter isso com urgência. O carnaval é uma festa alegre e pode ser aproveitada com hábitos dignos e saudáveis. Apesar de essa festa popular estimular a promiscuidade, nada impede que pessoas íntegras possam aproveitá-la com alegria e decência.

Eu devia reprogramar a minha mente para pensamentos e ações positivas. A minha alma reproduzia sensações negativas que poderiam já estar estabelecendo conexões sinápticas negativas no meu cérebro. Depois que isso se enraíza no físico, torna-se ainda mais difícil de reverter. Quanto mais tempo permanecemos nas ondas da depressão e dos sentimentos e hábitos negativos, mais difícil é sair delas.

Falaremos mais detalhadamente sobre esse tema em um capítulo específico no decorrer desta obra.

Eu compreendi a importância das palavras do mestre, abaixei a cabeça, respirei fundo e disse-lhe:

— Mais uma vez, desculpa-me, mestre. Sei que tenho sido um tanto intolerante com as fraquezas alheias. A decepção amorosa que vivi no ano que passou agravou ainda mais a minha desilusão com as pessoas. Sei que somos o que pensamos. Porém, está difícil encontrar pessoas que realmente me causem admiração e respeito. A partir do que vivi, creio que todas as pessoas agirão de uma forma que me desapontará.

A minha intenção é alertá-los para que reflitam sobre as suas atitudes. Procuro realizar uma crítica construtiva. Contudo, talvez esteja sendo duro demais, já que ando decepcionado com o mundo.

Hermes esperou que eu terminasse os meus argumentos e falou:

— Meu irmão, tu és um instrutor de almas, e não um juiz. Não deves julgar individualmente os atos alheios, como andas fazendo. Analisar e orientar as pessoas sobre comportamentos inadequados é uma coisa. Porém, criticar diretamente os pontos fracos alheios é outra. Conselhos são úteis quando são dados na hora certa e de forma fraterna. A forma direta e, por vezes, dura, pela qual estás agindo, pouco ajuda, a não ser que a pessoa esteja pronta e disposta a ouvir conselhos, sem que isso ofenda o seu ego.

Eu demonstrei que estava de acordo com as suas palavras e concordei, sem apresentar nenhuma argumentação contrária:

— Sinceramente, essas conversas contigo são um bálsamo para a minha alma. Tenho certeza de que não mereço estar na presença de um ser tão iluminado. A distância que me separa de ti é a mesma que me separa das pessoas alienadas

Universalismo Crístico Avançado

e inconsequentes que critico. Eu deveria me espelhar em tua grandeza, que tolera e compreende as fraquezas de um ser imperfeito como eu. Quero realizar o mesmo com relação a este mundo que só me decepciona, mas, por mais que eu me esforce, infelizmente não consigo.

Ele me abraçou e convidou para caminhar pelo hospital, dizendo-me:

— O mundo não está tão ruim assim. Os teus olhos é que estão voltados para coisas negativas, o que termina atraindo pessoas e situações decepcionantes. Tu estás te conectando com quem está em sintonia depressiva, porque não andas com o coração voltado para o amor, a compreensão e a felicidade. Lembra-te sempre disto: somos o que pensamos. A lei é de atração dos afins. Se surgem em tua vida pessoas desequilibradas e problemáticas, é porque estás sintonizado com esse perfil. Inclusive, já falamos várias vezes sobre isso.

Vê as pessoas que assistem todos os dias aos telejornais, que são um verdadeiro veneno do mundo moderno. Elas se concentram apenas em tragédias e notícias ruins. Dão a impressão de que, no mundo, só existem injustiças, pessoas inescrupulosas e que ninguém presta. Tudo só para atrair a audiência sensacionalista. O que ocorre com essas pessoas? Elas se "integram" a esse mundo de desgraças e vivem em conflitos. Já aquele que busca conhecimento, paz de espírito e ações alinhadas aos bons valores constrói um mundo mais harmônico para si.

É apenas uma questão de sintonia. A tua alma já vibrou em frequências mais elevadas. Não será difícil retornares a elas. Basta "orar e vigiar", sintonizar-se com o alto e monitorar os teus atos e pensamentos.

Eu concordei com um sutil movimento com a cabeça e perguntei-lhe, enquanto driblávamos as macas e pessoas sentadas pelos corredores da pobre instituição médica em que nos encontrávamos:

— Por que, então, estamos aqui? O que poderemos trazer de novo aos leitores? Ainda creio que deveríamos estar dialogando mais sobre o projeto Universalismo Crístico como um todo. Nossos leitores nos cobrarão isso.

Hermes sorriu de forma divertida e disse-me:

— Cobrarão nada... Em breve, tu e eles percebereis que o

Universalismo Crístico é a própria vida! As religiões de nada servem quando não as compreendemos de coração. O que achas que será do Universalismo Crístico se ficarmos apenas teorizando?

Ele ergueu a cabeça para o teto do corredor, meditou e prosseguiu, com adorável energia:

— Caro irmão, precisamos cativar a alma das pessoas. Fazê-las crer que comungar com Deus é muito mais que levantar bandeiras religiosas e ser um profundo conhecedor de filosofias espirituais. É preciso amar e, fundamentalmente, compreender o que é o amor. Tudo, absolutamente tudo, gira em torno disso no atual estágio de compreensão espiritual da escola Terra.

O amorável mentor pareceu se entristecer um pouco e arrematou:

— É muito triste ver as pessoas caminhando pelas ruas distantes dessa compreensão. Algumas, totalmente alienadas com relação a isso, outras, conhecedoras das filosofias espirituais, mas enganando-se a si mesmas, crendo seguirem as virtudes crísticas, mas não percebendo que muitos dos seus atos contrariam aquilo que afirmam acreditar, ou seja, vivendo na mais pura ilusão.

Há menos de um século, tivemos duas guerras mundiais com consequências devastadoras. Contudo, parece que o homem já esqueceu o quão perigoso é viver distanciado da luz e do amor crístico. Seria bom que, pelo menos uma vez ao ano, fossem mostradas pelos meios de comunicação as imagens originais dos horrores praticados em meio a essas guerras hediondas. São cenas duras, mas que despertam o homem moderno de sua alienação materialista e egoística.

A humanidade precisa urgentemente ser despertada para o verdadeiro sentimento de amor e fraternidade universal, valores que se perdem facilmente em meio a civilizações primitivas, principalmente em épocas em que vivenciam períodos de riqueza e conforto, esquecendo-se do espírito de caridade. Infelizmente, as guerras ainda são necessárias para despertar a alienada humanidade do planeta azul. É o aprendizado pelo caminho da dor.

Um tanto revoltado com tudo isso, eu concordei com um olhar silencioso e argumentei:

Universalismo Crístico Avançado

— Por isso tenho me focado em revelar a verdade somente a quem está pronto e tem entendimento para ela. A chance de êxito é infinitamente maior. Essas pessoas, pela sua perseverança em lutar pelo ideal, serão importantes formadores de opinião para conduzir a humanidade no futuro.

Eu fiz uma expressão de incompreensão para com os objetivos de Hermes e completei:

— O que desejas, meu mestre? Tu queres que eu vá revelar as Verdades Eternas em meio a um ensaio de escola de samba ou em um estádio de futebol? O que podemos tirar de lá? Ou, então, para religiosos ortodoxos que ainda não conseguiram se libertar de seu ritualismo e crenças do passado? Eles são como os fariseus da época de Jesus. Prendem-se mais a formas e rituais do que à essência da Verdade!

Eu abri os braços de forma teatral e sentenciei, tentando me justificar:

— Jesus mesmo nos disse para não darmos pérolas aos porcos! Cansei de tentar argumentar com pessoas que se recusam a enxergar. Isso é como tentar explicar as belezas dos "sete mares" a um peixe confinado dentro de um aquário! Não entenderão! É algo que está muito além da pobreza de suas almas. Prefiro focar-me em pessoas que sejam um terreno fértil para a "Nova Revelação". Não temos mais tempo a perder jogando sementes entre espinhos e pedregulhos!

Hermes não questionou as minhas colocações, apesar de serem pouco fraternas. No entanto, decidiu despertar-me para uma verdade que a minha alma estava esquecendo com o passar do tempo e por causa do cansaço oriundo da incompreensão dos homens ao nosso trabalho.

Ele me olhou com infinita compaixão. Parecia que aquele olhar me abraçava e aliviava o meu coração angustiado, enquanto eu ouvia a sua voz me falar, em um tom envolvente e carinhoso:

— Sim, tu estás certo, meu filho. Porém, isso não deve impedir-te de amá-los, mesmo que não te compreendam e não queiram te ouvir. Quando os nossos argumentos e filosofias não conseguem transpor a indiferença e a incapacidade de nossos irmãos, resta-nos, somente, abraçá-los e amá-los; assim como se faz com uma criança inconsequente, que deve ser educada, mas, também, compreendida em suas limitações.

O nobre mentor tinha razão. As suas sábias palavras me calaram, provocando-me profunda reflexão. Tenho diversos amigos que não estão interessados na Grande Busca. Esses eu trato com carinho e respeito, apenas conversando com eles sobre assuntos comuns, que sejam de seu interesse, mesmo que considere os assuntos entediantes e vulgares. Já as pessoas que não me são próximas e, principalmente, aqueles que são malandros e viciados, que desrespeitam os seus semelhantes, aproveitando-se de sua boa vontade, ultimamente estava-os tratando com desprezo e providenciando a ação da justiça divina quando me era possível.

Como já afirmei em outras oportunidades, fui um "senhor do carma" por milênios. É difícil simplesmente ser indiferente a tudo e apenas amar... Para mim, não instruí-los seria um gesto de descaso. Sinto o desejo de "salvá-los", mas quem pode fazer isso a não ser cada um mesmo, em uma iniciativa só sua? Podemos apenas mostrar o caminho. Cabe a cada um trilhá-lo. Ninguém pode fazê-lo por seu semelhante. Preciso aprender isso verdadeiramente, através de uma real vivência.

Eu me alegro em ver uma alma em busca da luz. Faço qualquer coisa por quem segue por esse caminho, de coração e de forma abnegada. Cada despertar é uma vitória nessa luta que realizo pelo esclarecimento espiritual da humanidade. Ao ver uma criança ou um adolescente, o nosso futuro, despertando, dedico-me de coração ao seu esclarecimento e aprofundamento das Verdades Eternas, sem me importar com o tempo que devo lhe dedicar.

Já quando ocorre o contrário, vejo isso como um empecilho e um fracasso, desejando punir o infrator, para que ele desperte! Sem dúvida, a justiça tarda, mas não falha. Só que ela não depende diretamente de minha intervenção. Esse não é o meu papel no mundo. Não mais!

Agora as palavras de Hermes me despertavam novamente para um comportamento que eu parecia ter esquecido, devido às amarguras da vida. Desejei naquele instante voltar a ser o jovem de vinte e poucos anos que escreveu o livro *A História de um Anjo*, cheio de idealismo e amor à vida e aos semelhantes, convicto de que a mensagem do Cristo venceria na Terra. Os anos se passaram e parece que o amor foi se afastando de meu coração.

Será que o guerreiro estava ficando cansado e desiludido porque não vislumbrava o fim da batalha? Onde estão os eleitos da Nova Era para trazer-nos a vitória da luz sobre as trevas? Seria toda a minha amargura atual resultado da incompreensão dos homens? Estaria assim, frio e indiferente para com os meus semelhantes por causa das diversas vezes que falei sobre a "boa nova do terceiro milênio" e fui desprezado pelas almas pequenas que não compreendiam a grandeza da mensagem de que eu era portador? Seria o reflexo da minha "ferida mortal" inconsciente: insegurança e medo de rejeição, conforme já relatei em capítulos anteriores?

Em meio às minhas reflexões, nem percebi quando Hermes me introduziu em um dos quartos onde repousava um paciente terminal. Eu deparei com ele e levei um susto. Seu estado era gravíssimo. Não foi difícil identificar as causas. Seu pulmão estava condenado por um câncer atroz que havia sido deflagrado pelo terrível vício de fumar. O seu fígado e todo o sistema digestivo também estavam seriamente comprometidos pela bebida alcóolica e a ingestão de alimentos pesados e inadequados durante toda a vida.

Eu me aproximei de sua cabeça e analisei a sua tela mental. Em instantes, percebi que era uma criatura totalmente afastada dos verdadeiros objetivos da vida. Era egoísta e preguiçoso. Preocupava-se apenas em atender aos seus interesses, sem realizar o menor esforço.

Só teve, durante toda a sua existência, disposição para beber, fumar, fazer festas e falar sobre bobagens inúteis. Para realizar essas coisas de uma forma confortável, enganava os seus semelhantes, sem qualquer pudor, para obter dinheiro de forma imerecida e, assim, atender aos seus vícios e malandragens.

Lembrei-me, também, naquele momento, do povo gaúcho, terra onde nasci, e que tanto me envergonha por ser o estado brasileiro com o maior número de drogados. Entre eles, fumantes e consumidores dos mais variados tipos de drogas ilícitas. Sem contar que o Rio Grande do Sul é campeão brasileiro em obesidade e doenças cardiovasculares por causa da alimentação desregrada.

Eu me virei para Hermes e disse-lhe:

— É disso que falo. Por que, mestre? Dize-me: por que jogar pérolas aos porcos? Essa criatura não merece a nossa atenção. Existem milhares de pessoas lá fora lutando para se tornarem melhores. Por que devo perder o meu tempo aqui?

Revoltado com aquela triste realidade, prossegui condenando de forma dura:

— Se eu fosse um médico deste hospital e tivesse poder para tal, despacharia essa criatura para os corredores e daria prioridade ao atendimento de quem realmente respeitou a vida e está aqui por alguma fatalidade ou doença congênita.

Hermes não discordou e disse-me, olhando profundamente nos meus olhos:

— Nós te enviamos ao plano físico para instruir e amar o mundo, e não para julgá-lo. A tua missão é revelar a boa nova do terceiro milênio. Deves te ater a isso. Ainda não compreendeste?

Ele silenciou um instante e depois continuou de uma forma que parecia estar gravando o ensinamento a ferro e fogo em minha alma:

— O acaso não existe. Sempre que deparares com um momento como este, lembra-te disto: se Deus, o nosso amado Pai, levar-te a vivenciar uma situação em que tenhas que amar um irmão nessas condições é porque Ele assim o quis e teve os seus motivos. Neste instante, o Pai está te chamando para amar e não para criticar e condenar. Ele sabe das limitações de seus filhos. Não precisa de nossos julgamentos para tomar as suas decisões.

Enquanto Hermes falava sobre isso, recordei-me imediatamente da vez em que fui a um hospital de minha cidade para dar um passe espiritual em um paciente em situação semelhante, e, enquanto realizava o procedimento, ele ficou me implorando por um cigarro. Aquilo me chateou muito e, naquele dia, perguntei-me o que eu estava fazendo lá. Por que abria mão de meu descanso para auxiliar quem não era merecedor?

Naquele instante, as palavras do nobre benfeitor me fizeram finalmente compreender. Eu estava lá somente para amá-lo, vibrar energias positivas para que ele tivesse uma melhor transição para a Vida Maior. Somente para isso mesmo. Do que adiantaria naquela situação extrema repreender-lhe por estar me pedindo um cigarro? No dia seguinte, ele simplesmente desencarnou. Não havia tempo para mais nada.

Universalismo Crístico Avançado

Chega um momento em nossa vida que somente o retorno ao plano espiritual e a consequente reciclagem para uma nova encarnação surtem efeito. Portanto, o trabalho dos socorristas é somente o de amar e amparar.

Sim. Hermes estava certo. Eu precisava rever os meus conceitos.

Sentei na cama, ao lado daquele ser desfigurado pela grave enfermidade, e não me esquivei de segurar a sua mão enegrecida pela doença e tomada por feridas, em meio a veias muito dilatadas.

Olhei para os seus dedos amarelados e fétidos, devido a uma vida de escravidão à nicotina, e suei frio. Minhas mãos ficaram úmidas e geladas. Senti náusea, mas mantive-me firme. Tudo aquilo que eu condenava, com relação aos vícios do corpo e da alma, estava representado naquela alma falida à minha frente. O iluminado mestre me levava, naquela noite, ao teste extremo com relação ao julgamento crítico que tenho a respeito dos drogados e distanciados da mensagem crística.

Ele aproveitou o meu momento de reflexão e prosseguiu abrindo o meu coração:

— Tu achas que esse irmão é um filho de Deus de classe inferior porque se entrega aos seus vícios?

Ele mesmo respondeu:

— Todos nós somos iguais; porém estamos em momentos evolutivos diferentes. Não temos informações suficientes para saber o que o levou a essa estrada negra. Julgá-lo, assim, sem analisar todas as suas encarnações anteriores, seria leviandade de nossa parte. Logo, deixemos que Deus proceda ao devido juízo, e nós apenas façamos a nossa parte, amando-o incondicionalmente.

Meditei sobre o declínio moral dos fariseus à época de Jesus. De tanto zelarem pela lei, terminaram tornando-se frios, insensíveis e hipócritas, afastando-se do amor de Deus. Será que eu estava me tornando assim e não estava percebendo? A cegueira é o maior mal dos espiritualistas! Será que eu estava vendo o cisco nos olhos dos outros e não estava enxergando a grande trave que estava encravada no meu?

Olhando fixo para a criatura agonizante e, de costas para Hermes, que estava em minha retaguarda, falei, reticente, sem olhar para o grande mestre:

— Hermes, pelo que percebo, eu me perdi na caminhada...

Ele colocou serenamente a mão no meu ombro e disse-me:

— Não, meu filho, apenas precisas rever as tuas crenças e sentimentos. O amor fraterno é forte no teu coração. Não deixes que a desilusão com a humanidade o apague. Se assim ocorrer, as trevas terão vencido. Luta contra isso! Não queremos te perder.

Hermes silenciou por alguns instantes e depois concluiu em um tom de voz mais que especial:

— Tu meditaste em nossos primeiros encontros deste trabalho sobre estar te desconectando do mundo... Não é isso que espera de ti Aquele que te enviou!

Ele aguardou até que eu absorvesse aquele alerta, que já tinha feito na virada do ano no astral, momento em que eu estava ainda mais desiludido com as pessoas e com o mundo, e voltou a falar:

— Não te avisei sobre isso naquele momento porque não estavas pronto. Porém, agora, as reflexões sobre o teu sofrimento já estão se encerrando. Devem ceder lugar à análise sobre o aprendizado que tiveste.

Apertando firme o meu ombro, em uma inesquecível transfusão de força e paz, o grande mestre intimou-me, com palavras firmes, que pareciam me abraçar e envolver no mais puro e verdadeiro amor:

— Mergulha no mundo novamente! Precisamos de ti.

Aquelas palavras tiveram um impacto profundo em minha alma, como se elas estivessem desentupindo os canais por onde transita o amor, que estavam obstruídos com sentimentos de indiferença. Eu expeli para fora aquela dor, em forma de lágrimas, e me abracei naquela criatura moribunda que estava à minha frente.

Ele estava semimorto. Nem mesmo registrou fisicamente o meu gesto. Mas a sua alma, sim! A centelha divina sempre registra. Senti que ele respirou aliviado e sentiu a forte e intensa energia que eu irradiava de meu chacra cardíaco.

Hermes me abraçou, também. Então, senti a sua energia me atravessando e me revigorando. O seu nobre gesto me inundou de paz, enquanto dizia:

— Isso, meu amado discípulo! Liberta a bela luz que mora no âmago da tua alma, mas está momentaneamente empoei-

Universalismo Crístico Avançado

193

rada por sentimentos negativos. Este nosso irmão está cumprindo o seu programa evolutivo. A sua alma não consegue ainda enxergar o caminho da luz. Ele não tem como despertar sem ser pela dor e pelo sofrimento. Portanto, apenas respeita e ama essa infeliz criatura.

Por fim, ele sentenciou:

— Tu não estás aqui, neste momento, na condição de sábio espiritual que pode orientar os caminhos do mundo. Tu estás aqui simplesmente na condição de irmão que deve amar incondicionalmente os seus semelhantes.

Eu não consegui dizer nada. Tinha um nó na garganta. Contudo, Hermes sabia que eu não precisava falar nada. A sua sabedoria e habilidade espirituais haviam operado um milagre em minha alma atormentada.

Não sei por quantos minutos fiquei abraçado àquela criatura, que nem mesmo conhecia. Só sei que, quando levantei a cabeça, percebi que não estávamos mais no hospital, mas, sim, em um vale de dor e sofrimento do plano espiritual.

Hermes estava ao meu lado, sereno e tranquilo, como sempre. Eu, então, perguntei-lhe sobre o que havia acontecido. Ele respondeu de forma amável:

— Ele desencarnou. Era o seu momento. Tu o ajudaste a se libertar por meio do amor incondicional que irradiaste, completando a última etapa necessária para que ele realizasse a Grande Transição. Com teu gesto de amor e de não julgar, tu o libertaste do cárcere que era o seu corpo enfermo e intoxicado, que ele tanto relutava em abandonar devido às suas crenças pequenas e materialistas. Agora ele estará nas mãos do verdadeiro juiz: a sua própria consciência.

Hermes mantinha-se em prece, orando pelo enfermo e, também, por aquela multidão de almas sofridas daquele vale de dor e amargura.

Eu olhei para os lados e vi a situação de padecimentos terríveis que ele enfrentaria dali para frente. A sua alma estava tomada de chagas e em estado absolutamente repulsivo. Em instantes, ele se confundiria com o negrume daquele solo pantanoso. Provavelmente, ficaria esquecido naquele lamaçal por eras, até que despertasse para um novo caminho, através de longa e dolorosa reflexão.

Eu não tinha simpatia alguma por aquele desafortunado,

mas o seu triste final me inquietou. Senti compaixão pelo seu destino. Pensei que ninguém deveria merecer uma sorte assim. Mas a vida é imortal. Talvez somente através daquele mecanismo de dor e sofrimento aquela alma desperte para os sagrados compromissos da vida. Deus certamente sabe o que faz.

Na fração de um segundo, milhares de insetos e larvas astrais começaram a se alimentar de suas chagas, causando-lhe pavoroso desconforto. Moscas pestilentas pousavam sobre as suas feridas, tornando-as focos negros em circunvolução contínua. Algo horripilante. Uma cena digna de filmes de terror.

Percebi que aqueles parasitas se alimentavam justamente das toxinas de seus vícios, tanto da alma como do corpo. O amor gera luz. Os sentimentos anticrísticos desenvolvem uma graxa escura que serve de alimento a seres que se assemelham aos sentimentos que ele viveu em sua vida. Nos próximos anos, ele viverá de forma parasitária com os seus semelhantes. Antes de desencarnar, ele sugava até mesmo a própria mãe. Agora, viverá o processo inverso para sentir na pele o mal que causou e, assim, despertar para uma nova consciência.

Refleti sobre tudo isso. Sim, quando as pessoas estão alienadas e realizando os seus atos inconsequentes, isso me revolta e decepciona. Todavia, naquele instante, vendo aquela criatura em tão triste estado, tive compaixão de seu sofrimento.

Ajoelhei-me ao seu lado e dirigi energias luminosas de minhas mãos sobre o seu corpo enfermo. Os seres repulsivos imediatamente se afastaram, afugentados pela luz. As reflexões da noite me fizeram perceber que ninguém é superior a ninguém. Cabe aos que se encontram mais à frente na caminhada evolutiva demonstrar gestos de fraternidade, paciência e compreensão.

Aquela alma falida demonstrou receber o gesto reconfortante, pois a sua respiração ficou mais equilibrada e longa. Os seus olhos esbugalhados de pavor fecharam-se, enquanto grossas lágrimas escorriam de suas faces enegrecidas pelas pústulas. Aquele pranto inaugurava mais um longo período de reflexão para ele. Era chegada a hora da colheita. Infelizmente, ela não era benéfica, de paz e de luz.

Jamais devemos nos afastar do amor e da prática do bem aos nossos semelhantes. Sim, eu também precisava conside-

Universalismo Crístico Avançado

195

rar isso em minhas reflexões. Não deveria deixar que o mal que me fizeram fosse motivo para pagar na mesma moeda. Essa não é a minha natureza.

Poucos minutos depois, a luz que gerei se desfez e os parasitas astrais voltaram com toda a carga sobre o enfermo. A minha energia era muito fraca e não conseguia se manter por si própria.

Lembrei-me da sentença da lei de ação e reação. Devemos pagar até o último ceitil. Essa é a lei. Os nossos atos negativos jamais ficam impunes para o bem de nossa própria consciência. A lei dos homens pode ser burlada, porém, a de Deus, jamais.

Hermes também se compadeceu da infeliz criatura e, antes de partirmos, disse-me:

— A vida de ilusões leva-nos ao vale do medo e da escuridão. O despertar da consciência conduz-nos à paz e à luz.

Por mais alguns segundos, ele manteve o olhar fixo naquela cena de horror e sentenciou, com tristeza e de forma enigmática:

— Aqui o tempo para.

Entendi. Os momentos de dor e aflição passam mais devagar do que os prazerosos. A dor parece possuir o poder de tornar lento o passar das horas, enquanto a alegria as faz voar. Eis um exemplo da relatividade do tempo.

Compadeci-me com aquela dor extrema que ele viveria. Hermes colocou o braço sobre os meus ombros. Eu, também, abracei-o e fiz isso com alma. Ele percebeu e me aproximou de si com mais força ainda, tentando passar-me o recado da força inesgotável do amor.

Os meus olhos ficaram úmidos, mas nada falei. Não havia mais nada a dizer a respeito daquela criatura, que mais parecia uma múmia sendo atacada impiedosamente pelos elementos da decomposição orgânica. Aquela cena deveria servir-nos como um marcante convite à reflexão.

Quem dera os homens pudessem enxergar essas coisas para repensar a sua vida. Entretanto, estamos em uma fase evolutiva primária. A nossa ignorância espiritual nos leva ao aprendizado por meio da dor em vez da sabedoria e do amor. Que Deus permita que as guerras atrozes não sejam mais necessárias para que o homem vivencie novamente, no plano físico, cenas horríveis como essas para amadurecer no limiar da Nova Era.

Hermes prosseguiu ajudando aqui e ali e conversando com os socorristas que prestavam auxílio naquele vale de sombras e dor. Enquanto isso, refleti sobre a pergunta que havia feito anteriormente ao nobre mentor.

No início desta noite, eu acreditava que iríamos relatar as mesmas situações de falências espirituais que são tão comuns em livros espiritualistas. Mas não foi o que ocorreu. Foi algo muito além disso! A mensagem fora muito mais profunda do que eu pudera imaginar, levando-me a um entendimento profundo do amor e da compreensão que devemos ter em relação à dor de nossos semelhantes.

Vivemos em um mundo ainda alienado, de expiações e provas para uma humanidade ainda inconsciente. A minha missão é educar, mas quando isso não é possível, que Deus me dê discernimento para que eu possa amar e jamais julgar individualmente as situações que Ele me apresenta. Esse é o papel dos filhos da Luz, daqueles que se candidataram a descer ao plano físico para atender ao Grande Plano do Espírito Criador.

Lembrei-me das sábias palavras do gênio da ciência, Albert Einstein – e por que não dizer? – da filosofia e espiritualidade também: "Se um dia tiveres que escolher entre o mundo e o amor... Lembra que, se escolheres o mundo, ficarás sem o amor, mas, se escolheres o amor, com ele, conquistarás o mundo".

Sim. Estava na hora de eu encerrar as minhas lamúrias, baixar a cabeça e trabalhar. Viver em um plano imperfeito ainda me é necessário. Não posso desejar um mundo de luz se ainda dou guarida às trevas.

Como desejar viver na paz dos planos superiores, na companhia de espíritos iluminados, depois das reações medíocres que tive apenas por ter sido ofendido por uma alma enferma? Em vez de amparar a pobre criatura, parti para a agressão verbal. Ao me lembrar disso, envergonhei-me de minha instabilidade emocional naquela ocasião.

Hermes retornou para perto de mim. Acredito que ele não estava monitorando os meus pensamentos, pois voltou a falar sobre as experiências da noite:

— No capítulo anterior, falamos sobre a importância de sermos tolerantes para amar. Ninguém ama se não é toleran-

Universalismo Crístico Avançado

te com os seus irmãos. Quem diz que ama e mal suporta as pessoas, está faltando com a verdade. Neste capítulo, desejei mostrar-te isso, porque é difícil de compreender apenas na teoria. Sem dúvida, é necessária uma vivência específica.

Pensa comigo! O primeiro passo é compreender as pessoas, ou seja, entender e aceitar as suas limitações. Isso nos leva ao segundo passo, que é sermos tolerantes e pacienciosos, pois já entendemos a natureza das distorções da realidade delas, ou seja, a forma como elas veem o mundo.

Quanto mais nos colocarmos no lugar de nosso próximo, mais entenderemos que ele está fazendo o melhor possível dentro de sua limitada compreensão do mundo, e, com essa consciência, finalmente teremos mais capacidade para amá--los. Porém, antes de tudo, é preciso amarmos a nós mesmos. Quem não ama a si próprio não consegue mobilizar energias para amar o próximo, pois vive em conflito e frustração.

Hermes voltou a mirar-me com aquele impressionante olhar hipnótico e prosseguiu:

— Guarda esta mensagem em teu coração: a tua função é a de educador de almas, e não a de juiz. Já te falei sobre isso. Deves analisar, educar e orientar sobre comportamentos gerais, mas jamais julgar as pessoas de forma condenatória ou dirigir-lhes olhares de desprezo. Tolerância para com os padrões e comportamentos equivocados de teus semelhantes! Eis o pré-requisito básico para poderes amar.

Ele meditou um pouco e voltou a falar, com certa indecisão e com um tom de voz menos empolgado:

— Talvez o que eu vou dizer-te agora seja muito prematuro. Não é o momento para ouvires isso e creio que não será de minha boca que essa informação te causará alguma transformação. Alguém maior que eu terá que te dizer isso, de alma para alma, porque o que te falarei neste instante tu vais ouvir, mas não assimilarás internamente em tua alma. Como já te disse: os sentimentos não são aprendidos, e, sim, percebidos!

Ele respirou profundamente e prosseguiu:

— Os problemas não são gerais. Quantas pessoas vivem em situações difíceis e são felizes, e vice-versa? Criamos a nossa própria realidade, de forma consciente e inconsciente. Se algo te incomoda é porque faz parte da construção do teu mundo interno. A solução, portanto, está dentro de ti mesmo, e não lá fora.

Quando surge um problema, a mente sempre busca alguém ou alguma coisa para culpar. O homem continua procurando fora de si a origem dos seus problemas. Não percebe que a origem está sempre dentro de si mesmo. É preciso superar as lembranças negativas da vivência traumática e prosseguir, porém, sem jamais esquecer o aprendizado obtido na experiência vivida.

Reflete sobre tudo que te deixa inconformado no mundo. Será que ele está tão ruim assim ou é a tua visão que está embaçada? Lembra-te de nosso capítulo introdutório no livro *Universalismo Crístico – O Futuro das Religiões?* Chegaste ao Império do Amor Universal e viste a cidade tomada por trevas. Depois tu percebeste que aquilo era só o reflexo do teu mundo íntimo. A realidade, meu caro discípulo, depende do ponto de vista do observador...

As palavras finais de Hermes penetraram em minha mente de forma hipnótica. Sim, o mundo está cinza para mim, pois eu o estou vendo com um olhar cinzento. A mudança depende apenas de mim mesmo. Os fatores externos não me pertencem. Eles dizem respeito à consciência alheia e ao Universo. Toda a minha felicidade e realização está absolutamente no meu poder, ou seja, em minhas mãos.

A advertência do mestre me fez ver isso. Agora eu compreendia. Só faltava conseguir transformar isso em realidade na minha vida: fazer migrar da mente racional para o âmago do coração, ou seja, para a sutil estrutura da alma.

O peso sobre os ombros ainda era grande. Contudo, eu já enxergava a luz no fim do túnel. A vitória nesta batalha terrível estava próxima. A partir daquele instante, compreendi que era tudo apenas uma questão de tempo.

As trevas não venceriam em meu coração. Apesar da imensa e desconhecida (para mim) dor que tinha experimentado, eu sobreviveria e retornaria dela mais forte para lutar ainda por muitos anos em nome da mensagem de Luz da qual sou portador. Como um diamante que precisa ser lapidado, eu tinha recebido violentos golpes do cinzel, mas isso foi necessário para aperfeiçoar a minha alma e permitir que a sua luz interna brilhe, cada vez mais, em busca da absoluta perfeição.

Universalismo Crístico Avançado

9
Os sete níveis de percepção

Alguns dias depois, fui convocado por Hermes para elaborar um novo capítulo para este livro no astral. Naquele dia, eu já me encontrava bem melhor. O meu coração começava a encontrar finalmente a paz. Aos poucos, eu conseguia me desvincular do enfeitiçamento que tinha me abalado de forma tão dramática.

Assim, quando dei por mim, eu me encontrava em frente a um imponente palácio, rodeado por belíssimos jardins. Ramiro estava ao meu lado e somente arqueou as sobrancelhas, perguntando-me mentalmente se eu tinha ideia de onde estava.

Sim, eu sabia. Estávamos no palácio de Schönbrunn, conhecido também como o Palácio de Versalhes de Viena. Ele é um dos principais monumentos históricos e culturais da Áustria.

Estive naquele local fisicamente em minha última encarnação, antes da atual, quando acompanhei de perto o congresso de Viena, uma conferência entre embaixadores das grandes potências europeias, que ocorreu na capital austríaca entre 2 de maio de 1814 e 9 de junho de 1815. A sua intenção era a de redesenhar o mapa político do continente europeu após a derrota da França napoleônica na primavera anterior, iniciar a colonização, restaurar os respectivos tronos às famílias reais derrotadas pelas tropas de Napoleão Bonaparte (como a restauração dos Bourbon) e firmar uma aliança entre os burgueses.

Como já afirmei em outras oportunidades, participei dos acontecimentos da Revolução Francesa, que ocorreu entre 5 de maio de 1789 e 9 de novembro de 1799, evento que alterou o quadro político e social da França. Começou com a convocação dos Estados Gerais e a Queda da Bastilha e encerrou-se com o golpe de estado do 18 de Brumário de Napoleão Bonaparte. Esse, porém, é um tema para um livro futuro, não para este momento.

Olhei para Ramiro e perguntei-lhe:

— Onde está o nosso querido mestre? Temos muito trabalho pela frente.

O meu guia protetor sorriu com a minha disposição para o trabalho e respondeu com cordialidade:

— Ele já deve estar chegando. Aguarda mais alguns instantes.

Aproveitando o ensejo de estar a sós com Ramiro, usei esta oportunidade para lhe dizer:

— Querido amigo, algo sobre a desativação da segunda pirâmide hipnótica, que realizamos juntos no ano passado, tem-me deixado intrigado. Eu tenho pensado muito sobre como conseguimos realizá-la.

Na primeira delas, ao lado de Arnach, conforme relatamos no livro *Atlântida – No Reino das Trevas*, nós utilizamos o poder mental e ingressamos em um plano superior, inacessível aos magos negros, e lá nós a desativamos.

Porém, na segunda, que desligamos tu e eu juntos, não consegui ainda compreender como fizemos. Tentamos por horas e, depois, de uma forma que não ficou clara para mim, ela se desativou misteriosamente. Sofremos severo ataque psicológico dos magos negros naquela noite, por horas. Quando já achava que teríamos de abandonar a tentativa, tudo se resolveu de forma intrigante e inexplicável. Hermes te esclareceu alguma coisa sobre como conseguimos obter aquele êxito inesperado?

Ramiro fez que não com a cabeça e falou que o nosso mestre havia lhe dito que só poderia revelar algo sobre esse assunto depois da desativação da terceira pirâmide, para o nosso próprio aprendizado. Sabíamos que esse procedimento estava programado para ocorrer nas próximas semanas, mas nós ainda não sabíamos a data exata.

Não entendi o porquê, mas me conformei com a sua explicação. A desativação da segunda pirâmide havia ocorrido

Universalismo Crístico Avançado

em 13 de junho de 2011 e fora realmente muito estranha. Talvez muito do que eu tenha vivido nos meses seguintes a essa desativação tenha explicação nos diálogos que tivemos com os magos negros naquele dia. Isso, contudo, já é passado. Não importa mais. O que passou, passou!

Meditei um pouco sobre aquilo, procurando encontrar uma resposta, mas logo desviei a minha atenção para outro tema que havia aguçado muito a minha curiosidade.

Aproveitei o ensejo de estarmos falando sobre a desativação das pirâmides e perguntei a Ramiro:

— Caro amigo, pouco tempo depois de desativarmos a primeira das quatro pirâmides hipnóticas no astral, iniciou-se a "Primavera Árabe". O movimento teria algo a ver com a libertação do povo árabe das frequências hipnóticas desse artefato do mal?

Os protestos em países do Oriente Médio, também conhecido como a Primavera Árabe, são uma onda revolucionária de manifestações e protestos que vem ocorrendo nessa região e no norte da África desde dezembro de 2010. A revolução democrática árabe é considerada a primeira grande onda de protestos democráticos do mundo árabe no século vinte e um.

Os protestos têm sido baseados em técnicas de resistência civil através de campanhas sustentadas envolvendo greves, manifestações, passeatas e comícios, bem como o uso das mídias sociais, como *Facebook, Twitter e Youtube*, para organizar, comunicar e sensibilizar a população e a comunidade internacional quanto a tentativas de repressão e censura na Internet por parte dos governos autoritários. Os protestos ocorridos no Oriente Médio têm incentivado manifestações de liberdade semelhantes fora da região, estimulando os povos oprimidos a lutarem por seus direitos civis e humanos.

Ramiro concordou e disse com propriedade:

— Sim, o povo árabe foi liberto da influência hipnótica na desativação da primeira pirâmide, que realizaste junto com Arnach. O desejo de liberdade e democracia, então, brotou mais intensamente na consciência de nossos irmãos árabes e eles partiram para os protestos.

Liberdade e democracia são desejos fundamentalmente espirituais. O autoritarismo e o cerceamento de direitos são instituições das sombras, contra as quais devemos lutar sempre com fervor.

Eu senti uma ponta de tristeza pelos séculos de alienação causados por esses artefatos sombrios, mas, também, alegrei-me por esse período estar se encerrando.

Ramiro percebeu a minha preocupação e falou:

— Hermes já te falou que a nossa humanidade estava colhendo o carma que plantou em um passado distante. Não vamos nos culpar pelo passado, mas, sim, trabalhar pelo futuro da humanidade.

Em breve, teremos as quatro pirâmides desativadas. Isso não fará com que a humanidade se ilumine da noite para o dia, mas permitirá que as consciências fiquem livres para pensar por si só. A desativação das pirâmides seria algo semelhante a retirar as correntes que aprisionam uma alma ao seu cárcere; não significa caminhar por ela. Sem as amarras, as pessoas estarão livres para andar em direção à luz, ou seja, desenvolver a sua consciência humana e espiritual. No entanto, essa ação depende exclusivamente delas.

Sem dúvida, um nível mais abrangente de compreensão espiritual depende do esforço próprio de cada um nesse sentido. Não basta libertar a humanidade da influência hipnótica das pirâmides atlantes, é necessário que o homem também faça a sua parte.

Eu concordei serenamente com as suas palavras e disse:

— Sim, meu amigo. Creio que, neste trabalho, Hermes está querendo nos dizer que o Universalismo Crístico é tudo o que compõe a vida, indo muito além da simples unificação das religiões e da abordagem de valores e preceitos espirituais.

No futuro, o Universalismo Crístico terá a missão de promover o progresso integral da humanidade. Uma de suas bandeiras será a de apoiar a gradativa eliminação de regimes corruptos e autoritários, por meio da expansão da consciência de todos os povos, através do estímulo da filosofia e do pensamento político libertador. O Universalismo Crístico será o estandarte da Era da Luz. Ele estará sempre intimamente ligado às grandes causas para o progresso da humanidade.

Ramiro sorriu serenamente e falou com um brilho nos olhos enquanto apoiava a sua mão direita sobre o meu ombro:

— Estás indo muito bem, querido irmão, mesmo estando

com a tua consciência atrelada ao mundo das ilusões. É difícil um encarnado ir tão longe. Fico orgulhoso de ti. Hermes fez a escolha certa em encarregar-te desta missão. Ele sempre sabe o que faz.

Eu o abracei fraternalmente, comovido com as suas generosas palavras e disse-lhe:

— Obrigado, meu irmão muito amado, de tantas eras, e que agora abres mão de ti próprio para servir-me como anjo guardião.

Ele ficou feliz pelo meu carinho e falou de forma divertida:

— E que tarefa, meu nobre irmão! Quanto trabalho nós estamos tendo para mantê-lo ileso nesta jornada...

Eu concordei com as suas palavras, reconhecendo a minha parcela de culpa em todo trabalho que lhe dava. Pretendia expor os meus argumentos sobre isso, mas tive a minha atenção desviada pela aproximação de Hermes. Ele estava vestindo uma túnica da cor violeta e caminhou em nossa direção com a sua simpatia e elegância habituais.

Depois de efusivos abraços entre nós três, Ramiro despediu-se e ele me convidou para caminhar, dizendo-me com um belo sorriso no rosto:

— Estes jardins são deslumbrantes, não é mesmo?

Eu concordei com um olhar sereno enquanto apreciava os magníficos jardins franceses e o parque que compreende falsas ruínas romanas e um laranjal, típico dos palácios de luxo da Europa medieval.

Um complexo turístico muito interessante: a parte alta do parque é ocupada pela "Gloriette", um edifício em estilo Neoclássico que permite ao visitante ter uma visão panorâmica sobre o palácio e a cidade de Viena. Nos grandes jardins do palácio, está localizado um labirinto público e uma série de fontes, além do pavilhão da palmeira, que é uma espécie de estufa imponente.

A UNESCO classificou o Palácio de Schönbrunn como patrimônio cultural da humanidade em 1996, em consórcio com os seus jardins, considerados um notável conjunto Barroco. Nenhuma visita ao Schönbrunn é completa sem se passear, meditar e deixar envolver pelos maravilhosos jardins deste palácio, ambiente ideal para os diálogos com Hermes!

Por ali, passearam as famosas imperatrizes Sissi e Leopoldina. Essa última casou-se com Dom Pedro I, tornando-se a primeira imperatriz do Brasil. Senti-me privilegiado por poder caminhar ao lado do grande mestre em um cenário tão aprazível. Hermes adora filosofar andando. Ele diz que as ideias ficam mais claras quando apreciamos a beleza da vida criada por Deus e mantemos o corpo (no caso, o espiritual) em movimento.

Eu o segui, apreciando aquele local belo e amplo, que se encontrava perfeitamente iluminado pelo dia ensolarado, e disse-lhe:

— Mestre, hoje desejo estudar contigo os níveis de percepção de cada pessoa de acordo com a sua evolução nos caminhos da alma.

Ele assentiu fazendo um gesto sereno com a cabeça e manteve-se atento às minhas palavras:

— Eu gostaria que debatêssemos a respeito de um texto que encontrei na Internet e fala sobre os "sete níveis de percepção do ser humano". Pode ser?

Ele novamente concordou, caminhando lentamente com a sua mão esquerda segurando a outra pelas costas, assim como faziam os sábios antigos, e disse-me:

— Certamente que sim. Lê o texto para mim, meu querido irmão.

Eu me impressionei com o seu pedido e perguntei:

— Mas tu não conheces esse texto? Pensei que já tinhas ciência dele...

Ele sorriu, divertindo-se com as minhas limitações de compreensão e respondeu:

— Claro que eu conheço esse conto, meu filho. Mas precisas ler... Lembra que estamos escrevendo um livro. Os leitores necessitam saber do que se trata para podermos comentá-lo.

Eu sorri, sacudindo a cabeça em sinal de negação e divertindo-me com a minha própria tolice enquanto sacava a minha agenda digital e acessava o texto. Em seguida, fiz a leitura pausadamente para o mestre.

Hermes parecia absorto em sua apreciação das flores do jardim, mas eu sabia que ele estava profundamente conectado ao que eu falava. Ele analisava de forma perspicaz o meu tom de voz a cada parágrafo que eu lia, procurando avaliar as minhas reações ao texto.

Universalismo Crístico Avançado

Os sete níveis de percepção do ser humano.

O autor deste conto conseguiu transmiti-lo, há alguns milênios, através da tradição oral, durante muitas e muitas gerações.

Há alguns anos, um jovem em busca de sabedoria espiritual aproximou-se de um mestre da Arte Real e perguntou-lhe:

— Mestre, gostaria muito de saber por que razão os seres humanos guerreiam entre si e por que não conseguem entender-se, por mais que apregoem estar buscando a paz e o entendimento, por mais que afirmem vibrar na sintonia do amor e por mais que jurem abominar o ódio.

O sábio mestre respondeu:

— Essa é uma pergunta muito séria. Gerações e gerações a têm feito e não conseguiram uma resposta satisfatória, por não se darem conta de que tudo é uma questão de nível evolutivo. A grande maioria da humanidade do planeta Terra está vivendo atualmente no nível 1 de evolução. Muitos outros, no nível 2 e alguns mais, no nível 3. Alguns poucos já conseguiram atingir o nível 4, pouquíssimos o nível 5, raríssimos o nível 6 e somente de mil em mil anos surge alguém que atingiu o nível 7.

O jovem aprendiz, então, perguntou:

— Mas, mestre, que níveis são esses?

O gentil sábio meditou e respondeu:

— Não adiantaria nada explicá-los, pois além de não entenderes, logo em seguida tu os esquecerias e esquecerias, também, a explicação. Assim, prefiro levar-te numa viagem mental para realizar uma série de experimentos e aí, então, tenho certeza de que tu vivenciarás e saberás exatamente o que são esses níveis, cada um deles, nos seus mínimos detalhes.

O mestre, então, colocou as pontas de dois dedos na testa do consulente e, imediatamente, ambos estavam em outro plano, em outra dimensão do espaço e tempo. O local era uma espécie de bosque, e um homem se aproximava deles.

Ao chegar mais perto, disse-lhe o mestre:

— Meu filho, dá-lhe um tapa no rosto.

— Mas por quê? Ele não me fez nada...

— Faz parte do experimento. Desfere-lhe um tapa, não muito forte, mas faze isso!

O homem aproximou-se mais do mestre e do consulente. Esse, então, chegou até o homem, pediu-lhe que parasse e, sem qualquer aviso, desceu-lhe a mão no rosto.

Imediatamente, como se fosse impulsionado por uma mola, o desconhecido revidou com uma saraivada de socos e pontapés, levando ao chão o consulente por causa do inesperado ataque. Instantaneamente, como num passe de mágica, o Mestre e o aprendiz já estavam em outro lugar, muito semelhante ao primeiro, onde outro homem se aproximava a passos lentos.

O mestre, então, comentou:

— Agora, tu já sabes como reage um homem do nível 1. Não pensa. Age mecanicamente. Revida sem pensar. Aprendeu a agir dessa maneira e esse aprendizado é tudo para ele. Ele vive segundo os instintos de sua natureza animal. É o que norteia a sua vida, é a sua "muleta".

Agora, tu testarás da mesma maneira o nosso companheiro que vem aí, do nível 2. Quando o homem se aproximou, o consulente pediu que parasse e deu-lhe um tapa.

O homem ficou assustado, olhou para o consulente, mediu-o de cima a baixo e, sem dizer nada, revidou com um tapa, um pouco mais forte. Instantaneamente, já estavam em outro lugar, muito semelhante ao primeiro.

Enquanto isso, o sábio instrutor esclareceu:

— Agora, tu já sabes como reage um homem do nível 2: pensa um pouco, analisa superficialmente a situação, verifica se está à altura do adversário e, então, revida.

Se ele se julgar mais fraco, não revidará imediatamente, pois preferirá atacar pelas costas, de forma traiçoeira, para resguardar-se. Ainda é carregado pelo mesmo tipo de "muleta" usada pelo homem do nível 1, só que analisa um pouco mais os fatos da vida. Entendeste?

Repita o mesmo com esse outro sujeito que se aproxima, o de nível 3. A cena repetiu-se. Ao receber o tapa, o homem parou, olhou para o jovem aprendiz e assim falou:

— O que é isso, rapaz? Mereço uma explicação, não achas? Se não me explicares direitinho por que razão me bateste, vais levar uma surra! Estou falando sério!

Universalismo Crístico Avançado

Assustado com a possível agressão, o jovem rapidamente respondeu:

— Eu e o Mestre estamos realizando um experimento que tem por objetivo bater nas pessoas para ver como elas reagem à agressão.

— Quereis ver como reajo?

— Sim. Exatamente isso... e como tu vais reagir? Vais revidar? Ou vais nos ensinar outra maneira de conseguir aprender o que desejamos?

O homem de nível 3 os mirou com desdém e respondeu:

— Já nem sei se continuo discutindo convosco, pois acho que estou perdendo o meu tempo. Sois dois malucos e tenho coisas mais importantes para fazer do que ficar conversando com loucos. Que outra pessoa, em algum outro lugar, revide por mim. Não vou perder meu tempo convosco, pois não merecem meu esforço... Sois uns perfeitos idiotas... Ainda quereis convencer-me de que estais buscando conhecimento. Picaretas! Isso é o que vós sois: picaretas! charlatões!

Imediatamente, aquela cena apagou-se e já se encontravam em outro lugar, muito semelhante a todos os outros. Então, o mestre comentou:

— Agora, tu já sabes como age o homem do nível 3: gosta de analisar a situação, discutir os pormenores, criticar tudo, mas não apresenta nenhuma solução ou alternativa, pois ainda usa as mesmas "muletas" que os outros dois anteriores também usavam. Prefere deixar tudo para os outros resolverem, pois alega não ter tempo para se aborrecer com a ação. Prefere deixar o problema para os outros.

É um erudito e teórico que fala muito, age pouco e não apresenta solução para qualquer problema, a não ser a mais óbvia. É um medíocre enfatuado, cheio de erudição, que se julga o "dono da verdade", que se acha muito "entendido", reclama de tudo e só sabe criticar. Já consegue ter um pouquinho mais de percepção, mas é somente isso.

Vamos, agora, saber como reage um homem do nível 4. Faça o mesmo com esse que aí vem.

A cena repetiu-se. O caminhante olhou para o jovem aprendiz e perguntou:

— Por que tu fizeste isso? Eu fiz alguma coisa errada? Ofendi-te de alguma maneira? Enfim, gostaria de saber por qual motivo tu me bateste. Posso saber?

O aprendiz prontamente respondeu:

— Não é nada pessoal. Eu e o mestre estamos realizando um experimento para aprender qual será a reação das pessoas diante de uma agressão imotivada.

— Pelo visto, já realizastes este experimento com outras pessoas. Já deveis ter aprendido muito a respeito de como reagem os seres humanos, não é mesmo?

— É... Estamos aprendendo um bocado. Qual será a tua reação? O que pensas de nosso experimento? Tens alguma sugestão melhor?

Demonstrando interesse na busca do aprendizado, respondeu:

— Hoje, eu aprendi uma nova lição e estou muito satisfeito com isso. Só tenho a agradecer por haverem me escolhido para participar deste vosso experimento. Apenas acho que vós estais correndo o risco de encontrar alguém que não consiga entender o teste e revidar a agressão. Mas, também, se não corrermos algum risco na vida, nada jamais poderá ser conseguido em termos de evolução.

O mestre assim comentou:

— O homem do nível 4 já está bem distanciado e se desligando gradativamente das ilusões humanas. Já sabe que existem outros níveis mais baixos e outros mais elevados e está buscando apenas aprender sempre para evoluir, com o objetivo de tornar-se um sábio. Ele já compreende bem a natureza humana para fazer julgamentos sensatos e lógicos. Por outro lado, possui uma curiosidade muito grande e uma insaciável sede de conhecimentos. Isso acontece porque abandonou as suas "muletas" há pouco tempo.

Mas continuemos com o nosso aprendizado. Repita o mesmo com esse outro homem que se aproxima e veremos como reage um homem do nível 5.

A bofetada estalou impiedosa, constrangendo o jovem aprendiz que não desejava fazer mal algum à sua vítima.

Este peregrino perguntou com carinho:

— Meu filho... Eu bem o mereci por não haver logo percebido que tu estavas necessitando de ajuda. Em que te posso ser útil?

— Não entendi... Afinal, dei-te um tapa. Não vais reagir?

Universalismo Crístico Avançado

— Na verdade, entendo cada agressão como um pedido de ajuda. Em que posso ajudar-te, meu filho?

— Estamos dando tapas nas pessoas que passam para conhecermos as suas reações. Não é nada pessoal...

Ele sorriu satisfeito e disse:

— Então, é nisso que posso te ajudar? Ajudar-te-ei com muita satisfação, pedindo-te perdão por não haver logo percebido que desejas aprender. É meritória a tua ação, pois o saber é a coisa mais importante que um ser humano pode adquirir. Somente por meio do saber é que o homem se eleva. Se estás querendo aprender, só tenho elogios a te oferecer.

Logo aprenderás a lição mais importante, que é a de ajudar desinteressadamente as pessoas...

Instantaneamente, a cena se desfez e mestre e aprendiz se viram em outro caminho um pouco mais agradável do que os demais. Então, o mestre assim se expressou:

— Quando um homem atinge o nível 5, começa a entender que a humanidade, em geral, digamos, o homem comum, é como uma espécie de adolescente que ainda não conseguiu sequer se encontrar. Por esse motivo, como todo e qualquer típico adolescente, é muito inseguro e, devido a essa insegurança, não sabe como pedir ajuda e agride a todos para chamar atenção. É sua forma de pedir, de maneira velada e indireta, o socorro de que necessita.

O homem do nível 5 possui a sincera vontade de ajudar e de auxiliar todos desinteressadamente, sem visar a vantagens pessoais.

Agora, desfere um tapa nesse próximo homem que se aproxima, o de nível 6.

O aprendiz iniciou o ritual. Pediu ao homem que parasse e lançou a mão em seu rosto. Ele jamais entendeu como a sua vítima, com um movimento quase instantâneo, conseguiu desviar-se de sua mão, fazendo-o atingir apenas o vazio.

— Meu filho querido! Por que tu querias ferir a ti mesmo? Ainda não aprendeste que agredindo os outros tu estarás agredindo a si mesmo? Tu ainda não conseguiste entender que a humanidade é um organismo único e que cada um de nós é apenas uma pequena célula desse imenso organismo? Serias tu capaz de provocar, deliberadamente, em teu corpo, um ferimento que vai doer muito e cuja cicatrização orgânica e psíquica vai demorar e causará muito sofrimento inútil? Instantaneamente, tudo se desfez e eles se viram em outro ambiente, ainda mais lindo e repousante do que o último em que estiveram. Então, o mestre falou:

— Aquele é um dos níveis mais elevados a que pode chegar o ser humano em sua senda evolutiva, ainda na matéria, no planeta Terra. Um homem que conseguiu entender o que é o amor já é um homem sublime, inefável e quase inatingível pelas infelicidades humanas, pois já descobriu o rumo da verdade, mas ainda não a conhece em toda sua plenitude, o que só acontecerá quando atingir o nível 7.

Logo tu descobrirás isso. Desfere um tapa nesse homem que se aproxima. Vamos ver como reage o homem do nível 7.

O jovem pediu ao homem que parasse. Quando os seus olhares se cruzaram, uma espécie de choque elétrico percorreu-lhe todo o corpo e uma sensação mesclada de amor, compaixão, amizade desinteressada, compreensão, de profundo conhecimento e sabedoria de tudo que se relaciona à vida e um sentimento de extrema segurança encheram-lhe todo o seu ser.

— Bate nele! – ordenou o Mestre.

— Não posso, mestre, não posso...

— Bate nele! Faze um grande esforço. É necessário que tu o agridas! Nosso aprendizado só estará completo se fizeres isso! Faze um grande esforço e bate! Vamos! Faze agora!

— Não, mestre. Sua simples presença já é suficiente para que eu consiga compreender a futilidade de lhe dar um tapa. Prefiro dar um tapa em mim mesmo. Nele, porém, jamais!

— Bate-me! — disse o homem com muita firmeza e suavidade — pois só assim aprenderás a tua lição e saberás finalmente por que ainda existem guerras na humanidade terrena.

— Não posso... Não posso... Não tem o menor sentido fazer isso...

— Então — tornou o homem — já aprendeste a tua lição. Quem, dentre todos em quem bateste, a ensinou para ti? Reflete um pouco e responde-me.

— Acho que foram os três primeiros, do nível 1 ao 3. Os outros apenas a ilustraram e a complementaram. Agora, compreendo o quão atrasados eles estão e o quanto ainda terão que caminhar na senda evolutiva para entender esse fato.

Universalismo Crístico Avançado

Nutro por eles uma compaixão profunda. Estão de "muletas" e não sabem disso. O pior de tudo é que não conseguem perceber que é até muito simples e fácil abandoná-las e que, no preciso instante em que as abandonarem, começarão a progredir.

Confuso, o jovem perguntou:

— Era essa a lição que eu deveria aprender?

— Sim, meu filho. Essa é apenas uma das muitas faces do verdadeiro aprendizado. Ainda terás muito que aprender, mas já adquiriste a primeira e a maior de todas as lições. Existe a ignorância! — respondeu o homem com suavidade e convicção.

— Mas ainda existem outras coisas mais que deves ter aprendido. O que foi?

— Aprendi, também, que é meu dever ensiná-los que a vida está muito além daquilo que eles julgam ser importante (as suas "muletas"). Despertá-los para libertarem-se de sua busca inútil e desenfreada pelas ilusões do mundo, como o sexo, a sensualidade, o status social, as riquezas e o poder.

O mestre sorriu com a reflexão do aprendiz e disse:

— A humanidade ainda é uma criança, mal acabou de nascer, mal acabou de aprender que pode caminhar por conta própria, sem engatinhar, sem precisar usar "muletas". O grande erro é que nós queremos fazer tudo às pressas e medir tudo pela duração de nossa vida individual.

O importante é compreendermos que o tempo deve ser contado em termos cósmicos, universais. Se assim o fizermos, começaremos, então, a entender que o Universo é um organismo imenso, ainda relativamente novo, e que, também, está fazendo o seu aprendizado por intermédio de nós, seres vivos conscientes e inteligentes que habitamos planetas disseminados por todo o espaço cósmico.

A nossa vida individual só terá importância se conseguirmos entender e vivenciar este conhecimento, esta grande verdade: "somos todos uma imensa equipe energética que está atuando nos mais diversos níveis daquilo que é conhecido como vida e Universo, que, no final das contas, é tudo a mesma coisa.

O aprendiz meditou sobre o ensinamento e perguntou:

— Mas, sendo assim, para eu aprender tudo de que necessito para poder ensinar aos meus irmãos, precisarei de muito mais que uma vida. Ser-me-ão concedidas mais outras vidas, além desta que agora estou vivendo?

O mestre sorriu e perguntou-lhe:

— Mas ainda não conseguiste vislumbrar que só existe uma única vida e que tu já a estás vivendo há milhões e milhões de anos e ainda a viverás por outros tantos milhões, nos mais diversos níveis? Troca-se apenas de vestimenta, mas a vida é única! A vida do espírito imortal é a referência. As vidas físicas são estágios de aprendizado durante a grande jornada.

Impressionado com as palavras do mestre, ele voltou a perguntar:

— Mas, então, não terei tempo neste momento atual de minha manifestação no Universo de aprender tudo o que é necessário para ensinar aos meus irmãos que ainda se encontram nos níveis 1, 2 e 3?

O mestre colocou a sua mão sobre o ombro do jovem e falou, olhando firme em seus olhos:

— E quem algum dia o terá? Mas isso não tem a menor importância, pois tu já estás a ensinar o que aprendeste nesta breve jornada mental. Já aprendeste que existem 7 níveis evolutivos possíveis aos seres humanos, aqui, agora, neste planeta Terra. Segue esse aprendizado, e sê feliz.

Eu terminei a leitura do texto, guardei a agenda digital e fiquei em silêncio esperando as considerações de Hermes. Ele prosseguia apreciando cada exemplar dos jardins.

Depois de alguns minutos que me pareceram horas, o nobre instrutor perguntou-me:

— Tu entendeste o ensinamento, querido irmão?

Fiquei na dúvida sobre o que responder. Hermes me conhece melhor do que eu mesmo. Assim, resolvi ser sincero e falei o que penso.

— Querido mestre, este livro e o momento que estou vivendo já me fizeram entender que saber o ensinamento não significa tê-lo conquistado. Da mesma forma, conhecer o caminho é diferente de trilhá-lo. Estou finalmente assimilando isso através de muita reflexão.

Hermes fez um gesto afirmativo com a cabeça, enquanto mantinha os olhos vidrados em uma encantadora flor. Creio que se lhe dessem instrumentos de jardinagem, naquele mo-

Universalismo Crístico Avançado

mento, ele colocaria as mãos na terra para tratar das plantas, que vibravam de felicidade por sentir o seu amor por elas.

Eu percebi que ele desejava me ouvir mais e prossegui:

— Até pouco tempo atrás, nunca tinha me sentido ofendido de verdade, sendo desnecessário revidar os "tapas" alheios. Até mesmo porque, geralmente, o que ofende as pessoas para mim é algo insignificante. Por eu não esperar muito dessa humanidade, nada me surpreende. Portanto, creio que se sentir ofendido por um estranho é algo completamente desnecessário. Vejo-os como crianças que não sabem o que fazem. Sempre me lembro do divino ensinamento de Jesus, que nos disse do alto da cruz: "Perdoai-vos, Pai, porque não sabem o que fazem".

Como essas pessoas não fazem parte da minha vida íntima e direta e, também, de minhas expectativas, sinceramente não me importo com as suas grosserias e agressões. Apenas tento esclarecê-los para que despertem e reflitam sobre as suas atitudes. Obviamente, também procuro me proteger de suas atitudes pequenas.

O problema surge quando a ofensa vem de alguém com que temos algum envolvimento emocional, ou seja, de uma pessoa na qual depositamos esperança de construir uma relação profunda, de respeito e confiança.

Com relação a um estranho, vejo-me tranquilamente no nível 6. Entendo e acredito que agredir o próximo é atacar a si mesmo, causando uma ferida na própria alma. É estupidez revidar o tapa, pois isso causará danos em nós mesmos. Por isso, Jesus sabiamente recomendou-nos oferecer a outra face. Um ser espiritualizado compreende naturalmente a importância do amor fraterno e incondicional para com as almas pequenas.

Meditei por alguns instantes e depois lhe disse com amargura na voz:

— Entretanto, tudo muda de figura quando nos vemos frente a frente com o que podemos chamar de amor romântico, momento em que nos entregamos de coração a outra pessoa, baixando todas as defesas e esperando uma contrapartida à nossa dedicação.

No primeiro, estamos mornos, sem emoção, sem envolvimento. O segundo envolve muita dedicação, compreensão, tolerância, espera de resultados, retorno do que esperamos da pessoa amada e, sobretudo, confiança. As duas pessoas precisam ter coração nobre para doar-se sinceramente. Não deve haver espaço para egoísmo.

Silenciei à espera das palavras do mestre, enquanto ele prosseguia em seu trabalho de florista do palácio de Schönbrunn. Como Hermes nada disse, prossegui após um breve suspiro:

— Condição de entrega no amor é como se jogar do alto de um prédio esperando que haja uma rede de proteção lá embaixo, mesmo que a gente saiba que não existe proteção para o amor dito romântico. O tombo é feio. Não sei até onde é válida essa experiência...

Refleti por um breve momento, analisando as minhas próprias palavras, e segui em frente:

— Como eu disse, até não é tão difícil compreender e deixar de revidar quando se trata de um estranho, uma pessoa que não faz diferença alguma, pois não faz parte de tua vida diária. Mas, quando se trata de alguém a quem nos dedicamos com carinho, fazendo tudo por ela, ao recebermos uma bofetada desta criatura, que demonstra total ingratidão e incoerência, a revolta vem com tudo. Aí, querido irmão, no momento da grave ofensa, é difícil segurar o ímpeto até de voltar para o nível 1 dessa escala.

Eu baixei a cabeça, vencido pelas minhas reflexões e concluí:

— Sim. O texto tem razão. Toda agressão é um pedido de socorro. Tudo o que fiz foi uma forma de pedir socorro, ajuda, para amenizar tanta dor. Mas não fui ouvido...

Hermes percebeu que eu tinha me esvaziado por completo, e falou, abraçando-me com o seu envolvente olhar:

— Tu amaste essa nossa irmã com o ego, e não de forma fraterna, desprendida e incondicional. Nesse ponto, reside o teu erro.

Eu pensei que ele teceria mais comentários, mas voltou a apreciar a beleza dos jardins franceses do parque. Sentei-me, então, em um banco próximo a ele e perguntei-lhe quase ao pé do ouvido:

— Queres dizer, querido amigo, que não devo me entregar de coração a ninguém? O correto é manter um amor reservado, esperando sempre uma possível futura ofensa e, assim,

Universalismo Crístico Avançado

por estar distante, nem se afetar? Pelo que entendo, então, é errado entregar-se de corpo e alma a alguém relatando confidências que podem ser usadas contra si mesmo ou abrir o seu coração, confiando que aquela pessoa jamais o abandonará, deixando um triste vazio?

Hermes sorriu fraternalmente para mim e falou:

— No hospital que visitamos anteriormente, foste impelido a exercitar o "amor sem julgamentos". Agora, aqui, nós te convidamos a "amar sem esperar nada em troca". Simples assim!

Sem dúvida, deves amar de forma incondicional, permitindo a liberdade de ir e vir. Não podes aprisionar ninguém como se faz (equivocadamente) com um pássaro em uma gaiola. Se a pessoa não te amar mais, o que podes fazer? Melhor deixá-la seguir o seu rumo. No futuro, verás que quem mais perderá será ela.

Eu assenti com um gesto significativo e falei:

— Concordo, meu irmão. Então, vejo que realmente devemos ficar distantes nas relações amorosas, jamais nos entregando de coração aberto. O ideal é apenas viver o amor fraterno e incondicional, sem envolvimento. Somente assim evitaremos o sofrimento e os ressentimentos tão comuns nesse tipo de relação.

Hermes abandonou por um instante as suas flores e falou-me:

— Não é isso que quis dizer. Creio que deves, sim, amar e entregar-te de coração. No entanto, é prudente conhecer bem a pessoa com quem farás algo assim tão especial. Somente com o tempo, analisando-a com calma e atenção, poderás perceber se ela é digna, ou não, do teu amor. Paixões relâmpagos geralmente não dão bons resultados. São sentimentos superficiais e instáveis que não terminam bem.

Entregar-te totalmente a uma pessoa que mal conheces, realmente, é pular de um prédio sem rede de proteção, como bem disseste. Mas não precisa ser assim. Sabias desde o início que ela não era uma pessoa para entregar-te dessa forma. Se tu tivesses sido prudente, não terias passado por tudo isso.

Eu concordei com o sábio amigo e disse-lhe:

— Tu falas como se fosse fácil controlar os sentimentos a ponto de escolhermos o momento exato para nos entregarmos e de sabermos se a pessoa é confiável para isso. O amor nos cega, fazendo com que vejamos somente o lado bom de quem amamos. É aí que mora o perigo.

Ele concordou e refletiu:

— Sim. Tu estás certo. Mas aprendeste a lição. A tua imaturidade em relacionamentos é que te fez cair nessa cilada. Acredito que tiveste um grande aprendizado com essa experiência e, a partir dela, serás mais cauteloso, procurando preservar-te para que algo semelhante não ocorra novamente.

Fora isso, como já te falei, vê essa experiência pelo lado positivo. Tu cresceste com ela! É natural que nos primeiros meses sofras, mas depois verás o quanto a experiência foi enriquecedora para o crescimento de teu espírito imortal.

Ademais, estás repetindo padrões inconscientes do passado, como já falamos em outras ocasiões neste livro. Está na hora de perceberes isso.

Eu fiquei intrigado com aquela colocação e perguntei:

— Mas a que padrões tu te referes, querido irmão?

Ele me olhou com atenção e respondeu:

— A grande armadilha do "amor entrega" é o sentimento demasiado de apego. Já viveste isso no passado e fizemos o relato há pouco tempo no livro *Atlântida – No Reino da Luz*.

Eu tentei relembrar, mas não foi preciso. Hermes tocou a minha testa com delicadeza e transportou-me àquele tempo passado, levando-me a recordar o nosso diálogo. Eu estava na personalidade de Andrey e ele, na de Ártemis, a grande sacerdotisa da energia vril.

Vi-me na personalidade de Andrey, afirmando-lhe novamente:

— Evelyn jamais cederá. Eu não suportaria viver sem ela. Enquanto ela estiver do lado da Luz, estarei a salvo da ação do mal.

Ártemis ficou sem argumentos, mas percebi que ainda reinava em seu semblante uma ponta de preocupação.

— Você me convenceu, Andrey! Entretanto, já conversamos diversas vezes sobre o teu sentimento em relação a Evelyn. O teu apego é demasiado e preocupante. Da mesma forma que ele pode ser a tua âncora segura em meio a uma tempestade, lembra-te de que esse sentimento também pode arrastar-te para as profundezas dos mares...

Universalismo Crístico Avançado

O apego gera medo e o medo gera sofrimento. Essa é uma porta perigosa para o lado negro. O verdadeiro sábio se completa por si só. Ele não depende de nada, nem de ninguém. Ele é soberano ao lado de todos e na solidão; em meio à beleza da natureza ou encarcerado em uma cela escura. O homem que venceu a si mesmo necessita apenas de sua integração com o Espírito Criador para estar em paz.

Em questão de segundos, voltei para minha realidade atual, na Áustria dos dias atuais, e pensei que precisava reler com urgência os próprios livros que escrevo com a Espiritualidade. Muitos dos ensinamentos ali contidos ainda precisam ser aprendidos, mesmo passados tantos milênios. Sim, aprender na teoria o ensinamento espiritual não é a mesma coisa que assimilar a sua real experiência prática. Não há como aprender valores: precisamos percebê-los e vivenciá-los. Hermes, como sempre, tinha razão!

A minha dificuldade em aceitar uma rejeição mais o apego desmedido foram os elementos fundamentais para a minha desarmonia. Quanto nós ainda temos a aprender e perceber, meu Deus?! A famosa frase de Sócrates não me saía da cabeça: "Quanto mais sei, mais sei que nada sei!".

O grande mestre acompanhou mentalmente as minhas reflexões e proferiu com sabedoria:

— Quem está livre do apego, quem não tem ódio nem medo, merece o título de sábio. Aquele que usa a mente no controle dos sentidos, praticando a reforma interior e agindo com desapego, é digno de ser louvado.

Eu recebi a sua orientação em silêncio, concordando com as suas colocações. Esses são sentimentos de que preciso me libertar para alçar voos mais altos. Somente o conhecimento espiritual e a elevada capacidade mediúnica não são suficientes para atingir a iluminação.

A afeição é um sentimento delicado que precisamos analisar com cuidado. Ela é representada por um sentimento de apego a alguém ou a alguma coisa, gerando carinho, saudade, confiança e intimidade: verdadeiras armadilhas perigosas para almas que se entregam de coração e não estão prontas para a perda.

O afeto é um conjunto de fenômenos psíquicos que se manifestam sob a forma de emoções, sentimentos e paixões, acompanhados sempre da impressão de dor ou prazer, de satisfação ou insatisfação, de agrado ou desagrado, de alegria ou tristeza. Os momentos de felicidade são inenarráveis, mas a tristeza advinda de um fracasso na relação, caso nós nos entreguemos de coração, é algo tenebroso.

Hermes terminou de avaliar aquele jardim e convidou-me para caminharmos até o edifício que nos permitiria ter uma visão panorâmica sobre o palácio e a cidade de Viena. Lá chegando, ficamos apreciando a deslumbrante vista e meditando, enquanto ele voltou a banhar-me com a sua sabedoria:

— O amor ideal deve ser fraterno e incondicional. Mesmo quando se tratar de uma relação romântica e de entrega. Se o casal pensar dessa forma, em vez de buscar atender aos seus desejos egocêntricos, será feliz. Amor é doação, e não procurar somente realizar os seus interesses egoístas. Encontramos a felicidade quando os nossos corações são generosos, desprendidos e amamos pelo bem do próximo.

Ele meditou por alguns instantes e falou-me com carinho:

— É natural que estejas receoso com relação ao amor romântico. Viveste uma experiência difícil recentemente. Logo, terminas agindo como um "gato escaldado", comportando--te de forma arisca e cautelosa com relação a essas questões. Entretanto, estás com uma percepção alterada dessa questão devido ao ressentimento que ainda se encontra em teu coração. Até o final deste livro, nós te curaremos dessa dor e, então, enxergarás tudo isso com outros olhos.

Hermes estava certo. Não havia o que refutar em suas colocações. Dei-lhe razão com um gesto tímido, enquanto ele resolveu avaliar o ensinamento por outro viés.

— Na lição que leste há pouco, pode-se perceber que, quanto mais o homem amplia a sua consciência, menos reage de forma instintiva e selvagem a uma agressão.

O Universalismo Crístico, antes de ser uma metodologia agregadora das religiões, deve ser fundamentalmente uma filosofia que traga uma nova compreensão de Deus e da espiritualidade. Reflexões como a desse texto precisam chegar ao conhecimento do homem comum de forma atraente e que o faça refletir. Creio que o mais difícil não é trazermos textos elucidativos, mas estimular os leigos a essas reflexões. No futuro, o Universalismo Crístico precisará criar mecanismos que popu-

Universalismo Crístico Avançado

larizem esse saber, para que possamos atingir os homens de nível 1 e fazê-los subirem nessa divina escalada até o nível 7.

Eu entendi a profundidade do que ele estava dizendo e concordei com um olhar sério. Sim, mais importante do que estabelecermos a metodologia da "consciência espiritual do terceiro milênio" será o trabalho de popularizar toda essa visão a uma humanidade alienada com relação ao saber espiritual. Mas Deus está conosco e inspirará a todos os membros do Universalismo Crístico pelo Brasil a encontrar esse caminho, assim como os discípulos de Jesus foram inspirados pelo Espírito Crístico depois do retorno do mestre dos mestres ao Mundo Maior.

Eu refleti por mais alguns instantes e depois falei:

— Creio que, nesse conto que acabamos de narrar, os níveis de 1 a 3 ainda refletem como vive a nossa humanidade. Vivem somente para os interesses materiais e mesquinhos, sem se importarem com os seus semelhantes.

Eles vivem de reações instintivas, sem entendimento profundo da vida e de si mesmos. A sua consciência é cheia de medos, veem o mundo como algo hostil e cheio de perigos. A sua ignorância os "separa" da grande família universal.

No nível 4, poderíamos considerar o momento do despertar. Etapa na qual o indivíduo percebe que a vida é muito mais ampla do que o seu ego consegue enxergar. Nesse momento, ele começa a entender que os seus irmãos vão muito além dos laços de consanguinidade. O homem do nível 4 passa a compreender que somos todos irmãos da família universal.

Apesar de ter o conhecimento, ele ainda não o pratica e não consegue viver. Então, ele parte para a busca. Depois que partimos para a busca, não há mais volta... Vou repetir aqui a frase de Albert Einstein que colocaste no prefácio do livro: "A mente que se abre a uma nova ideia jamais retornará ao seu tamanho original".

Hermes concordou com as minhas colocações e eu completei a minha reflexão:

— Depois dessa etapa de despertar, o ser começa a sua caminhada consciente em direção à realização espiritual, buscando atingir os níveis de "5 a 7" do conto apresentado. Nesses níveis, o indivíduo ama sem paixões e, liberto do ego, compreende e vive o ensinamento de que todos somos irmãos da família universal, dedicando a mesma atenção e empenho a todos, sem exclusivismos.

Nesses níveis, o "tapa" deixa de ser uma agressão para tornar-se um pedido de socorro de um irmão aflito. Nada mais fere o homem realizado, porque ele já compreendeu o significado da vida, assim como fez Jesus do alto da cruz. O homem de nível superior compreende que o mal que faz ao próximo reflete diretamente em si, causando-lhe prejuízo. Ele já compreende que todos somos um e que a sua felicidade depende da felicidade de todos. Ele está "integrado" à família universal.

Eu pensei por mais alguns instantes e falei:

— Acho que um bom exemplo de "nível 7" seria o nosso querido mestre Jesus. Creio que me seria impossível dar uma bofetada nele. Para o "nível 6", indicaria a ti, meu mestre. Creio ser muito difícil algo te atingir. Tua sabedoria e visão de mundo são notáveis. Para mim, é um privilégio ter a oportunidade de receber os teus conselhos e apoio.

Hermes sorriu enquanto apreciava a beleza do alto do mirante e disse-me:

— Queres dizer-me que em Jesus tu não baterias, mas em mim, sim?

Eu ri abertamente e respondi-lhe:

— Claro que não, mestre! Foi só uma forma de exemplificar.

Ele me abraçou e falou com carinho:

— Eu sei que sim. Só queria ver-te sorrindo por uns instantes. A tua felicidade é a minha felicidade.

Fiquei comovido com aquelas palavras. Senti um nó na garganta de tanta emoção. Porém, nada disse. Não precisava. Ele sabia. Hermes sempre sabe.

Ele, então, convidou-me a andar pelo famoso labirinto dos jardins do palácio.

Eu sorri, bem mais descontraído, e falei, brincando:

— Vou declinar do convite! Andei um bom tempo sem rumo pelos labirintos da vida nos últimos meses. Agora, quero seguir por um caminho que consiga ver até onde a vista alcança. Eu prefiro ficar aqui no mirante.

Hermes se divertiu com a minha colocação e disse:

— Que assim seja, meu filho. Como queiras!

Eu olhei para ele, sorridente, e disse-lhe:

Universalismo Crístico Avançado

— No final deste capítulo, eu gostaria de reproduzir aquela bela história do mestre Jesus, que já colocamos em nosso segundo livro, *Sob o Signo de Aquário - Narrações sobre Viagens Astrais*, e que costumo apresentar em minhas palestras.

Eu a li no livro *Contos e Apólogos*, do espírito "Irmão X" e psicografado pelo nosso querido Chico Xavier. Em minha opinião, esse relato é a mais perfeita expressão do amor verdadeiro, ou seja, o amor fraterno e incondicional, aquele em que não esperamos nada em troca.

Pode ser, meu mestre?

Ele sorriu, enquanto apreciava a beleza da vista e concluiu:

— Boa ideia, querido discípulo. Esse texto fechará com "chave de ouro" os nossos estudos de hoje e será uma boa preparação para o próximo, onde falaremos especificamente sobre o amor fraterno e incondicional.

No caminho do amor

Em Jerusalém, nos arredores do Templo, uma mulher adornada encontrou um nazareno de olhos fascinantes e lúcidos, de cabelos delicados e melancólico sorriso, e fixou-o com um olhar sedutor.

Arrebatada pela onda de simpatia a irradiar-se dele, a bela moça corrigiu as dobras da sua belíssima túnica, colocou indizível expressão de doçura no olhar e, deixando perceber nos contornos do corpo frágil a visível paixão que a possuíra de súbito, abeirou-se do desconhecido e falou, provocante:

— Jovem, as flores de Séforis encheram-me a ânfora do coração com deliciosos perfumes. Tenho felicidade ao teu dispor, em minha loja de essências finas...

A deslumbrante mulher indicou uma grande casa, cercada de rosas, à sombra de um arvoredo acolhedor, e ajuntou:

— Inúmeros peregrinos cansados me buscam à procura do repouso que reconforta. Em minha primavera juvenil, eles encontram o prazer que representa a alegria da vida. Sabe, é que o lírio do vale não tem a carícia dos meus braços e a romã saborosa não possui o mel de meus lábios. Vem e vê! Eu te darei um leito macio, tapetes dourados e vinho capitoso... Acariciarei o teu rosto abatido e curarei o teu cansaço da longa viagem! Descansarás teus pés em água de nardo e ouvirás, feliz, as harpas e os alaúdes de meu jardim. Tenho a meu serviço músicos e dançarinas, treinados em palácios ilustres!...

Ante a incompreensível mudez do nobre nazareno, tornou a moça, suplicando depois de leve pausa:

— Jovem, por que não respondes?

Descobri em teus olhos uma diferente chama e, assim, procedo por amar-te.

Tenho sede de afeição que me complete a vida. Atende! Atende!

O mais sábio entre os homens parecia não perceber a vibração febril com que semelhantes palavras eram pronunciadas e, notando-lhe a expressão fisionômica indefinível, a vendedora de essências acrescentou um tanto indignada:

— Não virás comigo?

Constrangido por aquele olhar extremamente sensual, o iluminado forasteiro apenas murmurou:

— Agora não. Depois, no entanto, quem sabe?!...

A mulher, adornada de joias, sentindo-se desprezada, prorrompeu em sarcasmos e partiu, revoltada.

Transcorridos dois anos, quando Jesus levantava paralíticos ao pé do tanque de Betesaida, uma respeitosa senhora pediu-lhe socorro para uma infeliz criatura, que vivia atormentada por doloroso sofrimento.

O Mestre seguiu-a sem hesitar.

Num pardieiro denegrido e sujo, um corpo chagado exalava gemidos angustiosos.

A disputada mercadora de aromas ali se encontrava, carcomida de úlceras, de pele enegrecida e rosto deformado. Feridas sanguinolentas tomavam-lhe o corpo, que agora estava semelhante ao esterco da terra. Com exceção dos olhos profundos e indagadores, nada mais lhe restava da beleza antiga. Era, apenas, uma sombra leprosa, da qual ninguém ousava aproximar-se.

Ela fitou o Mestre e reconheceu-o "de pronto".

Era o mesmo belo nazareno, de porte sublime e atraente expressão, que ela tentara seduzir dois anos antes.

O Cristo de Deus estendeu-lhe os braços angélicos, tocado de intraduzível ternura e disse-lhe:

— Vem a mim, tu que sofres! Na Casa de Meu Pai, nunca se extingue a esperança.

Universalismo Crístico Avançado

A interpelada quis recuar, conturbada de assombro, mas não conseguiu mover os próprios dedos, vencida pela dor.

O Mestre, porém, transbordando compaixão, com humilde respeito, ajoelhou-se e aconchegou a infeliz irmã ao seu peito.

A infeliz reuniu todas as forças que lhe sobravam e perguntou em voz reticenciosa e sofrida:

— Tu?... O Messias Nazareno?... O Profeta que cura, reanima e alivia?!... Que vieste fazer junto de uma mulher tão miserável quanto eu?

Ele, contudo, sorriu benevolente, dizendo apenas:

— Agora, minha irmã, venho satisfazer-te os apelos que me fizeste há exatos dois anos.

Recordando-lhe as palavras do primeiro encontro, acentuou, sereno:

— Descubro em teus olhos uma diferente chama e, assim, procedo por amar-te!

Nesse exemplo de Jesus, observamos de forma bem clara as duas faces do amor: o amor posse, que é desejo, ilusão, ego; e o amor doação, que é fraterno, desprendido e incondicional.

O amor da cortesã representa os interesses do ego e o apego humano: um estado de amor que, se não for voltado para o equilíbrio da alma, termina por escravizar.

Já o amor de Jesus demonstra a caridade e a generosidade em ação, de forma fraternal e incondicional, pensando mais no outro do que em si próprio. É o amor que liberta e leva a uma felicidade serena, porque se completa por si só, independentemente dos interesses do próximo.

10
O amor fraterno e incondicional

Várias semanas haviam se passado desde a difícil experiência emocional que eu vivera, amadurecendo os meus sentimentos. Estava em paz. Hermes, então, levou-me para uma bela encosta no Chile, onde era possível observar, ao longe, as praias do oceano Pacífico.

Era noite. A ausência da lua destacava ainda mais o cintilar das estrelas no céu... Esse cenário magnânimo me trouxe uma doce e querida recordação dos bons momentos que tivemos juntos. Onde ela estaria? Teria encontrado o que procurava? Estaria feliz no caminho que escolhera trilhar?

Eu estava feliz e com a mente voltada para os projetos espirituais que estamos realizando. Naquele momento, as lembranças eram raras e já não me afetavam mais como antes. Tudo isso se tornara passado. Já era hora de esquecê-la em definitivo.

Sequei uma lágrima que fugia discretamente pelo canto do olho. Observei a abóbada celeste e pedi a Deus que a abençoasse com o brilho e a luz das estrelas fulgurantes que apreciávamos naquele momento mágico. Que assim se ilumine a sua alma, para que ela possa enxergar com clareza o caminho onde encontrará a paz e a felicidade.

Sim! Todos os filhos de Deus nasceram para serem felizes. É isso que desejo a todos eles. O passado é passado! Só o que importa é o amor fraterno e incondicional, virtude máxima que deve nortear todas as nossas ações e pensamentos.

Em seguida, aguardei pacientemente as orientações de Hermes, que parecia perdido em seus pensamentos, enquanto contemplávamos o firmamento. Ele estava recostado em uma rocha, com as mãos segurando a sua divina cabeça.

Repentinamente, o mestre virou-se para mim e falou em tom sereno e cativante, irradiando-me aquele amor mágico que comove as fibras mais íntimas da alma:

— Meu querido aluno, tu percebes como a vida criada por Deus é bela? Quando abrimos a nossa alma para o mundo, para os nossos semelhantes, é como se estivéssemos expandindo a nossa consciência em direção ao Eterno, assim como estamos fazendo com as nossas vistas agora, contemplando o maravilhoso céu estrelado.

Ele silenciou por alguns segundos e seu olhar magnânimo inundou a minha alma com infinito amor, enquanto prosseguia dissertando:

— Já quando estamos deprimidos, fechamo-nos em nossa tristeza, enclausuramo-nos em um quarto escuro, perdendo a oportunidade de realizar essa bela expansão do espírito. A nossa alma se apequena e já não mais comunga a beleza da vida com os nossos irmãos da grande família universal. Perdemos a conexão com Deus. Deus é vida! A vida é Deus!

Sacudi a cabeça afirmativamente enquanto ele prosseguia iluminando-me com os seus sábios conceitos:

— O amor do ego nos leva, obviamente, a sentimentos de egoísmo e ciúme. Já o fraterno e incondicional nos transforma em seres caridosos e generosos. O amor egóico escraviza, ao passo que o amor incondicional liberta.

Eu meditei sobre as suas palavras e, analisando a minha própria experiência recente, perguntei-lhe sinceramente:

— Mestre, eu sei que falamos sobre isso no encontro anterior, mas desejo perguntar novamente para que me esclareças melhor. Creio que o ideal, então, é não amar abertamente, ou seja, é mais prudente resguardarmo-nos para não nos ferirmos quando nasce o sentimento de amor. Estou correto?

O sábio mentor, que estava sentado ao meu lado, colocou o braço sobre os meus ombros e falou de pai para filho:

— Percebes como conquistar verdadeiramente o equilíbrio da alma é complexo? Já sabes a resposta pelo caminho da razão. Já falamos sobre isso. Mesmo assim, a tua alma resiste em aceitar e acatar.

Como já te falei anteriormente, podemos e devemos amar

as pessoas abertamente. Só não devemos fazer isso esperando algo em troca. Tu sabes bem disso. Sempre soubeste! Repito: deves compreender que os valores espirituais não são aprendidos, mas, sim, percebidos. Vive e percebe! Entrega-te ao mundo sem esperar nada em troca.

Tu estás generalizando o amor romântico como algo negativo apenas a partir de uma única experiência frustrada. Percebe, meu filho, como isso não faz sentido algum! Reflete com carinho e verás que estás equivocado.

Eu concordei com um gesto e disse-lhe, demonstrando teimosia:

— Tens razão! Eu sei, sim, mas parece que só na teoria mesmo. Ainda não consigo me dedicar a uma pessoa que escolho como especial para a minha vida e vê-la se equivocando, sendo ingrata, pequena e não reagir negativamente com isso, procurando abrir-lhe os olhos.

Creio que o amor entre um casal implica um compromisso bem maior, exigindo gestos de doação e compreensão mútuos. No meu entendimento, é fácil ter um amor fraterno e desprendido em relações de amizade e sociais, mas em um relacionamento de casal, que exige entrega total, é complicado. Nesse caso, é natural que a dedicação seja muito grande, levando-nos a esperar um retorno mínimo de nosso esforço.

Eu sei que já falamos sobre isso, mas ainda não me sinto convencido de que devemos deixar apenas o "barco correr"... Isso me parece descaso para com a pessoa amada. Se eu desejo que ela seja feliz, não é mimando-a que conseguirei isso, mas, sim, abrindo-lhe os olhos para o que deve fazer para melhorar-se.

Hermes acompanhou com atenção o meu raciocínio e disse:

— O ideal seria que as pessoas pensassem assim e fossem generosas como esperas. Mas tu sabes que não é assim. As pessoas em geral estão muito voltadas para o seu ego, para atender somente aos seus próprios interesses.

Vivemos em um período apocalíptico, em que a humanidade está muito excitada com a chegada do final do ciclo. Aqueles que forem bons tornar-se-ão ainda melhores. Já as almas em desarmonia com a Nova Era sentirão pesar em seus ombros os seus conflitos internos desta e de vidas passadas, externando de forma ainda mais grave os seus desequilíbrios.

Contudo, creio que agora aprendeste a lição. Esse tipo de

Universalismo Crístico Avançado

entrega a que te referes, deves realizar somente depois de ter certeza de que a pessoa amada realmente é generosa, confiável e estável em seus sentimentos com relação a ti. Se não for assim, deves amar essa pessoa somente com o amor fraterno e incondicional, sem entregar-te, como dizes.

Apesar disso, por favor, não cometas o erro de fechar-te para as pessoas. Amar é servir, dedicar-se ao próximo, amparar, ensinar, apoiar, entrar em contato, fazer o bem sem olhar a quem, curtir os bons momentos, aproveitar a vida, ser feliz! Apenas não entregues o teu coração ingenuamente como fizeste.

Eu agradeci o conselho e falei:

— Sim, entendo. Estás certo. Quanto às demais situações da vida, tenho já procurado viver segundo o amor fraterno e incondicional. Raramente, eu me ofendo com desrespeitos e agressões. As atitudes pequenas de almas pequenas não me afetam. O problema está no campo do amor pessoal. É difícil manter o equilíbrio quando vemos atitudes desse nível em pessoas de que esperávamos mais, muito mais. Isso ainda é algo em que preciso encontrar o equilíbrio. Vou me dedicar a essa questão em minhas meditações.

Eu abaixei a cabeça, triste e reflexivo, e completei:

— Só tenho receio de tornar-me frio e indiferente com essa desastrada experiência, como me alertaste agora. Eu sei que amar verdadeiramente é uma benção para a alma. Quero, ainda nesta vida, poder doar-me integralmente a alguém em quem eu confie. Espero encontrar essa pessoa e apagar de minha mente essa relação negativa e deprimente que vivi.

Ele sorriu para mim e disse-me com vivacidade:

— Sê bom! Melhora-te como pessoa. O insucesso de teu relacionamento infeliz no ano que se passou teve uma boa parte de contribuição tua também. Estavas em um mau momento. Nós, teus mentores espirituais, temos parte de culpa nisso também. Achávamos que já estavas pronto para narrar o livro *Atlântida – No Reino das Trevas*. Porém, infelizmente, esse livro te causou alguns impactos preocupantes, tornando-te temporariamente um homem que tu não és. No ano que passou, tu não estavas mostrando a tua verdadeira alma, mas, sim, os reflexos do passado distante.

Eu concordei com ele e disse-lhe com voz sofrida:

— Se Sol e Lua estivessem junto a mim, isso teria sido

diferente. É difícil conduzir toda essa tarefa sem almas especiais ao meu lado, apoiando-me. Eu preciso ter ao meu lado pessoas generosas e compreensivas, que me deem força nos momentos difíceis em que termino fraquejando. De nada me adianta uma pessoa caprichosa que me vire as costas quando se sente contrariada. Preciso de uma alma nobre e generosa. Será que estou pedindo muito, meu irmão?

Eu gesticulei, agitado, demonstrando estresse, e concluí:

— Eu sei que posso contar contigo e com Ramiro. Mas tu tens muitos compromissos e também estás em outra esfera da vida. Não é a mesma coisa. Desejo alguém, no mundo humano, para me ajudar a resistir ao ataque das trevas e auxiliar-me a vencer as minhas imperfeições, assim como a ajudarei também, sinceramente e de todo o coração. Quero que seja uma pessoa que não seja fútil e que compreenda os verdadeiros objetivos da vida que abraçamos, meu mestre.

Ele me olhou de uma forma divertida e disse-me:

— Sim, senhor! Vou anotar as tuas solicitações. Contudo, lembra que grandes amores são conquistados. Eles não caem do céu...

Nós rimos abertamente por um longo tempo e, depois, ele voltou a falar sério e direcionando o assunto para outros mares, procurando libertar-me de meus dramas. Às vezes, a dor voltava em forma de ondas esporádicas e, quando retornava, causava-me tristeza.

— O Universalismo Crístico deve, essencialmente, servir de instrumento para que as pessoas despertem para a importância de todas essas reflexões que estamos realizando neste livro. A meta de nossa proposta não é apenas espiritualizar as pessoas, mas, sim, prepará-las para serem verdadeiramente felizes, mudando a sua compreensão do mundo através de uma reprogramação de sua mente, ou seja, fazendo com que vejam o mundo sob um novo olhar.

Tu verás mais adiante que o Universalismo Crístico é mais do que a consciência espiritual do terceiro milênio. Existe um destino ainda maior reservado a ele.

Hermes meditou por um instante e prosseguiu:

— Digo que é uma nova visão de mundo para eles, porque Jesus e os demais mestres já ensinaram isso há muito tempo. O problema é que o ensinamento não foi compreendido e, principalmente, interiorizado.

Tu sabes onde se encontra a raiz do amor ego, esse que foi um tsunami que quase te derrubou no ano passado?

Eu dei de ombros, sem saber o que dizer. Ele suspirou e respondeu de forma clara e amiga:

— A raiz está na insegurança. Em sofrer por sentir-se rejeitado e, portanto, acreditar que não se é merecedor de ser amado. O que não é verdade. Todos somos filhos de Deus e somos belos, belíssimos!

Nada ofende ou desequilibra uma pessoa madura espiritualmente, pois ela é segura de si. Sabe quem é no Universo e não se importa com as ofensas e julgamentos alheios. Ela entende a pequenez de seus irmãos e trata-os como se fossem crianças inconsequentes. O amor fraterno e incondicional é isso: compreender as limitações de seus semelhantes; entender seus gestos pequenos e traiçoeiros, assim como fez Jesus do alto da cruz perdoando aos seus agressores.

Lembrei-me da cena da crucificação. Vi o olhar majestoso e compassivo do Mestre, no alto da cruz, e emocionei-me. Meus olhos ficaram marejados.

Hermes tinha razão. Eu deitei na rocha e fiquei com o olhar fixo na grande abóbada celeste. Perguntei-me, então, sobre esse dilema que já tinha abordado em capítulo anterior: por que sou (ou estou) inseguro? Em minha vida, tudo não flui conforme eu planejo? Não sou realizado em tudo a que me propus nesta vida? O que está acontecendo para não encontrar essas respostas? Em que "canto" da minha alma se esconde essa informação que não consigo acessar?

Quanto mais desenvolvo a minha consciência, parece que mais consigo realizar. Por que, então, esse conflito interno injustificável?

O iluminado mentor percebeu os meus pensamentos e afirmou:

— Essas respostas encontram-se no inconsciente. Naquela região da alma que compartilha informações desta e de vidas passadas, que os homens, em sua experiência humana, não podem acessar de forma consciente e racional. Por isso, são tão confusas. Elas refletem diretamente no campo emocional do homem, causando conflito e levando-o a cometer atos e pensamentos contrários ao que acredita, geralmente por impulso.

Eu acompanhei os seus comentários com atenção e disse-lhe:

— Sim, certamente, evoluir não é tão simples. Sabemos que o caminho para a felicidade é amar. O amor parece um conceito tão fácil de aprender. No entanto, para vivenciá-lo, percorremos um caminho que nos exige uma grande mudança interna a fim de compreendermos o mundo e as nossas interações com os demais irmãos da família universal.

O adorável instrutor concordou e disse:

— É sobre isso que estamos falando neste livro desde o seu primeiro capítulo. Fundamentalmente, estamos estabelecendo três novos alicerces mais complexos dentro do entendimento do Universalismo Crístico. Já falamos sobre isso no capítulo sete, mas é bom repetir para todos gravarem bem.

O primeiro é o entendimento profundo e absoluto do amor e das virtudes crísticas. É o mesmo alicerce apresentado no primeiro livro, mas bem mais reflexivo e aprofundado. Trata-se da real vivência e compreensão disso.

O segundo seria a busca do autoconhecimento. Conhece-te a ti mesmo: sem isso não podemos ser felizes. Para tanto, precisamos saber realmente quem somos. Analisar como vemos a nós mesmos e como o mundo nos vê e, a partir dessa reflexão, promover mudanças sistemáticas para nos tornarmos pessoas melhores.

Por fim, o terceiro: entendermos a compreensão das outras pessoas, como elas pensam e entendem o mundo que as cerca; como elas o veem e o que as nossas ações e ideias representam para elas; perceber os campos de distorção da realidade de nosso próximo antes de o julgarmos. Cada um tem uma visão diferente do mundo, mesmo que o mundo seja, de fato, único para todos. Por isso, é preciso perceber, compreender e aceitar, auxiliando os nossos semelhantes a mudarem para melhor quando isso for possível e tivermos a sua concordância.

Eu me sentei novamente na rocha, coloquei os braços sobre os joelhos, olhei para o chão e, cabisbaixo, disse-lhe:

— Sim, compreendo! Essa minha experiência amorosa é uma prova disso. Eu estava em uma fase em que estava cego. Eu não enxergava como o Andrey arrogante da época da Atlântida tinha ressurgido em meu ego. Justamente por não ter feito a minha reflexão íntima, não percebi como alguns dos meus

Universalismo Crístico Avançado

atos estavam equivocados. Fora isso, não tive grandeza para perceber e aceitar a compreensão distorcida da pessoa amada.

Não entendi os seus atos desequilibrados por não ter tido empatia suficiente para compreender o seu campo de distorção da realidade. No desejo de acertar, procurei corrigir os seus defeitos de forma intransigente e sem procurar compreender como ela enxerga o mundo. No afã de construir um mundo feliz e perfeito para nós, pus tudo a perder.

Resumo final: eu, mesmo tendo tanto acesso ao saber espiritual, fui um incompetente para tentar harmonizar uma situação onde as duas partes estavam equivocadas.

Ele concordou e disse-me:

— É verdade. Por teres mais sabedoria espiritual do que ela, cabia a ti dar o primeiro passo. Mas isso faz parte da vida. Não te culpes. A infinita bondade de Deus sempre nos propicia novas oportunidades de aprendizado, momento em que podemos adquirir o crescimento espiritual que foi interrompido abruptamente devido aos nossos próprios enganos.

Hermes meditou mais um pouco e prosseguiu:

— O amor é simples de entender, mas complexo para se conquistar. Para vencermos no campo do amor, precisamos antes adquirir todas as demais virtudes que nos tornam almas iluminadas. Antes de amar, é necessário ser tolerante, saber perdoar, compreender, estar feliz, em paz, e assim por diante. Viver harmonizado com as demais virtudes é pré-requisito básico para a conquista da maior de todas elas: o amor.

Essa vitória é a coroação de nossa conquista evolutiva em todos os campos. Realmente, não é fácil. Trata-se de um trabalho de autoaperfeiçoamento que leva vidas, pois exige uma delicada lapidação de nossa própria alma.

Ele respirou profundamente a maravilhosa brisa que vinha do mar e prosseguiu:

— Muitas pessoas não compreendem o segredo do sermão das bem aventuranças proferido por Jesus. Quando o mestre fala que são bem aventurados os que sofrem nas mais diversas circunstâncias, ele está nos advertindo que é uma bênção ser cutucado em todos esses sensíveis campos da alma, porque é exatamente isso que nos move em direção à evolução.

Essas circunstâncias da vida, como a que viveste, retiram-nos daquela zona de conforto onde estagnamos e, consequentemente, não evoluímos no aperfeiçoamento dos valores espirituais e humanos. Essas experiências libertam-nos da indiferença e do egoísmo. Se pensares melhor, com carinho, entenderás que existe um lado positivo em sofrer, ser provocado em seus valores, ser estimulado a mostrar o melhor de si. Percebe que são exatamente nesses momentos que as pessoas crescem e tornam-se melhores, enquanto aquelas que vivem sempre em sua felicidade ilusória tornam-se fúteis e egoístas, até que o inevitável chamamento através da dor surja em suas vidas. A exceção é o caso dos que são sábios e já estão em busca da realização espiritual. Esses evoluem pela sua sabedoria, sem a necessidade do mecanismo da dor. Não precisam mais desse tipo de experiência para despertar.

Fiquei boquiaberto com os elevados conceitos de Hermes. Ele estava certo. Eu deveria agradecer e abençoar a oportunidade de aprendizado que havia recebido. Sofri muito. Até questionei o porquê de Deus ter me abandonado e me fazer passar por tal experiência. Na verdade, o Espírito Criador não havia me abandonado. Ele me carregou em seus braços naqueles dias.

Hoje, entendo que essa experiência foi muito importante para me tornar a pessoa que desejo ser na próxima etapa de minha vida. Foi um inesquecível aprendizado. Que Deus me ilumine para que eu guarde essa lição por toda a vida.

Junto com o conhecimento que já conquistei, quero agora conquistar plenamente o amor e a sabedoria para realizar a grande obra que se desenrolará nas próximas décadas e na qual desempenharei um papel significativo. A mensagem da qual sou portador é de amor e de espiritualidade, portanto vou me libertar de meu ego e assimilar a verdadeira sabedoria espiritual. Chegou a hora de me despir de meus interesses pessoais e trabalhar definitivamente pelo crescimento da grande família universal.

O amadurecimento que tive nesse ano que passou fez-me repensar a importância fundamental do amor fraterno e incondicional. Lembrei-me, em alguns momentos, do querido mestre Jesus em sua passagem pela Terra, principalmente de como vivia sempre amando as pessoas de forma fraterna e incondicional, mesmo sendo incompreendido até por seus familiares.

Guardava para si os seus dilemas e dramas íntimos, os quais

Universalismo Crístico Avançado

233

ele confidenciava somente ao Pai em suas orações, que era o único capaz de compreendê-lo. Nem mesmo Maria, a sua mãe, entendeu a sua missão até o momento da "suposta ressurreição".

Entendi a solidão e a melancolia tão constantes no rosto do amorável mestre. Compreendi a dificuldade que teve para ensinar a sua Boa Nova do reino de Deus a nós, seus discípulos, que não a entendíamos devido à nossa visão ainda pequena da vida. Infelizmente, o grande Mestre estava só. Raríssimas pessoas eram capazes de entender as suas mais profundas reflexões.

Acreditávamos somente na vinda de um messias libertador, que livraria o povo prometido da opressão romana. Tínhamos dificuldade em entender a mensagem de libertação espiritual, através do amor e do desprendimento, que o rabi da Galileia nos ensinava com carinho e paciência. Não compreendíamos a sua mensagem transcendental, que agora divulgamos com tanto empenho.

Imaginávamos que o reino de Deus seria a reconquista do trono de Davi e todas as fúteis aparências da vida humana — grave equívoco que terminou refletido na mensagem que foi propagada até os dias atuais por meio dos Evangelhos e das estruturas religiosas que seguiram o Cristo-Jesus.

Assim, perdido nesses pensamentos, nem percebi que Hermes se ausentara por breves instantes.

Logo em seguida, quase no final daquela noite, Hermes me surpreendeu! Ele retornou trazendo, em desdobramento espiritual, a pessoa que me causou tanto sofrimento. Estremeci. Fiquei receoso de não estar preparado. O nobre mentor devia saber o que estava fazendo. Meu Deus! Sim. Era a mulher que eu tanto havia amado. Graças ao Pai, a minha alma reagiu positivamente. O sentimento de revolta estava extinto.

Ele a trouxe até mim, com um andar cambaleante e um olhar parado. Dava para perceber que a consciência dela no plano espiritual estava muito limitada por conta dos problemas que enfrentava no dia a dia e que a afastavam de uma sintonia satisfatória com o Mundo Maior. Ela estava em estado de verdadeiro torpor.

Assim, quando ela chegou mais perto, pude perceber, pelos seus traços, que não se tratava mesmo de Lua. A sua alma tinha chagas por todo o corpo perispiritual e uma expressão

234 Roger Bottini Paranhos

perdida, assim como eu me encontrava na festa de réveillon no Império do Amor Universal, conforme narrei no capítulo três deste livro.

A sua beleza física, que tanto havia me encantado no plano físico, fez-me confundir com a verdadeira beleza da alma, sincera e eterna, que o tempo jamais consome. Quando nós encarnados aprenderemos que a verdadeira beleza é a do coração? Por quanto tempo mais nos iludiremos com as formas exteriores?

Eu me concentrei em sentimentos nobres e, serenamente, aproximei-me, procurando irradiar de meu peito, do chacra cardíaco, um absoluto sentimento de perdão e amor. Coloquei o meu ego absolutamente de lado e resolvi ser o mais sincero e humilde possível. Fiquei com receio de ela rejeitar a minha presença. Contudo, mantive-me sereno.

Eu a abracei e pedi-lhe perdão, de coração, reconhecendo os meus erros nos momentos de estresse, onde vi o sonho de realizarmos uma grande obra juntos serem perdidos. Não compreendi os caminhos que ela decidira seguir e revoltei-me de forma mesquinha e infantil.

Olhei para ela com um olhar de irmão para irmã, procurando compreendê-la e percebi novamente a sua confusão mental. A sua falta de lucidez e discernimento, tanto no astral como no físico. Entristeci-me com as distorções graves em seu campo de percepção, sem contar a ação dos espíritos obsessores, que se manifestavam através de formas pensamento em sua mente, aproveitando-se de sua fragilidade para desequilibrar ainda mais a sua alma.

Aquele estado confuso de seu espírito refletia bem as suas ações equivocadas no mundo humano. Assim, lamentei por minhas reações agressivas no final do relacionamento, as quais refletiam a dor de meu orgulho ferido, tomadas por causa da paixão que me acometera de súbito.

Infelizmente, eu não soube compreender a sua enfermidade e agi pensando somente em minha dor, de forma triste e egoísta. Disse-lhe duras verdades com o propósito de acordá-la. No entanto, agora vejo que essa ação, além de não ter surtido efeito algum, apenas a traumatizou ainda mais e a afastou definitivamente de mim.

Eu olhei para todo o seu corpo espiritual e vi vários laços

Universalismo Crístico Avançado

negros aprisionando a sua alma. Eram as garras de terríveis entidades espirituais obsessoras, que a mantinham com as mãos e pés atados. Desejei imediatamente afastá-los dela. Olhei para Hermes, com profunda tristeza, e perguntei-lhe sobre o que poderíamos fazer para ajudá-la.

Ele analisou a situação com compaixão e disse-me:

— Tu sabes, meu irmão, que ainda existem vários espíritos nas esferas do mal que te obedecem, mesmo que não queiras.

Eu me choquei com aquela informação e protestei com a voz embargada pelo pranto:

— Mas eu não contratei essas criaturas! Juro-te, meu mestre.

Ele concordou com um gesto, procurando acalmar-me, e prosseguiu:

— Eu sei que não. Entretanto, luz e trevas estão em sintonia contigo. Quando, nos momentos de mágoa e amor ferido, desejaste que ela pagasse até o último ceitil pelo mal que te fez, essas entidades sombrias interpretaram isso como uma ordem para fazer cumprir o teu desejo, dirigida a eles diretamente por seu amo. Os nossos pensamentos possuem muita força e influenciam amplamente a vida em todas as dimensões.

Eu coloquei as mãos no rosto e balbuciei:

— Oh, meu Deus! O que fiz? Foi só um momento de revolta. Não deveria ser assim. Eu não fiz acordo nenhum com essas entidades do mal. Elas não podem agir livremente em meu nome. Isso não é justo.

O mentor, procurando esclarecer-me, explicou:

— Esse é aquele típico caso de criaturas que desejam ajudar para agradar, mas terminam só causando infortúnios. Esses seres ainda se sentem teus servos. Ficam felizes sempre que podem atender aos teus desejos, mesmo que nada peças diretamente a eles. Não possuem capacidade para fazerem julgamentos apropriados. Servem-te apenas, sem pensar.

O teu carisma cativa luz e trevas. O poder mental é um instrumento muito poderoso. É a verdadeira pedra filosofal! Assim como é relatado nessa lenda, podemos transformar em ouro tudo que desejarmos. Contudo, o seu uso indevido pode transformar em estátuas inanimadas de ouro até mesmo as pessoas a quem mais amamos.

Ele silenciou por alguns instantes, dando-me oportunidade de refletir sobre tudo aquilo. No entanto, as tristes surpresas daquela noite ainda não tinham terminado. Hermes olhou-me no fundo de meus olhos e convocou-me com um tom de voz hipnótico:

— Agora, olha para ela com mais atenção e dize-me o que vê.

Eu não entendi aonde ele desejava chegar, mas atendi mecanicamente ao seu pedido. Concentrei-me, procurando observar todo o seu corpo, e aterrorizei-me quando analisei o seu peito. Meu Deus! Como não tinha visto isso antes? Será que o meu inconsciente estava me impedindo de enxergar, provocando uma deleção daquela informação?

Cravado em seu coração, no seu debilitado chacra cardíaco, encontrava-se um raríssimo punhal atlante. Eu o conhecia muito bem, desde antigas eras... Devido à intensidade do golpe desferido, era possível ver apenas o seu cabo elegante e refinado, da cor branca, com acabamento em ouro e madrepérola. A lâmina havia penetrado totalmente em seu coração. Em volta da ferida profunda, escorria um sangue escuro que exalava um cheiro desagradável.

Eu recuei um passo e fiquei atônito, sem palavras, com o coração descompassado. Olhei para ele sem compreender o que estava acontecendo. No fundo, eu sabia, mas não queria aceitar o que os meus olhos insistiam em me revelar. Era algo incontestável! Mesmo assim, Hermes explicou-me com carinho:

— O sentimento de ódio incontrolável pode nos levar a atitudes inacreditáveis...

Sem rodeios, ele sentenciou a verdade nua e crua:

— Sim, meu filho: tu fizeste isso.

Em estado de choque, segurando-me para não cair de joelhos, perguntei-lhe, quase balbuciando:

— Quando aconteceu isso, mestre? Onde? Como? Eu não me recordo...

Hermes me abraçou com carinho, procurando transmitir-me força, e respondeu:

— Essa tragédia ocorreu alguns dias antes do réveillon, quando tu tomaste ciência daquela atitude dela que tanto te desgostou. Ficaste enlouquecido e, quando finalmente conseguiste dormir, a tua alma se desprendeu do corpo físico e viajou no astral até ela, cravando esse punhal atlante impie-

Universalismo Crístico Avançado

dosamente em seu coração.

Eu mergulhei dentro de mim e, pouco a pouco, as imagens aterrorizantes daquele momento fatídico de ódio afloraram em minha mente consciente. Coloquei as mãos no rosto e procurei controlar-me para não desabar.

Em seguida, disse-lhe com um aperto no peito:

— Mas por que eu não me recordava disso? Como pude realizar esse gesto insano, meu Deus?

— As lembranças astrais são muito sutis. Raros são aqueles que as recordam. Tu tens essa capacidade, mas nem sempre a memória do fato, tanto que, em noites normais, nem mesmo te lembras dos sonhos comuns. Essa atitude te foi tão traumatizante que a soterraste na área mais profunda do teu inconsciente.

Hermes colocou as mãos sobre os meus ombros e falou-me mais uma vez de forma hipnótica, desejando gravar a instrução no fundo de minha alma:

— Cuida, meu filho, na maneira como usas esse poder que possuis. Não deixes que ele te domine e fascine. Diminui o teu ego e expande o teu sentimento de amor incondicional e fraterno.

Vê o que é possível realizar com o poder de tua mente. O dela também é muito grande. Tu sabes bem disto. Viveste período suficiente com ela para saber.

Eu não entendi as suas últimas palavras. O atencioso amigo projetou um espelho atrás de mim, meditou um pouco e esclareceu-me, convidando-me a ver com os meus próprios olhos:

— Vira-te, olha as tuas costas no espelho que projetei atrás de ti e constata a realidade por ti mesmo. Eis os grilhões do ódio escravizando-vos!

Eu me virei rapidamente e vi, refletido no espelho, um punhal atlante muito semelhante, cravado nas minhas costas exatamente sobre o chacra Umeral.

O centro de força Umeral, ou, também, chamado "oitavo chacra", desenvolve-se apenas em algumas pessoas – geralmente, em médiuns e em sensitivos que realizam trabalhos espirituais. Ele é a contraparte do chacra cardíaco.

Localiza-se nas costas, na altura da escápula esquerda (antigamente chamada omoplata), sobre o pulmão esquerdo, na altura do coração. É o chacra espiritual, pois é através dele que as energias se conectam. O Umeral é um gerenciador energético responsável por estabelecer a conexão com os espíritos de luz e, também, abre as portas para a ação das trevas.

Curiosamente, o seu formato é o mesmo da energia atlante vril: um oito, só que deitado, ou o símbolo do infinito, semelhante a um laço de fita. É composto por duas hélices ou pétalas que giram no sentido horário quando captam energias e no sentido anti-horário quando as repelem. Tem coloração variável, mas o azul claro e o verde predominam.

Quando esse centro está bloqueado, ou ferido, como no meu caso, sente-se um peso nas costas e uma dor muscular aguda (ironicamente como se fosse a sensação resultante de uma facada) no lado da escápula esquerda, limitando o movimento do ombro e do braço. O chacra Umeral rompido é o ponto de vulnerabilidade para que o indivíduo fique à mercê de energias negativas.

Mais uma vez, com esse golpe certeiro, provavelmente orientado pelas hábeis mãos de Gadeir e dos demais magos negros atlantes, ela abriu as minhas defesas e desencadeou o ataque energético que recebi das sombras durante todo esse infeliz período, comprometendo a elaboração deste livro e dos demais projetos do Universalismo Crístico.

Horrorizado, coloquei a mão no peito, no lado esquerdo, e senti a pequena extremidade afiada da ponta do punhal, que havia atravessado o meu pulmão, atingido o coração pelas costas e saído pela frente, por entre as costelas.

Com todo esse drama, eu me sentia mesmo como se tivesse sido apunhalado pelas costas. No entanto, jamais imaginei que isso tivesse acontecido literalmente no plano astral.

Eu olhei para o mestre, boquiaberto, com uma expressão de espanto. Hermes prontamente me explicou:

— Quem com ferro fere, com ferro será ferido! Em vosso triste embate mútuo, ela desferiu um golpe semelhante na mesma medida e intensidade. Porém, fica tranquilo! Essa faca não se encontra mais em teu corpo espiritual e teu chacra Umeral já está restabelecido. Projetei-o agora apenas para tu tomares consciência do fato.

Ele foi retirado algum tempo depois que ela te apunhalou, em determinada noite, quando ainda estavas inconsciente no processo de desdobramento. Interviemos antecipadamente porque precisávamos de ti para o trabalho e, também, porque

Universalismo Crístico Avançado

239

essa ação rompeu o teu chacra Umeral, abrindo as tuas defesas, tornando-te alvo fácil para as sombras. Além disso, a dor psicológica que sentias era muito intensa, impossibilitando-te de exercer as tuas atividades conosco em condições mínimas.

Tu te lembras das primeiras noites, depois do término definitivo de vossa relação, quando ela vinha frequentemente, durante o sono, até o teu apartamento, em espírito, confusa por sentimentos de amor e ódio, e pediste-nos para criarmos uma rede de isolamento e proteção? Foi nesses dias. Não nos foi permitido evitar. Precisavas viver isso junto com ela para o teu aprendizado. A cada um deve ser dado segundo as suas obras!

A humanidade encarnada não tem consciência do que realiza no plano astral, movida pelos seus sentimentos descontrolados. Os nossos pensamentos possuem força, tanto para o Bem como para o Mal. Se até tu, que possuis avançado conhecimento espiritual caiu nessa armadilha do ódio, imagina o que ocorre com os leigos que ignoram as sagradas leis espirituais.

Eu meditei sobre todo aquele drama e lembrei-me da dor atroz que senti nas costas durante a virada do ano na cidade astral Império do Amor Universal. Os prestativos enfermeiros tentaram remover algo, mas não conseguiram... Era o punhal! Meu Deus!

Compreendi, então, o motivo do olhar piedoso dos seres celestiais que me abraçavam carinhosamente naquela ocasião. Eles estavam vendo a faca atravessada no meu tórax, provavelmente vertendo sangue profusamente. Era algo que eu não estava pronto para perceber naquele momento. Eles, por piedade, nada disseram para eu não me chocar ainda mais.

Sem dúvida, naquela noite, eu me encontrava como um mendigo maltrapilho, sem condições de ingressar no banquete celestial, porque minha túnica nupcial não estava imaculada, em alusão a essa parábola evangélica. Mesmo assim, Hermes obteve o direito ao meu ingresso na Cidade Luz, por causa da importância daquela noite para os relatos deste livro.

Eu sacudi a cabeça, tentando compreender como tudo aquilo pode acontecer, e disse-lhe:

— Não entendo como pude chegar a esse ponto. Jamais pensei em uma atitude tão drástica, mesmo nos momentos de maior raiva e revolta pelo mal que ela me fez. Amo-a demais para causar-lhe um mal dessa natureza.

Hermes meditou por alguns instantes e elucidou-me com propriedade:

— A mente inconsciente é instintiva e perigosa. Jamais executarias isso de forma consciente no plano físico. Sem dúvida! O que viveste são reflexos inconscientes. No plano astral, isso é muito mais comum do que imaginas, principalmente durante o período do sono, momento em que as pessoas afloram os seus sentimentos mais profundos. Os desequilíbrios emocionais manifestam-se com mais força no mundo inconsciente.

Por isso, as reações destemperadas e instintivas ocorrem geralmente em momentos de forte emoção, quando perdemos o controle racional sobre a nossa mente. O amor egocêntrico e o ódio vivem muito próximos. É muito fácil oscilar de um extremo ao outro quando se ama aguardando retorno da pessoa amada e esta não retribui como se espera.

Chocado com o que via, perguntei-lhe por que só agora a estávamos libertando dessas entidades terríveis e socorrendo o seu coração ferido, assim como ele havia feito comigo. Por que não tínhamos agido antes?

Ele refletiu por alguns instantes e falou:

— Tudo tem o seu tempo... É o tempo do aprendizado. Nada acontece por acaso. Mudar essa situação depende de cada um. Se ela estivesse em outra frequência vibratória, nada disso teria acontecido e o ataque das sombras não teria êxito ou duraria menos. Por esse motivo, devemos ter no coração o verdadeiro sentimento de amor e respeito para com os nossos semelhantes. Se semeamos ódio e sentimentos negativos, fatalmente colheremos o mesmo. Não existe injustiça na vida criada por Deus.

Quanto ao punhal que cravaste em seu coração, tu és quem deveria removê-lo. Nós estávamos esperando o momento em que recuperarias a lucidez para realizar essa tarefa.

Eu coloquei a mão sobre os lábios, profundamente sensibilizado, meditei por alguns instantes e perguntei a Hermes o que deveria fazer para corrigir imediatamente aquela situação infeliz.

Ele apenas respondeu:

— Em primeiro lugar, sê amigo de ti mesmo: perdoa-te! Antes de tudo, é preciso amar-se para poder fazer o mesmo pelo seu próximo. Depois disso, perdoa e ama essa mulher de

Universalismo Crístico Avançado

241

forma fraterna e verdadeira, desligando-te do amor egocêntrico e do traiçoeiro sentimento de apego.

A tua energia benéfica, fruto de tudo que construiu no campo do amor durante toda a tua vida, mais a associação da energia positiva das milhares de pessoas que te amam e oram por ti em todo o país, desejando-te paz e sucesso no trabalho que realizas pelo Universalismo Crístico, irão libertá-la da tua ação negativa e restabelecerão a paz entre vós.

Eu compreendi a mensagem do grande mestre e, com um olhar melancólico, disse a ela, de coração para coração, em profunda entrega de mim mesmo:

— Minha querida irmã, perdoa as minhas fraquezas e erros, perdoa por eu não ser a pessoa que tu desejavas, perdoa-me por todas as coisas duras que te disse devido ao amor ferido que sufocava o meu coração. Não deveria ter sido assim. Mas sou uma pessoa falha. Apenas um ser em evolução, que ama e sofre por não encontrar a alma de sua alma!

Quisera eu ter o equilíbrio dos mestres. Mas ainda não tenho. Esperava que tu fosses me ajudar a me tornar uma pessoa melhor, mas tu querias somente o príncipe encantado, o conto de fadas, que talvez seja somente uma utopia irrealizável para almas primárias como nós.

Para encontrarmos uma pessoa perfeita, temos que ser perfeitos. Infelizmente, esse não é o nosso caso. Poderíamos ter amadurecido juntos e conquistado uma bela vitória nesta existência terrena. É uma pena que não tenha sido desse jeito; sim, uma lástima. Espero que possas encontrar o caminho que te liberte de tanta dor e ilusão. Que Deus ilumine os teus passos para teres discernimento para enxergar o caminho da luz em tua vida.

Eu respirei profundamente e concluí, falando de forma pausada e refletindo sobre cada palavra:

— Perdoa-me. Sinto muito. Eu te amo de forma fraterna e sou grato!

Repeti três vezes essas palavras e, nas últimas, disse-lhe, quase balbuciando, devido à minha garganta estar asfixiada pelas lágrimas, tal era a minha tristeza.

Acreditei que aquela minha atitude pudesse curá-la. Pronunciei aquelas palavras de amor do fundo do coração e torci para isso. Somos todos um. O Universo é interligado por uma teia invisível. O mal de um é o mal de todos. A cura de um é a cura de todos. Amar a si mesmo é a melhor forma de melhorar-se e, enquanto isso acontece, o mundo que nos cerca se transforma para melhor.

Gostaria de dizer-lhe tudo isso, também, pessoalmente, no mundo físico, mas as nossas atitudes negativas queimaram todas as pontes que nos ligavam. Portanto, resignei-me. A vida é eterna. Não faltarão oportunidades para corrigirmos os nossos erros. Só me restava levantar a cabeça e prosseguir com o meu trabalho no mundo, mas guardando, na mente e no coração, o ensinamento dessa lição de vida.

Depois do sincero pedido de perdão, chorei abertamente em frente àquela criatura que se encontrava dementada durante a projeção astral. Então, prometi, olhando fixo para Hermes, que jamais me apaixonaria novamente. Viveria somente uma relação que fosse embasada no amor verdadeiro, que se constrói com a serena convivência, com tolerância e ao longo do tempo.

Como se costuma dizer: "somente o tempo pode compreender um grande amor". Caso contrário, é melhor que eu viva sozinho para não comprometer a bela obra que se encontra em minhas mãos. A paixão cega nos faz agir de forma desumana e infeliz. Não queria mais isso para mim. Nunca mais. Eu estava triste e envergonhado pelas coisas horríveis que tinha feito por conta de um sentimento de amor ferido.

Realmente, o amor ego e o ódio vivem muito próximos. Não queria agir nunca mais daquela forma irreconhecível e pequena. Eu precisava defender a sensibilidade de minha alma. Parece que, quanto mais maduros ficamos, mais dói a dor da separação daqueles que amamos. Isso se deve ao profundo valor que passamos a lhes dar.

As lágrimas corriam de meus olhos e eu me amaldiçoava por ter cometido um erro tão primário, mesmo vivendo sob a tutela de um grande sábio como Hermes. Eu me perguntei: como pude errar tanto tendo acesso a tamanha sabedoria?

Ela não era a pessoa certa. Não era a Lua! Esse tinha sido apenas o meu desejo ardente de finalmente encontrar a felicidade ao lado de alguém especial. Será que o destino não está escrito? Pelo menos, as linhas mestras de nossas encarnações deveriam ser respeitadas. Mas creio que esse não é o caso. Os relacionamentos são fruto de nosso livre-arbítrio. Seguir

ou fugir ao plano traçado pelo Alto é um direito de cada um.
Olhei para Hermes e ele se manteve em silêncio, impassível.
Entendi! O futuro está em construção. Ele depende da ação de
cada um de nós. Nem sempre todos os atores se comportam como
deveriam para o sucesso da jornada. Sim. Estava explicado!

Lembrei-me da ação dos agentes das trevas e imaginei-os
rindo de minha falência. Eles haviam prometido que me colocariam de joelhos. Haviam-no conseguido através de quem
menos eu suspeitava. Mas isso não seria por muito tempo. O
Alto sempre intervém e transforma o caos em Luz. Como já
disse várias vezes: sou como a ave fênix, renascerei de minhas próprias cinzas... sempre!

Respirei fundo e procurei conter as lágrimas. Só então,
percebi que, de seus pulsos edemaciados, partiam em minha
direção laços cármicos que nos uniam de forma desarmonio-
sa, semelhantes àqueles que tive com Kermosa no passado
distante, no antigo Egito.

Disse para mim mesmo:

— Quando aprenderei, oh, meu Deus? Por que esse ciclo
sempre se repete? Quando conseguirei me libertar desses padrões equivocados? Talvez seja isso que justifique a nossa ligação tão profunda e, aparentemente, inexplicável. Procurava
Lua ou Sol, mas encontrei uma nova Kermosa!

Provavelmente, será necessária uma nova vivência em
encarnação futura, para de uma forma ou de outra, sanarmos
os débitos contraídos. Eu, que tanto desejava que esta fosse a
minha última vivência neste mundo estranho e distanciado de
Deus, tomei finalmente consciência de que ainda tenho muito
a melhorar. A dor realmente nos desperta de nossas ilusões.

Certamente, terei de voltar ao palco da vida humana novamente. Apenas espero que o trabalho que edificamos agora
frutifique no futuro, para que, quando eu retornar, em nova
existência, possa encontrar um cenário mais espiritualizado
e harmonioso para viver e evoluir. Não gosto do mundo como
ele é: fútil, materialista e distanciado dos valores espirituais.
Enquanto eu viver, farei de tudo para modificá-lo segundo a
vontade do Espírito Criador.

Hermes percebeu os meus pensamentos e consolou-me:

— A decisão de não evoluírem juntos foi dela. Portanto,
não necessitas necessariamente resgatar esse débito ao seu

lado. Basta prosseguir trabalhando pela humanidade e demonstrar que aprendeste a lição em tuas experiências futuras. Isso queimará o carma que contraíste nessa experiência.

Mirei Hermes com um olhar sincero e reflexivo e disse-lhe:

— Eu sei que encontrarei Lua ou Sol. Eu tenho direito de ser feliz e viver com uma alma que seja realizada, estável e equilibrada, que seja compreensiva com os pontos em que devo evoluir, da mesma forma que serei com ela. Essa experiência que vivi me tornará uma pessoa melhor. Quando encontrar essa pessoa especial, multiplicarei por mil tudo o que estamos realizando, semeando mais luz para construirmos definitivamente um novo mundo. Tem fé em mim, meu mestre!

O querido amigo sorriu, feliz por ver a minha aparente recuperação, e fez um sinal para que me concentrasse na alma em projeção astral que estava perante mim. Eu compreendi. Segurei as suas mãos e agradeci a Deus por quem me fez evoluir pelo amor, como Hermes, e, também, sinceramente, por aquela alma que me fez evoluir pela dor.

Então, disse para mim mesmo:

— Sim! Tudo é sempre um grande aprendizado. Sábio é aquele que percebe isso e absorve a lição para toda a vida.

Ela pareceu perceber uma vibração de amor direcionada a ela, mas absorveu de forma amarga aquela irradiação. Muitos traumas habitavam o seu coração. Um gigantesco trabalho ainda teria que ser feito para trazer-lhe novamente o equilíbrio. Contudo, essa tarefa não caberia a mim. Eu deveria apenas me libertar e seguir em frente.

Eu havia amado, perdoado e sido grato por aquela pessoa que me fora tão especial. Libertei-me dela e, naquele instante, percebi que várias das garras negras que a aprisionavam começaram a se desfazer.

Sorri! Feliz por estar obtendo êxito, naquele instante, olhei profundamente nos olhos daquelas entidades escuras, que se mantinham acuadas em um canto escuro, e disse-lhes:

— Agradeço a devoção dos irmãos em procurar sempre me proteger e servir. Entretanto, milênios se passaram. Faz muito tempo que trabalho para a Luz. Se vós desejais servir-me, deveis seguir a mensagem libertadora do Cristo. A nova ordem é o amor. Somente assim estarei convosco.

Eles me olharam confusos, confabulando entre si, e sa-

Universalismo Crístico Avançado

245

íram cabisbaixos. Contudo, depois de alguns instantes, o processo cessou. Somente um terço das amarras espirituais foram desfeitas.

Voltei-me para Hermes e perguntei:

— O que aconteceu? Por que o processo cessou antes da metade?

Ele averiguou os laços obsessivos que ainda a aprisionavam firmemente e respondeu:

— Esses laços são anteriores ao momento em que a encontraste nesta existência. Não te dizem respeito. A tua ação já foi desintegrada. Os seres sombrios sob a tua influência acataram a tua ordem de retirada.

O grande mestre avaliou um pouco mais o seu equipo espiritual e concluiu:

— Ela só conseguirá se libertar completamente dessa ação das sombras quando aprender a ser tolerante e compreender o verdadeiro significado do amor.

Depois, refletiu por mais alguns instantes e comandou-me:

— Agora, retira o punhal atlante! Porém, faze isso com um sentimento de amor da mesma intensidade ou maior do que aquele de ódio que sentiste quando enterraste impiedosamente essa faca no coração dela.

Eu respirei fundo e fiz a retirada da arma branca de forma suave e amorosa, lembrando-me de todos os momentos agradáveis e felizes que havíamos vivido juntos antes do triste fim. Em absoluto silêncio e estado de oração, fui extraindo lentamente o punhal, olhando fixamente para os seus lindos olhos, que mal compreendiam o que estava acontecendo naquele instante.

À medida que saía do seu corpo, a lâmina foi brilhando, emitindo uma luz maravilhosa que imediatamente cauterizava a ferida que eu tinha causado. Eis os reflexos na mente humana das interações espirituais! Era o recado da força do amor e do ódio. Compreendi que, naquele momento, estava me desligando finalmente dela, libertando-me e, ao mesmo tempo, sendo libertado da atração inconsciente que nos atrelava mentalmente um ao outro.

Naquele momento, lembrei-me da morte de Kermosa, no livro *Akhenaton – A Revolução Espiritual do Antigo Egito*, quando eu a tinha matado da mesma forma, com um punhal, só que, daquela vez, à altura do pescoço, rompendo a artéria carótida interna e a veia jugular externa. Ao pensar nisso, o semblante dela se transformou e vi, na minha frente, a própria Kermosa. Jesus! Logo depois, ela retrocedeu mais no tempo e vi Electra, a sua encarnação nos tempos da Atlântida. Instantes mais tarde, ela retornou à personalidade atual, para meu alívio.

Estremeci, horrorizado! Seria apenas uma visão da repetição de meus padrões inconscientes ou eu estaria mesmo frente a frente com a própria Kermosa? Se ela tinha um punhal atlante, com o qual me atingiu, certamente viveu em Atlântida, assim como Kermosa, na personalidade de Electra.

Realmente, as semelhanças entre elas eram muito grandes. Será que foi por isso que o destino me fez levá-la ao Egito, contrariando completamente o bom senso? Havia algo a resgatarmos juntos na terra dos faraós? Não podia ser! Eu e Kermosa tínhamos cumprido o nosso carma na época de Moisés, quando eu fora Natanael e ela, Rebeca, conforme relatado no livro *Moisés – Em Busca da Terra Prometida*. Isso explicaria o meu envolvimento emocional tão profundo em um relacionamento que durou apenas poucos meses. Se eu tive uma lesão no joelho em frente à esfinge, assim como ocorrera com Radamés, tudo, então, era possível! Oh, meu Deus!

Eu estava exausto e confuso demais, portanto resolvi não perguntar nada a Hermes. Creio que ele também não me responderia e, para dizer a verdade, prefiro não saber.

Existem informações que são demasiadamente dolorosas para tomarmos consciência. O melhor era esquecer tudo, virar a página e seguir a minha caminhada. Essa experiência já havia sido terrivelmente traumática. Eu só desejava corrigir o meu erro e esquecer o mais rápido possível toda essa triste história de amor, porém, guardando a lição do aprendizado.

Ao retirar completamente o punhal, irradiei energias curadoras do fundo do meu coração e, logo depois, percebi que seu peito estava perfeitamente cicatrizado, sem marca alguma que denunciasse a grave agressão astral. Em seguida, a arma desmaterializou-se, assim como havia acontecido com os meus pensamentos de ódio e revolta. Essa é a natureza do mundo espiritual! Ela suspirou aliviada e demonstrou estar bem melhor por meio de uma expressão sutil de conforto e serenidade.

Lembrei-me das vezes em que identificamos, no trabalho

Universalismo Crístico Avançado

de assistência espiritual, o uso de "dardos astrais" em relações obsessivas, tanto entre desencarnados como encarnados. Nós tínhamos chegado mais longe: utilizamos "punhais astrais".

Ao leitor que desconhece, explico que dardos astrais são a forma pela qual se identificam as irradiações de sentimentos negativos. Essas ondas mentais são tão fortes que causam um significativo dano no campo espiritual e emocional da vítima, semelhante ao que causaria um dardo de verdade no corpo físico.

O nosso poder mental é realmente imenso. Essa é uma característica daqueles que viveram em Atlântida. Essa relação conturbada não poderia terminar de outro jeito. Abaixei a cabeça e senti vergonha do que nós dois fizemos. Possuíamos tanto entendimento espiritual e, ao mesmo tempo, tão pouca lucidez para vivê-lo na prática.

Eu me calei, sensibilizado com aquela situação, e orei com fervor. Eu havia sofrido horrores, mas agora estava bem e em franca recuperação. A minha dor teve um fim, mas a dela, infelizmente, parecia que não teria um desfecho em curto prazo.

Aqueles obsessores à sua volta, que se demonstravam visivelmente incomodados com o meu auxílio, não lhe dariam trégua. Entristeci-me por sua complicada situação. Eles pareciam vampiros ou parasitas sugando-lhe as forças, principalmente na região da garganta, na área específica do chacra laríngeo. Impus as mãos, irradiando energias benéficas sobre o seu pescoço, e as sombras se afastaram, permitindo-lhe um breve alívio.

Profundamente penalizado pela sua sorte, virei-me para Hermes e disse-lhe:

— Se eu puder fazer qualquer coisa por ela, agora ou no futuro, mesmo que à distância, dize-me, que farei com sincero amor fraternal. Gostaria de poder socorrê-la espiritualmente quando chegar o momento em que isso inevitavelmente se fizer necessário.

Ele concordou e falou com extrema sabedoria:

— Já fizeste muito por ti, por ela e pelos nossos leitores. A tua experiência foi interessante para mostrarmos, de forma prática, a importância de uma ação sincera no campo do amor. As pessoas falam muito em virtudes, mas poucos as praticam. Muitos enaltecem o perdão, mas jamais esquecem uma ofensa. Outros discursam sobre o amor, mas praticam-no apenas

nas questões que atendem aos seus interesses.

Desde o início deste livro, pudemos acompanhar o teu exemplo, que migrou da revolta e do amor ferido, para a piedade e o desejo de perdoar, até chegar finalmente a uma libertação sincera, com um verdadeiro desejo de amor fraterno e incondicional por ela, compreendendo a ti mesmo e, principalmente, percebendo o entendimento da mentalidade dela.

Essa catarse espiritual que realizaste, expulsando do teu inconsciente ideias, sentimentos e desejos negativos, resume, em essência, muito do que falamos teoricamente aqui. A teoria pode entrar por um ouvido e sair pelo outro. Já o exemplo prático grava fundo na alma. O leitor poderá esquecer toda a nossa exposição teórica, mas a tua experiência humana ficará gravada profundamente nas consciências daqueles que lerem este livro.

Por esse motivo, autorizamos essa delicada exposição de vidas pessoais, tanto tua como dela, obviamente, sem revelar a sua identidade. Se eu conheço bem os nossos generosos leitores, eles te serão muito gratos pela tua atitude corajosa de dividir com eles essa tua difícil e dolorosa experiência, que enriquecerá a todos.

As impressões que tinhas e relataste nos capítulos iniciais, em breve, terão desaparecido de teu coração, libertando-te definitivamente desse ressentimento. Entretanto, creio que esses relatos são uma boa reflexão para os leitores que já passaram por alguma situação semelhante ou venham a passar. Será uma boa ferramenta de apoio para outros irmãos que se encontrem à deriva, em decorrência das tempestades do amor incompreendido.

Ele silenciou por alguns instantes e concluiu:

— As almas, à medida que evoluem, sofrem mais por seus erros. Por isso, observamos o aumento dos problemas psicológicos na humanidade. Hoje em dia, o espírito em evolução na Terra é menos bruto e mais consciente da dor que vive e que imputa aos seus irmãos. Isso demonstra a evolução da humanidade terrena.

Eu concordei com um gesto sereno e falei, cabisbaixo, em tom humilde, procurando desenhar um pálido sorriso no rosto:

— Obrigado, mestre, por me ajudar e usar esse meu triste exemplo como forma de aprendizado para todos nós.

Universalismo Crístico Avançado

O antigo sábio egípcio me abraçou fraternalmente e voltou a falar:

— Essa é uma parte importante de tua tarefa nessa encarnação. O teu lado humano e falível é um exemplo de que somos seres em evolução, e, portanto, somos passíveis de erros, que naturalmente despertam as nossas consciências e estimulam-nos a crescer!

O maior erro está em estagnar-se, julgar-se perfeito ou não se autoavaliar em sua caminhada. Essa é a grande ilusão que atrasa, por séculos, o avanço de muitos seres em nosso admirável planeta azul.

Hermes sorriu para mim, irradiando um imenso carinho, que só encontramos no coração de almas elevadas, e completou:

— Não procurar evoluir e corrigir as suas faltas é o que nos decepciona. Os falhos que lutam para se melhorar são a nossa mais grata alegria.

Ele, então, segurou-me pelos ombros, dirigindo-me especial energia, e concluiu enquanto me abraçava:

— Hoje, meu filho, tu me fizeste muito feliz!

Eu tive dificuldade em conter as lágrimas e falei-lhe, meio confuso:

— Eu gostaria tanto que tu pudesses sentir mais orgulho de mim, que eu pudesse ser mais digno de todo o amor que me dedicas, mas ainda sou tão falho...

Ele me abraçou mais forte ainda, dando-me apoio e força daquela forma que somente os grandes amigos o fazem, enquanto eu ouvia as suas palavras serenas:

— Não chores. Tu és um grande vencedor. O teu caminho de volta foi longo, assim como o das gêmeas e como será o de Arnach. A cada dia, tu o vences de forma que muito me alegra, da mesma forma como estão fazendo Sol e Lua, que estão a percorrer uma estrada semelhante à tua.

Ao ouvir o nome delas, um breve sorriso se esboçou em meu rosto cansado, enquanto repousava a cabeça no ombro amigo do grande Hermes Trimegisto. Fechei os olhos e sonhei por alguns instantes com os momentos de felicidade que parecem ser um direito de todos, mas que, caprichosamente, sempre escaparam por entre os meus dedos, como se fossem um líquido sagrado que jamais consegui reter junto a mim.

Se há um conforto em minha vida é saber que elas estão

aqui, neste mundo de dores e alienação, despertando pouco a pouco para o trabalho de despertar consciências. Rezo todas as noites para que, um dia, os nossos destinos se cruzem. Enquanto isso não acontece, preciso ficar alerta para não me entregar novamente a relações equivocadas.

Algumas pessoas me perguntam sobre como não reconheço as gêmeas no mundo físico. No astral, nós mantemos a nossa forma espiritual da época em que vivemos em Atlântida, e não a da atual. Eu nunca tinha visto essa pessoa de forma tão lúcida no Mundo Maior, como nesse instante. Porém, se eu tivesse me concentrado em seus olhos, teria percebido que não era Lua. Os olhos são o espelho da alma. Através deles, podemos perceber qual a natureza do coração de uma pessoa.

Em seguida, os auxiliares espirituais começaram a preparar a alma de nossa querida enferma para o regresso ao seu corpo físico. Eu olhei para Hermes e perguntei se poderia carregá-la em meus braços até a sua casa. Ele concordou e eu a conduzi como um precioso e delicado fardo.

Naquele momento, lembrei-me das vezes em que a tive em meus braços como minha mulher. Mas aquilo era passado. Agora, o sentimento era diferente. Sentia apenas um amor fraternal, de irmão para irmã. Isso, apesar da tristeza em meu coração, alegrou-me muito.

Enquanto viajávamos até a sua casa, com a sua alma adormecida em meus braços, mentalizei para ela toda a luz, paz e lucidez para obter o aprendizado que lhe fosse possível. Percebi um gemido carinhoso de acalento, como se ela percebesse que estava em braços amigos e sorri, feliz por ter-lhe proporcionado um momento fugaz de felicidade depois de toda a tristeza que havíamos vivido. Eu, que lhe desejava dar a felicidade suprema para toda a vida, enredei-me com ela nas teias do sofrimento, contentando-me agora em oferecer-lhe apenas algumas poucas migalhas de tudo aquilo que sonhei. Assim, meus queridos amigos, é a vida de ilusões...

Entramos em sua residência rapidamente. Eu e Hermes percorremos as dependências que nos levavam até o seu quarto, onde repousava o seu corpo físico. Sem demora, coloquei a sua alma debilitada sobre o seu corpo físico, deixando-a em absoluto repouso. Percebemos que o seu sono estava agitado por causa dos laços coesos que obsessores de longa

Universalismo Crístico Avançado

data estabeleceram com ela, amarrando-a de forma dura e cruel a uma vida de infortúnios.

Sim. Eu deveria vê-la não mais como uma alma afim, mas, sim, como alguém que precisa de urgente socorro. Cada vez mais, eu me conscientizava da necessidade de dedicar-me a esse gesto de grandeza. Deveria deixar o meu ego de lado e trabalhar pelo amor fraterno, socorrendo-a, em vez de reclamar do meu amor ferido, que já se perdera no decorrer dos meses. Era hora de eu esquecer definitivamente de mim mesmo e me concentrar na dor alheia.

O nobre mentor, então, aproximou-se dela e beijou-lhe a fronte, enquanto dizia:

— Luz para ti, minha menina!

Logo após as palavras do sábio mentor, uma luz violeta intensa vibrou por todo o seu ser, abençoando-a com energias salutares, livrando-a temporariamente das influências negativas que insistiam em envolvê-la.

Imediatamente, ela demonstrou sinais de estar em paz e recuperando o seu equilíbrio. Os seus pensamentos tormentosos desapareceram e ela pareceu feliz. Ouvimos o seu gemido, que antes tanto me fascinava em nossas noites de sono. Eu e Hermes sorrimos satisfeitos. Pelo menos, deixamos uma marca de luz. Adoraria que ela despertasse pela manhã liberta de seus demônios e irradiasse o verdadeiro amor que vive no fundo de seu coração. Mas isso não seria possível. Pelo menos, não naquele momento.

Emocionado com aquela cena, eu olhei serenamente para o seu rosto angelical que dormia o sono dos anjos e pensei: "será que, se ela estivesse livre da ação desses seres malignos, tudo teria se desenrolado de um modo diferente entre nós? Teríamos tido um futuro feliz"?

Hermes percebeu os meus pensamentos, mas nada disse. Antes de sairmos, falei ao mestre amigo:

— Sei que não devo, mas ainda sinto uma leve melancolia quando relembro os nossos bons momentos e analiso os nossos equívocos.

Ele colocou a mão sobre o meu ombro, irradiando-me força, e falou, com convicção:

— Isso passará. Antes, tu estavas com uma grave ferida aberta no chacra umeral, perdendo energia, agonizando. Tu entendes agora a origem daquela dor intensa nos primeiros dias, que te impedia até mesmo de respirar adequadamente? Era o punhal que retiramos de tuas costas.

Agora essa chaga está cicatrizando. Ainda é cedo para estares plenamente recuperado. Levará ainda alguns meses para superares totalmente a mágoa e esqueceres a ofensa recebida, por isso ainda fazes esses comentários duros, ainda que verdadeiros.

As mulheres são diferentes dos homens. Elas amam muitas vezes, mas somente algumas de forma intensa. Já os homens possuem em geral relações superficiais, sem tocar-lhes a alma. No entanto, quando isso acontece, amam de verdade, com um sentimento sincero e profundo, dedicando-se de forma absoluta à mulher amada por toda a vida. Feliz é aquela mulher que percebe isso em um relacionamento e aproveita essa especial conexão entre almas para construir a sua felicidade.

Ele me mirou profundamente nos olhos e completou:

— Quando estiveres plenamente recuperado, verás que terás te tornado um homem mais maduro, sensível e conectado com os teus semelhantes. A experiência, sem dúvida, proporcionar-te-á uma notável evolução, tornando-te uma pessoa melhor em todos os sentidos.

Meu filho, tu não estavas bem e atraiu alguém que se encontrava nessa mesma frequência. Agora, tu estás voltando ao teu estado normal. Logo atrairás alguém especial, voltada para a luz, como tanto desejas.

Eu agradeci as suas palavras e disse-lhe, confuso:

— Ainda tenho dúvidas se o que sinto por ela agora é um amor fraterno e incondicional ou apenas indiferença. Sinto-me neutro, indiferente ao seu destino. Eu faria por ela apenas o mesmo que faria por qualquer um dos bilhões de irmãos de nossa família universal de todo o planeta.

Era estranho. Naquele instante, parecia que mal a conhecia, que ela fazia apenas parte de um sonho distante ou de uma experiência longínqua de outra encarnação. Era um sentimento contraditório que eu não conseguia explicar.

Eu meditei sobre aquilo, enquanto Hermes refletia sobre as minhas palavras. O que era aquele sentimento inicial que senti por ela? Uma paixão louca e incontrolável, como se eu amasse cada célula de seu corpo, cada milímetro de sua alma... Naquele momento, inexplicavelmente, sentia apenas um grande vazio, como se fosse, realmente, apenas um sonho absurdo e incoerente.

Parecia que, antes, eu tinha sido alvo de um enfeitiçamento. Sim, certamente uma hipnose trabalhada pelas trevas, utilizando-a como instrumento inconsciente para conspirar contra a concretização deste livro e dos demais projetos do Universalismo Crístico. Eles se aproveitaram de suas poderosas energias genésicas (kundalini) para me enfeitiçar e prejudicar o trabalho da luz. Infelizmente, ainda sou fraco para vencer a hipnótica sedução das energias sexuais. Naquele momento, então, liberto do transe, finalmente percebi que era só isso que nos unia.

Não existia motivo para aquele sentimento tão intenso de amor. Era algo ilógico. Não tínhamos sintonia nem afinidades que justificassem isso. Em essência, somos muito diferentes, apesar das aparentes coisas que temos em comum, que, enfim, eram superficiais. Tínhamos apenas uma atração carnal, sem alma. Nada além disso.

Fiquei triste ao chegar a essas conclusões. Preferia o sonho do amor verdadeiro, mas precisava libertar-me daquele sentimento que só me fazia mal.

O nobre mentor aguardou as minhas reflexões e esclareceu-me sobre o meu novo sentimento naquela estranha relação:

— O amor fraterno é assim mesmo. Amamos o nosso próximo sem paixões. É um amor tranquilo e igualitário a toda a humanidade. Agora aprendeste a amá-la sem esperar nada em troca. Amas apenas pelo seu bem, em pura doação, restringindo-se ao que podes oferecer a ela, sem importar-se com o que ela fará com o patrimônio espiritual que estás doando.

Olhei uma última vez para ela, sem qualquer paixão, apenas sentimentos serenos de amor, e concordei com as suas explicações.

Hermes arrematou:

— Algumas pessoas entram em nossa vida somente para um determinado propósito e, depois, vão embora. Nesse caso específico, o propósito foi de amadurecer-te e servir de ensinamento para todos os leitores.

Agora, ela deve seguir a sua caminhada, levando consigo os teus mais profundos sentimentos de amor, paz e carinho.

Deves aceitar isso e seguir o teu caminho. Novas e ricas experiências te esperam no futuro próximo. Tu és um filho da luz e, como sempre, a luz abençoará a tua vida.

Eu sorri, feliz com as suas palavras gentis, e refleti:

— Sabe, mestre, não me cansarei de repetir isto: agora entendo a importância de viver o ensinamento para compreendê-lo. Nada disso me era novo na teoria. Eu achava que já tinha adquirido essa evolução espiritual. Entretanto, saber e vivenciar são dois processos distintos quando entramos no campo dos sentimentos e da aplicação dos valores crísticos.

Calei-me por alguns segundos e, em seguida, resolvi desculpar-me com o querido mestre:

— Desculpa por ter levado o livro para esse viés. A minha alma ficou aprisionada a esse problema e só por ele consegui chegar a essas reflexões tão importantes para a nossa evolução e, especialmente, para mim.

Eu estava exausto quando terminamos o livro *Atlântida – No Reino das Trevas*. Pedi-lhe um período de descanso, pois sabia da importância de estar bem para a elaboração deste livro. Procurei preparar-me para, neste momento, estar no melhor de mim, assim como nos tempos em que escrevemos o livro *A História de um Anjo*. Porém, mestre, infelizmente, deu tudo errado.

Ele sorriu com imenso carinho e afirmou com sabedoria:

— Nada acontece por acaso. Este livro teria que ter exatamente esse enfoque sobre valores em seus primeiros capítulos. Precisávamos que a tua alma estivesse profundamente estimulada a isso.

Tu mostraste o erro natural de um homem que, apesar de consciente espiritualmente, ainda é instável no campo do equilíbrio dos sentimentos. Mas depois corrigiste isso, através de um exercício profundo de controle dos instintos inferiores. Isso é evolução da alma! O resto é teoria que auxilia, mas não basta para completar o ciclo de aprendizado.

Ele me abraçou com carinho e completou:

— Tu sentiste um amor muito grande por ela. Foi um amor do tamanho do mundo, mas que não foi compreendido. É natural que tenhas reagido assim. Mas fica tranquilo. Com o tempo, toda essa experiência será apenas uma triste e distante lembrança, que te terá tornado um homem melhor. Eu já te falei isso.

Eu assenti com uma expressão de gratidão no semblante e disse-lhe:

— A tua sabedoria sempre me surpreende, mas, desta vez, deixou-me sem palavras. Tu conseguiste, querido mestre, transformar um limão em uma limonada para atenuar o meu sofrimento e, ao mesmo tempo, brindou os nossos leitores com profundas reflexões e aprendizados.

Ele sorriu com intensidade, divertindo-se com a minha colocação hilária, e completou com sabedoria:

— De todas as situações da vida podemos extrair um aprendizado. Basta estarmos atentos para percebê-lo e usá-lo para o nosso crescimento.

O grande mestre me olhou com infinita compaixão e arrematou com carinho:

— Era para ela ter te apoiado em teu trabalho, auxiliado, dado força e, assim, evoluirdes juntos, buscando auxiliar-vos mutuamente, em busca da harmonia, do entendimento e da felicidade. Entretanto, as trevas conspiraram, aproveitando-se da fraqueza de ambos. Nenhum dos dois fez a sua parte. Vós abandonastes o roteiro da Luz, então, só nos restou recorrer ao "plano B".

Livre arbítrio é tudo na vida. É uma determinação de ordem divina. Portanto, os planos do Alto foram adequados à situação. Os livros que escrevemos contigo são autobiográficos. Não há como fugir dos reflexos marcantes de tua alma. Sabes disso. Desde o início, no livro *A História de um Anjo*, tem sido assim. É impossível dissociar os relatos que narraremos de tuas experiências nesta e em outras vidas.

Ficamos em silêncio por alguns instantes, meditando sobre o ensinamento. Passado algum tempo, voltei a falar, com um tom de voz reflexivo:

— Sim! Comportamo-nos como duas almas pequenas... Mas eu sei que não sou pequeno; apenas tive uma atitude dessa natureza. Estou consciente disso e vou esforçar-me para voltar a ter somente gestos de grandeza.

Refleti. Como eu não percebera o preocupante nível de arrogância em que estava envolvido e como ela é extremamente intolerante, o desfecho não poderia ter sido outro. Hábitos negativos se repelem; já os positivos se atraem e constroem a felicidade conjunta.

O sábio mentor sorriu, satisfeito com o seu pupilo, e comentou:

— Sim, querido filho. Temos que reconhecer os nossos erros e corrigi-los. Assim agem as grandes almas!

Ficamos mais alguns instantes ali, acompanhando o trabalho da equipe de apoio. Pouco depois, olhei seriamente para Hermes e falei-lhe:

— Mestre, eu peço-te apenas um favor, em nome de tudo que já fiz pelo nosso trabalho: não permitas que eu entregue novamente o meu coração a uma pessoa como essa. Não quero mais colocar o projeto do Universalismo Crístico em risco de ser destruído pela ação das sombras.

O nobre mentor baixou a cabeça, penalizado com a minha dor, e manteve-se em silêncio, sem nada dizer, enquanto lágrimas discretas corriam de meus olhos. Apesar de já ter me desligado de sua misteriosa influência, era ainda difícil conter as emoções em sua presença. Um pedaço do meu coração havia morrido nas mãos dela, por conta dessa experiência dramática. Porém, era preciso seguir em frente.

Hermes percebeu isso e conduziu-me mais uma vez para o meu lar, dispensando a equipe de apoio. Isso já estava se tornando uma rotina devido ao meu estado debilitado durante a elaboração deste livro.

Então, eu, como uma criança mimada, nesses momentos mágicos, ficava apenas em silêncio, em seus braços paternos, tentando absorver e compreender aquele grandioso amor universal que reside em seu peito. Amor esse que ele tanto tem se esforçado para nos ensinar neste livro, mas que, infelizmente, parece tão difícil de ser aplicado na prática por almas infantis e invigilantes como nós.

Tomara Deus que possamos refletir sinceramente sobre todas as nossas experiências, assim como tenho feito ao longo desta narrativa. Que possamos aprender com as lições da vida para finalmente nos tornarmos pessoas melhores e encontrarmos a felicidade que tanto almejamos.

Universalismo Crístico Avançado

11
Universalismo Crístico: a revelação

Em nosso próximo encontro, despreguei-me do corpo físico e caminhei até a sala em busca do portal que me levaria outra vez ao Mundo Maior.

Ao chegar lá, vi novamente a mesma praia em que havia encontrado Hermes anteriormente. Ele não estava lá. Encontrei apenas o seu belo cão. Fiel estava sentado olhando para o portal e, ao identificar-me, latiu, levantou-se e passou a correr de um lado ao outro, abanando o rabo, demonstrando a sua felicidade em rever-me.

Em seguida, ele soltou vários latidos, de forma impaciente, chamando-me para passear com ele pela paradisíaca praia. Atendi-o prontamente, com um generoso sorriso no rosto. Rapidamente, transpus o portal e o abracei com carinho. Eu estava precisando muito daquele afago sincero e repleto do mais puro amor...

Enquanto eu acariciava os seus pelos dourados, perguntei-lhe com um terno sussurro:

— Fiel, onde está o nosso querido mestre?

O elegante cão olhou para os lados, em busca de Hermes, e apenas latiu, afastando-se de mim e convidando-me a segui-lo. Eu percebi que ele tinha deixado o seu graveto aos meus pés e sorri.

Fiquei impressionado com a sua esperteza e disse-lhe:

— Está bem! Vamos brincar. Mas leve-me até Hermes.

Arremessei o pequeno pedaço de madeira entre as ondas e ele mergulhou de forma corajosa, em busca de seu brinquedo. Enquanto isso, eu fui caminhando com ele, apreciando a beleza daquele lindo balneário. Aquele agradável cenário permitiu que eu me perdesse em meus pensamentos e reflexões.

Respirei profundamente a brisa que vinha do mar, fechei os olhos e senti os meus longos cabelos louros sendo beijados pelo vento. Naquele dia, eu me sentia renovado, como se, finalmente, um imenso peso tivesse sido retirado de meus ombros. A ação das trevas havia sido eliminada por completo, com a graça de Deus e por meu próprio esforço.

Agora eu podia respirar de forma serena e tranquila e voltar a ser feliz. Meu peito não estava mais opresso e os meus pensamentos podiam se dedicar ao profundo contexto filosófico do projeto Universalismo Crístico. Lamentei o fato de não estar neste estado de espírito desde o início de nosso trabalho.

Deixei escapar uma lágrima. Triste comigo mesmo. Hermes me dedica tanto amor e carinho e eu sempre lhe trazendo problemas e dificuldades para realizarmos o trabalho da luz. Eu e os meus sonhos ingênuos que terminam se transformando em ciladas das sombras.

Entretanto, refiz-me. Sequei o pranto e falei para mim mesmo:

— O que passou, passou. Agora é hora de arregaçar as mangas e trabalhar.

Certamente, naquele dia, Hermes aprofundaria o tema deste livro de maneira muito especial, como já tinha acontecido no capítulo sete, nesta mesma praia paradisíaca.

Absorto em meus pensamentos, nem percebi quando Fiel surgiu correndo, passando por entre as minhas pernas, com as orelhas para trás e o vento lambendo os seus sedosos pelos, típicos da raça Golden Retriever, que agora se encontravam molhados pelas águas do mar.

Abracei aquele cão maravilhoso, que parecia falar comigo pela linguagem do olhar, e senti o seu amor incondicional e repleto de fidelidade, como o seu próprio nome indica. Talvez seja por isso que Hermes tenha lhe dado esse nome.

Foi com Fiel que entendi porque, às vezes, as pessoas preferem o amor dos animais ao dos homens. Os bichos têm sentimentos puros e verdadeiros. São sempre generosos e amigos, de forma incondicional.

Universalismo Crístico Avançado

Por incrível que pareça, em termos de valores espiritu-ais, a nossa humanidade ainda tem muito a aprender com os animais. Meu Deus, eu pensei, como estamos atrasados! Se até animais irracionais possuem sentimentos e valores mais dignos, em que nível estamos nós?

Eu então beijei a cabeça dele e perguntei:

— Fiel, que tu achas de reencarnar e ser meu amigo no mundo dos homens?

Ele latiu, parecendo estar sorrindo de felicidade e fez uma expressão que me deu a entender que Hermes sentiria muito a sua falta. Depois ele gemeu de forma carinhosa, com as orelhas baixas, demonstrando estar indeciso. Achei aquele seu gesto muito divertido! Eu, então, sentei-me na areia, o abracei, lhe fiz muitas cócegas e murmurei em seu ouvido:

— Quem não sentiria falta de ti? Não é mesmo, meu pe-ludo amigo?

Ele me fitou com aqueles profundos olhos negros, lam-beu o meu rosto em sinal de gratidão e correu para brincar com as aves que pescavam mariscos na beira da praia, en-quanto fiquei refletindo sobre os valores espirituais da hu-manidade atual. Observei os nobres espíritos que passeavam felizes pela orla. Almas do Bem, enamoradas de mãos dadas ou, então, divertindo-se com amigos. Outros filosofando sobre nobres conceitos. Todos preocupados em produzir ações que impulsionem o progresso de nosso mundo em todas as áreas.

Sim, estávamos obviamente em uma estação astral de ele-vada vibração. Não era de se esperar outra coisa. Obviamente, não tive como evitar uma comparação com as praias do mundo físico.

Em nosso mundo, não só nos balneários, mas, em qual-quer lugar, é comum observamos o culto ao ego, à beleza e a temas fúteis. Quando se fala de trabalho é para reclamar do abençoado ganha-pão e dizer como é maravilhoso estar ali sem fazer nada, apenas jogando conversa fora e, muitas vezes, entorpecendo-se com bebidas alcoólicas, cigarros ou outras drogas mais preocupantes.

Observa-se, também, olhares maledicentes e vulgares. Sendo que as pessoas nem percebem mais como as suas ex-pressões faciais denunciam os seus pensamentos negativos. Olhares de nojo e desprezo ao falarem de outras pessoas ou de situações pelas quais passaram no cotidiano. Paciência, compreensão e tolerância com os semelhantes são virtudes ainda raras na consciência da atual civilização terrena.

Mas o mundo está mudando para uma nova consciência, apesar de a imprensa em geral só dar destaque para tragédias e notícias chocantes, porque essas lhes dão mais audiência. No entanto, muitos grandiosos exemplos surgem todos os dias mostrando que a mudança para luz no mundo está em andamento. Basta estarmos atentos para as notícias que realmente são importantes. Por esse motivo, criamos a "Notícia da Semana" no site do Universalismo Crístico, cujo objetivo é dar projeção aos nobres exemplos que devemos seguir e que têm tão pouco destaque na imprensa tradicional.

Ali, naquela praia iluminada, eu observava com atenção, como sempre fazia no Império do Amor Universal, as expressões faciais dos seres de luz. Sempre felizes, generosos, compreensivos, serenos e irradiando imenso amor, mesmo quando enfrentam contrariedades.

Já falei neste livro que almejo o céu, mas, ultimamente, os meus sentimentos não eram dignos sequer da própria baixa frequência da Terra. Isso eu já estava resolvendo, contudo, ainda me parecia muito difícil voltar a ser feliz nesse mundo de ilusões que é a vida física da Terra.

Creio que essa é uma das armadilhas da ampliação da consciência espiritual. O mundo começa a ficar cada vez mais tolo e entediante. Os meus próprios leitores me afirmam isso: que a tomada de consciência sobre o real objetivo da vida os tem feito ver o mundo com muita tristeza. Antes adoravam conversas fúteis e tolas, mas, agora, a nova consciência que adquiriram faz com que se entristeçam quando participam desse tipo de interação.

Tudo o que posso lhes dizer é: sejam bem-vindos ao clube! Esse é mais um motivo para trabalharmos unidos para mudar este mundo, porque não temos mais como retroceder a nossa consciência e vivermos felizes em meio a tanta alienação e ignorância espirituais.

No entanto, vi inúmeras vezes seres mais evoluídos que eu demonstrando estarem felizes mesmo em meio à pequenez da humanidade. Qual seria o segredo para não se afetarem com a mediocridade das almas pequenas? Como conseguem, com toda a sua compreensão de Deus e da vida, não se irritarem com a imbecilidade humana? Isso é algo que me intriga sobremaneira.

Acreditei ter encontrado uma pessoa que pensava como eu, com quem pudesse dividir essa minha angústia, mas ela não entendeu a minha necessidade de me abrir com alguém a respeito desse tema que tanto me entristece. A partir dessa experiência, comecei a entender que a nossa realização espiritual depende somente de nós mesmos. Em um mundo de valores superficiais, como este em que vivemos, é uma felicidade rara encontrar uma pessoa que seja especial para dividir a vida e os sonhos.

A solidão não deve ser vista como um fator de infelicidade. Cabe a nós sermos felizes tanto no céu como no inferno. As lamúrias devem ser colocadas de lado e as coisas que nos insatisfazem devem ser vistas com outros olhos. Este é o mundo que Deus nos presenteou para evoluirmos e sermos felizes. É nele que devemos imprimir a nossa marca. E que a minha marca seja uma assinatura de Luz.

Devemos criar o paraíso onde estivermos (o reino dos céus). Sem dúvida, o céu e o inferno estão dentro de nós mesmos. Só precisamos enxergar o mundo com outros olhos. Reprogramar o nosso inconsciente. O nosso cérebro estabelece "conexões sinápticas" entre os neurônios de acordo com as nossas ações, que promovem uma viciação de nossos hábitos. É preciso reverter conexões mentais equivocadas. Pensei em perguntar sobre isso a Hermes assim que o encontrasse. Mas onde estava o mestre?

Naquele instante, pensei ter ouvido a voz de Hermes me dizendo mais uma vez: "o simples é belo"!

Enquanto refletia sobre tudo isso, senti algumas lambidas suaves na minha mão. Fiel estava ao meu lado, com aquele olhar simpático, pedindo um novo arremesso do graveto. Eu acariciei a sua cabeça, mirando aquele seu olhar gentil, e lancei o pequeno toco bem longe. Ele correu como uma lebre, espantando as gaivotas. Sorri e voltei aos meus pensamentos, enquanto refrescava os meus pés nas águas mornas daquele mar com ondas gentis.

Abençoei a natureza e agradeci a Deus por esse belo mundo em que vivemos, mas que tão pouco respeitamos por causa das ações contra a todo ecossistema. Sim, o Universalismo Crístico precisa englobar a conscientização sobre as ações ecológicas também, como Hermes havia exposto tão bem naquela mesma praia no capítulo sete. Mais um ponto a ser aprofundado com Hermes.

Como não o encontrava, voltei às minhas reflexões sobre a dificuldade de amar fraternalmente aqueles que se perderam de sua essência divina.

Eu já estava me melhorando nesse quesito. Já começava a racionalizar sobre a necessidade de amar a todos indistintamente, sem me entristecer com a sua alienação. Apenas compreendê-los e, simplesmente, prosseguir trabalhando pelo mundo novo, indiferente aos que se manterão à margem do processo de preparação para a Nova Era. Eu deveria amá--los, mesmo que sejam apartados da Terra por não aceitarem o divino convite de Luz feito pelo Cristo há tantas eras, por intermédio de todas as religiões, e, agora, mais recentemente, através da consciência espiritual do terceiro milênio: o Universalismo Crístico.

Entretanto, eu já entendia isso, mas não conseguia interiorizar. Aprender e sentir verdadeiramente são dois processos distintos. Eu já tinha aprendido a amá-los, mas ainda não vivenciava plenamente esse sentimento.

O conhecimento espiritual precisa ser percebido, metabolizado e digerido em nossas ações do cotidiano, porque é, na ação, que reside a expressão máxima do saber espiritual. Nessa última parte é que devo me aprimorar para atingir plenamente os objetivos futuros de minha tarefa neste mundo.

Outra coisa que ocupava os meus pensamentos naquele passeio pela orla era a frase intrigante que Hermes havia me dito sobre esse tema ao final do capítulo oito: "Talvez o que eu vou dizer-te agora seja muito prematuro. Não é o momento para ouvires isso e creio que não será de minha boca que esta informação te causará alguma transformação. Alguém maior que eu terá que dizer-te isso, de alma para alma".

Como assim? – pensei. Entendo que, por vezes, as coisas do espírito precisam ser assimiladas energeticamente de "alma para alma", prescindindo de palavras. Mas quem maior que Hermes poderia fazer isso?

Eu estava tão entregue aos meus pensamentos que até

Universalismo Crístico Avançado

me assustei quando Fiel começou a latir de forma desvairada. Ele saiu numa carreira louca, na velocidade do pensamento, em direção a um homem que estava sentado na borda de um antigo barco de pesca abandonado às margens da praia.

Era um homem alto e moreno, com longos cabelos negros, presos à moda rabo de cavalo. Ele vestia apenas um traje de banho, assim como eu. Pela alegria de Fiel, pulando em suas pernas, não tive dúvidas: era Hermes, o nosso querido benfeitor.

Aproximei-me com um largo sorriso no rosto e abracei carinhosamente o inesquecível amigo. Enquanto nos cumprimentávamos, fiquei imaginando o que teria sido de mim sem o seu apoio fraterno e solícito, principalmente nos momentos mais difíceis vividos no capítulo anterior. Mesmo com a sua atribulada agenda de atividades, ele sempre dava um jeito de vir me ver e me trazer uma palavra de conforto. A minha dívida com ele é eterna e impagável. Mil vezes ele me chamará ao vale das sombras para ajudá-lo a amparar almas perdidas e mil vezes eu atenderei ao seu pedido sem pestanejar.

Após abraçá-lo, dei um passo para trás (não sei por que motivo) e vi escrito no casco do barco o nome "Esperança". Isso não me causou estranheza. Entre todos os povos do mundo é costume batizar as embarcações com nomes que sejam significativos aos seus donos.

Contudo, o que mais me surpreendeu foi que Fiel correu até o barco e apoiou a patinha direita bem em cima do nome "Esperança" e, em seguida, lançou-me um significativo olhar, quase humano. A atitude de Fiel foi de arrepiar. Seria um recado? O que ele queria me dizer? Que eu deveria ter esperança de encontrar uma pessoa especial que fosse fiel aos meus ideais e ao projeto Universalismo Crístico?

Sorri para aquela criatura admirável e acariciei a sua cabeça. Depois não me contive mais e lhe beijei com todo o amor de meu coração. Ele sorriu com o olhar e latiu feliz. E, em uma fração de segundos, fugiu de meus braços, na velocidade de um raio, voltando a realizar as suas brincadeiras ao nosso redor.

Eu olhei para o mestre e falei-lhe:

— Hermes, tu és um felizardo de teres um cão tão maravilhoso!

Ele sorriu, colocou a mão direita sobre o meu ombro e apenas disse, envolvendo-me com o seu olhar magnânimo:

— Meu querido discípulo, apenas ama! E verás que o mundo ao teu redor se transformará completamente.

Aquele olhar me envolveu como se fosse um abraço paterno. Tentei me conter, mas lágrimas fugiram serenas de meus olhos, lavando-me a alma. Minhas pernas ficaram trêmulas de emoção. Meu Deus, pensei, como não amar um pai assim? Eu o abracei novamente, tentando esconder o meu rosto de sua visão, para ele não perceber toda a minha emotividade. Mas como disfarçar um sentimento dessa natureza perante um ser com a incrível percepção de Hermes?

Ele nada falou. Apenas retribuiu o abraço e ficamos assim por longos minutos. Fiel compreendeu. Não latiu uma vez sequer. Apenas ficou nos observando com um brilho misterioso no olhar. Vez ou outra ele deitava para o lado a cabeça, como se estivesse aguardando que saíssemos daquele transe emotivo.

Eu poderia ficar ali por horas, recebendo a energia indescritível daquela alma realizada. O amor em seu coração é algo que não é possível descrever com palavras. Que nível espiritual atingiremos um dia? Hermes é um dos espíritos mais evoluídos da Terra, mas ainda há mais a conquistar, como ele mesmo diz. E o amor de um ser como Jesus, qual será a sua grandeza? Qual será a vibração espiritual que poderia sentir abraçando o Mestre dos mestres? Fiquei perdido nestes pensamentos até que Hermes falou delicadamente:

— Vamos trabalhar, querido irmão?

Eu assenti com um gesto sereno enquanto me recompunha e falei, procurando desviar a sua atenção de minha emotividade:

— Creio que hoje será um dia em que analisaremos elevados conceitos filosóficos. Sei que gostas desta praia para dissertar sobre o Universalismo Crístico.

Hermes deu um salto jovial para sentar-se na borda do barco "Esperança" e me disse com entusiasmo:

— Sim. Exatamente isto. Hoje quero penetrar um pouco mais no que é, de fato, o Universalismo Crístico.

Ele acariciou a cabeça de Fiel, que se espichava todo tentando subir no barco, e prosseguiu:

Universalismo Crístico Avançado

265

— No primeiro livro sobre o Universalismo Crístico, falamos sobre a integração dos conhecimentos religiosos, buscando a unidade do saber espiritual. Neste trabalho, por outro lado, estamos dando ênfase aos valores espirituais essenciais que independem de crenças religiosas. O saber espiritual transcende os dogmas das religiões. Precisamos fazer com que a humanidade do terceiro milênio perceba isso.

Hermes silenciou como costuma fazer quando deseja chamar a minha atenção máxima. Ao perceber que eu estava pronto, prosseguiu com um brilho no olhar:

— Mas há mais! Agora, neste capítulo, eu gostaria de mergulhar profundamente na essência do Universalismo Crístico.

Eu arqueei as sobrancelhas, demonstrando admiração, e pensei comigo mesmo: "O quê? Existe algo ainda mais essencial do que o amor, o autoconhecimento e a compreensão do próximo, os três alicerces fundamentais do U.C. avançado?".

Obviamente, Hermes captou os meus pensamentos e respondeu sorrindo:

— Sim, meu caro irmão! Na verdade, existem patamares ainda mais elevados do que esses três alicerces que cada indivíduo só compreende à medida que amadurece espiritualmente.

Olhei para ele intrigado e perguntei:

— Como assim, querido irmão? Não estou entendendo.

Hermes mirou-me nos olhos de forma profunda e respondeu:

— Por exemplo, com relação ao amor, tu acreditas que já compreendes a maior das virtudes de forma absoluta?

— Claro que não! — respondi sem hesitação.

Ele concordou e prosseguiu:

— Quanto ao amor, ainda é cedo para te fazer ver uma instância superior a que já conheces. Entretanto, com relação ao segundo alicerce, o autoconhecimento, eu te pergunto, por que precisas te conhecer melhor?

Eu meditei por alguns instantes e respondi:

— Creio que para me entender e, consequentemente, tornar-me uma pessoa melhor através de uma autoavaliação cujo objetivo é atingir um estado de excelência em meu desenvolvimento pessoal, tanto no âmbito humano como no espiritual.

Ele concordou e disse-me:

— Bela resposta! Sendo assim, o segundo alicerce não é apenas conhecer a si mesmo, mas, sim, atingir um desenvolvimento pessoal satisfatório. O autoconhecimento é um meio para se chegar ao desenvolvimento pessoal pleno. Entendeste? Uma coisa leva a outra até atingirmos a instância máxima. Porém, precisamos ir por etapas para que o leitor assimile gradualmente essas instâncias transitórias que nos levam ao topo da pirâmide evolutiva.

Eu fiz um sinal de que estava acompanhando a sua linha de raciocínio e ele prosseguiu esclarecendo-me:

— E o terceiro alicerce? Qual seria? Apenas entender como pensa o teu próximo? Mas qual o objetivo disto? Por que precisas conhecer o teu semelhante?

Eu entendi onde ele queria chegar e respondi, sem hesitação:

— Porque conhecer o modo de pensar dos meus semelhantes me leva a compreendê-los e aceitá-los. Somente munido desse entendimento serei verdadeiramente tolerante para aceitá-los como são, e, assim, procurarei ajudá-los de forma fraterna a tornarem-se pessoas melhores, sem a imposição das minhas crenças.

Hermes felicitou-me por minhas descobertas e concluiu:

— Esses princípios que instituímos, assim como o saber espiritual, estão sempre evoluindo, do mesmo modo que as crenças espirituais também devem evoluir. Portanto, não te aprisiones a alicerces absolutos do que seria o Universalismo Crístico Avançado, pois eles são algo em completa metamorfose, de acordo com a compreensão de cada um.

Eu fiz um gesto de que concordava com as suas palavras e mantive-me em silêncio, impressionado com aqueles conceitos que pareciam degraus de uma escada que nos leva à plenitude espiritual.

Hermes, então, meditou por alguns instantes e partiu para um novo assunto:

— Quero falar agora sobre a essência pura do Universalismo Crístico, que é o despertar. Eis o porquê definitivo de nossa busca e objetivo máximo de nosso trabalho. Acima de tudo: despertar! Depois que despertamos a vida jamais será a mesma. Se despertarmos as pessoas, nada mais precisaremos fazer. Elas buscarão a Luz inevitavelmente! O motor interno

Universalismo Crístico Avançado

de sua alma será acionado, e nada neste mundo poderá reverter esse processo.

Na verdade, quanto mais o homem amplia a sua consciência, mais ele se distancia dos ritos religiosos exteriores e mais se concentra na filosofia espiritual dos grandes mestres, buscando vivenciá-las. E, nessa fase, compreende a essência da busca. Ele passa a viver a sua vida de forma espiritual, integralmente, mas sem cometer o erro de se ausentar do mundo.

Aquela colocação de Hermes chamou a minha atenção. Eu precisava ouvir aquilo.

Ele me olhou de forma significativa e prosseguiu:

— Aquele que realmente se espiritualizou não precisa proclamar isso aos quatro cantos do mundo. Ele simplesmente vive, e a sua vivência é um hino harmônico de exemplos diários de que encontrou a iluminação e a felicidade. Basta olhar em seus olhos para compreender que ele é feliz e realizado.

Sim, entendi o recado! Porém, Hermes não parou por aí. Demonstrando profunda empolgação, ele falou, com os cotovelos apoiados sobre os joelhos, sentado no barco, com um brilho mágico no olhar:

— É fácil observar que as religiões e as suas crenças não necessariamente nos levam ao despertar. São as nossas ações que o fazem. Elas nos iluminam!

Em vez de ficarmos doutrinando as pessoas e impondo as nossas crenças como se fossem verdades absolutas, devemos viver o que acreditamos. A teoria não comove; a ação, sim!

Vê o exemplo de Jesus. Ele nada escreveu, mas viveu integralmente os seus ensinamentos. Por isso a sua mensagem está viva até hoje, mesmo com todas as distorções que sofreu com o passar dos séculos.

Eu concordei com as palavras do mestre com um olhar significativo. Sim, o exemplo de Jesus era mais convincente do que qualquer discurso.

Nenhuma teoria ganha força se não for embasada em uma verdadeira ação pelo Bem. Temos que exemplificar o Universalismo Crístico e não apenas teorizar. Se as pessoas nos virem felizes e realizados perceberão que o caminho que escolhemos trilhar é verdadeiro e provém de Deus. A força da ação reverterá todas as adversidades e críticas.

Lembrei-me de que, nos meses em que fui visitado por

uma terrível tristeza, o meu saber espiritual de nada adiantou. Somente quando arregacei as mangas e fui realizar ações pelo bem dos meus semelhantes, ações essas que não requerem nenhuma capacitação especial, a minha alma se acalmou e encontrou a paz. Sem dúvida, é a ação que faz o mundo mudar. A teoria é a lanterna que mostra o caminho, porém somente trilhando essa senda é que encontraremos a paz que tanto buscamos.

Ele observou as minhas colocações com admiração e exclamei, empolgado:

— Compreendi! O Universalismo Crístico é realmente a libertação total. É a compreensão plena da vida como um todo. Ele não só vai além das religiões, mas transcende o cenário espiritual. Ele é a própria vida!

Hermes sorriu pela minha felicidade com essa descoberta e disse:

— Sim. Perfeito, meu irmão! Compreendes agora o motivo pelo qual as trevas procuram tanto derrubar-te, valendo-se de todos os meios ao seu alcance? O Universalismo Crístico é a vitória definitiva da luz sobre as trevas. É a compreensão cristalina da mensagem espiritual dos grandes mestres de todas as religiões e de todas as épocas. Ele resgata o verdadeiro significado da mensagem dos mestres espirituais que foram mal interpretadas em sua época devido ao atraso da humanidade no passado.

À medida que for estimulado a expandir a sua consciência, o homem do terceiro milênio, através da simples metodologia de compreensão espiritual do Universalismo Crístico, tornar-se-á apto a compreender a mensagem profunda do amor aliado à consciência espiritual. Isso o tornará verdadeiramente livre e o fará compreender que tudo o que falamos não é algo à parte de sua própria vida, mas, sim, é a própria vida! Ou seja, ele não precisará deixar a sua vida atual de lado para viver uma existência de contemplação espiritual. Ele precisa apenas introduzir a visão do Universalismo Crístico em sua vida, o que lhe fará ver o mundo com outros olhos.

Eu estava extasiado com todas aquelas reflexões e meditei sobre como o trabalho de esclarecer a humanidade é difícil e apaixonante ao mesmo tempo. E pensei: "Obrigado, meu Deus, por me colocar no meio disso tudo! Como sou abençoado!".

O líder do projeto Universalismo Crístico na Terra ficou feliz com o meu entusiasmo e prosseguiu:

— Querido amigo e irmão, a essência de nossa mensagem é despertar o mundo, e não legislar sobre ele. O homem pode fazer o que quiser, crer no que quiser (desde que não prejudique o seu próximo); porém deve fazê-lo com amor! À medida que for expandindo a sua consciência e entendendo o "Grande Plano Divino", naturalmente chegará ao caminho da verdade. Entendes isso?

Eu sacudi a cabeça em sinal afirmativo e, em completa sintonia com o sublime pensamento de Hermes, falei:

— Algumas pessoas argumentam que o Universalismo Crístico é algum tipo de seita ou religião. E que, se ele não o é agora, será no futuro. Mas, pelas tuas palavras, analisando por essa ótica, vejo que quem compreender o que é realmente o Universalismo Crístico chegará à conclusão que não se trata de nada disso. Na verdade, o U.C. é até mais do que uma metodologia de compreensão espiritual. Ele é um modo de vida!

Hermes saltou do barco, caminhou até a beira da praia para brincar com Fiel. Respirei. Aquelas eram informações muito importantes e profundas. Eu precisava anotá-las e transmiti-las de forma clara aos nossos leitores.

Depois, ele se virou para mim e falou algo que achei genial:

— O Espírito Criador é imutável! É o ser humano que modifica a sua percepção de Deus à medida que evolui, aproximando-se da verdade.

No passado, com Moisés, tínhamos uma concepção de um Deus-justiceiro, que punia com rigor os seus filhos rebeldes. Depois, com Jesus, a humanidade amadureceu para a concepção do Deus-amor. A verdade absoluta do "ama ao teu próximo como a ti mesmo" tornou-se roteiro inquestionável de evolução espiritual. E, agora, na aurora da Nova Era, chega o momento da compreensão do Deus-consciência.

A civilização futura perceberá que o Espírito Criador não é uma Entidade externa que pune ou ama os seus filhos. Ela se dará conta de que somos todos um com Ele. Estamos interligados e temos a responsabilidade de entender os mecanismos da vida e participar ativamente do processo de amadurecimento de toda a humanidade. Ou seja: cada um deve fazer a sua parte por um mundo melhor e mais harmônico! Só nos sentiremos verdadeiramente felizes e realizados quando todos tiverem despertado.

Hermes silenciou por alguns instantes para eu digerir as suas sábias colocações. Fiquei hipnotizado. Só conseguia ouvir o barulho das ondas do mar, pois a minha mente estava mergulhada em seus admiráveis conceitos.

Eu sempre imaginei que o Universalismo Crístico era isso e muito mais. Mas, naquele momento, ao ouvir esses comentários de sua boca, enchi-me de esperança para construirmos, juntos, um mundo novo. Sim! O sonho pode tornar-se realidade. Depende apenas de nós. Vibrei com essa ideia!

Ele sorriu e, então, prosseguiu com a sua voz suave e cadenciada:

— Da mesma forma que a compreensão de Deus mudará, mudará também o nosso entendimento da vida. No passado, éramos seres primitivos que vivíamos para a sobrevivência. Só o que importava era garantir o sustento da família e da comunidade. Nos tempos modernos, o homem já pode se dedicar a outros interesses e objetivos que não sejam apenas ligados à batalha direta pelo alimento. O desenvolvimento da nação brasileira terá este fim: menos preocupação com o pão e mais com a alma!

Em breve, a partir da entrada na Era da Luz, o homem será convidado a uma nova busca: a conexão espiritual agregando essa compreensão à sua própria vida. Nesse ponto entra a função do Universalismo Crístico como instrumento apartidário de despertamento espiritual, levando o homem ao entendimento do objetivo de sua existência e da vivência importantíssima dos valores humanos e espirituais.

Já dissemos, em oportunidades anteriores, que a missão do Universalismo Crístico é promover uma visão espiritual elástica que atenda aos anseios de todos os grupos sociais e religiosos, com o objetivo de despertar um verdadeiro sentimento de Espiritualidade na humanidade, resgatando, inclusive, aqueles que se intitulam ateus e agnósticos por não aceitarem os modelos obsoletos do passado.

Portanto, temos que adequá-lo para que se torne absolutamente universal, superando inclusive os limites do campo do próprio espiritualismo. O Universalismo Crístico precisa penetrar em todos os campos de atuação da sociedade, passando pelos universos espiritual, ecológico, social, filosófico, político, educacional, humanitário etc.

Eu caminhei de um lado ao outro, segurando a minha cabeça com ambas as mãos, com o objetivo de meditar melhor sobre tudo aquilo. Por fim, disse-lhe:

— Sim. Estava pensando sobre as questões ecológicas antes de encontrar-te. O Universalismo Crístico tem por objetivo promover a evolução humana de forma integral, não somente no campo espiritual. Respeitar a natureza, ter consciência ecológica, tudo isso está diretamente relacionado a ele. As questões humanitárias também são muito importantes! Temos que trabalhar por elas!

Ele sacudiu a cabeça em sinal afirmativo e falou, satisfeito com a minha animação:

— Disseste tudo! Cabe aos grupos regionais e à estrutura nacional do Universalismo Crístico fomentar esse debate entre todos os adeptos para estabelecerem iniciativas nesse sentido. Esse tipo de ação fará a opinião pública perceber que o Universalismo Crístico não é apenas mais uma religião, mas, sim, um movimento de conscientização universal em prol da humanidade.

Eu aproveitei essa colocação do mestre e falei-lhe:

— Muitos amigos e leitores têm me perguntado como podem ajudar na implantação e difusão do ideal do Universalismo Crístico. Eles querem colaborar, mas não sabem como. O que nos dizes sobre isso?

O iluminado mestre colocou a mão sobre o meu ombro e me convidou para andarmos pela praia. Isso era bom. Quando Hermes nos convida para uma caminhada é porque ouviremos maravilhas.

Ele, então, falou com desenvoltura:

— Qual é a busca de quem lê os nossos textos? Em síntese: realizar-se espiritualmente. Todavia, é necessário compreender que essa realização interior só é completa quando resulta em alguma contribuição para a sociedade. Somos todos um! Nunca me cansarei de afirmar isso.

O que fazemos para os outros, fazemos para nós mesmos. Quando o homem compreender que as ações que pratica em prol do seu próximo geram benefícios para si mesmo, talvez se motive a pensar mais nos seus semelhantes e menos em si próprio. Como nos disse Francisco de Assis: "É dando que se recebe!".

Todos devem compreender que a melhor forma de contribuir para o próprio crescimento espiritual e a divulgação do Universalismo Crístico é aplicando o despertar que obtiveram por meio da exemplificação em sua vida, profissão e família e junto aos seus amigos, grupos sociais etc. É isso que faz toda a diferença.

Quando as pessoas perceberem o que é ser um "universalista crístico", com toda a leveza, liberdade e amadurecimento da consciência que isso lhes proporciona, naturalmente simpatizarão com o U.C. e nos apoiarão nessa caminhada.

O Universalismo Crístico tem que sair da teoria e se transformar em ações para mudar o mundo. O processo já está em andamento. Todos devem fazer a sua contribuição. Ele não é propriedade de ninguém, apesar de estarmos na vanguarda ativa do movimento.

Inclusive, já estamos mobilizando energias no astral, meu caro aluno, para que, no momento oportuno, surjam em teu caminho pessoas com experiência e recursos para ajudá-lo a fundarmos uma instituição voltada para atender à missão do Universalismo Crístico; provavelmente, uma organização não governamental (ONG) ou uma Organização da Sociedade Civil de Interesse Público (OSCIP).

Essa ação humana permitirá que várias iniciativas pelo bem da humanidade sejam realizadas, como por exemplo, centros de formação de menores, integrando o conhecimento tradicional do ensino com filosofia e espiritualidade, estimulando assim a mudança no modelo educacional, como já falamos no segundo capítulo deste livro, até centros de desenvolvimento humano e de estudos espirituais, promovendo a evolução integral da humanidade. Isso sem contar as diversas possíveis iniciativas em áreas, como educação, saúde, meio ambiente, direitos humanos, comunidade, cultura, voluntariado, apoio a portadores de deficiência, parceiras com o Governo, cooperação nacional e internacional, amparo à criança, ao adolescente e à mulher etc.

Chegou o momento de cristificarmos a humanidade na

Universalismo Crístico Avançado

real concepção da palavra, ou seja, banhar a todos com a compreensão do que é o amor crístico! Fazê-los entender o objetivo da vida criada por Deus através da sabedoria espiritual de todos os grandes mestres da humanidade. É hora de abandonarmos a teoria e partirmos para a ação, com as bênçãos do Cristo. Não devemos esperar pela chegada da Nova Era, mas, sim, construí-la, a cada dia e a cada ação.

Emocionei-me com todas aquelas colocações do mestre e falei:

— Seria ótimo se as pessoas em geral enxergassem tudo isso que falaste com outros olhos. Muitas delas, por mais que eu me esforce em explicar-lhes a importância da consciência espiritual do terceiro milênio, não desejam abandonar as suas vidas previsíveis e alienadas. Os seus interesses pequenos e egoísticos as hipnotizam. Elas não desejam despertar!

Hermes concordou com as minhas palavras e disse:

— Isso acontece porque a nova consciência ainda não está no DNA do corpo espiritual delas. Ainda não é uma conquista de sua alma. Mas já é um mérito teu e das novas gerações que evoluirão na Terra no futuro. Eis o real entendimento do que são as "crianças índigo".

Meu querido irmão, hoje tu lanças as tuas sementes entre espinhos e pedregulhos, atingindo apenas algumas poucas terras férteis. Porém, no futuro, essas sementes se multiplicarão pela abundante terra profícua que surgirá a partir das novas gerações. Elas entenderão a nossa mensagem e a aperfeiçoarão, atendendo ao progresso do entendimento futuro da humanidade.

Eu sorri e afirmei-lhe:

— Sim, eu sei! Nós estamos abrindo a estrada do futuro por onde todos transitarão. Temos que limpar o mato, traçar a estrada e asfaltá-la. É um trabalho árduo e penoso, mas não me entregarei. Sei que os irmãos que estão se unindo a nós, as sementes em terra fértil do momento, também não abandonarão esse abençoado labor.

Temos de compreender que o despertar é um processo gradual de amadurecimento da alma. Não podemos esperar resultados imediatos e miraculosos. Isso ocorre em camadas, passo a passo. Não acontece a partir de um convencimento religioso exacerbado, mas, sim, através de nosso próprio exemplo de vida.

Precisamos ser modelos de uma nova forma de viver a vida. As pessoas, ao observarem o sucesso e a felicidade daqueles que se espiritualizam e se encontram com Deus, buscarão naturalmente seguir pela mesma estrada. Esse é o melhor método de formação de opinião!

Hermes piscou para mim, demonstrando que tudo estava sob controle e arremessou novamente o graveto para a felicidade de Fiel, que se jogou novamente no mar em busca de seu adorado brinquedo.

O líder do projeto Universalismo Crístico na Terra silenciou e ficou observando o querido Fiel retornar, todo molhado, carregando o seu prêmio. Enquanto Hermes brincava com ele, resolvi perguntar-lhe:

— Mestre, poderíamos agora abordar dois temas que considero de suma importância para o segundo roteiro do Universalismo Crístico Avançado? Refiro-me à "autoavaliação" que devemos realizar para saber se estamos evoluindo na busca do *autoconhecimento* e *compreensão de nossos semelhantes*, o segundo e terceiro alicerces do U.C. Avançado.

Hermes concordou com um olhar significativo, enquanto mantinha-se de cócoras com Fiel. Então prossegui:

— Creio que poderias nos falar sobre duas questões fundamentais. A primeira seria a reprogramação de nosso inconsciente. O nosso cérebro físico e o perispiritual estabelecem "conexões sinápticas" entre os neurônios, de acordo com as nossas ações, que promovem uma viciação de nossos hábitos. É preciso reverter conexões mentais equivocadas! Terias algumas dicas interessantes para nos dar em relação a isso? Também gostaria que nos desse algumas orientações sobre como criar um sistema de avaliação da busca de nosso autoconhecimento. Ou seja, uma maneira de verificarmos se estamos atingindo o objetivo.

Hermes se levantou e passamos a caminhar novamente, enquanto ele falava gesticulando de forma empolgada. Eu sorri, admirado pela sua paixão em ensinar-nos.

— Caro irmão, nós realmente temos a capacidade de automatizar os nossos atos. Observa como nem sequer precisas pensar para dirigires o teu automóvel hoje em dia. Tu realizas todos os movimentos necessários de forma automática, desobrigando a mente de refletir sobre o processo. Entretanto, não foi assim quando aprendeste! Naquele momento, toda atenção era fundamental.

Da mesma forma, criamos hábitos e respostas diárias a tudo que nos cerca, poupando a nossa mente de repensar o que já conhece. O problema disso é que, algumas vezes, realizamos péssimas programações inconscientes para responder ao que recebemos do mundo externo. E, então, nem pensamos mais, apenas respondemos de forma grosseira e equivocada, prejudicando o nosso progresso espiritual e humano.

Eu meditei sobre aquilo e concordei com o mestre. Em alguns momentos, estamos tão envolvidos em nossas tarefas do cotidiano que não paramos para fazer essa avaliação de como reagimos perante as ações de nossos semelhantes.

Esquecemos que talvez estejamos diante de uma alma mais sensível que se magoe com essa ou aquela atitude, causando-nos problemas de relacionamento. E, como já automatizamos esses processos, respondendo às situações sempre da mesma maneira, sem nos reavaliarmos, acabamos nos tornando pessoas pouco sociáveis e nem sequer nos apercebemos disso.

Hermes assentiu com a cabeça e voltou a falar:

— Além desses problemas que citaste, ainda existe o risco de desenvolvermos uma demência ou o mal de Alzheimer por não deixarmos o nosso cérebro criar novas linhas de pensamento e conduta, vivendo de forma repetitiva aqueles comportamentos intransigentes e intolerantes. Sábio é aquele que se renova diariamente, refletindo sobre cada ação que toma no seu dia a dia. O homem que procura estar em sintonia com a luz pensa em como tornar-se uma pessoa mais amiga e simpática, criando assim conexões sinápticas em seu cérebro que o fazem reagir ao mundo sempre com carinho e amor.

É difícil nos libertarmos de velhos hábitos. Mas, se eles são o oposto do amor e da boa convivência com nossos semelhantes, é necessário e, até mesmo, urgente fazê-lo!

Ele olhou para mim e falou-me com imenso amor e carinho:

— É por isso, meu filho, que precisas rever essa antipatia que estás tendo com o mundo. Criaste conexões sinápticas de amargura e decepção com relação à humanidade aliena-

276   Roger Bottini Paranhos

da. Precisas reprogramar o teu cérebro para voltares a vibrar plenamente na luz. Desse modo, estarás mais apto a trabalhar pela tua mudança e a de teus semelhantes, como tanto desejas.

Aquela advertência de Hermes me deixou com um nó na garganta. Engoli seco, mas nada disse. Apenas concordei com o seu alerta. Ele tinha razão.

Ele, então, prosseguiu, irradiando imenso amor. Parecia que as gaivotas percebiam isso, pois voavam ao nosso redor em absoluto silêncio, apenas atraídas pelas ondas de amor irradiadas pelo mestre Hermes.

— Tu és querido e simpático com as pessoas que gostas e aprecias a companhia. Sabes usar o teu carisma de forma eficiente, cativando corações. Já aprendeste que somos espelhos e recebemos de acordo com o que doamos. Aprofunda esse trabalho em ti e verás, no futuro, resultados impressionantes.

Porém, muitas pessoas não são assim. Agem de forma antipática com todos que os cercam e colhem somente o mesmo que plantaram, criando inimizades e discórdia. O mecanismo de defesa delas geralmente consiste em lamuriar para todos que ninguém as ama ou que todos as perseguem por esse ou aquele motivo.

Ele sacudiu a cabeça de forma negativa e prosseguiu:

— Nada disso. Elas plantaram isso e não percebem. Por esse motivo, a mudança desses padrões deve se iniciar lá na busca do autoconhecimento, o segundo alicerce do Universalismo Crístico Avançado, que apresentamos neste livro. A partir do momento que tomamos consciência de nossos equívocos, podemos planejar a mudança, mas, como já afirmamos, isso exige que tenhamos humildade e sinceridade para com nós mesmos. Um verdadeiro desejo de mudança e libertação de padrões equivocados. Essa ação nos liberta também das influências de obsessores espirituais que se ligam a nós porque os alimentamos com pensamentos e ações voltadas para o mal.

O maior erro é abrir mão de sua felicidade e liberdade, colocando a culpa de seus infortúnios nos outros ou até mesmo em Deus. Somos o que pensamos. O mundo reflete diretamente os nossos próprios comportamentos.

Universalismo Crístico Avançado

Sim, Hermes estava certo! Quem deseja ao seu lado alguém negativo, pessimista e de mal com o mundo? Naturalmente, as pessoas se afastam de quem se comporta dessa maneira, até mesmo porque é da natureza humana buscar a felicidade, a paz e a alegria.

Somente criaturas muito desequilibradas desejam estar próximas de pessoas assim. Nesses casos, ocorre uma atração, pois semelhante atrai semelhante! Isso serve de sinal de alerta para reciclarmos os nossos padrões.

Ele captou os meus pensamentos, concordou com eles e depois falou:

— A mudança de hábitos é difícil no início, contudo, depois que reprogramamos a nossa mente para agirmos com amor e de forma positiva, tudo se torna mais fácil. Por isso é válido o exercício de colocar no bolso uma pedra de alerta, que já falamos no livro anterior do Universalismo Crístico, lançado no ano de 2007. Toda vez que tocarmos a pedra no bolso, recordaremos que ela está ali para nos lembrar de avaliarmos as nossas ações para com os nossos semelhantes no dia a dia. Esse talvez seja o meio mais eficaz de evitarmos que a nossa iniciativa caia no esquecimento e voltemos para os nossos mesmos hábitos e padrões negativos do passado.

Hermes silenciou, esperando que eu anotasse tudo e pareceu ter encerrado esse tema. Aproveitei, então, para relembrá-lo da segunda parte da minha pergunta:

— Mestre, e o segundo tema que te perguntei? Quero que fales sobre como podemos criar um sistema de avaliação da busca do autoconhecimento, ou seja, um modo de verificarmos se estamos atingindo o objetivo de nos conhecermos melhor.

Hermes fez alguns afagos em Fiel, meditou por alguns instantes, mirando o mar, e dissertou com sabedoria:

— Para tratar dessa questão, mergulharemos no campo da psicologia comportamental. O homem deve aprender mais sobre si mesmo. Somente assim será feliz. A autoconfiança e a realização pessoal só podem ser adquiridas por meio do autoconhecimento.

Interagiremos melhor com os nossos semelhantes se o fizermos num clima de confiança, incentivo, apoio e segurança. Se nós estabelecermos relações cordiais e acolhedoras para com todos, se nos mostrarmos pessoas abertas, afetivas, carinhosas, tolerantes e flexíveis, tudo se transformará para melhor em nossa vida. Quando as pessoas são aceitas e respeitadas, tendem a desenvolver uma atitude de afeição e autoestima, tornando-se resolvidas e felizes, irradiando o mesmo aos seus semelhantes.

A sociedade baseia-se mais no controle do que no afeto, no autoritarismo mais do que na colaboração. Por um lado, isso foi necessário devido à imaturidade das almas em evolução na Terra nos últimos milênios. Porém, teve as suas naturais consequências na psique humana.

Narramos no livro *Atlântida – No Reino da Luz* como a baixa estima e a falta do conhecimento de si próprio, principalmente de seus sentimentos, pode levar uma sociedade ao caos. Por esses e outros motivos, vemos como a busca pelo desenvolvimento pessoal, espiritual e humano, que obtemos através do autoconhecimento, desempenha um papel fundamental no trabalho de implantação do Universalismo Crístico. É impossível evoluirmos sem nos enxergarmos!

Essa tarefa é muito difícil e exige humildade para reconhecermos as nossas próprias falhas. É percebendo constantemente o nosso interior, examinando-o diariamente, que visualizaremos os nossos defeitos que precisam ser corrigidos. Entretanto, para isso, é fundamental tomarmos ciência dessa necessidade e compreender que o nosso mundo interno só será melhor se fizermos a nossa parte. O mundo externo é reflexo do interno. E o interno depende exclusivamente de nós. Queres mudar o mundo? Começa mudando a ti mesmo!

Como já explicamos anteriormente, se tudo dá errado em nossa vida e mantemos péssimos relacionamentos com as pessoas, é porque estamos diretamente envolvidos no problema. O mundo não é injusto conosco. Nós é que estamos participando e alimentando ativamente essa desarmonia social e emocional.

Hermes abriu os braços de forma teatral, tornando a paisagem ainda mais bela, e proclamou:

— "Ó homem, conhece-te a ti mesmo e conhecerás o Universo e os Deuses." Essa mensagem foi escrita há muitos séculos em um templo consagrado ao deus Apolo, em Delfos, na Grécia. Ela é atribuída ao sábio filósofo Sócrates.

Universalismo Crístico Avançado

Conhecendo-nos a nós mesmos, poderemos compreender os fatos que ocorrem em nossa vida de maneira mais clara. Quando não fazemos isso, vemos o mundo de acordo com as nossas crenças, que geralmente são distorcidas.

Por isso é tão comum vermos pessoas em desarmonia com os seus semelhantes. Elas não conhecem a si próprias e terminam agindo de forma intolerante e egoísta, acreditando que estão sempre certas em seus pontos de vista.

Como nos disse Jesus: *Buscai e achareis!* A busca por sabedoria, evolução e conhecimento leva o homem ao centro de tudo: o seu próprio eu!

Ao perceber a sua essência, como fizemos contigo no capítulo quatro, o indivíduo encontra luz e direção para a própria vida. Eis o autoconhecimento; o conhecimento de si mesmo. A partir do momento em que o homem compreende a necessidade dessa busca interior, inicia-se uma verdadeira jornada em sentido vertical rumo à evolução do seu ser.

Fiel pediu novamente a atenção de seu mestre e aproveitei para respirar e assimilar o conhecimento que recebera. Hermes percebeu que fiquei alheio às brincadeiras do belo cão e disse-me:

— Roger, vem brincar conosco. Relaxa a mente! Tudo que te falei ficará gravado em teu inconsciente e o que não ficar eu e nossa equipe te informaremos na hora de colocares no papel.

Eu fiquei muito aliviado com a ajuda do mestre e atendi ao seu pedido, dizendo-lhe:

— Desculpa-me! É que não quero perder nada desse assunto tão fascinante. Creio que ele é o tema mais importante de todo o livro.

Coloquei as minhas anotações de lado e corremos como crianças ao lado de Fiel, arremessando o seu graveto de um lado ao outro. Depois, mergulhamos com ele nas ondas do mar. Percebi que aquelas águas tinham um poderoso efeito terapêutico em minha alma. Olhei para o céu azul e para a paradisíaca paisagem ao nosso redor. Agradeci a Deus e abracei Fiel, que veio nadando até mim, com as orelhas baixas e o rosto amorável ensopado pela água do mar.

Depois de algum tempo refrescando a alma, regressamos à praia e nos sentamos na areia branca e macia. Hermes voltou a falar, com os braços apoiados sobre os cotovelos, enquanto eu me esparramava na areia fofa com o olhar voltado para o céu maravilhosamente azul:

— O espelho é um símbolo do autoconhecimento e da busca da consciência. Indica o conhecimento sem mácula de si mesmo, sendo produto e expressão da combinação de clareza e verdade na busca da autorreflexão.

Os' encarnados na vida física sempre se preocuparam mais com o mundo exterior do que com o interior. Assim, fazem uso do espelho físico para unicamente satisfazer o seu ego através de vaidades e satisfações pessoais a partir do que os outros veem em si.

A realidade do mundo espiritual exige de cada um o desenvolvimento das virtudes, na qual o espelho é um símbolo perfeito para o autoquestionamento sobre si em relação aos outros, buscando corrigir e eliminar os próprios defeitos. Somente assim descobriremos a verdadeira felicidade, que é a que está no interior de cada um e que só é conquistada quando os nossos "defeitos" são revelados e compreendidos. Nesse momento, inicia-se o processo de mudança, cujo objetivo é eliminar as características que impedem a nossa harmonização com nós mesmos e com o mundo.

Vê, querido irmão, que isso transcende a crença de espiritualidade. Trata-se de uma receita para a felicidade que independe da crença em Deus e em religiões. É a própria vida! Isso é o Universalismo Crístico Avançado!

Concordei com a linha de raciocínio do mestre, que fundamentou o conceito do U.C. Avançado em uma linha que transcende as crenças. Realmente, como ele diz, é a própria vida, sendo aplicado em todas as situações de nossa existência, e não apenas nas de contexto espiritual ou religioso.

Enquanto Hermes voltava a correr com Fiel, pensei sobre como realmente funcionamos como espelhos. Devolvemos ao outro aquilo que recebemos. Se nós recebemos amor, retornamos o mesmo sentimento e vice-versa. A menos que a criatura esteja perturbada e retribua ódio pelo amor, ou esteja no caminho da iluminação e devolva amor quando for alvo de ódio.

Além disso, enxergamos nos outros os mesmos defeitos que inconscientemente percebemos em nós mesmos e que nos causam desconforto. Quando criticamos alguém por ser male-

Universalismo Crístico Avançado

dicente, egoísta, arrogante etc. quase sempre o fazemos porque também somos assim, mas não percebemos esse fato em nível consciente. Conhece-te a ti mesmo! Essa frase realmente resume tudo.

Eu refleti sobre as suas colocações e, em seguida, disse-lhe:

— Se já é difícil percebermos que precisamos nos autoconhecer, mais difícil é saber como fazê-lo. Dê-nos algumas dicas, querido mestre, por favor! Gostaria que nos apresentasse um roteiro de verificações e avaliações que poderíamos efetuar no cotidiano para observarmos o nosso progresso. Como já afirmei, creio que esse é um dos pontos altos deste capítulo e até mesmo de todo o livro!

Hermes sentou-se na areia ao lado de Fiel e falou:

— Certo. Mas antes vai até o mar e refresca de novo a tua mente. Este capítulo é bem longo. Tu e os nossos leitores precisam relaxar um pouco para darmos prosseguimento.

Eu sorri com a preocupação de Hermes e caminhei lentamente em direção às ondas do mar. Respirei fundo e deixei que a espuma branca e morna tocasse os meus pés. Em seguida, entrei no mar e mergulhei, revitalizando todo o meu corpo espiritual.

Aquelas águas não eram como as do mundo físico, pois possuíam propriedades revigorantes fantásticas. Senti o meu corpo astral brilhar em contato com a água, como se o meu espírito estivesse sendo higienizado, curado e energizado por aquele fabuloso mar de natureza astral.

Mergulhei várias vezes, enquanto Hermes e Fiel me observavam, sentados na areia da praia. Eu estava tão animado com o tema daquele capítulo que não havia percebido como ele já estava extenso, podendo cansar aos leitores e a mim.

Depois, retornei para junto deles e sentei-me ao lado de Fiel. O cão ficou entre nós, olhando para um e o outro, com a língua de fora e dirigindo-nos o seu olhar de imenso amor.

Hermes meditou por alguns instantes e passou a falar sobre a importância da autoavaliação:

— Algumas pessoas afirmam que vivem a sua vida de modo absolutamente correto, que estão no caminho certo, que amam os seus semelhantes e vivem os valores crísticos de forma sincera e verdadeira. Por que, então, a vida apresenta tantos infortúnios para algumas dessas pessoas? Por que elas enfrentam tantos problemas de relacionamento? Por que há pessoas que as odeiam e conspiram contra elas? Ou, então, por que a sua vida dá errado em quase todos os aspectos?

O mestre silenciou por alguns instantes e prosseguiu:

— Essas pessoas podem dizer: "Ah! São os meus carmas de outras vidas! Agora estou no caminho certo, mas ainda estou pagando pelo mal que fiz. Sou puro e estou com o Cristo". Ou, então, afirmam: "Essas coisas negativas acontecem comigo devido à injustiça humana".

Digo-lhes que não. Se o carma continua agindo é porque ainda não mudaram o seu padrão de comportamento. Logo, necessitam desse aprendizado porque não se modificaram verdadeiramente para melhor. Isso ocorre porque ainda agem e vivem de acordo com padrões equivocados, distanciados do verdadeiro amor e da conduta correta.

Se nós mudarmos a nossa forma de pensar e agir, voltando-nos sinceramente para o amor, a compreensão, a tolerância e a verdadeira amizade, a nossa vida se harmonizará.

E por que o homem não percebe isso? Por causa de seu campo de distorção da realidade e da dificuldade que encontra para se conhecer verdadeiramente. Eis o motivo pelo qual o que falaremos agora é tão importante. É fundamental que façamos uma sincera e honesta autoavaliação de quem realmente somos. Precisamos abrir verdadeiramente a nossa alma para enxergarmos a verdade sobre nós mesmos!

O mestre aguardou mais uns instantes para que eu e os leitores assimilássemos esses importantes esclarecimentos e prosseguiu com desenvoltura:

— Para darmos início à mudança interna, precisamos mudar o nosso comportamento, reconhecer as nossas fraquezas e nos predispor a uma sincera meditação reflexiva sobre os nossos atos e comportamentos. Esse processo requer humildade, desejo sincero de mudança e perseverança. Sem esses pré-requisitos, tudo que falaremos a partir de agora não terá sentido algum.

Eu concordei com um olhar significativo enquanto o mestre prosseguia:

— Autoconhecimento, compreensão do próximo e auto-avaliação caminham juntos. Primeiro, precisamos nos conhe-

Universalismo Crístico Avançado

283

cer e conhecer as pessoas que fazem parte do nosso desejo de mudança. Isso também é fundamental para começarmos o processo de transformação.

O primeiro passo consiste em abandonar o estado de lamentação. Velhos discursos como "não nos entendemos porque ele/ela faz coisas de que eu não gosto" ou "estou velho demais para mudar", ou "eu não vou mudar sozinho e acatar tudo o que ele/ela pensa" precisam ser abandonados.

Quem ama não exige! Apenas faz a sua parte e aguarda pacientemente. Esconder-se atrás do argumento "não temos como conviver, mas mesmo assim amo à distancia" é pura hipocrisia. Quem ama não foge do convívio e, sim, enfrenta as adversidades buscando harmonizar-se com o próximo para evoluírem juntos.

O segundo passo é avaliar o estado atual. Perceber a situação como um todo, analisando a si próprio e todos os atores do processo. Dissociar-se da situação a ser resolvida, ou seja, enxergar-se de fora, examinando o comportamento de todos os envolvidos, inclusive o seu próprio, com imparcialidade.

Já o terceiro passo é partir em direção ao estado desejado, ou seja, planejar ações que visem atingir o objetivo almejado.

Hermes fez uma pausa e eu intervim:

— Mestre, eu gostaria que utilizasse como exemplo a intolerância. Conheci uma pessoa que me deixou impressionado pelos seus altos níveis de intolerância, embora se dissesse espiritualista. Ela procura disfarçar esse mau hábito com excessivos e superficiais gestos de amor com as pessoas que lhe são agradáveis, procurando mascarar o problema de não conseguir conviver com as demais por ser excessivamente crítica e intolerante.

Ele fez um sinal que estava de acordo e prosseguiu, pedindo-me total atenção:

— Em todas as situações da vida, precisamos buscar aplicar os três alicerces do Universalismo Crístico Avançado: *a compreensão profunda e verdadeira do amor, o pleno desenvolvimento pessoal através da busca do autoconhecimento* e *a compreensão do modo de pensar do nosso semelhante, com o objetivo de aceitá-lo e tratá-lo com mais tolerância.* Observa como o nosso roteiro absoluto de harmonização está ficando cada vez mais completo.

A partir dessa iniciativa, passamos a identificar o problema e percebemos que ele é justamente a diferença entre o estado que desejamos atingir e aquele em que nos encontramos.

O que devemos fazer, então? Devemos analisar o problema, realizando questionamentos específicos, como, por exemplo: O que está errado? Por que isso é um problema? Por que as coisas dão errado para mim? O que causou isso? De quem é a culpa? Por que ainda não resolvi?

Devemos também fazer uma análise dos resultados, comparando-os com as metas que desejamos atingir. Questionar-se! O que eu quero? Como posso conseguir isso? O que devo fazer para que a solução aconteça? Qual o próximo passo? Que ações estou desenvolvendo para conseguir atingir as minhas metas? Está funcionando? Qual a minha maior dificuldade para ser tolerante? O que me impede de ser mais tolerante? O que me impede de mudar esse padrão de comportamento? O que posso fazer a respeito? Quando farei isso?

Hermes respirou depois dessa saraivada de questionamentos e voltou a falar:

— As perguntas nos levam a pensar e buscar respostas e soluções para os nossos dilemas. Uma pergunta poderosa pode resolver os nossos problemas de autoconhecimento e autoavaliação. Em geral, não é interessante perguntar os porquês. Isso somente nos desvia do problema com justificativas vazias.

Temos que perguntar como isso está ocorrendo. Ou seja, de que modo especificamente estou sendo intolerante? Em vez de agir dessa forma, o que devo fazer para me melhorar e quando darei o primeiro passo nesse sentido? O que eu desejo? Como saberei se consegui alcançar esse objetivo? Quando alcançá-lo, de que modo a minha vida melhorará? Que ações estou tomando agora para concretizar esse meu objetivo?

Para nos nortearmos nessa busca, devemos analisar quem pode nos servir de modelo para sermos mais tolerantes, conforme o exemplo que pediste. Jesus é um bom exemplo! Espelhar-se no Grande Mestre mostra-nos claramente o comportamento que devemos ter nesse caso.

Imaginemo-nos já sendo tolerantes. Agindo de forma tranquila, serena e prazerosa com quem hoje tratamos com intolerância. Mudemos a forma de ver a situação incômoda. Não basta fingir. É preciso ter uma postura sincera perante ela. Lembra-te, querido amigo, que talvez o maior erro esteja em nosso comportamento, e não no da pessoa com quem somos intolerantes.

Devemos mudar o que somos capazes de mudar, ou seja, nós mesmos. A transformação da outra pessoa não está sob o nosso controle.

Hermes silenciou novamente, enquanto eu registrava as suas colocações com atenção. Ele ficou olhando a linha do horizonte no mar, com um olhar perdido, enquanto acariciava os pelos dourados do pescoço de Fiel.

Depois voltou a falar, irradiando absoluta e encantadora sabedoria:

— Quanto mais nos conhecermos, mais fácil será a nossa vitória sobre a escuridão de nossa alma. Autoavaliação, autoconhecimento, eis o caminho para a excelência pessoal! Devemos nos indagar: Como eu percebo se estou me tornando mais tolerante? Que valores pessoais eu preciso ter? Talvez amor, compreensão, carinho, entendimento?

O que posso ver, ouvir e sentir que indique que eu estou me aproximando ou me afastando de minha meta de ser mais tolerante? Certamente, a reação das pessoas é uma boa forma de medir. Se elas se tornam mais simpáticas conosco, estamos no caminho certo. Se a antipatia aumenta é porque a intolerância continua alta e precisamos reavaliar o nosso progresso.

Qual é o objetivo que desejo alcançar? O que fiz para isso? Qual o resultado obtido até agora?

Hermes deu especial entonação na voz e prosseguiu, com empolgação:

— Estou comprometido em realizar as ações diárias necessárias (pequenas e grandes) para atingir o meu objetivo de ser mais tolerante? Quando há recaídas em minha convicção de ser mais tolerante, elas parecem pequenas e insignificantes ou me travam, impedindo-me de retomar o progresso?

Estou disposto a aceitar novos padrões de vida, hábitos, rotinas, práticas diárias para alcançar os meus objetivos ou desejo ser mais tolerante sem fazer esforço nenhum? Estou tendo facilidade em abrir mão das minhas velhas formas de agir em prol de uma harmonização com os meus semelhantes?

O que pode me impedir de ser tolerante? Como lidarei com as dificuldades que encontro para me tornar mais tolerante? Estou reservando o tempo necessário para meditar e procurar construir conexões mentais que propiciem um estado de espírito mais tolerante? Tenho pensado em desfazer as minhas conexões sinápticas cerebrais de intolerância?

Ele olhou para mim, sorriu e falou de forma emblemática:

— E esta pergunta que farei agora é primordial! Presta atenção, meu querido aluno. Estou disposto a abrir mão do meu ego e reconhecer que sou intolerante?

Hermes sacudiu a cabeça, talvez refletindo sobre como a nossa humanidade ainda é tão contraditória e prosseguiu:

— Em uma escala de um a dez, como eu avaliaria o meu êxito até o momento no meu plano de ser mais tolerante? Qual o êxito que espero atingir nos próximos três meses? O que "ser mais tolerante" significa para mim? Por que desejo essa mudança? Se eu realizar a mudança desejada, o que ganharei com isso? Quais são as minhas crenças sobre como as pessoas devem ser? Elas precisam ser como queremos que sejam ou podemos lhes dar a liberdade de serem como são, sem que isso nos afete?

A última colocação de Hermes deixou-me boquiaberto. Até que ponto compreendemos as pessoas e permitimos que elas sejam elas mesmas? Meu Deus! Precisamos realmente nos conhecer e compreender o próximo com urgência! Por isso a humanidade ainda vive enredada em tantos conflitos!

Ele continuou irradiando amor e sapiência:

— Por que o fato de as pessoas não pensarem e agirem do mesmo modo que eu precisa necessariamente me afetar a ponto de fazer com que eu evite me relacionar com elas? Sou o dono da verdade? O modo como penso e ajo é a melhor forma do mundo?

Ele silenciou novamente e riu, percebendo o despertar da consciência que a série de respostas sinceras àquelas perguntas promoveria na cabeça de todos nós. E prosseguiu questionando:

— Como a realização dessa meta afetará os vários aspectos de minha vida? Que ganhos terei em termos de harmonização, respeito e amor? Como será a minha vida depois que me tornar mais tolerante?

Universalismo Crístico Avançado

Relaciona, querido leitor, por favor, três atitudes que facilitariam a conquista do objetivo de ser mais tolerante. Ouvir mais as pessoas? Aceitá-las como são? Respeitar as suas crenças? O que mais? Imagina-te como se já tivesse atingido o estado de tolerância plena com alguma pessoa específica e significativa. Fecha os olhos e perceba-te! Analisa os teus sentimentos e sensações corporais. Há recordações, rememorações, imagens, sons? Aonde isso tudo te leva? Certamente, ajuda a construir o estado emocional e motivacional necessário para atingir o objetivo.

Hermes fechou os olhos como se estivesse realizando o exercício que propôs e depois voltou a falar, dizendo:

— Conversa com a parte "executiva" de tua mente, aquela que toma as decisões, e determine a ela que faça um compromisso e responsabilize-se por seguir adiante e criar meios para tornar-te plenamente tolerante com os teus semelhantes. Lembra-te de que conhecer o modelo de mundo das pessoas (terceiro alicerce do Universalismo Crístico Avançado) é de grande valia para uma comunicação e interação eficaz com os teus semelhantes.

Queridos irmãos, para estabelecer uma relação harmônica, tereis que demonstrar que vos importam com a opinião e necessidades dos outros. Desafiai o vosso inconveniente comportamento negativo, que tanto vos distancia da felicidade, perguntando a vós mesmos com determinação: o que pode me impedir de ser tolerante? Sempre acreditei que sou intolerante ou isso é algo novo em mim? Que experiências me levaram a acreditar que sou intolerante? Em que momentos vivenciei situações em que fui tolerante e que servem de contraexemplo do meu problema atual?

Em que prefiro acreditar: que posso ser tolerante ou que nasci para ser intratável? Que atitude poderia ser o primeiro passo para apoiar a minha resolução de ser tolerante? Aproximar-me do meu desafeto, abraçá-lo e dizer que o amo?

Sem dúvida, é fundamental reprogramar a mente. Construir novas conexões sinápticas voltadas para o positivismo e os bons valores. Quem diz: "eu sou assim mesmo, tenho dificuldade para relacionar-me com todos, não tenho como mudar e me aguentem do jeito que sou" estabelece uma terrível crença limitante e perde a capacidade de mudar para melhor, pois reforça a crença na incapacidade de ser tolerante. Ou seja, estabelece a "crença" de que não é capaz de modificar-se, impedindo o processo de mudança. Se acreditarmos que não podemos, assim será!

A nossa mente cria profecias autorrealizáveis! O mal do homem é que ele esqueceu o seu poder divino, deixando-se levar pela crença equivocada de que tudo dá errado em sua vida e que nada de bom pode realizar.

Frases como: "eu nunca mudarei porque esse é o meu jeito" é um atestado de estagnação evolutiva. A expectativa de ter sucesso ou fracasso molda os comportamentos e os subsequentes resultados. Precisamos crer que realmente desejamos atingir o nosso objetivo, que, neste caso específico, é a tolerância.

Devemos trabalhar para gerar esse resultado, verificar se o caminho traçado é adequado para atingir o objetivo, analisar se estamos nos esforçando para adquirir a capacidade para isso e, por incrível que pareça, verificarmos se nos sentimos merecedores e assumirmos a meta, com determinação, de sermos tolerantes.

Hermes fez uma nova pausa e aguardou que eu fizesse as minhas anotações. Depois, respirou profundamente, aproveitando o magnífico prana que vinha com a brisa do mar, e voltou a falar:

— Devemos também refletir sobre as nossas crenças irracionais. Acreditar que o nosso próximo tem que ser ou fazer assim ou assado para eu ser mais tolerante. Ele pode, ele não pode... Ele deve, ele não deve...

É insensato colocar a culpa sempre no outro em vez de querer mudar a si próprio. O problema reside principalmente em nós. Não podemos modificar o nosso próximo. Devemos respeitar o seu livre arbítrio e focarmos a mudança em nós mesmos. Somos o único ator do problema em quem podemos interferir diretamente.

Hermes olhou para mim e disse, com profunda inflexão de voz:

— Meu querido irmão, pensa! O mundo se modifica quando nós mesmos mudamos! Mas isso não pode ser conquistado em um passe mágica. Trata-se de uma atitude coletiva, através da soma de todas as partes. Não é uma ação individual e ditatorial que parta de nosso comando. A crença correta e harmônica é pensar: eu prefiro que ele faça assim. Eu desejaria que o mundo fosse assim. Se isso não acontecer, não será nenhuma tragédia, apenas um inconveniente que não deve me abalar.

Eu mordi o lábio inferior e compreendi o seu recado. Sim, essa mensagem era para mim também. Eu a havia captado muito bem.

O mestre meditou por alguns instantes e falou, exigindo-me extrema atenção:

— A consciência espiritual da Nova Era parte do pressuposto de que as mudanças devem vir de dentro para fora, ao contrário do que ocorria no passado, quando esperávamos que líderes nos mostrassem o caminho.

Como as pessoas podem exigir um mundo perfeito se os seus núcleos familiares vivem em desarmonia? Somos todos um! Se queremos paz no mundo, primeiro precisamos edificá-la em nossa vida, desde o núcleo familiar até o profissional; desde as nossas amizades próximas até o âmbito social, político, nacional, atingindo, por fim, a última camada: a paz no mundo.

Entendes? Trata-se de uma série de níveis que começa pela paz interior e culmina na paz mundial. Essa é a receita da harmonia universal e depende da consciência de todos. Como alguém pode querer pregar a paz no mundo ou em sua sociedade se a sua vida pessoal é puro tormento e desrespeito para com os seus familiares? Tem que haver sintonia e coerência para o homem transmitir a mensagem que deseja ao mundo. Falaremos mais sobre isso no decorrer deste livro.

Hermes silenciou por um longo tempo, enquanto o sol se punha no horizonte do mar. Fiquei impressionado com os seus conceitos. Para dizer a verdade, até um pouco assustado. Parecia que o chão havia desaparecido!

Sim, a visão do Universalismo Crístico estava indo para um caminho de transcendência absoluta, tornando-se a própria vida. A mais perfeita aplicação do saber espiritual. Fiquei em silêncio. Não sabia mais o que dizer!

Parece que toda a sabedoria do mundo migrou para dentro do coração do iluminado mentor e ali fez a sua morada.

Passei a vê-lo com ainda mais admiração. Eu tinha ao meu lado um ser do quilate espiritual de Jesus e, por vezes, não me dava conta disso. Sim! Nenhum profeta é reconhecido em sua terra... A proximidade faz com que percamos a noção do sagrado...

O dia na praia estava chegando ao fim. Eu olhei para ele e para Fiel e perguntei serenamente:

— Mais alguma coisa mestre? É só isso?

Ele sorriu de forma enigmática e falou-me:

— Isso é só o começo! Depende do mundo íntimo de cada um. Até que profundidade cada pessoa consegue mergulhar dentro de si mesma e compreender o mundo que a cerca? Quanto mais o ser humano evoluir e compreender os seus semelhantes, quanto mais amor tiver no coração, mais longe chegará!

Eu concordei com um olhar de infinita admiração. Na verdade, Hermes quis nos mostrar que avaliar a nossa ação em direção a uma virtude - no caso exemplificado, a conquista da tolerância - depende exclusivamente de nos sondarmos de forma sincera e amorosa, sem subterfúgios, com real isenção, em busca da felicidade.

Os resultados são vistos não somente através de nossa autoavaliação, mas também através da reação que obtemos do mundo. Se a vida passa a nos sorrir é porque estamos evoluindo. Ninguém sofre por acaso. Eis os mecanismos de aprendizado da vida que poucos sabem interpretar, por conta de sua ignorância espiritual, crenças limitantes e distorções da realidade, que os levam, então, aos caminhos da dor e do sofrimento.

Hermes fez um gesto de que concordava com as minhas palavras, levantou-se e me deu um forte abraço, irradiando-me uma energia inenarrável. Mais uma vez, tive de me conter para não me emocionar ao ponto de chegar às lágrimas de felicidade.

Ele, então, disse algo que me surpreendeu de forma extraordinária:

— Obrigado, meu filho, por me permitir falar aos homens. Hoje me fizeste muito feliz.

Eu fiquei sem saber o que dizer, tentei corrigir-lhe, dizendo que a alegria era toda minha, mas ele interveio dizendo:

Universalismo Crístico Avançado

— Eu sei, meu querido, mas, mesmo assim, deixaste-me muito feliz hoje. Permita-me agradecer-te. Somos todos instrumentos de Deus. Mesmo que tu consideres a tua atividade pequena perto da minha, tudo funciona porque todas as peças estão em perfeita harmonia. Sem a tua ação, nada disso seria possível.

Eu, então, não consegui mais conter a minha emoção e o abracei, procurando, sem sucesso, segurar as lágrimas. Comecei a soluçar, tentando ainda, em vão, controlar-me. Meu Deus, como eu precisava sentir-me aceito, amado e reconhecido por quem equivocadamente acreditei amar um dia! Apenas isso! Mas não fui compreendido.

Eu ainda estava muito fragilizado. Hermes sabia! Aquela sua sábia e generosa atitude caiu como um bálsamo sobre a minha alma que ainda apresentava as feridas pouco cicatrizadas.

Depois pensei:

— De onde vem o poder desse magnífico ser de luz ilimitada que consegue sempre me surpreender e despertar o melhor de mim?

A sua docilidade e gratidão me fizeram refletir sobre a natureza das grandes almas. Mesmo sendo credoras de todas as glórias do mundo, elas se colocam humildemente frente ao menor dos servidores, ao passo que almas pequenas, que deveriam ajoelhar-se e agradecer pelas bênçãos que recebem, são ingratas e arrogantes. É fácil ver a natureza de cada ser. Basta analisar a grandeza de seus gestos.

Fiel também nos abraçou, pondo-se em pé sobre as patas traseiras, parecendo um ser humano, tal a sua habilidade em manter-se naquela posição. Hermes e eu acariciamos a sua cabeça, em silêncio, e ele latiu de felicidade, irradiando todo o seu amor, carinho e fidelidade.

Eu sabia que Hermes não queria que eu dissesse mais nada. Eu estava muito cansado. Precisava repousar. Apenas me afastei em direção ao portal que me levaria de volta ao mundo humano. Acenei alegremente para os dois, desejando, sinceramente, não partir...

Os dois grandes amigos ficaram ali, em uma cena paradisíaca, com o sol se pondo ao fundo. "Que dia maravilhoso", pensei! Fiel deitou o pescoço, de lado, espiando-me como se estivesse perguntando-me com os olhos por que eu precisava partir. Sorri para ele e percebi que, enquanto eu transpunha a passagem que me levaria de volta ao mundo das ilusões, os dois irradiavam uma aura dourada com nuances belíssimos, o que demonstrava a beleza íntima de suas amoráveis e generosas almas.

Eu deixava, naquele instante, a dimensão que reconhece o reino Infinito do Criador para ingressar novamente no mundo das criaturas que esqueceram a sua origem e se encontram alienadas e perdidas dentro de seu limitado conceito de nascer, viver e morrer.

12
À espera de Hermes

Em nosso próximo encontro, imaginei que despertaria novamente na praia. Hermes havia me informado que desejava falar-me mais sobre os rumos do Universalismo Crístico para o futuro. Deitei-me pensando que encontraria Fiel. Sentia saudade daquele cão adorável que havia me cativado do fundo do coração.

Os seus doces olhos negros, carinhosos e humildes, levavam-me a resgatar o mais profundo amor que tenho em meu coração. Estar com ele era como uma terapia para recuperar os meus sentimentos mais nobres. Pensei no quanto temos que agradecer aos nossos irmãos menores, os animais, que, em sua aparente irracionalidade, tanto têm a nos ensinar.

Nesses dias, ainda mantinha uma maior distância das pessoas, com a intenção de proteger-me, já que ainda estava muito fragilizado para enfrentar as asperezas dos seres humanos. Os animais, por sua vez, sempre nos dão o melhor de si, sem interesses e sem esperar nada em troca, principalmente os cachorros, portanto sentia-me bem à vontade na companhia de Fiel. A sua linguagem através do olhar, de expressões corporais e atitudes, dizia-me mais à alma do que as centenas de palavras dos amigos mais bem intencionados.

Mas não seria nesse dia que reveria o querido cão de Hermes, pois despertei em um hospital espiritual em uma esfera muito densa. Sem dúvida, não estávamos na enfermaria do Império do Amor Universal, conforme narramos no livro *A História de um Anjo*. A vibração era pesada e o ambiente muito mais simples e carente de recursos vibracionais do que o da Cidade Luz.

Fiquei chocado! Parecia que estávamos em meio a uma guerra. Centenas de leitos, dispostos lado a lado, e um clima semelhante ao das selvas úmidas do Vietnã no período do conflito que travou com os Estados Unidos e que ceifou milhares de vidas, entre os anos de 1959 e 1975, encerrando-se no emblemático ano do início da transição planetária para a Nova Era. Entretanto, estávamos na região do Pantanal no Brasil e o clima de guerra era espiritual, e não físico.

Ramiro passou muito apressado ao meu lado, buscando atender a todos. Nem mesmo me cumprimentou. Percebi que a sua roupagem espiritual estava densa, bem materializada. Certamente, ele usou esse recurso para ser percebido por aquelas entidades espirituais, que provavelmente haviam desencarnado recentemente, pois vibravam em um nível muito baixo.

As paredes da sala de atendimento eram escuras e manchadas. Não havia sol lá fora. Para ser mais preciso, desabava uma terrível tempestade de verão com fortes estrondos de trovões. Respirei fundo e procurei manter-me em estado de oração para poder ajudar de alguma forma.

Olhei para as macas e vi que os pacientes estavam todos suados e sujos, como se estivessem sendo vítimas de doenças terríveis como o ebola ou a varíola. Obviamente, não precisávamos nos preocupar com o risco de contágio, embora aqueles miasmas deletérios que eles emanavam pudessem agregar-se ao nosso corpo perispiritual, causando-nos problemas futuros.

Rapidamente, arregacei as mangas e disse a mim mesmo:

— Certo! Entendi o recado. Hoje não é dia de ensinar, mas, sim, de amar e ajudar. Vamos deixar as filosofias de lado e procurar ajudar esses enfermos. Creio que esses pacientes não teriam mesmo condições de compreender tudo o que buscamos divulgar neste livro.

Imediatamente, aproximei-me de alguns trabalhadores e perguntei, de forma solícita, onde poderia ser útil. Eles me encaminharam para um dos extensos corredores com várias macas enfileiradas lado a lado. Respirei fundo e comecei a ajudar na limpeza espiritual do primeiro paciente da longa fileira de leitos. O seu corpo estava coberto de chagas. Úlceras abertas permitiam o brotar contínuo do sangue que advinha dos órgãos internos.

O paciente, com os olhos arregalados, agarrou forte o meu braço e perguntou com voz assustada:

— O que está acontecendo? O mundo está em guerra? Em que inferno eu estou?

Eu acariciei os seus cabelos empapados de suor e falei--lhe com cordialidade:

— Acalma-te, meu irmão, a vida humana é uma verdadeira batalha no dia a dia. Feliz daquele que compreende que devemos lutar contra os nossos instintos inferiores e retorna à Casa do Pai sem ferimentos.

Ele silenciou por alguns instantes, interpretou a minha resposta e percebeu. Eu olhei em seus olhos e falei:

— Sim! Tu estás de regresso à Vida Maior. Tens muito que aprender nesta tua nova morada. Mas agora não é o momento. Precisas recuperar-te da angustiante transição. Relaxa e descansa...

Ele, então, acalmou a respiração opressa e a sudorese pareceu amainar-se. Ele estava reequilibrando-se. A febre cessara. Em seguida, adormeceu e eu fui socorrer o paciente ao lado.

Era uma mulher com várias tatuagens pelo corpo e demonstrava absoluta alienação a respeito das verdades espirituais. Debatia-se muito na cama e não aceitava a sua condição de enferma. Tentava levantar a todo instante, alegando que precisava ir embora daquele local que lhe causava aflição.

Imediatamente, percebi o seu desequilíbrio no chacra básico. As suas experiências sexuais desequilibradas e impregnadas de carências afetivas a levaram a um estado de grave perturbação do corpo astral. O seu corpo emocional estava muito comprometido; encontrava-se praticamente destruído, quase irreconhecível. Seriam necessários muitos anos para realizar o reparo psicológico do qual ela necessitava.

Lembrei-me de pessoas que conheço que possuem esse desequilíbrio espiritual, pulando de um relacionamento para outro, passando de mão em mão, maculando-se com as energias astrais enfermiças desses relacionamentos doentios, e entristeci-me.

Depois, pensei em falar àquela paciente sobre a origem de sua enfermidade, aconselhá-la e orientá-la sobre a sua conduta.

No entanto, ouvi uma voz dentro de mim que dizia:

— Apenas ama! Agora não é o momento.

O seu corpo estava desfigurado de tal forma que parecia uma vítima de horríveis queimaduras e estilhaços de explosões. Sem dúvida, era uma enfermaria de um campo de guerra, mas onde ocorriam combates psicológicos contra os nossos próprios equívocos da vida humana.

Segurei, então, a sua mão com múltiplas chagas, e falei-lhe, com um olhar complacente, enquanto ela gemia por conta das fortes dores:

— Vai passar, minha filha. Vai passar. Descansa e pede a Jesus que amenize as tuas dores. Nós estamos fazendo tudo o que nos é possível neste momento. O melhor que podes fazer agora pelo teu bem é cooperar com o trabalho dos atendentes.

Ela respirou profundamente e pareceu compreender a sua situação. Grossas lágrimas escorreram de seus olhos. Eu lhe fiz um carinho e sentei ao seu lado, em profunda oração, procurando passar-lhe um pouco do meu amor. Pensei em Fiel naquele momento, no amor que tinha pelo cão, e refleti:

— A humanidade são os meus irmãos. Não posso amar mais a um cão do que a uma pessoa, mesmo que ela não se demonstre digna do meu amor. Apesar de toda a elevada vibração de Fiel em comparação a essas pobres criaturas que ainda não despertaram para o verdadeiro sentido da vida, ainda assim devo amá-las, sem julgamentos.

É difícil compreender como um simples cão pode aparentar ter mais amor no coração do que espíritos individualizados que já vivem na escala evolutiva humana. Por que essa aparente regressão evolutiva? Sabemos que os espíritos jamais regridem, mas por que, então, tantos sinais de desequilíbrio e desvio de conduta? Sem contar a estupidez e a alienação perante os sagrados objetivos da vida. Meu Deus, como compreender essa terrível alienação em que vive a humanidade?

No mesmo instante, eu me lembrei das pirâmides hipnóticas atlantes e angustiei-me. Sim, eu tinha uma parcela de culpa em toda essa tragédia humana. Fiz uma prece para que Deus iluminasse aquela criatura despertando-a para os verdadeiros objetivos da vida, que são a busca de equilíbrio, paz de espírito, harmonia, amor etc.

Em seguida percebi que ela havia dormido. Realizei mais

Universalismo Crístico Avançado

alguns procedimentos de limpeza em seu falido campo áurico e dirigi-me para o paciente seguinte, deixando-a ali, entregue às próprias reflexões de seu atormentado mundo íntimo.

Ramiro olhou-me com satisfação. Ele piscou para mim em sinal de apoio e, depois, voltou para as suas atividades. Não lhe perguntei sobre o mestre. Hermes apareceria a qualquer momento caso esse fosse o objetivo de nosso encontro. Aproveitei a "folga filosófica" para prosseguir recuperando a minha alma no difícil campo do verdadeiro e sincero sentimento de amor ao próximo.

Aproximei-me de outro leito e verifiquei os sinais vitais do corpo espiritual do paciente, que são diferentes do veículo físico. Na alma, eles são analisados através dos centros de força, os chacras, justamente nos pontos onde eles se ligam às glândulas do corpo humano, que são as portas de intercomunicação entre os corpos físico e sutil.

Aquele paciente me pareceu bem em comparação com os demais. Sentia aflição e preocupante sudorese. O seu corpo tremia por causa da febre, mas o seu campo mental mantinha-se neutro, indiferente ao que vivia.

Eu analisei o seu caso consultando a sua tela mental e as anotações feitas pelos demais atendentes na ficha do paciente. Verifiquei o carma que teria de vivenciar nessa última existência e percebi algo muito interessante: não havia ocorrido o resgate cármico apesar de todo o sofrimento que vivenciara por ter tido o seu corpo físico consumido pela doença.

As pessoas com consciência espiritual acreditam que estamos aqui para resgatar carmas do passado. Só que, algumas vezes, não percebem que apenas isso não basta. É necessário, também, realizar uma mudança de padrões de comportamento. Só assim o ciclo se encerra!

O paciente que eu estava atendendo desencarnou consumido por um terrível câncer de pâncreas devido ao rancor e ressentimento que tinha na alma. E já era a terceira reencarnação consecutiva em que descia à matéria para vencer o mesmo desequilíbrio da alma.

O aprendizado é o que realmente importa nas questões cármicas. Se ele não ocorrer, o carma não é resgatado, por mais que tenhamos sofrido com a sua ação impiedosa.

Inclusive, o carma pode até ser mudado, ou mesmo anulado, a partir do aprendizado. A função de nossas experiências na matéria é provocar evolução interna, ou seja, instruir-nos sobre o caminho da luz. Não existe punição divina. O homem é que ainda percebe a causa da dor dessa forma equivocada, ou seja, acreditando que ela é um castigo em vez de um ensinamento. Isso dificulta a libertação dos ciclos reencarnatórios de sofrimento.

Apenas viver o carma não é suficiente. É necessário aprender com ele e modificar-se para melhor. Em outras palavras: dar novas respostas ao mundo ao nosso redor, abandonando antigos padrões de comportamento.

No caso que eu analisava, era possível ver que o corpo espiritual do paciente ainda repetiria aquele mesmo padrão enfermiço em sua existência seguinte. Isso ocorre com muitas pessoas teimosas que não aceitam o ponto de vista de seus semelhantes quando lhes indicam a necessidade de se modificarem para melhor.

Voltamos aqui aos três alicerces do Universalismo Crístico Avançado: aprender a amar, autoconhecer-se em busca de um verdadeiro desenvolvimento pessoal e entender como pensa o nosso semelhante para sermos mais tolerantes e compreensivos. Sem essa receita de luz, entramos em desarmonia com o Universo e a nossa alma adoece por vibrar em frequência desequilibrada.

Por mais que queiramos, o mundo não é como desejamos que seja. Temos de ser tolerantes, compreender os nossos semelhantes com amor e buscar o autoconhecimento, para que, desse modo, consigamos realizar a tão importante reforma íntima de que necessitamos.

Sobre o carma, nada mudou com relação à visão dos estudiosos espiritualistas do passado. A única diferença é que a percepção da humanidade de agora é mais ampla, permitindo que ela compreenda melhor esse mecanismo. Não existe culpa e castigo. O que existe é erro e aprendizado. O carma só se manifesta com essa intenção. Quem se conscientiza rapidamente que ingressou na estrada da sombra, logo se liberta da imposição do carma, podendo até mesmo evitá-lo.

Algumas pessoas se escondem atrás dos seus carmas, alegando que "nasceram para sofrer" em vez de procurarem mudar os seus padrões de comportamento equivocados. Essa

Universalismo Crístico Avançado

299

atitude cria um processo doentio de retroalimentação dos mesmos erros, perpetuando os seus infortúnios.

Não só é possível mudar a nossa vida e carmas, como é uma necessidade evolutiva agirmos nesse sentido. Até mesmo quem possui carmas de deficiências físicas deve mudar os seus padrões de comportamento e de como vê a vida para não voltar a repetir a mesma experiência em existência futura. Essas pessoas não devem jamais maldizer a sua experiência limitante, mas, sim, demonstrar otimismo e superação, credenciando-se assim à extinção daquele suposto carma.

Meditando solitariamente sobre isso ao mesmo tempo em que aplicava passes curativos no paciente, lembrei-me do ensinamento de Jesus sobre os trabalhadores da última hora. Enquanto fazia isso, observei a chuva forte que caia lá fora, causando desordem e caos. Pensei que ela refletia o mesmo mundo íntimo daqueles irmãos falidos que eu estava atendendo. Somos o que pensamos e vivemos no mundo que construímos a partir do íntimo de nossa alma.

Na passagem evangélica dos trabalhadores da última hora, Jesus nos diz que aquele que chegar à última hora de trabalho receberá o mesmo que aquele que trabalhou o dia inteiro. Algo aparentemente injusto.

Porém, se analisarmos sob a ótica de que é necessário aprender com o carma, vemos que muitas almas reencarnam diversas vezes sem obter o aprendizado, ao passo que outras logo despertam de modo definitivo, amenizando as chagas de sua alma de forma breve e serena, mesmo tendo cometido os mesmos delitos de seus irmãos teimosos. O que importa é o aprendizado, não a penitência... Deus é amor...

Elas simplesmente aprendem a lição e seguem adiante, enquanto outras precisam voltar várias e várias vezes, vivendo as mesmas dolorosas experiências para só assim, finalmente, despertarem.

Sem dúvida, o que importa é a mudança de padrões comportamentais. Por isso a consciência espiritual é tão importante. Se aprendermos a nos conhecer mais rapidamente, tomaremos consciência de nossos erros e mudaremos os nossos padrões equivocados, elegendo-nos para vivências mais harmoniosas e felizes.

Acontecera o mesmo comigo. Eu acreditei que o carma

que tinha vivido com Kermosa havia sido extinto há três mil anos, quando nos reconciliamos durante a caminhada até a terra prometida ao lado de Moisés. Mas eu estava enganado. Ainda estava propenso a repetir os mesmos padrões equivocados e, por isso, precisei passar, mais uma vez, por essa infeliz experiência. Espero ter aprendido de forma definitiva e jamais ter que reviver essa dolorosa vivência.

O indivíduo também precisa esforçar-se para reduzir o sentimento de culpa que tem em relação aos demais. A isso, soma-se o problema da autopunição, que é uma das principais causas de doenças de origem psíquica entre os religiosos. Muitos deles têm a tendência de punir a si mesmos. Consideram-se pecadores e são incapazes de perdoar os erros, falhas, e deslizes passados que cometeram contra os outros. Com o passar dos anos, essas ideias autopunitivas infeccionam a alma, gerando doenças no corpo físico.

O paciente, então, indagou-me:

— Por que vivo existências tão sofridas? Por que tudo dá errado e ainda sempre padeço dessa detestável doença?

Eu tinha acabado de responder mentalmente. No caso dele, não ocorria mudança de comportamento, portanto o carma persistia vida após vida, cobrando inexoravelmente o seu preço. Já que ele não adquiria o aprendizado de que necessitava, padecia revivendo aqueles resgates cármicos, pois continuava odiando e cultivando ressentimentos. Nada além da simples lei de ação e reação. Colhemos o que plantamos.

O ódio termina alimentando doenças. O ser humano pode passar muito tempo enviando pensamentos malignos na esperança de levar o infortúnio ao seu adversário, mas é muito provável que esses pensamentos retornem pelo mesmo caminho e façam com que ele adoeça, ao passo que o seu adversário continuará ileso.

Se o seu ódio por alguém o está prejudicando, é mais do que óbvio que não vale a pena insistir em cultivar tal sentimento. Reflitamos sobre isso, meu caro leitor! É preciso parar de desejar o mal aos outros e abandonar o ressentimento. Caso contrário, é a sua saúde que sofrerá as consequências. Como diz o sábio ditado: cultivar sentimentos de rancor é o mesmo que tomar o veneno e esperar que a outra pessoa, aquela que é alvo do ressentimento, morra.

Universalismo Crístico Avançado

Porém, eu sabia que aquelas explicações restariam inúteis. Não seria a primeira vez que assistentes lhe falariam aquilo, portanto, apenas lhe disse com amor:

— Meu irmão, descansa. Recupera as tuas forças para, em breve, receberes instruções dos orientadores desta casa de amor e caridade.

Ele se deu por satisfeito e eu lhe dei um abraço carinhoso e segui para atender outro paciente.

Era uma mulher de meia idade com moderada sufocação e uma preocupante chaga na região abdominal. Eu me aproximei com carinho e me posicionei em frente ao seu rosto com o objetivo de pesquisar a sua tela mental e analisar o caso.

Entretanto, ela me surpreendeu dizendo, com um sorriso empolgado no rosto:

— Eu sei quem tu és! Eu assistia às palestras que ministravas na casa espírita que eu frequentava uns vinte anos atrás. Depois, passaste a escrever livros maravilhosos, que sempre li até agora, o momento em que voltei para cá.

Sorri para ela admirado. E ela prosseguiu, com certa amargura na voz:

— Mas já deves ter percebido que eu lia os teus ensinamentos de luz, mas não os praticava como deveria.

Eu sorri de forma fraterna e já estava prestes a consolá-la, quando ela completou:

— O meu caso é bem diferente do teu, meu anjo, que serás aplaudido de pé quando regressares para a Vida Maior de Deus.

Eu fiquei paralisado, sem saber o que dizer. Depois de toda a dor, revolta e ódio que senti nos últimos meses e todas as atitudes pouco louváveis e tresloucadas que tive, como eu poderia garantir que retornaria em boas condições para o Mundo Maior? Eu seria aplaudido de pé? Muito pelo contrário, tenho que me esforçar muito mais para me reencontrar, com firmeza e dedicação.

Talvez a minha responsabilidade seja ainda maior devido ao grau de consciência que possuo a respeito disso. É lamentável eu ter-me deixado levar pelos maus sentimentos e ter caído, haja vista que possibilitei a ação das trevas no momento em que me distanciei do equilíbrio, do perdão e da tolerância. Hermes, pouco a pouco, fazia-me enxergar isso para o meu próprio amadurecimento.

No entanto, a misericórdia de Deus é tão grande que as portas estão sempre abertas para corrigirmos os nossos erros. Sábio é aquele que percebe logo o equívoco que cometeu e parte imediatamente para a correção. Sentimentos de culpa e de castigo apenas nos colocam para baixo, obstruindo a nossa capacidade divina de nos reerguermos e nos tornarmos pessoas melhores. Todos somos filhos de Deus muito amados! O Espírito Criador sempre nos tratará assim.

O dilema interno que sofremos a partir de nossas atitudes anticrísticas gera uma desarmonia que temos de resolver primeiramente com a nossa própria consciência. A dívida não está diretamente ligada a Deus ou a quem ofendemos, mas, sim, ao nosso cristo interno. Assim que nos perdoamos, podemos caminhar em direção à ação que retifica o mal cometido, compensando, assim, em um segundo momento, o mal que cometemos à nossa vítima.

A paciente tentou tecer mais alguns comentários elogiosos, mas a impedi dizendo:

— Minha querida, precisas te poupar de esforços. Descansa um pouco, enquanto te ministrarei um passe energético.

Ela concordou e ficou em silêncio, aproveitando docilmente a energia que recebia. Percebi que ela registrava uma rápida melhora, muito mais eficaz do que os pacientes anteriores. Esse é o misterioso poder da fé! Ela me considerava um missionário e, portanto, recebia as minhas energias com confiança redobrada, ao contrário dos pacientes anteriores, que estavam alienados do processo. Era algo que não compreendiam por terem vivido existências distanciadas dos ensinamentos crísticos.

Jesus realizou curas cada vez mais fantásticas à medida que o seu nome foi se tornando mais e mais conhecido na Galileia por causa também do poder da fé daqueles que o procuravam em busca da saúde do corpo e da alma.

A recuperação daquela paciente foi realmente notável. Ela mesma também notou a impressionante melhora e os seus olhos brilharam de alegria. Percebi que ela faria mais elogios e, então, pedi a Deus que sobre ela descessem energias anestesiantes.

Ela dormiu e, com isso, respirei aliviado. Em seguida, coloquei as mãos no rosto e chorei. Como receber elogios daquela natureza enquanto ainda me comporto de forma tão intem-

Universalismo Crístico Avançado   303

pestiva, como havia feito no final da triste relação amorosa que vivi?

Olhei para o teto daquela precária enfermaria em busca de Deus, que geralmente imaginamos estar no Céu, e, com voz sofrida, indaguei:

— Por que, meu Deus, tanta inconstância? Por quanto tempo ainda oscilarei entre a luz e a treva? Não é suficiente entregar-me integralmente à missão que me foi legada? Como posso encontrar o equilíbrio definitivo frente às adversidades da vida? Ajuda-me a ter um pouco de paz!

Não obtive resposta. Mas, no fundo de minha alma, eu sabia qual era: o que realmente importa é a reforma íntima que devemos sempre realizar. Boas ações e pensamentos geram Luz. Simples assim!

Depois, lembrei-me de Hermes conversando com o Espírito Criador na nossa primeira noite de trabalho para este livro e pensei: "um dia terei a lucidez para te ouvir claramente, meu Pai, assim como ouço os demais espíritos".

Segui para a próxima maca e observei um caso curioso. Era um paciente alojado dentro de uma espécie de câmara de isolamento por causa das energias geradas pelos seus terríveis desejos de ódio, rancor e vingança. O seu corpo estava se desfazendo, como se tivesse sofrido uma imersão em ácido. As suas mandíbulas estavam cerradas, bem tensionadas mesmo. Ele gritava do fundo da alma sentimentos de ódio e destruição.

Percebi que ele estava em um processo irreversível para tornar-se um ovoide. Logo teria de ser removido daquela enfermaria e levado para algum vale de dor e sofrimento no plano astral. Até me perguntei qual era o motivo de ele já estar sendo socorrido naquele momento, sem ter condição nenhuma de perceber o amparo divino.

Os ovoides são espíritos que entram em um processo de interiorização e destruição inconsciente do corpo astral. Não são obrigados a isso e tampouco o fazem conscientemente, por vontade própria. Isso ocorre devido a um sentimento de ódio, rancor e culpa muito intensos que lhes vai desligando da realidade gradativamente, aprisionando-os em um mundo íntimo de dor, revolta e vingança, até atingirem essa peculiar forma compacta e escura, parecendo um ovo negro de uns trinta centímetros.

Nesse momento, perdem a sua identidade e relação com o mundo ao seu redor. Depois, espíritos do mal se aproveitam desse estado de "desligamento" do mundo real dessas entidades, utilizando-as como usinas geradoras de ódio e rancor para atender aos seus propósitos sinistros. Geralmente, são ligados nos centros de força de encarnados para vampirizá-los e perturbá-los.

Esses espíritos não sabem o que estão fazendo e nem por que o fazem. Eles apenas passam a irradiar sentimentos destrutivos indefinidamente, de acordo com a intensidade da mágoa e do rancor que abrigam em seus corações, mantendo-se alheios ao mundo externo.

Posteriormente, quando a Alta Espiritualidade entende que é o momento, essa alma é resgatada e tratada com as energias benéficas dos planos superiores e, pouco a pouco, é feita a recuperação de seu corpo astral.

Entretanto, trata-se de processo lento e doloroso, que só se completa depois de uma série de encarnações onde esse espírito terá variados problemas físicos e psicológicos, por causa da deformidade que causou em seu corpo perispiritual, resultante do ódio e do rancor descontrolados que alimentou.

Fiquei imaginando o motivo de ele estar ali. Seria algum tipo de recado? Será que todos aqueles pacientes seriam algum tipo de aprendizado para mim e para os leitores? Certamente que sim. Refleti sobre até onde o ódio e o sentimento de revolta podem nos levar, destruindo a nossa vida.

Ali estava a resposta: a deterioração completa do corpo espiritual e o consequente isolamento do mundo por tempo indeterminado. Em breve, aquela criatura seria apenas um ovo escuro irradiando sentimentos de ódio, completamente alienado do mundo que o cerca, talvez por séculos e séculos. Sacudi a cabeça, procurando mudar de pensamento. Aquilo era muito triste.

Em seguida, dirigi-me ao próximo enfermo. Era um homem que havia desencarnado com bastante idade e que padecia de esclerose cerebral avançada associada ao mal de Alzheimer, que é uma doença degenerativa, atualmente incurável, mas que possui tratamento que permite melhorar a saúde, retardar o declínio cognitivo, amenizar os sintomas e controlar as alterações de comportamento. A sua enfermidade atingira um nível muito adiantado.

Imaginei como ele e todos ao seu redor devem ter padecido antes de seu retorno à pátria espiritual, pois, com o avanço da doença, surgem novos sintomas como confusão mental, irritabilidade, agressividade, alterações de humor, falhas na linguagem, perda de memória de longo prazo e desligamento da realidade. Outro caso que me deixou bastante penalizado.

O Alzheimer caracteriza-se clinicamente pela perda progressiva da memória. O cérebro de um paciente com a doença de Alzheimer, quando visto em necrópsia, apresenta uma atrofia generalizada, com perda acentuada de neurônios, principalmente na área do hipocampo, no córtex cerebral. O quadro de sinais e sintomas dessa doença está associado à redução de neurotransmissores cerebrais, como a serotonina, entre outros. O tratamento para o mal de Alzheimer é sintomático e consiste justamente na tentativa de restauração das funções cerebrais.

A perda de memória causa a esses pacientes um grande desconforto em sua fase inicial e intermediária. Porém, na fase adiantada da doença, não têm mais condições de perceber que estão doentes, por falha da autocrítica. Não se trata de uma simples falha na memória, mas, sim, de uma progressiva incapacidade para o trabalho e convívio social, devido a dificuldades em reconhecer pessoas próximas e objetos. Um paciente com mal de Alzheimer faz a mesma pergunta centenas de vezes, mostrando incapacidade de fixar algo novo. Palavras são esquecidas, frases são trocadas, muitas nem sequer são finalizadas. Algo muito triste.

Parece uma doença nova, mas ela sempre existiu. Nos séculos passados, as pessoas morriam cedo, não dando tempo para que esse tipo de enfermidade evoluísse. É uma doença da velhice, geralmente causada por hábitos de vida equivocados, como o egoísmo, o isolamento social e a falta de interesse por ampliar a sua consciência, agravada por tendências genéticas, segundo as necessidades cármicas. Ocorre a perda da cognição (consciência de si próprio e dos outros) principalmente devido ao que expusemos durante todo este livro: o desinteresse para com o verdadeiro sentido da vida.

Sob a ótica da medicina do plano espiritual, essa doença acomete, em geral, pessoas que não se dedicam ao saudável hábito de filosofar sobre os objetivos sagrados da vida criada

306   Roger Bottini Paranhos

por Deus, entregando-se aos interesses prosaicos do mundo humano. A mente voltada para ideais nobres e focada no bem comum é irrigada por energias salutares que preservam a sanidade mental das células cerebrais, que são iluminadas pela irradiação positiva da hipófise, a glândula que rege esse complexo órgão humano. Ligada à pituitária (hipófise), encontra-se o mais importante chacra espiritual: o coronário, que recebe elevada carga energética dos planos superiores.

O uso da mente apenas para assuntos técnicos e racionais não irradia nesse órgão nem um terço das energias salutares que o sentimento de idealismo e bem comum emitem. É necessário ter "alma" para ter saúde espiritual e, consequentemente, física. Como já afirmaram os antigos filósofos gregos há séculos: *mens sana in corpore sano*, ou seja, "mente sã em um corpo são".

O amor ao próximo é a mais pura profilaxia do corpo e do espírito. A saúde reside em almas que amam verdadeiramente. Mas, para isso, é necessário vivenciar realmente esse sentimento. Muitas pessoas creem que amam, porém, ou não sabem o que significa esse sentimento ou, então, enganam-se para viverem em uma zona de conforto com relação aos seus dramas inconscientes desta e de vidas passadas.

Cuidar de um paciente que sofre de Alzheimer é um exercício delicado de renúncia. Conforme a doença avança, aumentam as dificuldades para os familiares, que se vêem obrigados a cuidar, acompanhar e ajudar no tratamento de um familiar que não mais reconhece as pessoas e depende do auxílio de alguém a maior parte do tempo, até mesmo para realizar as suas necessidades fisiológicas mais básicas. Trata-se de uma provação evolutiva também para os parentes, que precisam demonstrar amor, carinho e paciência para com o enfermo. Quem cuida de um paciente com Alzheimer frequentemente tem que lidar com irritabilidade, agressividade, ansiedade, agitação, mudanças de humor e de comportamento, o que exige muita grandeza espiritual.

Aquele paciente à minha frente estava em frangalhos. Muito magro e debilitado; com o rosto chupado, profundas olheiras e os olhos encovados. Ele notou a minha presença, mas não esboçou nenhuma reação. Apenas percebi um pedido de súplica que provinha do mais profundo âmago de sua alma.

Realizei a imposição de mãos, energizando-o, em completo silêncio. Ele havia perdido a sua relação com o mundo externo, não por ódio, como o paciente anterior, mas por um atrofiamento da alma.

Somos seres divinos, alienarmo-nos em nossa experiência humana é como uma morte em vida. Pensa nisso, querido leitor! É por esse motivo que insistimos tanto na necessidade de libertar-nos da alienação para com os objetivos sagrados da vida durante todo este livro. Trata-se do tão falado despertar da alma!

Silenciosamente, segurei a sua mão, beijei a sua testa e disse-lhe:

— A vida é eterna, amado irmão! Em breve, terás a oportunidade do recomeço. A tua capacidade mental será gradualmente restituída no plano espiritual e receberás um novo organismo físico no mundo dos homens. Terás a oportunidade de evoluir em consonância com os reais objetivos da vida criada por Deus, que ainda são tão pouco compreendidos pela humanidade.

O meu coração foi tomado por um sentimento de humanidade como há muito tempo não ocorria. O simples gesto de tocar na mão arruinada daquela criatura fez-me sentir parte integrante da grande família universal, onde todos somos irmãos e o Criador é o nosso único e querido Pai. A unidade com o Criador!

Em um estado de espírito especial, dirigi-me ao próximo paciente que estava muito próximo da janela. Percebi que ela estava mal fechada e alguns respingos da forte chuva e rajadas de vento o atingiam. Estranhei o descuido dos atendentes e a fechei de forma prestativa e carinhosa.

Em seguida, virei-me para ele, com um gentil sorriso no rosto, e fui fuzilado com um olhar de irritação e intolerância. Pouco depois, aquele homem com uma expressão de ódio no rosto me insultou, aos gritos:

— Seu idiota! Por que não fechaste essa janela antes? Não vês que eu estava me molhando? Que hospital é este onde somos tratados com descaso?

Eu me impressionei com a sua reação violenta e pedi-lhe desculpas por nossa desatenção. Em seguida, fui analisar a sua tela mental para estudar o seu caso e ver de que forma poderia ajudar, mas fui surpreendido por uma cusparada no rosto.

Recuei, indignado com a sua atitude grosseira e perguntei, com irritação e destempero:

— Por que fizeste isso? Não vês que estamos aqui para ajudá-lo? Ou preferes voltar para o lodaçal desse pântano lá fora? Ingrato! Não estás te comportando com dignidade e humildade perante a benção que recebeste de estares sendo socorrido. Teu lugar é lá fora nos charcos! Não mereces estar aqui!

Eu iria prosseguir na minha reação indignada, mas, naquele instante, o misterioso paciente desintegrou-se, desaparecendo completamente de minha vista. Olhei para os lados à procura dele e deparei com Hermes sentado em um leito no final corredor e me envolvendo com um olhar penetrante de reprovação.

Voltei-me, assustado, para as outras macas de atendimento e observei que os demais pacientes estavam lá. Eram reais! Caminhei em direção ao sábio mestre e perguntei, com um olhar assustado:

— Qual o significado desse último? Ele era real?

Hermes negou com a cabeça e falou:

— Os demais eram, mas esse, no final, era apenas um holograma para avaliar as tuas reações.

Eu me demonstrei um tanto contrariado e perguntei:

— O que esperavas que eu fizesse depois de tamanha agressão? O que ele fez não foi apenas uma indelicadeza, mas, sim, um gesto de violência e desrespeito.

Ele não discordou, mas orientou-me com carinho e firmeza:

— Mesmo assim! Tu não deverias ter-te sintonizado com a frequência dessa experiência. Ódio apenas alimenta mais ódio. Ainda não aprendeste isso? Meu filho, não permitas mais que os outros te desequilibrem. As pessoas têm o livre arbítrio para odiar. É um direito de cada um! Mas tu te afetares pela raiva ou ofensa alheia é uma falha que somente contribui para a tua desarmonia e infelicidade.

Não deves te abalar tanto pelas ações intempestivas dos outros. O homem reage negativamente somente às ações alheias que o afetam por algum motivo. Portanto, precisas analisar o porquê de reagires assim frente a algumas adversidades da vida. Se tu sabes que estás no caminho certo, por que, então, ofender-se dessa forma com atitudes tão pequenas de irmãos enfermos, que não possuem razão?

Universalismo Crístico Avançado

Ele me fez um sinal, perguntando-me se eu havia compreendido. Eu demonstrei, humildemente, que sim, abaixando a minha cabeça e com os ombros encolhidos. Fiquei em absoluto silêncio.

Novamente, o sentimento de insegurança e medo de rejeição povoaram os meus pensamentos, tomando as rédeas do meu instável ego, gerando uma situação negativa. Eu me mantive calado, porém Hermes leu os meus pensamentos e percebeu que eu havia compreendido a lição.

Em seguida, ele me convidou para caminharmos pela mata. Olhei para a chuva intensa desabando sobre o telhado de zinco e as lonas que protegiam as janelas do humilde ambulatório e fiquei impressionado com o convite.

Lembrei, também, de todo o trabalho que tínhamos para realizar ali na enfermaria e falei-lhe:

— Hermes, eu gostaria de prosseguir auxiliando os pacientes. Vê quantos pacientes temos para atender e o número de enfermeiros é pequeno. Está me fazendo bem ser útil a esse trabalho, apesar da falha ocorrida em meu último atendimento devido ao meu julgamento precipitado no teste que me impuseste.

Ele me olhou com carinho e falou:

— Já deste a tua contribuição aqui neste local. A tua tarefa já está concluída. Agora temos que fazer algumas reflexões importantes para transmitirmos às almas que estão temporariamente na frequência da vida humana. Preciso de ti para outras atividades.

O nobre benfeitor virou-se repentinamente para o amplo salão, ergueu as mãos e, naquele mesmo instante, toda a enfermaria ficou iluminada. O atendimento que fiz individualmente durante mais de uma hora foi realizado por Hermes em todo o amplo hospital improvisado, beneficiando a todos, sem exceção, em questão de apenas dez segundos.

Os atendentes olharam para o iluminado mentor com um sorriso de satisfação no rosto. Era possível perceber as vibrações de gratidão que lhe dirigiam através do olhar. Ele retribuiu o carinho com um gesto sereno e saímos silenciosamente daquele local.

Meus olhos ficaram marejados com a emoção do momento. Mais uma vez, pensei em quais são os misteriosos planos do Criador para sempre me colocar próximo daquela alma tão iluminada e o motivo pelo qual esse sábio instrutor tanto me ama, mesmo eu não estando à altura de todo o seu carinho. Sequei as lágrimas que fugiam discretamente de meus olhos e observei o ambiente fora da ampla enfermaria.

Misteriosamente, a chuva havia cessado e o sol já despontava em meio às frondosas árvores que deixavam escorrer de suas folhas as últimas gotas que caíram do céu. A paisagem ficou admirável, mesmo naquele local de baixas vibrações. Os raios de sol, cortando a copa das árvores, pareciam iluminar o nosso caminho como se fossem holofotes do palco de um teatro ao ar livre.

Aquele posto de atendimento se encontrava em meio a uma floresta fechada, muito úmida, que lembrava os campos de batalha do Vietnã, como já relatamos. Hermes, então, convidou-me para caminharmos por uma trilha sinuosa e eu o segui sem qualquer questionamento.

Havia muitas poças de água pelo caminho. Era impossível não pisarmos nelas. Essa sensação foi tão clara que, naquela noite, ao regressar ao corpo físico, tive a nítida impressão que os meus pés ainda estavam molhados por causa do terreno alagadiço. Cheguei, inclusive, a tentar secá-los com o lençol, instintivamente, enquanto o corpo repousava, em profundo transe, durante a projeção astral que realizava.

Nos galhos das árvores, pude ver diversos macacos de todas as espécies, bem como aves exóticas, muito extravagantes. Sem contar os cães e gatos que se embrenhavam na mata de um lado ao outro, à procura de algo. Com o cessar da chuva, todos os animais e insetos começaram a emitir os seus sons peculiares, dando vida à natureza ao nosso redor.

Hermes percebeu a minha curiosidade e falou:

— Esses animais são manifestações da alma grupo de suas respectivas espécies. Trabalham aqui no entorno do hospital para eliminar os miasmas deletérios dos pacientes e desta zona de baixa frequência. Se perceberes bem, verás que eles são como Fiel, o meu querido cão de estimação.

São mais inteligentes e racionais que os animais do mundo humano porque a consciência da alma grupo que os rege pode atuar de forma mais dinâmica sobre eles no plano astral. Quando esses animais voltarem a encarnar no plano físico, es-

Universalismo Crístico Avançado

tarão bem mais limitados ao instinto da matéria, assim como acontece conosco ao voltarmos para o mundo humano.

O convívio com o homem apura e sensibiliza essas almas primárias, promovendo-as a uma consciência individualizada, o que lhes permite reencarnar no futuro na condição de seres humanos. Eis a eterna evolução dos filhos de Deus. Os laços de amor dos homens com os animais e a ação benéfica entre eles promove uma evolução mútua.

Fiz um gesto de que havia compreendido, lembrando-me da conversa que realizo mentalmente com a plantinha de meu apartamento, e sorri. Aperfeiçoei isso de tal forma que, hoje em dia, percebo até quando ela me pede água, atendendo-a conforme as suas necessidades. A minha querida plantinha guerreira, única e inseparável companheira...

Em seguida, o amigo espiritual prosseguiu caminhando pela trilha envolta em magnífica vegetação, mas que me causava certo receio pela possibilidade de encontrar algum animal selvagem ou peçonhento escondido na mata densa.

Ele percebeu a minha insegurança e disse:

— Relaxa, este ambiente está controlado. Nada acontecerá.

Em seguida, prosseguiu explanando os seus conceitos que iniciara dentro do posto de atendimento, enquanto eu apreciava a diversidade de vida daquele local sinistro, porém exuberante.

— Roger, temos pouco controle sobre as ações do mundo externo. O que podemos fazer é controlar a nós mesmos. Logo, para encontrares a paz, deves abrandar as tuas reações emocionais a provocações. Se não tiveres controle quando receberes pequenas agressões, o que farás no momento em que te deparares com ofensas maiores? O trabalho que realizas no mundo é transformador, portanto serás atacado por aqueles que não desejam mudanças.

Tens uma missão importante a realizar no mundo. O que esperas que aconteça? Estás mexendo com a zona de conforto daqueles que não desejam mudar e perder o controle que possuem sobre os outros. Eles te atacarão e conspirarão contra a nova revelação.

Mesmo que sofras ataques, procura atingir o teu equilíbrio emocional. Manter a harmonia interna é, sem dúvida, o teu maior escudo! Quem está em harmonia está em equilíbrio, tornando-se, dessa forma, um frondoso e inabalável carvalho que abrigará todos que necessitarem refugiar-se sobre a sua sombra protetora, sem que haja o risco de seres derrubado pelos ventos da incompreensão humana ou pelos ataques das trevas.

Hermes caminhava a passos rápidos em meio às poças d'água. Parecia que ele flutuava sobre elas, enquanto eu o seguia pulando de um lado ao outro, tentando manter-me equilibrado naquele solo lamacento e instável. Senti-me, naquela hora, como sempre havia vivido: no fio da navalha, balançando sobre o abismo! Lutando contra o meu próprio ego sem temor, renascendo das cinzas, jamais me entregando.

Ele ergueu as mãos, em sinal de inconformidade, e falou:

— Ah, os fariseus modernos! Parece que a sua missão é atravancar o progresso espiritual da humanidade, tanto hoje como no passado. Sem contar as ações das trevas como acabaste de vivenciar e relatar neste livro.

Portanto, querido irmão, precisas adquirir a maturidade necessária para identificar a ação negativa contra ti, mas deves reagir com sabedoria e amor, jamais te deixando influenciar pelas vibrações inferiores que geralmente envolvem essas ações do mal.

Ele silenciou por alguns instantes, enquanto passávamos por uma pequena e delicada cascata, digna de requintados jardins japoneses. O mestre observou um pequeno macaquinho bem próximo a nós, sentado no galho de uma árvore, e fez-lhe alguns afagos que foram bem aceitos.

Em seguida, continuou falando:

— Lembra-te: almas pequenas discutem umas com as outras. Grandes almas debatem ideias, sem quaisquer ofensas. As primeiras estão presas aos interesses de seu ego inferior, ao passo que as segundas vivem libertas em busca de ideais que beneficiem a coletividade. Permanece entre estas últimas, meu irmão! Não deixes que comportamentos mesquinhos te roubem a paz e a felicidade de evoluir. Não te aprisiones novamente ao escuro cárcere do apego, do ciúme e do ódio. Para evoluíres, já te disse isto, deves continuar a realizar o teu desenvolvimento pessoal e o teu trabalho de esclarecimento espiritual da humanidade, sentindo-te feliz.

Sempre prezaste a liberdade e os ideais superiores! Tu

Universalismo Crístico Avançado

313

és um aquariano de alma. Não permitas que padrões inconscientes de vidas passadas te desviem do nobre caminho da evolução. Recupera a felicidade idealista que sempre tiveste! Aprende a amar os teus semelhantes de forma verdadeira e incondicional. Tolera as suas agressões infantis com paciência e compreensão. Cada vez mais, serás chamado para um caminho em que precisarás ter contato direto com um grande número de indivíduos, portanto, essas qualidades da alma te serão necessárias. Alguns desses indivíduos te serão valiosos colaboradores, outros serão irmãos enfermos, desejando sugar as tuas energias, conspirar contra o trabalho da Luz em vez de colaborar com ele. Esses últimos são fáceis de identificar. Em geral, são aqueles que mais reclamam e criticam.

Terás que ter amor no coração para não reagir negativamente e sabedoria para mostrar-lhes que o roteiro para a evolução é agir em prol de seus semelhantes, e não ficar reclamando da vida com comentários amargos e carregados de intolerância e revolta.

O caminho da luz é de amor, equilíbrio, paz e sabedoria. Quem age de forma diferente não está seguindo o roteiro divino. Portanto, jamais ajas assim novamente. Prometa-me isto! Quanto àqueles que agirem assim contigo, apenas perdoa, porque são almas doentes, que precisam de compreensão, tolerância e uma boa dose de preces e amor.

Esbocei um tímido sorriso e procurei quebrar um pouco o clima de formalidade, dizendo:

— Creio que tu estás me pedindo para não chutar mais o balde?

Hermes, sempre amorável e atencioso, divertiu-se com a minha brincadeira e respondeu:

— Fico feliz, pois vejo que tu estás compreendendo o meu recado de forma muito lúcida.

Ambos sorrimos. Ele colocou a mão em meu ombro e eu fiz o mesmo com ele, demonstrando-lhe que o considerava o meu amado irmão.

O iluminado mentor percebeu os meus pensamentos e denunciou isso com um olhar. Depois, refletiu por alguns instantes e prosseguiu falando:

— Tu deves executar o teu trabalho por amor ao ideal e por saberes que é o caminho certo a seguir. As ações daque-

314   Roger Bottini Paranhos

les que não compreendem o trabalho que vieste realizar no mundo não devem preocupar-te. Se tu estás te autoavaliando e percebendo o que deve ser corrigido, não precisas te afetar com ataques, pois eles geralmente partem de pessoas desequilibradas que são utilizadas como instrumentos das trevas.

Se tu propagas uma mensagem de amor, por que ficar aflito e preocupar-te em responder a inquisidores do ódio? Não permitas que a raiva e o despeito de pessoas obscurecidas pela ação do mal te afastem do caminho do amor, que é onde exclusivamente deves semear. Se a tua mensagem apregoa o amor, por que preocupar-te com quem acredita ter apenas razão? O amor vence a razão e sempre a sobrepujará! Fora das limitações do mundo humano, a suposta lógica e a razão tornam-se pequenas diante da força do amor.

Até hoje, ninguém foi aceito com unanimidade na Terra, nem mesmo o grande intérprete do Cristo: Jesus. Meu filho, não serás tu quem realizará essa proeza. Trata-se de um planeta onde os trabalhadores do Cristo semeiam luz, mas são desprezados e rejeitados pela ingratidão daqueles que ainda são pequenos demais para perceberem os benefícios que o esforço da Luz pode trazer à sua vida.

As palavras de Hermes me envolveram em profunda paz. Sim, ele tinha razão! Não receberemos somente aplausos nesta vida. Meditei sobre elas e lembrei-me de quantas vezes Chico Xavier, o grande apóstolo do Espiritismo, tinha sido ofendido e humilhado pela ignorância humana. Lembrei-me, inclusive, de quando ele recebeu uma cusparada no rosto de uma mãe ingrata, que considerou uma fraude a comunicação mediúnica que ele recebera. O nobre Chico jamais revidou.

Sim! Essa é a postura dos que já despertaram para a verdade. Não precisamos ter razão. Apenas devemos desenvolver o nosso trabalho voltado para o amor e a conscientização espiritual da humanidade e aguardar o julgamento de quem realmente tem o direito de exercê-lo: o nosso cristo interno, ou seja, a nossa própria consciência que está interligada ao Espírito Criador. Somos centelhas divinas...

Concordei com as suas palavras e voltei a perguntar:

— O que devo fazer com relação aos ataques ardilosos de ex-colaboradores e ex-simpatizantes do Universalismo Crístico que foram arrebanhados pelas trevas por causa de sentimentos de inveja e egoísmo? Alguns deles, inclusive, estão sendo manipulados por espíritos "capas pretas" para realizarem trabalhos de magia negra contra mim e o Universalismo Crístico.

O mestre, de maneira inalterável, apenas respondeu:

— Perdoa e segue com o teu trabalho sob a nossa orientação! Não dês a eles, em tua mente, um poder que não possuem.

O problema maior é somente dessas pessoas, pois estão se associando a entidades no astral que denominamos de "viúvas negras". Esse nome se deve ao fato de esses seres do mal serem muito sedutores, passando-se por entidades de luz, e, algum tempo depois de alcançarem os seus propósitos, matarem ou causarem graves danos aos médiuns de que se utilizam.

Eles não gostam de deixar rastros e desprezam os seus instrumentos, eliminando-os sem dó nem piedade. Estamos trabalhando para reverter a fascinação a que esses incautos se rendem, por sua própria imprudência e invigilância. Contudo, o livre arbítrio é um direito de cada um.

Refletindo sobre as palavras do mestre, lembrei-me de quando ajudei a desarmar o trabalho de magia negra realizado contra Akhenaton há 3.300 anos. Na atualidade, as posições estão invertidas. Eu e o Universalismo Crístico precisaríamos da intervenção das equipes da Alta Espiritualidade.

Hermes percebeu os meus pensamentos e falou:

— As trevas temem a Luz! Enquanto a mensagem que propagas brilhar, teremos que lutar contra as sombras para defender-te e proteger o ideal do Universalismo Crístico. Não te preocupes! Tu e o U.C. estais blindados!

Enquanto estiveres conosco, nada de mal te acontecerá. Entretanto, faze a tua parte, sintonizando-te com a harmonia e as virtudes crísticas. A cada um é dado segundo as suas obras, se fugires disso, nada poderemos fazer por ti.

Hermes tinha razão. Muitas pessoas sucumbem a esses ardilosos magos das sombras encarnados por deixarem se sugestionar por supostos trabalhos de magia e ameaças. No entanto, a solução é muito simples: basta manter-se ao lado do Cristo, agindo conforme os ensinamentos dos grandes mestres espirituais, em harmonia e equilíbrio. Desse modo, estaremos sempre protegidos. As trevas só conseguem atingir quem permite que isso ocorra, por meio de ações equivocadas ou deixando-se sugestionar por elas.

O mestre avaliou-me com atenção e questionou-me:

— Tens algum receio?

Eu sacudi a cabeça de forma negativa e respondi com segurança:

— De forma alguma! As trevas não têm poder nenhum sobre mim. Eu sou do Cristo. Posso tudo com Aquele que me fortalece!

Hermes sorriu, feliz com a minha predisposição mental a não me sugestionar com essas ações do mal. Eu olhei para ele com tranquilidade no coração e disse-lhe:

— Obrigado, querido mestre. Mais uma vez, tu aliviaste o meu coração, dando-me ânimo e inspiração para prosseguir semeando luz em meio às trevas da incompreensão humana.

O sorriso do mestre se abriu como uma flor e ele encerrou o estudo da noite dizendo:

— Eu estarei sempre contigo, seja em que situação for. Nunca te abandonei. Nem nos momentos mais difíceis. Confia em mim! Mesmo quando seguiste pelo vale das sombras há doze mil anos, acompanhei os teus passos silenciosamente, esperando o teu despertar, sem pressa nenhuma.

Há milênios, estás conosco trabalhando pela Luz. Por que, então, eu haveria de esquecer-te em momentos tão insignificantes em comparação a tudo que já passamos juntos? Tu és meu irmão muito amado. Farei o que estiver ao meu alcance para amparar-te e ajudar-te em tua missão.

Eu me emocionei com as suas generosas palavras e o abracei de forma intensa, como fazem os grandes amigos.

Depois, ele completou:

— Volta para o teu lar e descansa bem. A nossa próxima reunião será uma tarefa que já está bem atrasada por causa de teus últimos percalços. É fundamental obtermos sucesso nela. Não existe espaço para falhas nessa empreitada. Lembra-te sempre de que, com a prática verdadeira do amor do Cristo em nosso coração, somos invencíveis!

Universalismo Crístico Avançado

13
A desativação da terceira pirâmide

Sim, Hermes tinha razão. Aquela era uma noite muito especial. Quando tomei consciência no astral, estava naquele sinistro corredor que leva até a sala da pirâmide hipnótica. Como relatei no livro *Atlântida – No Reino das Trevas*, quatro pirâmides hipnóticas foram criadas pelos magos negros logo após o afundamento da Atlântida, há 12 mil anos, com o objetivo de alienar a humanidade e mantê-la distanciada de sua busca espiritual e do entendimento do propósito da vida humana.

As pirâmides foram criadas dentro de estações que orbitam a Terra, como satélites, porém, são invisíveis ao olho humano, por estarem na frequência astral do planeta. A função desses artefatos hipnóticos é manter sinais de frequência que atuam diretamente na psique humana, entorpecendo os encarnados para que vivam somente conforme os ditames da vida humana primitiva, afastando-os das reflexões transcendentais que os libertariam da alienação em que vivem.

Infelizmente, ao longo de todos esses séculos, por não possuírem caráter reflexivo, e, sim, doutrinário, as religiões nunca tiveram capacidade para libertar as massas dessa sinistra hipnose. Poucas almas dedicadas à busca da luz conseguiram despertar durante esse longo período, por meio do entendimento filosófico do Plano Divino.

As pirâmides hipnóticas não são uma injustiça. Elas fazem parte do carma coletivo do planeta azul desde a chegada dos capelinos há 12 mil anos. Os exilados de Capela tiveram clara oportunidade de crescimento e entendimento espiritual em sua antiga escola evolutiva. Todavia, por terem desprezado esse paraíso, que resultou na lenda de Adão e Eva, necessitaram passar por essa dura provação de terem dificuldade de romper com sua alienação espiritual por todo esse longo período de nossa história. A percepção de nossa humanidade quanto à existência de Deus e da Espiritualidade ainda é muito limitada, principalmente devido à influência desses artefatos hipnóticos.

Por isso, a realidade espiritual ainda faz parte apenas de um conjunto de crenças humanas, e não de sua realidade. O homem não tem a capacidade e sensibilidade necessárias para perceber a Vida Maior de forma clara através de seu campo de percepção sensorial, tanto devido à ação das pirâmides hipnóticas, como por seu precário desenvolvimento espiritual.

Se o homem descobrisse a sua natureza divina seria finalmente livre e feliz. Dessa forma, libertaria-se da influência dos seres das trevas que se alimentam da ignorância humana. Mas isso não é do interesse das sombras. Os regentes do lado negro lutarão o quanto puderem para que o mundo permaneça como tem estado desde o início do atual ciclo de evolução de nossa humanidade.

Entretanto, tudo tem um fim. A chegada da Era da Luz encerrará esse carma terreno que se estende por milênios. Os habitantes da Terra do próximo ciclo poderão viver em uma atmosfera astral mais leve e propícia para o engrandecimento espiritual.

Em breve, a Terra entrará no período que a Alta Espiritualidade chama de "reintegração cósmica", momento em que a humanidade de nosso mundo perceberá que não está só no Universo e que existem muitas outras realidades lá fora e aqui mesmo, em nosso próprio mundo.

Aproxima-se o dia em que os espíritos encarnados no plano físico da Terra conseguirão ampliar a sua sensibilidade espiritual algumas frequências acima, assim como fazem os músicos, atingindo notas musicais sublimes. Dessa forma, perceberão, então, o mundo que lhes é velado por sua própria comodidade e ignorância espiritual. Os homens sintonizados com a frequência espiritual do terceiro milênio despertarão e transformarão o mundo. Mas, enquanto isso não ocorre, a Terra vive em trevas, escravizada à sua própria alienação.

A primeira pirâmide foi desativada e destruída durante a

Universalismo Crístico Avançado

319

elaboração de nosso último livro, em julho de 2010. A segunda foi eliminada em junho de 2011 e, agora, naquele instante, em março de 2012, chegara o momento da terceira.

Eu respirei fundo, pedi proteção ao Espírito Criador e comecei a caminhar por aquele corredor estreito que levava até a porta de entrada da sala principal. Enquanto me dirigia para lá, fiquei relembrando a desativação da pirâmide anterior, momento em que, como já expliquei, eu e Ramiro a desligamos sem nem sequer compreendermos de que modo realizamos tal façanha. Nesse tipo de trabalho, o grande problema é saber qual é a chave de desativação desses artefatos sinistros.

No corredor de acesso, encontrei o mesmo estilo das estações orbitais anteriores: um ambiente escuro, tomado por insetos e larvas repulsivas, iluminado apenas por tochas encravadas no alto das paredes, lembrando grutas abandonadas por milênios. A cada passo, a passagem ficava mais estreita, obrigando-me a caminhar meio de lado para não roçar naqueles seres pestilentos, com cheiro repugnante.

Da mesma forma que ocorreu com as anteriores, à medida que avançava, eu observava os símbolos da antiga língua atlante gravados nas paredes. Muitos deles representando poderosos comandos de magia negra que foram muito utilizados nas últimas décadas do continente que desapareceu nas águas profundas do oceano Atlântico. Neutralizei a minha mente para não ser influenciado por aqueles comandos hipnóticos que provocam poderosa sugestão em almas despreparadas.

Até ali, nada de novo, portanto, eu estava tranquilo, apesar de aquele ser um lugar que poderia revelar uma surpresa desagradável a qualquer instante.

Não demorou muito para eu chegar à porta de acesso no final do corredor, onde pude vislumbrar o tradicional rosto satânico que mantém guarda na porta de acesso, mesmo com a névoa que dificultava ainda mais a visão em meio àquela penumbra. Ele me observava com um olhar sinistro e com as sobrancelhas arqueadas. Era a mesma criatura demoníaca que protegia o acesso às pirâmides anteriores.

A carranca do mal sorriu e falou em um tom irônico, como se não controlasse os meus passos, dia após dia, noite após noite:

— Tu aqui de novo? Não acabamos contigo ainda, ratazana do Céu?

Eu mantive um olhar firme e sereno, e respondi que não, de forma seca e direta.

Ele gargalhou de forma desprezível e disse sarcasticamente:

— Mas dessa vez foi quase... e de uma forma ridícula! Nós te cercamos por todos os lados e nada conseguimos. Quando Gadeir falou que aquela mulher no teu caminho nos seria útil, sinceramente, achei que o grande líder estava perdendo o juízo, mas vejo que ele é muito sábio e perspicaz. Foi o nosso melhor golpe até agora... E tu és um tolo! Acreditar nessa estupidez chamada amor!

Eu não respondi nada, enquanto ele gargalhava de forma descontrolada. Apenas baixei a cabeça em busca da maçaneta. As larvas que corriam por aquela porta eram tantas que eu não a enxerguei.

Suspirei profundamente e, com total convicção, disse:

— Que esta porta se abra, em nome do Cristo!

A tranca estalou forte e a abertura se abriu para o assombro do ser sinistro, que preferiu manter-se em silêncio.

Eu ergui a mão e, manipulando a energia vril com o poder do pensamento, empurrei a porta para poder passar, sem tocá-la. Enquanto isso acontecia, disse ao vigia das trevas, com indiferença:

— Estupidez, meu amigo, é não crer na força do amor crístico.

Ele, então, sentiu-se vencido e afundou-se nas larvas que cobriam toda a porta, procurando esconder-se, parecendo um caranguejo enterrando-se no mangue.

Ao ultrapassar a entrada, como nas outras estações, o ambiente era limpo e iluminado. O piso, as paredes e o teto eram de um branco que ofuscava os olhos. Pareciam irradiar uma luz prateada, tal o seu brilho. Ao encostar a porta para fechá-la, notei, como das outras vezes, que a fechadura por dentro era moderna, com um cartão de acesso eletrônico; bem diferente do lado externo, que se assemelhava às trancas medievais.

Olhei para as minhas roupas e percebi que, dessa vez, eu usava vestes semelhantes às das reuniões com Hermes: uma simples túnica branca, sandálias gregas e um cordel da cor violeta, a cor da transformação, amarrado à cintura.

Universalismo Crístico Avançado

Respirei fundo e disse para mim mesmo:

— Melhor assim. Aqui, mais do que nunca, o meu ego deve ficar do lado de fora.

Agradeci a Deus pela presença da luz, que certamente seria fundamental para obtermos sucesso, e procurei me inteirar dos detalhes. Observei a pirâmide no centro da sala. Era semelhante às anteriores. Uma poderosa estação de transmissão de frequências sinistras que emitiam comandos hipnóticos para obscurecer a conexão dos encarnados com o seu mundo original: a pátria espiritual. Percebi o som silencioso e eterno do vril, alimentando-a para atender aos seus propósitos malignos.

Lembrei-me da "chama de Antúlio", na antiga Atlântida, e falei para mim mesmo:

— A que ponto nós chegamos para dominar o mundo, movidos por nossa ambição. Até mesmo conseguimos o domínio sobre a aplicação eterna do vril! Mas, infelizmente, com o objetivo de utilizá-lo para o mal.

O único que realizou um feito realmente espetacular nesse sentido foi Antúlio: o grande profeta da Atlântida, aquele que recebeu a mensagem da Luz diretamente do Cristo Planetário, assim como ocorreria com Jesus e outros grandes iluminados no transcorrer da história de nossa humanidade.

Antúlio, poucos anos antes de voltar para o reino espiritual, materializou o vril na forma de uma chama eterna em um dos altares das diversas salas de meditação da Grande Pirâmide. Ele programou essa aplicação do vril para apagar-se somente no dia em que a Atlântida se afastasse do caminho da Luz. Isso realmente aconteceu, conforme narramos no livro *Atlântida – No Reino da Luz*.

Sem sombra de dúvida, a ambição do homem o leva a grandes realizações. Depois do sinistro fim da Atlântida, construímos esses artefatos das trevas no astral e conseguimos manipular o vril para alimentá-los de forma eterna, ou até o dia em que alguém viesse desarmá-los. Refletindo sobre isso, lembrei-me também de quando desativei o sistema de segurança da grande pirâmide de Posseidon, nos dias derradeiros da Grande Ilha.

Meditei por alguns instantes e sussurrei, procurando descontrair:

— Parece que desligar pirâmides está se tornando uma rotina. Acho que já estou até me especializando nessa tarefa. Sim, a ambição nos leva a grandes realizações pelo caminho das sombras. Assim foi tanto no passado distante como no recente. As guerras mundiais estimularam o avanço da ciência em vários aspectos, desde a aviação até o domínio da energia nuclear. No entanto, chegará o dia em que o homem utilizará todo o seu potencial para promover o progresso da humanidade com o objetivo de sanar as desigualdades do mundo, e não para satisfazer os seus mesquinhos interesses, sejam eles guerreiros ou mercantilistas.

Abandonei as minhas reflexões e procurei localizar Ramiro no outro extremo. Não sei o motivo, mas eu sempre entrava por aquela ala leste. Arnach, na primeira pirâmide, e Ramiro, na segunda, ingressaram pela oeste. Logo previ que encontraria o meu guia protetor no outro extremo da sala.

Aguardei e, enquanto refletia sobre isso, percebi a outra porta se abrindo lentamente no lado oposto da sala e, para a minha mais agradável surpresa, vi entrando por ela, trajando vestes idênticas às minhas, as encantadoras gêmeas. A única diferença era que as sandálias e o cordel de Lua eram da cor prata, e de Sol, dourados. As suas marcas registradas!

O meu sorriso se abriu como uma flor e o delas também. Sol colocou as mãos nos lábios, de tanta alegria, e Lua me dirigiu um olhar amoroso, absolutamente inesquecível. Elas também não tinham ideia de que nos encontraríamos.

Ao ver o semblante iluminado de Lua, pensei: como pude me enganar tanto e cair na cilada das sombras no ano que havia passado? Lua não tinha absolutamente nada em comum com aquela mulher que havia cruzado o meu destino de forma tão tumultuada.

O olhar da introspectiva morena é magnânimo, tranquilo e amoroso, demonstrando o quanto a sua alma é paciente, tolerante e generosa. Como nos tempos da Atlântida, ainda fala pouco, mas, sempre que manifesta a sua opinião, dirige-se com uma delicadeza e respeito para com os seus semelhantes que impressiona. Em poucas palavras, resume a beleza e a maturidade de sua alma.

Sol, como sempre, é mais comunicativa e radiante. Um coração de ouro. Não vê maldade nas pessoas. Não entendo

Universalismo Crístico Avançado

como ela ficou conosco tanto tempo regendo as trevas. Deve ter sido por amor e companheirismo às almas rebeldes por que tinha tanto apreço.

A doce loirinha nasceu para amar sem esperar nada em troca. Creio que, de nós três, ela é que se encontra mais perto da vitória no campo dos sentimentos. Possui um caráter absolutamente desprendido e generoso. Em qualquer ocasião, abria mão de seus desejos e interesses por amor a Lua, ainda que nem sempre recebesse a mesma dedicação da irmã. Mesmo assim, a loura jamais se queixava.

Ao contrário das vezes anteriores, quando usei de grande cautela ao adentrar a sala da pirâmide, corri até elas e me joguei em seus braços. Ficamos por longos e agradáveis minutos abraçados, de olhos fechados, somente sentindo o batimento acelerado e feliz de nossos corações. As lágrimas de saudades corriam de nossos olhos. Deus e os leitores sabem o quanto eu precisava do abraço amigo, afetuoso e sincero daquelas belas almas.

Lua mirou-me com os seus lindos olhos negros, e disse-me, com a sua voz rouca e penetrante, demonstrando ansiedade:

— Por quanto tempo ainda teremos que ficar longe uns dos outros? Por que Deus retarda tanto a nossa felicidade?

Sol concordou com um olhar. Eu beijei a fronte daquelas duas lindas almas e disse-lhes:

— Meus amores, eu não sei quais são os planos divinos. Eu só sei que devemos trabalhar em nome do Alto para despertar a humanidade. O Espírito Criador certamente nos abençoará por isso. Tenhamos fé! É o melhor que podemos fazer para nos libertarmos desse tormento de vivermos afastados por tanto tempo.

Eu meditei por uma fração de segundo e concluí:

— Creio que o nosso reencontro não está nas mãos de Deus. Depende apenas de nós mesmos. Quando despertarmos e vencermos os nossos erros do passado, encontraremos a felicidade que tanto procuramos.

Elas concordaram com um olhar expressivo e, em seguida, nós três nos voltamos para a pirâmide no centro da sala.

Aproximamo-nos com passos firmes e nos concentramos no maléfico artefato. Assim como nas vezes anteriores, era uma pequena réplica da pirâmide de cristal branco da Atlântida. Ela tinha em torno de um metro de altura e repousava sobre um pedestal de aproximadamente cinquenta centímetros. No centro da sala, o teto se afunilava para absorver e canalizar as energias e transmissões emitidas por aquele instrumento do mal. Naquele instante, ela estava funcionando em seu potencial máximo, sendo alimentada em abundância pela inesgotável força do vril.

Eu me aproximei da pirâmide e, como das outras vezes, girei o cume levemente para o lado direito, desencaixando-o do restante da peça. Nesse instante, a base da pirâmide se abriu em camadas, mostrando o seu interior, onde era possível perceber um painel com a programação daquele complexo artefato da milenar magia atlante. As camadas da pirâmide, ao se abrirem, desdobraram-se em telas sensíveis ao toque, elaboradas a partir do mais puro cristal branco, semelhantes aos de computadores de última geração.

A pirâmide liberou um som agudo e áspero. Parecia um protesto por estarmos ali para destruí-la. O vril é uma energia elaborada a partir do fluido cósmico universal. É um elemento com vida que se intercomunica em níveis primários com todos os seres vivos do planeta. Ela reconheceu que fomos os seus construtores e pareceu relaxar. Ledo engano!

Eu olhei para as meninas e disse-lhes:

— Agora vem a parte mais difícil. Não tenho a mínima ideia de qual é a chave para a desativarmos. Sem contar que, dentro de poucos instantes, "eles" se aproximarão...

Eu sabia que aquela mudança alertaria os senhores da escuridão. Mal eu havia terminado essa reflexão com as meninas e percebemos a presença de várias entidades sombrias surgindo lentamente ao nosso redor, com capuzes negros cobrindo as suas cabeças que irradiavam energias densas e destruidoras. Apesar da luz intensa, eles pareciam não se afetar e se achegavam cada vez mais, lentamente, como se estivessem flutuando como terríveis almas penadas.

Só que, dessa vez, o contingente de seres sombrios era muito grande. Pude ver que a sala ficou repleta de sombras ao nosso redor. Ficamos encurralados.

Pude observar os principais magos negros atlantes que ainda se mantinham no caminho das sombras: Galeato, Pan-

Universalismo Crístico Avançado

325

tauér, entre outros que não citamos diretamente nos livros sobre a Grande Ilha. E, mais atrás, sentado em um trono, o próprio Gadeir, o líder máximo dessa organização do mal.

Vestindo um manto preto sinistro e o capuz das trevas, ele repousava a mão muito envelhecida sobre um cajado com símbolos estranhos. O seu rosto enrugado tornava-se ainda mais sinistro devido à expressão facial de ódio e revolta, que lhe é tão característica.

Eu olhei para as meninas e disse-lhes, ao pé do ouvido, de forma tranquila, procurando evitar preocupá-las:

— Que ótimo! Hoje vieram todos. Até Gadeir está aqui. Teremos bastante trabalho. É bom orarmos pedindo a presença de Hermes e de toda a equipe.

Bastou eu pensar no mestre amigo que rapidamente ele se materializou entre nós, com a sua exuberante luz e beleza, contrastando com aqueles seres enfermiços que dominavam o ambiente.

Ele ergueu as mãos, afastando as entidades sombrias com o seu indiscutível poder, dizendo-lhes:

— Amigos, precisamos de espaço para realizar o nosso trabalho. Vós sabeis como as pirâmides são desativadas. Não é necessário estardes tão próximos.

Os seres sombrios protestaram com veemência, mas era impossível resistir à ação da Luz, dirigida por Hermes. Após alguma resistência, eles retrocederam alguns passos permitindo-nos respirar, porém não sem realizar inflamados protestos. Mais aliviados, começamos a analisar os códigos internos do artefato na busca de alguma pista.

A presença de Sol e Lua me trouxe muita segurança. Eu tinha absoluta certeza de que concluiríamos aquela tarefa com êxito e, depois, comemoraríamos todos juntos nos jardins do Império do Amor Universal. O amor que sinto por elas trouxe-me um ânimo especial.

Olhei para Lua e percebi claramente, em seu semblante, o quão bem resolvida, madura e segura ela era, demonstrando que sabe o que quer da vida. Percebi, também, a sua fidelidade indiscutível ao projeto que abraçáramos desde o nosso retorno das trevas, há milênios. Fiquei muito feliz por isso.

Acima do ego das gêmeas reside uma entrega total ao nosso ideal. Sei que as duas, assim como eu, sempre colocariam a sua vida e os seus interesses em segundo plano em prol da Causa Maior. Essa foi a nossa escolha! Trabalhar pela vitória da Luz!

Observei, também, Sol com o seu olhar gracioso e decidido, mesmo em meio a um ambiente tão sinistro. Sempre admirei a sua confiança no Alto, a sua amizade e cumplicidade conosco. As duas eram de uma fidelidade inquestionável. Eu colocaria a minha vida em suas mãos e sei que não me decepcionariam.

As meninas me olharam, questionando o que eu estava fazendo e eu respondi, de forma desligada, perdido em meus pensamentos:

— Estou tentando desativar a pirâmide.

Sol sorriu e protestou daquele jeito só seu:

— Sim! Mas olhando para nós! Andrey, concentra-te no painel de comandos da pirâmide. Não é hora de brincadeiras.

Eu sorri e revelei-lhes as minhas reflexões:

— Eu estou com uma intuição que a desativação de cada pirâmide tem algo a ver com a presença de cada participante. A primeira foi com Arnach e obtivemos sucesso ingressando no plano mental. Vós sabeis como a mente de Arnach é poderosa. Depois, estive na segunda estação com Ramiro e até hoje não entendi como a desativamos. Hermes diz que não pode revelar essas informações porque afetaria o desenrolar natural deste trabalho.

E agora somos nós três aqui... Tem que haver algum significado, algum padrão que não estou conseguindo perceber.

Elas pareceram concordar e a morena disse-nos:

— Talvez a resposta esteja aqui nos códigos. Vamos continuar procurando.

Eu concordei e fiz menção em mergulhar na codificação interna da pirâmide, mas Galeato me chamou a atenção, de forma irônica, chamando-me pelo meu nome em minha encarnação na extinta Atlântida:

— Caro Andrey, como tu estás? Acreditando ainda com firmeza no amor? Continuas procurando a tua alma gêmea no mundo da ilusão? Até quando irás te enganar? As pessoas são egoístas e só pensam em seus interesses. Convença-te disto!

O amor dessa corja que rasteja pelo mundo físico é tão-

Universalismo Crístico Avançado

-somente um: atender aos seus desejos usando os seus semelhantes. Elas cativam as pessoas e, depois que as usam, jogam-nas fora, sem se importarem com o quanto as fazem sofrer. Ainda não percebeste isso? Observa que a humanidade terrena não é diferente de nós... Eles vivem nas sombras, mas adoram realizar discursos de luz, tentando justificar o seu mau-caratismo.

Eu me mantive em silêncio e procurei trabalhar. Galeato não desistiu e voltou a provocar-me, tocando em minha ferida recente:

— Tu sabes que ela nunca te amou... apenas pensava em seus interesses, em se beneficiar. Ninguém te ama, meu amigo! As pessoas só querem usufruir de vantagens ao teu lado. Elas não querem o teu bem. Desiste de acreditar nessa humanidade. Volta para nós! Aqui nós te amamos de verdade.

A criatura do mal deu especial ênfase na palavra "amamos", de forma irônica, e gargalhou de forma sarcástica.

Em seguida, concluiu, de forma sedutora:

— O amor é uma piada! Aqui nós te compreendemos e reconheceremos o teu valor.

As gêmeas seguraram em minhas mãos e disseram a uma só voz, com um especial brilho no olhar:

— Nós te amamos, meu amor! Não dê ouvidos a ele. Galeato quer apenas te confundir e abalar para evitar a desativação da pirâmide.

Eu apertei com firmeza as mãos das meninas, demonstrando que concordava com elas, e prossegui trabalhando. Mas as sombras não desistiriam tão facilmente...

Gadeir desceu de seu trono e falou, com sua voz rouca de tanto proferir maldades:

— Andrey, como podes ainda acreditar no amor? Depois de tudo que sofreste nos últimos meses? Que queres com esse lixo que apenas enfraquece e humilha as almas fracas? Estás orgulhoso de tudo que passaste? Onde está a tua glória? Onde estão a tua honra e orgulho? Volta para o nosso lado! No lado da Luz, não tens poder e riquezas!

Reverteremos a transição proposta pelo Cristo na Terra. Poderemos reinar ainda por muitos milênios. Todas as facções das sombras estão se unindo para travar essa batalha definitiva contra a Luz. Abandona essa atividade estúpida e retorna para o governo oculto da Terra.

Gadeir cerrou os pulsos, ergueu-os e falou, enquanto eu observava os seus olhos vermelhos por debaixo do capuz negro:

— Unindo as nossas forças, seremos invencíveis!

Depois, ele meditou por alguns instantes, ajeitou a sua capa negra, e voltou a falar de forma pausada e com voz cavernosa, carregada de rancor e ódio, procurando desestabilizar-me ainda mais:

— Ela nunca te amou de verdade... Em verdade, ela me serve desde que viemos para este mundo, há muitos séculos e séculos. Foi contratada para te derrubar, pois percebemos que a tua fraqueza é justamente esse amor idiota que tanto procuras.

Hermes percebeu o perigo e interveio, esclarecendo-me:

— Não acredites em Gadeir. Ela já está em busca da Luz há muito tempo, assim como tu, e não tinha consciência de nada. Ela te amou muito no início, mas acabou sucumbindo às forças das trevas e à instabilidade de sua alma. Ela foi apenas um instrumento nas mãos das sombras.

Fez o que fez inconscientemente. Até a sua última atitude, que te deixou tão abalado em nossa importante reunião na virada do ano, foi uma manipulação ardilosamente tramada por Gadeir para derrubar os nossos projetos de luz.

Hermes silenciou por alguns instantes e depois concluiu, com voz triste, demonstrando não ter interferido porque deveria respeitar o seu livre arbítrio:

— Gadeir e seus comandados se aproveitaram da confusão mental dela e da obsessão espiritual que já sofria para, então, maquinar as suas ações do mal. Não nos foi possível fazer nada, por causa das leis divinas que regem o Universo. Tu sabes bem disso.

Eu olhei para o meu mentor com os olhos marejados e disse-lhe:

— Eu acredito, meu mestre e amigo. Sabes que confio em tua palavra mais do que em qualquer coisa nesta vida. Contudo, essas lembranças ainda me entristecem, tornando difícil manter a minha vibração elevada.

Hermes se compadeceu e dirigiu-me um raio de seu amoroso olhar, na tentativa de me amparar para que eu não caísse em tristeza e comprometesse o andamento da atividade.

Eu tive uma leve recuperação e o mestre me disse:

— Eles farão de tudo para evitar a desativação das quatro pirâmides. Precisas ficar atento. O problema é maior do que imaginas. E ainda estamos na terceira. A última será ainda mais difícil.

O líder das sombras reconheceu a superioridade dos sensatos argumentos de Hermes e resolveu atacar por outro viés, dizendo, sem piedade:

— Isso não importa. De qualquer forma, essa atitude de "tua amada" prova que o amor é algo falso e sem valor. Vem, meu irmão, junta-te a nós! Abandona esse caminho de sofrimento e servidão. Não te provamos nos últimos meses que o amor, que era a tua grande esperança na humanidade, é uma ilusão que só resulta em dor? Que queres ainda nessa seara? As pessoas são hipócritas e interesseiras. Não sabem o que é amar.

Tu mesmo dizes que amar é doação. Onde estava o amor dela nesse caso? Que doação houve? Ela só pensava nos interesses mesquinhos do seu ego inferior, como ocorre com toda a humanidade desse mundo estúpido.

Doar-se? Nem pensar! Entender os teus conflitos e anseios? Não se importava! Amar sem esperar nada em troca? Impossível! Só tinha espaço em seu coração para exigir amor, carinho e gentilezas de que não se fazia merecedora. Só se preocupava com o seu jogo infantil de interesses. Onde estava a compreensão, a tolerância e a generosidade de amar sem esperar nada em troca?

O amor que ela diz ter pelos seus semelhantes é um amor hipócrita. Apenas com a intenção de comprar um lugar no Céu ou de ter uma vida melhor no mundo humano. Ama apenas o que lhe é conveniente e usa o discurso de "amar à distância" para todos que contrariam o seu ego arrogante, como forma de disfarçar a sua alma escura.

Ele cerrou os dentes, irradiando uma nuvem tóxica de ódio e completou, em um tom de voz carregado:

— Do que vale um exemplo como Jesus se, por séculos e séculos, os homens continuaram sendo tão podres como sempre foram? Eles nascerão e morrerão, vida após vida, dessa mesma forma, servindo de repasto para os nossos interesses.

A vitória, no fim, é sempre nossa!

Olhei para Hermes com um aperto no peito e um nó na garganta. Gadeir fora muito hábil realizando um terrível jogo utilizando-se do amor romântico para enfraquecer em minha mente e coração os conceitos de amor universal e incondicional que os profetas da alma crística sempre nos ensinaram com tanta sabedoria.

Tentei esboçar uma reação, mas as minhas cicatrizes na alma ainda estavam muito recentes. Senti-me fraco e impotente para enfrentar aqueles embates terríveis com seres munidos de argumentos tão fortes e com tanto ódio no coração.

Fiquei aflito. Lacrimejei. Pensei em pedir socorro, abandonar aquele local lúgubre e refugiar-me em um ambiente acolhedor onde reinasse a paz e a harmonia. Aqueles severos olhos vermelhos e hipnóticos do líder das sombras não saíam de minha mente, mesmo que procurasse fugir de sua influência.

No entanto, olhei para as gêmeas e as vi trabalhando com afinco para atingirmos o objetivo e comecei a me recuperar. Jamais desistiria! Essa não é a minha natureza! Eu precisava continuar, apesar da densa vibração e do ataque psicológico que estava sofrendo. Estava fora de cogitação abandonar ali aquelas duas almas especiais que me são tão queridas. Elas não mereceriam isso. Sim. Ficaria ali, mesmo que isso custasse a minha própria vida.

Abaixei a cabeça sobre os comandos da pirâmide e voltei a ajudá-las, respirando com dificuldade, por causa da angústia em meu peito que fora plantada mais uma vez pelos magos negros. E eles não deixaram de perceber isso, pois logo voltaram a me questionar, sem dar-me trégua. A entonação de sua voz carregada de ódio e desprezo era tão dolorosa quanto as suas duras palavras.

— Se Deus é tão bom com os seus filhos, por que Ele colocou em tua vida uma pessoa como aquela? Para fazer-te sofrer? Tu tanto pediste uma mulher especial e teu "Pai" te envia aquela fraude? O Criador te ama ou te odeia? Responde, Andrey! Vamos, responde! Quem é esse Ser que pratica tal maldade? Porque, convenhamos, meu caro, aquele foi um presente de grego. Não é mesmo? Maldita seja!

Eu continuei trabalhando na pirâmide, enquanto eles gritavam e gargalhavam de forma desvairada, tentando desestabilizar-me emocionalmente. Procurei manter o controle e a serenidade até onde pude.

Depois de alguns instantes, respondi, sem olhar para eles:

— Essa pessoa foi um presente de Deus para provocar o meu despertar. O Espírito Criador permitiu essa experiência para que eu amadurecesse e compreendesse o significado profundo do amor. Hoje em dia, só tenho sentimentos de amor fraternal e carinho por ela, mesmo depois de tudo o que passei. Ela me fez ver o quanto eu precisava melhorar-me no campo dos sentimentos. Isso é que importa.

Depois que todos os detalhes de nosso drama me foram revelados, compreendi e superei o rancor. Rezo todas as noites pedindo a Deus que a proteja da investida do mal e lhe dê lucidez para libertar-se de sua influência.

Lágrimas serenas umedeceram a minha face e falei com tristeza:

— Até quem eu tanto amava foi manipulada por vós com o objetivo de me atingir. Vós sabeis o quanto sofro por isso! Quando serei perdoado? Quando vós me deixareis viver em paz e ser feliz? Quando me libertareis de vossa eterna vingança?

Eles riram novamente, desprezando as minhas súplicas, e falaram, utilizando-se de seu malicioso jogo de palavras:

— Essas explicações de Hermes te enganam muito bem. Creio que deverias refletir melhor sobre tudo isso. Os servos do Cristo te prometem um reino de felicidades no final da vida, que não sabes se realmente receberás.

Assim como fizeram sempre com os cristãos em toda a história da doutrina do Crucificado. O prêmio do bom cristão é limpar as chagas pestilentas dos falidos da Terra em hospitais no astral. Que glória há nisso?

E não há perdão para o que fizeste. Tu nos traíste! Só deixaremos de atuar sobre ti se abandonares a ação da luz contra os nossos interesses e voltares a trabalhar ao nosso lado.

Gadeir voltou a cerrar os pulsos e falar com empolgação. As veias de seu pescoço envelhecido saltavam à vista nesses momentos de ódio extremo.

— Nós te oferecemos sempre o resultado imediato! Dize-

-nos sim e, hoje mesmo, terás tudo o que desejares: fortuna, beleza, saúde, prazeres, alegria, servas, lindas e sensuais mulheres e tudo mais que almejares.

Eles perceberam que ficamos pensativos (Lua e Sol também tinham se desconcentrado do trabalho) e, naquele mesmo instante, em um gesto ensaiado, os seres sombrios transformaram todas as paredes da sala em espelhos. Eu e as gêmeas rapidamente direcionamos o olhar para as nossas próprias imagens e nos assustamos. Aquilo nos causou um desagradável mal estar.

Hermes não se abalou com a tática dos magos negros. Ele nem mesmo se olhou nos espelhos. É uma alma segura, já sabe o que verá; ao contrário de nós, que somos inseguros e instáveis em todos os aspectos. O motivo pelo qual eles nos apresentaram espelhos foi o de nos desconcentrar por meio da vaidade e da exposição nua e crua de nossos defeitos, confrontando-nos com as nossas maiores fraquezas!

No mundo humano, o espelho serve para projetar a imagem do nosso corpo físico. No astral, ele reflete as virtudes e defeitos de nossa alma. Senti que as gêmeas se entristeceram com mais aquele ataque. Elas buscaram socorro no semblante sereno e generoso de Hermes.

O olhar misericordioso de nosso grande mestre logo fez com que elas se recuperassem. Sol e Lua baixaram a cabeça novamente e voltaram a trabalhar, indiferentes aos ataques de Gadeir e seus asseclas. Fiquei muito feliz pela maturidade e equilíbrio delas.

Já eu resolvi enfrentar e ver as imagens projetadas nos espelhos. Eu tinha passado por uma avaliação de minha própria alma com Hermes no capítulo quatro. O que poderia ser pior que aquilo? Nada mais que eu já não tivesse visto e tomado consciência.

Observei atentamente as chagas que se apresentavam em minha alma, agravadas pelos dramas que vivi e relatei neste livro, contudo, não me abalei. Mantive-me firme!

Apenas disse para mim mesmo, quase sussurrando, sem que ninguém pudesse ouvir, porém sendo absolutamente sincero comigo mesmo:

— Eu me perdoo e me amo! Trabalho pela luz e vou superar os meus erros e imperfeições.

Universalismo Crístico Avançado

Hermes percebeu e registrou esse momento. Eu tive certeza disso quando o procurei com o olhar e vi o seu inesquecível semblante de satisfação e alegria por mim. Os olhos do mestre estavam marejados. Algo que me emocionou e fez vibrar todas as fibras de minha alma. Lágrimas de felicidade desceram de meus olhos, arruinando os propósitos dos seres sombrios. Nada me alegra mais do que obter o reconhecimento de meu pai espiritual. Enxuguei-as e, aos poucos, fui desenhando um sereno sorriso em meu rosto.

Em seguida, os seres das sombras notaram a minha mudança e voltaram a divagar sobre vários outros prêmios que eu ganharia caso abandonasse o trabalho pela Luz e me dedicasse às trevas. Eles tentaram de todas as formas me seduzir por meio de minha tristeza, pelo atraso da humanidade e pela dor pessoal que sofrera. Acreditavam que, aumentando o meu sentimento de desilusão com relação ao valor das pessoas, atingiriam os seus objetivos.

Na verdade, eu já estava cansado de todas essas promessas vazias que os magos negros sempre fazem. Eu as conhecia muito bem, há milênios! Inclusive, muito as fiz em um passado muito distante. Entretanto, o cansaço das longas batalhas emocionais do ano que passou, somado à tristeza de ver um avanço tão pequeno na evolução humana, levou-me de fato a fraquejar. Eu parei e comecei a pensar sobre tudo aquilo.

Abandonei o estudo dos códigos da pirâmide e passei a me perguntar:

— Até quando resistirei a toda essa batalha sem ver o retorno do que plantamos? Não seria melhor me alienar também? Encontrar uma mulher comum que se interessasse apenas por assuntos materiais e viver em praias paradisíacas, aproveitando a vida? Esquecer a dor do mundo e voltar para dentro da *matrix?*

Fazer como o personagem desse magnífico filme, que retrata muito bem o mundo das ilusões. Nele, em uma cena antológica, o personagem Cypher, tripulante da nave rebelde Nabucodonosor, almoça com o agente Smith e declara: "Eu sei que esse bife não existe. Sei que, quando eu o coloco na boca, a Matrix diz ao meu cérebro que ele é suculento e delicioso. E, depois de nove anos, sabe o que eu acho? A ignorância é uma benção".

Não seria melhor eu esquecer essa consciência espiritual e da vida. Voltar a crer somente no mundo das ilusões repetindo a frase de Cypher: "A ignorância é uma benção!" Contudo, isso não é possível. Não há como regredir na evolução conquistada.

Quantos homens infinitamente mais grandiosos do que eu, como Chico Xavier, Madre Tereza, Gandhi, Francisco de Assis, entre outros, realizaram tarefas de grande projeção e receberam pouquíssimo reconhecimento? Até mesmo Jesus! O trabalho desses grandes líderes espirituais parece ter sido esquecido pelas gerações que os sucederam. Será que a humanidade merece mesmo ser resgatada da alienação? Para que tanta luta e sacrifício se os resultados obtidos são tão pequenos e inexpressivos?

Os seres sombrios se entreolharam demonstrando que haviam percebido o meu instável estado de espírito, e continuaram a me tentar, como se fossem hienas salivando na expectativa de roubar a presa dos leões.

Gadeir, então, aproximou-se e falou, de forma mais branda e acolhedora:

— Vejo que estás percebendo o que te estava oculto. Caro Andrey, agora tu estás enxergando com lucidez. Não existe motivo para despertar a humanidade. Cada um vive em seu mundo. Nós vivemos dominando e usufruindo das verdadeiras riquezas e a humanidade alienada prossegue em sua miséria, divertindo-se dentro de seu mundo de ilusões e servindo aos nossos interesses por conta de sua própria mesquinhez.

De forma teatral, ele apenas completou, jogando com as sábias palavras do mestre Jesus, utilizando-se de um tom de voz sombrio:

— Os homens apenas "colhem o que plantam".

Ele silenciou por alguns instantes e, olhando-me profundamente, arrematou:

— Abandona a desativação dessa pirâmide. Os seres de luz, mesmo que tenham a senha, não podem executar essa tarefa. Somente tu e elas, além de nós, podem realizar esse serviço. Apenas quem construiu pode destruir. Essa é a lei universal!

Eu larguei de vez os comandos de acesso à pirâmide hipnótica e me levantei, com o olhar fixo nos magos das trevas.

As gêmeas ficaram chocadas. Não acreditavam no que viam. Instantes antes eu parecia estar em franca recuperação. Ainda mais com o apoio vibracional de Hermes.

Gadeir estendeu as mãos caquéticas, um tanto trêmulas. Os seus olhos vermelhos brilharam, enquanto ele falava com a sua voz realmente inconfundível, com um meio sorriso estampado em seu rosto carcomido pelo ódio:

— Vem, meu jovem, volta para o reino que te pertence. Retorna e serás perdoado! Ainda reinaremos e controlaremos o mundo por milênios. Não acredites nessas lorotas de novos tempos. O mundo sempre será assim como o conhecemos, desde que aqui chegamos, há doze mil anos, exilados do sistema estelar de Capela.

Ele limpou com a mão uma gosma nojenta que escorria pelo canto esquerdo de sua boca, tomada por úlceras enegrecidas, e prosseguiu:

— O sofrimento da humanidade é o nosso alimento. São fracos demais para se libertarem. Tudo o que temos de fazer é manter o controle para que não se destruam totalmente e deixar que vivam a sua vida incoerente, pregando a paz, mas vivendo em conflito e ódio. Sonhando com a felicidade, mas terminando a vida sentindo um grande vazio existencial.

Alguns creem que levam uma vida correta e digna, mas os seus pensamentos e hábitos egoístas e antifraternos alimentam sentimentos negativos como rancores, egoísmos e falsidades que os destruirão mais adiante. Sempre os pegamos alguns passos à frente, porque não vivem o amor e o respeito ao próximo de forma sincera e autêntica. São escravos de seus hábitos equivocados e julgam-se justos. Por isso a felicidade jamais lhes será eterna.

O líder das trevas esfregou as mãos e prosseguiu tecendo os seus comentários odiosos, mas que, infelizmente, retratavam fielmente a realidade de nosso mundo:

— Vamos mantê-los viciados em drogas lícitas e ilícitas, alienados e idiotizados. Essa corja estúpida, fracassada e drogada pensa que é livre, mas vive sob o nosso controle. Não percebem que manipulamos indefinidamente a sua mente pequena e limitada para atender aos nossos propósitos e, na sua alienação, julgam-se livres e felizes. Apenas alegrias e liberdades transitórias... Só precisamos mantê-los presos com "rédea longa" e jamais deixarão de nos servir como um rebanho indefeso e inconsciente. Assim como se faz com o gado, nós os conduziremos docilmente de uma porteira a outra da vida humana, para comerem o pasto da hipnótica ilusão em que vivem.

Eles se sentirão senhores de sua vida, mas, na verdade, estarão sempre escravizados ao nosso mais restrito controle. Eles vivem presos dentro da jaula que é a sua própria consciência limitada e acham que possuem liberdade.

Contudo, ela termina onde nós desejamos! Basta um estalar de dedos dos senhores das trevas e o conto de fadas em sua vida acaba abruptamente, levando-os ao fundo do poço. Eles são apenas escravos indefesos, sempre à mercê de nossos interesses!

O chefe dos magos negros atlantes gargalhou mais uma vez, repetiu os seus argumentos e, surpreendentemente, mostrou estar ciente do caminho da libertação:

— Eles acreditam que são livres em sua busca pela felicidade ilusória... São apenas tolos e viciados que não compreenderam ainda o caminho que pode libertá-los de sua mediocridade. A mensagem do Cristo não encontra guarida em seu coração superficial e fútil. Não és tu que conseguirás realizar esse feito... Desiste!

Eu dei um passo em direção a Gadeir e Lua gritou, comovida:

— Não, Andrey, por favor, não te entregues! Precisamos de ti.

Eu fiz um sinal para ela, pedindo para que se acalmasse, e virei-me para Hermes. O nobre mentor parecia surpreso, mas sei que ele sabia... Ele sempre sabe! Tanto que nada disse naquele momento extremo.

Na fração de um segundo, rememorei toda a minha caminhada imortal até ali. Lembrei-me de minhas encarnações desde os tempos em que vivi em Tríade, no sistema estelar de Capela, na constelação do Cocheiro, que é até onde a minha consciência consegue chegar nesta vivência. Lembrei-me de todos os acertos e erros, alegrias e tristezas, vitórias e derrotas. Analisando toda essa longa história, de forma dissociada de cada existência, finalmente compreendi o Grande Plano do Criador para cada um de nós. E, contente, sorri!

Universalismo Crístico Avançado

Em seguida, segurei na mão de Gadeir e ele se surpreendeu com o meu toque. Logo percebeu a minha vibração, que não era a que ele esperava. Aquilo o deixou confuso e sem reação. Ele não estava preparado para aquela situação.

Com imenso amor no coração, eu disse-lhes:

— Se vós tivésseis me deixado nas mãos da mulher que tanto ilusoriamente amei, através da hipnose que realizastes, talvez eu me afastasse do Cristo, fascinado por um falso e fútil amor.

A dor que me fizestes sentir derrubou-me por um momento, mas agora ela me tornou ainda mais forte para trabalhar pela conscientização espiritual da humanidade. Se antes eu acreditava que a minha principal tarefa neste mundo era concretizar o trabalho a que me proponho, agora apenas me fizestes ter certeza disso.

E, mostrando-me senhor da situação, concluí:

— Lamento, irmãos, vós escolhestes a tática errada!

Os magos negros atlantes ficaram atônitos. Eles não conseguiram esboçar nenhuma reação. Eu prossegui, com uma energia mágica e carismática:

— Meus irmãos de um passado distante, o ciclo cármico da Terra que permite a vossa ação chegou ao fim. Não vos iludais que sois capazes de manter o vosso reino de dor e dominação na Terra. Chegou o vosso momento de refletir e se permitir trilhar um novo caminho, o inadiável caminho da Luz...

Gadeir estava chocado. Eu, então, abracei-o carinhosamente, como se faz a um pai, e disse-lhe, ao pé do ouvido, de todo o coração, de forma que todos pudessem escutar:

— Eu te amo! E também amo toda a humanidade. Apenas estou triste porque ela ainda não ouve a minha voz. Porém, a alienação humana está com os dias contados. Eu sei disso. Eu sinto isso...

As gêmeas perceberam as minhas intenções, abandonaram a pirâmide e abraçaram carinhosamente os demais principais magos negros. Sol se dirigiu a Galeato e Lua a Pantauér. Eles ficaram imóveis, petrificados.

Festejei intimamente a presença de espírito das duas divas, e voltei a falar:

— Eu preciso ficar no mundo e com o mundo evoluir. Por mais que eu esteja cansado da alienação humana e de como o homem conduz a sua vida, preciso ficar... Eles são meus irmãos, assim como vós, e, todas as noites enquanto realizo as minhas orações, ouço a voz amorosa de Deus rogando-me: "Ajuda-Me, meu filho, a resgatar as minhas ovelhas desgarradas"... Despertai-as!

Olhei para Hermes e vi que o grande mestre chorava de alegria por me ver realizando tal gesto de amor, sabedoria e consciência. Ao ver o seu reconhecimento, emocionei-me ainda mais, iluminando todo o meu ser de forma surpreendente. As fibras mais íntimas de minha alma irradiaram poderosa energia de puro amor, desintoxicando-me definitivamente dos sentimentos negativos que havia abrigado nos últimos meses, elevando-me a uma condição espiritual de Luz.

Eu suspirei aliviado e dei graças a Deus, dizendo:

— Obrigado, Espírito Criador! É amando que se é amado, é perdoando que se é perdoado e é morrendo para o ego humano que se nasce para a felicidade e vida eternas.

Todos se surpreenderam. Percebi que Gadeir desejava fugir de meus braços, mas, por mais que tentasse, qualquer esforço nesse sentido era inútil. A força do amor o tracionava vigorosamente de encontro ao meu peito.

Depois de alguns breves segundos, em que todos ficaram admirados com a luz gerada no ambiente, voltei a falar novamente, olhando profundamente nos olhos injetados e escarlates de Gadeir:

— Preciso ajudar a romper o lacre da ignorância humana que trava o progresso da humanidade em todos os sentidos. Chegou a hora derradeira em que o homem deve tomar consciência de sua natureza divina.

E, apertando Gadeir entre os meus braços, em um amplexo ainda mais forte, repleto de amor, disse-lhes, com firmeza e compaixão, enquanto acariciava a cabeleira branca como neve do terrível mago das sombras:

— Meus irmãos, esse ódio precisa acabar. Chega de tanta dor, de tanta tristeza! Todos nós precisamos amar uns aos outros como se não houvesse amanhã. Precisamos colocar de lado os nossos interesses mesquinhos e amar os nossos semelhantes pelo bem da humanidade. Somos todos um! Não poderemos ser verdadeiramente felizes enquanto um só de nossos irmãos viver escravizado à alienação espiritual e à dor,

Universalismo Crístico Avançado

tanto física como moral, ou sofrer qualquer tipo de privação.

Alguns magos negros de segundo escalão deixaram as suas armas cair, surpreendidos e sensibilizados pelas minhas palavras e, especialmente, pelas energias geradas, que eu sabia que não eram mais minhas. Elas provinham diretamente do Cristo Planetário da Terra, Gaia, a alma da Terra, espírito onipresente em nosso mundo, que me inspirava naquele momento. Tanto que até o tom de minha voz alterou-se, vibrando em uma cadência soberana e plena de autoridade respeitável.

Por fim, disse-lhes, com convicção absoluta:

— O amor é a chave! Ele libertará a humanidade de todos os sofrimentos, de todas as guerras, de todos os carmas. Basta que alimentemos o amor e um novo mundo surgirá na Terra.

Naquele mesmo instante, a pirâmide se desarmou com um estalo espetacular, que surpreendeu os magos negros, libertando-os do transe em que eu os envolvera. A chave era o amor. Sim! O amor, a virtude máxima de nossa atual compreensão espiritual. Senha absoluta para a nossa iluminação espiritual. Hermes sorriu e eu pisquei para o mentor amigo, demonstrando que havia desvendado o código.

Arnach e eu desativamos a primeira pirâmide na frequência do plano mental. Arnach sempre teve impressionante poder nesse campo. Quanto à desativação da segunda pirâmide, ao lado de Ryu, confesso que não sabia como ela havia sido feita, conforme já relatei.

Minutos atrás, havia me dado conta de que as maiores características de Ramiro, que fora Ryu na Atlântida, eram a prudência, a persistência e o equilíbrio. Vencemos justamente por esses valores de Ramiro, que segurou todos os dolorosos ataques até o último instante. Eu já tinha praticamente desistido, mas ele me manteve de pé até o fim, tirando forças não sei de onde, quando finalmente os magos negros desapareceram e a segunda pirâmide se desarmou.

Depois de perceber isso, olhei para as gêmeas e o amor me veio à mente no mesmo instante. Aquelas doces criaturas, sempre generosas e dispostas a amar sem esperar nada em troca me intuíram a encontrar a resposta. Somente amando os nossos algozes, venceríamos. E assim aconteceu!

Ao verem a pirâmide desarmada, os magos negros não disseram nada. Apenas se entreolharam e, imediatamente, desmaterializaram-se, fugindo da ação da Luz. Logo em seguida, a pirâmide se desfez e Hermes e a nossa equipe nos regataram enquanto a estação orbital também se desintegrava no astral. Agora, restava apenas uma pirâmide para encerrarmos o ciclo de domínio hipnótico dos magos negros na Terra. Graças a Deus, havíamos conquistado mais uma vitória da Luz nessa emblemática guerra entre o Bem e o Mal que vem sendo travada há milênios.

Poucos instantes depois, estávamos eu, Sol e Lua debaixo de uma cachoeira da cidade astral Império do Amor Universal. A água é o mais perfeito condutor energético. Precisávamos limpar a nossa alma das energias densas oriundas do delicado trabalho que realizáramos.

Mergulhamos os nossos rostos naquela água pura e cristalina, que desabava com força sobre os nossos corpos astrais, renovando-nos. Enquanto isso, o canto gracioso dos pássaros e uma brisa suave e acolhedora nos davam as boas vindas ao reino da Luz.

Agradeci novamente a Deus por termos concluído aquela tarefa. Não sei quanto tempo mais aguentaria os ataques das sombras. Bem que, quando vibrei integralmente no amor, a minha alma se aliviou e encontrei a paz, mesmo diante das cruéis ameaças que sofríamos.

Abracei as gêmeas e as beijei carinhosamente embaixo da queda d' água que nos desequilibrava com a sua intensidade renovadora. Ríamos, felizes com a vitória, enquanto Hermes e a equipe comemoravam à margem do Grande Lago e já faziam planos para a desativação da última pirâmide, rompendo definitivamente com o reinado hipnótico dos magos negros atlantes sobre a humanidade terrena.

Depois de nos revigorarmos, caminhamos até a margem para ouvir as sábias palavras de nosso mentor:

— Parabéns por mais esse triunfo! Agora resta apenas a última das pirâmides, que será desativada no dia 21 de dezembro de 2012. Para desligarmos essa derradeira pirâmide hipnótica, precisaremos da ajuda de todos os leitores, porque será a mais difícil. O trabalho será realizado entre a meia noite e as duas horas da madrugada, na virada do dia 20 para 21 de dezembro.

Nesse dia, precisaremos contar com o apoio de todos os

Universalismo Crístico Avançado

341

irmãos que já se conscientizaram sobre a importância de cultivar o amor e os valores espirituais em sua vida para construir um novo mundo. Não será necessário que permaneçam acordados meditando durante as duas horas.

Eles deverão iniciar a meditação à meia noite, sendo que aqueles que não tiverem o hábito de executar longas meditações poderão dormir. Os que estiverem aptos, tanto meditando quanto dormindo, serão levados por nós para participarem em desdobramento dessa fantástica atividade no astral. Nessa meditação, é fundamental ter intenção positiva e mentalizar o mundo que desejamos sendo construído pela ação solidária de todos.

Lua concordou, animada, e perguntou:

— Qual será a chave de desativação desse último artefato? Descobriremos somente na hora também?

Hermes sorriu e disse-nos, de forma gentil:

— Não, para essa última tarefa, todos ficarão cientes antecipadamente. A chave de desativação será uma junção de todas as outras. Os nossos leitores e os amigos da luz deverão meditar nessa noite utilizando todo o seu poder mental para manterem-se concentrados, manipulando o fluido cósmico universal em favor da Luz, através de mentalizações que irradiem amor fraterno e incondicional, equilíbrio, prudência e persistência. Isso nos ajudará a libertar definitivamente a Terra desses artefatos malignos.

A união do poder mental (primeira chave), através da concentração, mais o equilíbrio, prudência e persistência (segunda chave) e o amor fraterno e incondicional (terceira chave) desativarão a pirâmide final às portas da entrada da Era da Luz, encerrando definitivamente esse longo carma da Terra.

Concordamos com seu pedido e disse-lhe:

— Que bom que este livro será lançado antes dessa data. Assim, essa informação será amplamente divulgada não apenas pelo livro, mas também pelos demais canais, como o site www.universalismocristico.com.br.

O mentor assentiu com um movimento afirmativo com a cabeça e completou:

— Esse é um dos motivos pelos quais pedi o teu compromisso de terminarmos o livro a tempo de publicá-lo em setembro. Além disso, nós intuiremos os encarnados que não tiverem acesso ao nosso trabalho para que se mobilizem a meditar nesse dia para um nobre propósito. Isso será fácil porque os leigos e espiritualistas em geral sabem da importância dessa data, por conta de todas as especulações feitas com base nas informações do calendário maia.

Eu concordei com uma expressão de alegria e admiração pela sabedoria do querido mentor, e ele completou, falando-me com carinho:

— Depois, farás um relato dessa ação para os nossos leitores e disponibilizarás a todos de forma gratuita no site do Universalismo Crístico. Dessa forma, todos terão acesso ao desfecho dessa atividade que iniciamos durante a elaboração do *Atlântida - No Reino das Trevas*. Será um capítulo adicional deste livro atual e deverá ficar pronto em até um mês após a realização desse trabalho em 21 de dezembro de 2012.

Eu concordei com empolgação e falei-lhe:

— Pode deixar, Hermes. Será um prazer fazer isso.

Terminada a exposição do grande mestre, todos nós falamos a uma só voz, com um amplo sorriso no rosto:

— Que o Espírito Criador esteja conosco!

Em seguida, abraçamo-nos com empolgação. Hermes, então, fez sinal para que a equipe de apoio nos levasse para as nossas casas.

Eu intervim e pedi ao mentor amigo:

— Mestre, por favor, deixa-nos conversar a sós por mais alguns instantes. Ainda é cedo! Creio que merecemos esse presente depois da vitória que obtivemos hoje.

O sábio mentor virou-se para as meninas e viu os seus olhares carinhosos, suplicando mentalmente para que ele nos atendesse. Hermes sorriu paternalmente e concordou.

Eu as peguei pelas mãos e fomos caminhar em torno do Grande Lago da Cidade Luz, até encontrarmos um frondoso eucalipto, que possui poderosas energias revigorantes.

Sentamo-nos ao pé da robusta árvore e eu lhes disse:

— Minhas queridas, almas de minha alma, preciso encontrá-las. Nós precisamos encontrar uma forma de nos reconhecermos no plano físico. Sinto que está cada vez mais difícil viver no mundo humano sem o vosso apoio.

Basta ver o que aconteceu no ano passado! O desespero para encontrá-las tem me roubado a lucidez, fazendo com que

Universalismo Crístico Avançado

343

eu termine me envolvendo com pessoas erradas, que podem me desequilibrar e fazer com que eu coloque a perder todo o trabalho de luz que realizamos.

Abracei as duas, que mantinham os seus olhos fixos nos meus, e disse-lhes:

— Preciso achá-las, com urgência. Temo por mim e pelo sucesso do trabalho que realizo com Hermes, sem o amparo carinhoso de vós. Preciso de almas fortes e estáveis ao meu lado, para me apoiarem e me darem força para que atinjamos os propósitos da Luz. Pessoas frágeis, desequilibradas e despreparadas para o embate com as trevas, além de me prejudicarem, correm o risco de se tornarem presas da perigosa influência desses seres, tornando-se, assim, instrumentos do mal.

Sol abaixou a cabeça, com tristeza, e disse:

— Andrey, eu não tenho lucidez semelhante a tua no mundo físico. Ainda encontro-me perdida. Na vida humana, não entendo nem qual é o motivo dessa saudade que sinto por ti. Vivo em melancolia, sem saber o porquê. Faz pouco tempo que despertei para a verdadeira compreensão espiritual. Temo não conseguir encontrar as respostas. Eu procuro por todos os lados, mas não consigo me entender. Às vezes, pergunto-me o que estou fazendo naquele mundo e qual a finalidade de minha vida.

Lua concordou com as palavras da loura e falou:

— Já eu estou acordada com relação às questões espirituais. Sei o que procuro, mas não te descobri ainda. Os teus livros são um farol, mas ainda não despertei para a realidade de quem eu sou. Estás próximo de mim, mas parece que ainda não é chegado o momento do meu despertar. Um véu encobre a minha visão não me permitindo enxergar o que tanto procuro.

Eu abaixei a cabeça, concordando com os seus argumentos, e falei-lhes:

— Hermes me diz que devemos esperar o momento certo. Às vezes, penso que os mentores desejam me ver nessa cadeia de sofrimento, porque são os períodos em que melhor escrevo. Como se costuma dizer: "os melhores escritores são aqueles que sofrem e colocam a sua alma nos textos".

Em certos momentos, fico pensando que essa tragédia emocional que se abateu sobre a minha vida foi construída de alguma forma pelas trevas ou pela luz para que este livro tenha exatamente essa natureza especial e inovadora. Sinceramente, não sei. Isso tudo me deixa muito confuso.

Só sei que me sinto muito solitário no mundo humano. São poucas as pessoas com quem realmente consigo conversar sobre a busca espiritual. Poucos conseguem acompanhar as minhas reflexões mais profundas. Isso, às vezes, deixa-me entediado. Se não fossem os meus queridos leitores por todo o Brasil e adeptos do Universalismo Crístico, que me compreendem e apoiam, seria tudo ainda mais difícil. Mas eles estão em cidades diferentes vivendo a sua vida. Eu preciso da vossa companhia e parceria diária.

Quando pensei que tinha encontrado uma pessoa com quem poderia conversar sobre tudo isso, nem de longe ela entendia a profundidade dos meus pensamentos e enveredava para sentimentos e comportamentos que me desarmonizavam e somente me faziam revelar o pior de mim.

Eu silenciei por alguns momentos e segurei as suas delicadas mãozinhas. Em seguida, voltei a dizer-lhes, com profunda esperança no meu tom de voz:

— Hermes não me revela a dimensão do alcance que terá o projeto Universalismo Crístico no futuro. Porém, creio que atingirá algo semelhante ao trabalho proposto nos livros *A História de um Anjo* e *Universalismo Crístico – O Futuro das Religiões*.

Precisamos nos encontrar, meus amores, para conquistarmos a felicidade com que tanto sonhamos. A vossa companhia me trará o equilíbrio necessário para não me perder nessa tarefa que exige imensa responsabilidade e bom senso.

Se estivermos juntos, poderemos fazer história. A nossa vida será repleta de glória e cumpriremos plenamente a nossa missão. Abandonaremos o tédio da vida humana comum e ajudaremos a construir uma obra inesquecível, a qual nos tornará muito felizes até o final de nossa existência.

E, talvez, no futuro, ajudaremos a transformar o planeta, fazendo-o deixar de ser um reino de ilusões. Teremos uns aos outros para trocarmos confidências e nos apoiarmos para a concretização de nossos sonhos e esperanças. Não haverá mais espaço para a solidão em nossa vida. Nós conseguimos nos compreender apenas com um olhar. Isso é mágico e raro...

Universalismo Crístico Avançado

Lágrimas correram de meus olhos. Sol e Lua me abraçaram e me disseram a uma só voz:

— Isso é tudo que desejamos, amor.

Preocupada com as convenções da vida humana, a morena me perguntou:

— Mas como seremos um casal a três novamente nos tempos atuais?

Eu sorri com a sua preocupação e disse:

— Não precisamos ser um casal. Podemos ser amigos. O que importa é estarmos juntos e trabalharmos pela vitória do projeto Universalismo Crístico na Terra.

A loura abaixou os olhos e mirou o canto direito, como se estivesse fazendo as suas reflexões, e disse:

— Eu não me importo com isso. Amo-os de forma igual, como sempre amei.

Lua sorriu, abraçou a irmã espiritual e disse-lhe com um tom de voz amoroso:

— Também te amo, querida maninha.

Nós três sorrimos e nos abraçamos, divertindo-nos com aquela conversa insólita.

Depois voltei a falar, com seriedade:

— Mais importante do que a união como casal é o afeto, o carinho, a fidelidade e o companheirismo. É isso que nos dará força para prosseguirmos com a intenção de mudar o mundo e afastarmos a tristeza.

Sei que, se eu puder dividir convosco todos os projetos e livros vindouros, sentirei uma maior motivação para enfrentar qualquer obstáculo. Toda a mudança causa desconforto em almas conservadoras. Quando o Universalismo Crístico começar a se projetar, surgirão as críticas mais ferrenhas. Precisamos estar preparados.

As trevas não dão trégua e a cegueira humana é um obstáculo difícil de ser transposto. Algumas vezes, desanimo frente a tanta alienação, perdendo a vontade de prosseguir escrevendo textos de luz com o amparo de Hermes. Preciso de vós perto de mim, oferecendo-me apoio e estímulo, fazendo-me crer que é possível ser feliz neste mundo. A desilusão que tive foi muito grande. Acredito que o vosso carinho e fidelidade serão os sentimentos nobres que me farão voltar a crer novamente na força absoluta do amor.

Elas sorriram, emocionadas com a nossa sintonia, e Lua me falou:

— Rezarei todas as noites para te encontrar. Que Deus me ampare para que eu não caia na sedução de um homem comum e perca essa oportunidade, terminando a minha existência em uma vida prosaica. A juventude é um período traiçoeiro, que nos aliena ainda mais. Preciso orar e pedir que o Espírito Criador desperte a minha intuição, para que eu encontre o que realmente procuro, e não relacionamentos fugazes e vazios.

Sol concordou com um olhar significativo. Os meus olhos brilharam e falei-lhes, bem baixinho, como se estivesse confidenciando-lhes algo secreto:

— Eu tenho percebido que algumas das almas enviadas à Terra para ajudar na concretização do projeto Universalismo Crístico estão despertando. São as sementes lançadas em terra fértil da parábola do semeador, proferida por Jesus, há dois mil anos.

Conscientizar-se sobre a visão espiritual do terceiro milênio é uma conquista do amadurecimento de cada um. Essas pessoas especiais, que já atingiram esse nível de consciência, jamais retrocederão. Ao contrário das sementes lançadas entre espinhos, ou seja, pessoas que se engajam no ideal e depois o abandonam, atraídas pelos interesses hipnóticos da vida humana, desestimuladas pelas trevas, ou por não possuírem compreensão suficiente para irem além das religiões.

As almas despertas prosseguirão unidas conosco até o fim de sua vida, lutando por um novo mundo, porque o Universalismo Crístico é muito mais do que religiões e crenças espirituais. Ele é o roteiro de vida do futuro, que auxiliará o indivíduo a se compreender e a compreender o mundo que o cerca, tornando-o verdadeiramente feliz.

Quando atingirmos cem mil consciências despertas, teremos atingido o nosso objetivo. O Universalismo Crístico estará implantado na Terra e caminhará por si próprio. Nesse momento, ele será um projeto de todos e caminhará para o seu êxito pleno, independentemente de nossas ações. A nova consciência será uma realidade!

Sol esfregou as mãos, demonstrando ansiedade, e disse, com a sua voz amável:

Universalismo Crístico Avançado

— Ai, meu Deus, que esse dia chegue logo! Mal posso esperar pelo momento em que verei a Nova Era instalada na Terra. Meu sonho é poder ver nas ruas a humanidade desperta, vivendo em conformidade com a lei do amor e do respeito aos semelhantes e aos animais. Sem atos de violência e sofrimento. Liberta de vícios! A vitória da paz e da fraternidade entre os homens. Sonho com isso desde criança!

Lua sorriu, concordou com a sua irmã espiritual e falou:

— Sim, maninha, mas ainda teremos muito trabalho para construirmos esse mundo ideal. Peço a Deus, Andrey, para logo te encontrar e podermos trabalhar juntos pela construção desse novo mundo.

Eu pensei um pouco sobre tudo o que tinha acontecido e prossegui:

— Os olhos são o espelho da alma. Talvez essa seja a única forma de reconhecê-las. Já que agora os vossos corpos físicos são outros, observando as expressões de seus olhares talvez eu as reconheça no plano físico.

Aproximei-me mais da morena o e olhei profundamente em seus olhos negros. Ela estremeceu, inclinando levemente a cabeça para o lado esquerdo, nesse instante, pude captar toda a vibração íntima de sua alma.

Refleti e falei-lhes, com empolgação:

— Meu Deus, sim... Eu consigo reconhecer esse olhar e expressão quando te encontrar, independentemente de tua forma física.

Ela suspirou e falou, com doçura:

— Creio que posso te encontrar também, no fundo dos teus olhos, meu amor.

Em seguida, eu me virei para a loira e penetrei em seus graciosos olhos verdes. Ela sorriu, de forma delicada e infantil. Pude, então, ver o amor gentil e gracioso daquela bela alma. Sensibilizei-me e pensei: "Deus, não permitas que ela termine nas mãos de um homem comum que jamais saberá valorizar a grandeza de sua alma".

Ela imediatamente respondeu, impressionando-me, pois imaginei que somente Hermes lia com facilidade os meus pensamentos:

— Eu não cairei nas mãos de outro homem, meu amor! Eu te procurarei no olhar de todos que cruzarem o meu caminho.

Eu me emocionei com as suas palavras, afaguei os seus lindos cabelos loiros e disse-lhes, com voz entrecortada pelas lágrimas:

— Oh, meu Deus, bilhões de almas encarnadas no mundo. Será que um dia encontrarei os meus dois anjos protetores?

Sol beijou a minha mão que deslizava pelos seus cabelos e Lua me abraçou pelas costas, irradiando imenso carinho e proteção. Em que mulher havia visto tais gestos de generosidade e desprendimento?

Lua apertou-me ainda mais forte, estreitando o abraço, e disse-me:

— Confia em Deus e ama de forma fraterna e incondicional os teus semelhantes. Nós seguiremos o rastro de luz que deixares pelo mundo.

Naquele momento, lembrei-me da dor e agonia que tinha tomado conta do meu coração no último ano e chorei. Sim, Lua tinha razão. Somente amando os meus semelhantes é que eu as encontrarei.

Não posso exigir o amor de ninguém... Posso apenas dar boas razões para que gostem de mim e ter paciência para que a vida se encarregue do resto...

Assim, compreendi definitivamente o objetivo dos exercícios de amor e desprendimento que Hermes estava me convidando a realizar durante o transcorrer deste livro. Sim, eu precisava voltar à minha condição original, ou seja, voltar a vibrar no amor e na luz de Deus.

A minha condição espiritual equivocada desde a elaboração do livro *Atlântida – No Reino das Trevas* terminou obscurecendo a minha alma, afastando-me da sintonia ideal para encontrá-las. Da forma como eu me encontrava desarmonizado nos últimos tempos, naturalmente só atrairia pessoas negativas.

A loura pareceu desgastada com todo aquele estresse emocional de nos amarmos e ainda não termos nos encontrado e disse:

— Por que temos que passar por isso? Será que ainda não corrigimos os nossos erros do passado? O que precisamos fazer para encerrar esse exílio involuntário que nos foi imposto?

Eu a abracei e falei-lhe, com ternura, enquanto ela repousava a cabeça em meu peito:

— Não fiques assim, meu anjo. Precisamos confiar na vontade de Deus. Ele sabe melhor do que nós o que é necessário para a nossa evolução. Apenas devemos orar e pedir que o nosso desejo seja atendido. Eu creio que Ele o atenderá. Eu tenho percebido o olhar preocupado de Hermes. A cada dia, aumentam os ataques das sombras. Eu preciso da proteção especial que só vós podeis me dedicar.

Eu silenciei por alguns instantes, com o olhar vidrado no horizonte distante, e falei:

— Quando as trevas conseguirem temporariamente me atingir, vós estareis lá, ao meu lado, para gentilmente abrir os meus olhos e redirecionar-me para o caminho da luz, com todo o carinho e compreensão. Se bem que será muito difícil as trevas conseguirem se aproximar de mim, pois estarei embebido no mais puro amor que entregarei e receberei de vós, por toda a vida, criando entre nós um arco luminoso de proteção.

A morena sorriu e me beijou. Depois, disse-me, com a mesma determinação dos velhos tempos de nossa vivência em Atlântida:

— Sim. Estaremos sempre contigo. Terás a fidelidade total de que precisas. Faremos tudo pelo ideal maior que está acima de nosso ego. Nós estaremos sempre ao teu lado e te apoiaremos em todas as circunstâncias, sem deixar, é claro, de nos posicionarmos conforme a nossa consciência quando estivermos reunidos em particular.

Eu beijei as suas mãos e disse-lhes:

— Sim. É exatamente isso que espero, minhas queridas: maturidade e grandeza espiritual para desempenharmos a nossa missão com êxito!

Olhei para elas com fé e esperança e concluí:

— Um novo tempo está para começar na Terra. Precisamos preparar o terreno para as novas gerações que se sintonizarão naturalmente com a Luz.

Precisamos educá-las desde cedo para que percebam o caminho de paz, amor e consciência espiritual que devem seguir. Uma revolução na educação é primordial. As novas gerações, de boa índole, se bem formadas desde a infância, estabelecerão a Nova Era na Terra.

Será o fim do ódio, da violência e da ignorância. Será a reconciliação do mundo com Deus.

14
Universalismo Crístico: os rumos

Despertei no astral e transpus o portal que me levava à praia paradisíaca que Hermes escolhera para apresentar-nos os pontos fundamentais deste livro. Eu sabia que teríamos três importantes capítulos e que eles seriam elaborados naquele local. Dois já haviam sido realizados: os capítulos sete e onze. Só faltava agora este último. Entristeci-me, pois o trabalho estava chegando ao fim.

Em breve, não teria mais a companhia tão próxima e quase diária desse ser maravilhoso que é Hermes. Outros trabalhos o envolverão e terei que me contentar com as suas visitas esporádicas para outras atividades.

Não me cansarei de reconhecer a importância de sua amizade e apoio nos meses difíceis pelos quais passei. Ele foi mais que um anjo, mais que um amigo; foi um espírito guardião protegendo-me das trevas e, principalmente, de mim mesmo.

Massageei os meus pés na areia branca e fofa, procurando relaxar e me ambientar, e, depois, caminhei em direção ao mar. Aproveitei para meditar, observando as ondas suaves daquele divino mar azul turquesa, enquanto aguardava a chegada do mestre.

Respirei profundamente aquela brisa maravilhosa e energizada pedindo a Deus que ela me trouxesse saúde e paz, tanto para o corpo físico como para o espiritual. O desgaste dos últimos meses havia sido terrível. Tinha percebido que as minhas trilhões de células haviam sofrido um desarranjo e um envelhecimento acelerado e preocupante.

Eu precisava que a força onipresente do vril, o fluido cósmico universal, restabelecesse a minha mais plena saúde espiritual e orgânica. Eu já estava me trabalhando para corrigir esse problema decorrente das situações tormentosas que tinha vivido e que, naquele momento, já via com outros olhos.

Em poucas semanas, estaria novamente dentro da grande pirâmide de Gizé no Egito e lá saberia manusear o vril com esse propósito. O nosso organismo físico é um reflexo de nossa mente, ou seja, de nossa alma. Eu sabia que havia bombardeado o meu equipo físico com pensamentos negativos.

Mas isso já era passado. Eu já tinha reequilibrado a minha alma. Estava ciente de que tinha me excedido em um comportamento espiritual inadequado. Naquele momento, reconhecia isso e procurava trabalhar-me internamente para retornar ao equilíbrio e harmonia plenos.

Era necessário recuperar o organismo físico por meio de energias vibrantes de luz. Cada abraço de Hermes e cada afago do querido Fiel tinham uma função curativa indescritível. Eu sabia disso e agradecia-lhes diariamente em minhas preces pela doação generosa que recebia de ambos.

Fechei os olhos e perdi-me no tempo, meditando serenamente. Até que fui despertado por uma suave lambida no rosto. Não abri os olhos. Apenas sorri. Mesmo em estado de meditação, consegui ver a sua carinha amável e a sua brilhosa pelagem dourada. Era Fiel! Acariciei a sua cabeça e o abracei, enquanto terminava a minha oração ao Criador dos Mundos. Certamente, Hermes estava se aproximando. Eu precisava me apressar.

Abri os olhos e deparei com o misterioso olhar daquele cão maravilhoso, que sempre parecia querer dizer-me algo, de alma para alma, pela linguagem eterna do pensamento. Ele, então, fez-me um sinal quase humano com a cabeça e começou a caminhar. Entendi. Iríamos ao encontro do mestre.

Acompanhei Fiel com descontração e leveza. Sentia-me bem. Para dizer a verdade, absolutamente bem. Mais do que isso, sentia-me realizado. Mais um livro estava quase pronto. Nosso décimo trabalho! E talvez o mais difícil e emblemático de todos. Que vitória emocionante sobre mim mesmo! O meu coração transbordava de alegria.

Eu sabia que, neste capítulo, Hermes faria a grande proposta do Universalismo Crístico Avançado, convidando todos os leitores a se engajarem definitivamente na causa. Mas não vamos antecipar os fatos.

A partir dessa proposta, fica mais fácil entender porque as sombras trabalharam com tanto afinco para derrubar-me dessa vez, tendo quase obtido sucesso! Entretanto, cheguei são e salvo até o final, mesmo aos "trancos e barrancos".

Assim como ocorrera com Sansão na história bíblica, Deus havia ouvido as minhas preces e resgatado a minha força interior para vencer mais essa batalha. E que ela não seja a última! Muito trabalho ainda há de ser feito para trazer as Verdades Espirituais a este mundo ainda tão escravo da ignorância espiritual. E eu quero participar ativamente desta luta!

Contudo, naquele dia, eu estava completamente em paz. Era sexta-feira santa. O dia da paixão de Cristo! Sem dúvida alguma, o dia de vibrações espirituais mais positivas em todo o mundo cristão.

Claro que nem todos compreendem a importância de elevarem os seus pensamentos e ações nessa data marcante de nossa história. Pelo menos, as vibrações inferiores da humanidade reduzem-se bastante e as trevas não conseguem agir por não a alimentarmos. Ocorre, também, dos seres sombrios se recolherem. Eles são inteligentes e percebem que, nesses dias, a sua ação é inócua frente à mensagem imorredoura do Cristo transmitida pelo magnânimo Jesus. Engana-se quem pensa que não existe inteligência no lado negro.

Nos dias de carnaval, as trevas dominam as almas invigilantes, mas, nos dias da páscoa, reina a vitória da Luz. O dia da paixão de Jesus é mais forte espiritualmente do que o de seu nascimento, já que a festa natalina perdeu o seu significado sagrado para a ação comercial e material do papai Noel. Isso também ocorre no domingo de páscoa, quando o coelhinho e os ovos de chocolate são os protagonistas. No entanto, a sexta-feira da paixão continua firme em seus sagrados propósitos espirituais, a salvo dos "contos de fadas ilusórios humanos".

Depois de uma breve caminhada que me permitiu uma melhor conexão com aquela elevada esfera espiritual, avistamos Hermes, de pé, com seus braços cruzados sobre o peito e apreciando o mar. Fiel correu como uma lebre e enredou-se nas pernas do mestre, fazendo-lhe festa.

Universalismo Crístico Avançado

Eu me aproximei calmamente. Hermes me recebeu afetuosamente, de braços abertos e, com um largo sorriso, envolveu-me em seu amoroso abraço. Sorri timidamente.

O sábio mestre me olhou com surpresa e perguntou o motivo do meu riso. Eu respondi:

— Pensei agora na terapia do abraço! Todos deveriam receber pelo menos um afago carinhoso por dia, assim como este. Tu não imaginas, querido irmão, como todos esses abraços que me destes durante os últimos meses foram importantes para mim.

Meus olhos lacrimejaram. Ele sorriu e falou com brandura:

— O amor é o caminho! Em todas as situações da vida, aja sempre com amor. Mesmo quando a pessoa à tua frente não estiver apta a perceber e receber as tuas vibrações de luz. O amor é o único remédio que não possui qualquer contraindicação e que pode ser ministrado todos os dias, quantas vezes desejarmos. Preenche a tua alma com a maior quantidade de amor que puderes. Ocupa todo o teu ser com a maior das virtudes e não haverá espaço para nenhum sentimento negativo.

Eu agradeci as suas palavras com um olhar expressivo. Hermes tinha razão e eu, sinceramente, desejava fazer tal qual ele me aconselhou.

O notável mestre, então, convidou-me a caminhar pela praia e iniciou as suas inesquecíveis exposições daquele dia:

— O Universalismo Crístico Avançado trouxe-nos uma nova proposta que transcende ainda mais as religiões e mergulha no campo comportamental, levando-nos a um verdadeiro e definitivo desenvolvimento pessoal, tornando-nos pessoas melhores se o aplicarmos à nossa vida.

Essencialmente, o que importa é a mudança sincera de conduta, ou seja, uma verdadeira evolução da alma no campo dos valores, e não com relação a crenças específicas. Essa é a verdadeira religião se nos ativermos ao seu autêntico sentido de "religar-se" com Deus. A mensagem dos mestres foi essa e não a de criar instituições burocráticas voltadas para um conjunto de rituais, dogmas e formalidades austeras que pouco convocam à reflexão.

O querido mestre analisou-me para verificar qual era o meu grau de entendimento naquele momento. Ele demonstrou-se satisfeito e prosseguiu:

— Estamos apresentando uma quebra de paradigma

no entendimento do mecanismo de compreensão espiritual. Antigamente, acreditava-se que a mudança deveria vir de fora, ou seja, as religiões nos ditavam regras, precisávamos do beneplácito dos sacerdotes e assim por diante. Agora, o processo deve ser invertido. As transformações precisam vir de dentro do homem e irem se ampliando em camadas até chegar ao Pai.

Eu olhei intrigado para Hermes e perguntei:

— Como assim? Poderias ser mais claro?

Ele concordou com um olhar, enquanto fazia alguns carinhos em Fiel e caminhávamos pela aprazível praia. Pouco depois, ele falou de forma descontraída:

— Temos que caminhar em direção à proposta de luz que abraçamos. Não há mais espaço para afirmarmos sermos dessa ou daquela religião, como se isso fosse garantia de realização pessoal e espiritual. Na Nova Era, é imprescindível que empreendamos a nossa reforma íntima sincera e consciente para atingirmos a evolução proposta pelo Mais Alto. Isso significa promover verdadeiramente mudanças em nosso interior, de dentro para fora, ou seja, que nos tornemos agentes ativos da transformação de nosso mundo interno e, paulatinamente, do mundo externo.

Ele me olhou de forma expressiva e prosseguiu:

— Em geral, as pessoas abraçam causas, desejam salvar o mundo, mas não conseguem nem mesmo apagar os incêndios de sua vida pessoal. Desejam um mundo melhor, porém, muitas vezes, a sua vida familiar está falida. Como agir com equilíbrio pelo bem do mundo enquanto a nossa casa íntima está desabando sobre a nossa cabeça por causa de nossos próprios equívocos?

Para evoluirmos efetivamente, precisamos realizar essa mudança em camadas, de dentro para fora. Primeiro, devemos organizar o nosso mundo íntimo, aprendendo a amar a nós mesmos verdadeiramente, sinceramente. Em seguida, devemos procurar viver em harmonia com os nossos familiares e pessoas próximas, estendendo essa ação para o campo das amizades e, depois, para o profissional e social. Cada vez mais ampliando a ação sobre as "camadas" externas de nossa vida.

Quando nos harmonizarmos com essas instâncias menores, estaremos mais bem preparados para contribuir na construção de um mundo melhor. A mudança é íntima e pessoal! E, a partir de nosso amadurecimento espiritual, expande-se por toda a humanidade, fazendo-nos compreender a universalidade do amor. Eis a transição do amor ego para o amor universal. Eis a lógica da unidade com o Pai. Somos todos um!

Entretanto, para isso, precisamos compreender o nosso papel nessa mudança e fazermos a nossa parte. É muito triste vermos tantas pessoas reclamando da vida e do mundo sem nada fazerem para mudar essa realidade.

Se o mundo interior do indivíduo está em desequilíbrio, isso o faz enxergar o mesmo no exterior, reclamando e maldizendo a vida. São esses pequenos detalhes de conscientização que fazem toda a diferença.

E como bem nos disse Aristóteles: "O bem do homem é um trabalho da alma na direção da excelência numa vida completa... não é um dia ou um período curto que faz um homem virtuoso e feliz".

As palavras de Hermes faziam todo o sentido. A conquista de valores espirituais não é um ato isolado, efêmero, mas um hábito diário. E, mais uma vez, topávamos com os temas "autoconscientização" e "despertar", que levam ao pleno desenvolvimento pessoal e ao entendimento da vida.

Enquanto a humanidade estiver alienada, continuará andando de um lado ao outro, perdida e sem rumo, dando cabeçadas na parede sem perceber que a porta está aberta bem ao seu lado. Não basta todo o saber espiritual do mundo, é preciso autoconhecimento e autoavaliação com o propósito de se libertar de traumas inconscientes e traçar um real caminho de evolução.

Hermes tinha razão. Precisamos ter olhos para ver e ouvidos para ouvir para nos conhecermos e despertarmos rumo à busca da Luz. Infelizmente, vivemos em um mundo de cegos e surdos.

Analisando isso, resolvi questionar:

— A pergunta pode parecer meio estranha, mas, Hermes, dize-me por que as pessoas creem no amor, mas não o vivem? Todos o aceitam como um fato e dizem: "O amor é o caminho". Mas, então, por que isso não se reflete em ações em suas vidas?

O líder do projeto Universalismo Crístico na Terra refletiu por alguns instantes e respondeu com desenvoltura:

— Caro irmão, como nós falamos durante o transcorrer

deste livro, as virtudes precisam ser percebidas e vividas. Ninguém aprende a amar sem se permitir experiências neste sentido. Isso exige maturidade e todo um grupo de virtudes que orbitam em torno do amor, desde o desprendimento até a doação sincera e desinteressada. Esse comportamento exige um amadurecimento da alma e uma libertação da influência perniciosa de traumas, recalques e rancores.

Como exigir de um menino de rua que ele ame desinteressadamente se viveu experiências de agressão, dor e intolerância? A sua maturidade espiritual teria que ser muito grande, o que geralmente não ocorre. Tu mesmo, nos primeiros capítulos deste livro, chegaste à conclusão que não possuis o amor pleno no coração por causa de um desenvolvimento incompleto no campo da mais nobre das virtudes! Como exigir isso dos leigos e alienados?

Logo, voltamos novamente para a necessidade de despertar e educar para o amor. O ser humano, em geral, não vive para o seu crescimento espiritual, mas, sim, para atender aos seus interesses egocêntricos. Vive ainda na base da pirâmide evolutiva, satisfazendo-se com os interesses que estimulem os seus sentidos sensoriais humanos mais básicos. Em outras palavras, vive voltado para a sobrevivência e para o seu próprio prazer.

Isso gera conflito de interesses que levam os homens a invadirem o espaço e os direitos dos seus semelhantes. Essas situações promovem desde conflitos entre moradores de um mesmo condomínio até guerras entre nações. Ocorrem até mesmo guerras motivadas por questões religiosas, muito embora a religião devesse ser um instrumento de paz e entendimento. Se a humanidade tivesse uma compreensão maior de que somos todos irmãos de uma mesma e única família universal, teria sido dado o primeiro passo para um verdadeiro processo de harmonização mundial.

Hermes silenciou e refletiu por alguns instantes. Depois, continuou com uma entonação especial em sua voz:

— Caro irmão, eu quero que prestes bastante atenção ao que vou dizer. É muito importante. Estamos na reta final deste livro e desejo que fique bem claro o que é o Universalismo Crístico em sua visão avançada.

Eu engoli seco, nervoso com a responsabilidade em minhas mãos de ser o intérprete da genial mente de Hermes.

Universalismo Crístico Avançado

357

Ele me olhou profundamente nos olhos para avaliar o meu grau de percepção e prosseguiu com a sua voz serena e repleta de plena sabedoria:

— O Universalismo Crístico não é um ecumenismo nem um conjunto de crenças específicas que atenda apenas a um grupo de espiritualistas que já compreendeu que as religiões transmitem a mesma mensagem, mas são adequadas a cada cultura, povo e época. Isso todos os nossos leitores já sabem.

O Universalismo Crístico Avançado transcende absolutamente tudo isso e deve tornar-se um instrumento para a promoção de uma evolução integral da humanidade. Ele deve abordar não só assuntos referentes à espiritualidade e comportamento humano, mas tornar-se um modelo de gestão de vida que termine por provocar reflexões transformadoras nos campos político, filosófico, social, psicológico, humanitário, ecológico etc. de nossa civilização, convidando-nos a um novo pensar sobre toda a experiência humana.

Sim! Promover uma real mudança de conduta através do despertar e da conscientização sobre o nosso papel no mundo, com o objetivo de torná-lo um lugar melhor para se viver e evoluir. Por esse motivo, os três alicerces do Universalismo Crístico Avançado enfocam o comportamento humano em vez das crenças específicas de cada indivíduo.

E isso deve ser realizado respeitando a liberdade individual de cada um. Se há uma liberdade fundamental que deve ser defendida é a de que os indivíduos precisam ser livres para terem uma identidade, seja ela religiosa, política, sexual ou filosófica, e que lhes seja assegurado o direito de expressá-la de forma pacífica. Não há espaço para a violência e a intolerância dentro do Universalismo Crístico. Não estamos aqui para julgar, mas, sim, para ensinar.

Observa tudo o que Gandhi realizou pela liberdade e independência da Índia aplicando os seus princípios de "não-violência". Sem dúvida, ele é um *mahatma*, uma "grande alma", que veio trazer ao mundo um pouco de sua maravilhosa luz interior.

Como ele mesmo dizia: "Todo problema evoluirá para uma solução se decidirmos fazer da lei da verdade e da não-violência a lei da vida", "Consultando a História, pode-se declarar que o uso da força bruta nunca resolveu um só dos problemas do homem" e "As coisas que queremos e parecem impossíveis só podem ser conseguidas com uma teimosia pacífica".

Frases como essas serão a tônica da Nova Era no que diz respeito às relações entre os homens e entre as nações. Elas também representam a filosofia do Universalismo Crístico!

Hermes meditou por alguns instantes, depois desse discurso empolgado, e resolveu abordar outro tema relacionado a ele.

— Percebo que algumas pessoas te questionam sobre a integridade do movimento do Universalismo Crístico, dizendo que é impossível evitar distorções e o mau uso da filosofia, como já revelaste. Eu afirmo que as normas do ideal que abraçamos são claras e inamovíveis. Quem difundir algo que fuja desses princípios estará divulgando qualquer coisa menos o Universalismo Crístico.

Ele respirou profundamente e seguiu falando:

— O Universalismo Crístico se propõe à evolução da consciência, tanto individual como planetária. Percebes que estamos chegando a um ponto em que, como já falamos, ele representa a própria vida, ou seja, um estilo de vida, um ideal a ser abraçado e vivido? Quanto mais credibilidade ele tiver, mais força terá para mudar o mundo! Torne-o respeitável, e será possível realizar obras maravilhosas a partir dele!

Eu meditei por alguns instantes e disse-lhe:

— Vejo que, de fato, estamos cada vez mais caminhando em direção à criação de uma grande empresa para gerir esse movimento. Quando falaste em ações humanitárias, pensei em tudo o que poderemos realizar se todos abraçarem essa ideia e unirem-se em torno dela para reivindicar um mundo melhor para todos. Mais do que apenas apontar e analisar problemas, devemos buscar soluções práticas e eficazes, abordando especificamente cada causa e atuando nessas frentes com a bandeira de respeito e alta credibilidade que o Universalismo Crístico terá no futuro.

Hermes sorriu, satisfeito, e disse-me:

— Tu te lembras de quando começamos o nosso trabalho muitos anos atrás, com o livro *A História de um Anjo*? Nele já plantávamos essa semente, mas, naquela época, tu não percebeste isso devido às limitações da vida física. Se analisares essa obra, perceberás que a missão de Gabriel e Ethel, unificando a consciência espiritual do mundo e promovendo ações sociais, filosóficas, humanitárias e espirituais termina desaguando fielmente nisso que estamos falando agora, muitos anos depois, em nosso décimo livro.

Eu concordei com Hermes. Tudo fazia sentido. Sim, os nossos livros constituem uma interessante ponte que leva o homem da velha para a nova consciência espiritual. E vão além disso: convidam os leitores a uma real análise e aplicação desses princípios em sua vida, com o objetivo de construírem o mundo que desejam para o seu futuro.

Ele tinha absoluta razão. Tudo faz parte de um grande plano que a minha mente aprisionada às limitações da vida física só agora conseguira ver claramente. Sim, eis o despertar da consciência e a ampliação do entendimento do Grande Plano Divino.

Com o livro *Universalismo Crístico Avançado*, o ciclo se completa. Nele reside a síntese de todo o nosso trabalho e o ideal que devemos abraçar pelos próximos anos, concretizando as intenções do Alto na Terra.

O sábio mentor aguardou as minhas reflexões com um sorriso de satisfação no rosto e depois voltou a falar:

— Com o livro *Universalismo Crístico* Básico, os leitores perceberam que havia uma nova forma de buscar a espiritualidade que independe das religiões. Com essa nova obra, *Universalismo Crístico Avançado*, eles se darão conta de que precisam mudar a si mesmos e unirem-se para fazerem mais, ou seja, transformarem efetivamente o mundo! É hora de tomarmos o leme da embarcação Terra e mudarmos o rumo para novos e valorosos horizontes.

Não devemos esperar que a mudança global caia do céu ou seja obra dos governos. Essa mudança necessita da ação de todos. É hora de sairmos do plano teórico e partirmos para o prático.

Caro leitor, sim, tu que seguras nas mãos este livro, neste instante, permita-se fazer parte dessa experiência que transformará o mundo! Sê um protagonista da Grande Mudança! Ela só ocorrerá com o engajamento de todos os homens e mulheres conscientes. E o Universalismo Crístico é uma das principais ferramentas do Alto para estabelecer a Nova Era na Terra.

Mesmo aquele que não se sente preparado, deve atuar. Se aguardarmos a nossa iluminação para partirmos para a ação, o mundo jamais mudará. Não podemos mais prestar atenção à hipocrisia e à crítica dos fariseus modernos, que nada fazem para construir o futuro e censuram os menores deslizes daqueles que estão colocando a mão na massa. "Coam um mosquito e engolem um camelo", como nos disse Jesus. Prefiro lutar com soldados despreparados a ter de aguardar séculos para a formação de um esquadrão de elite. É errando que aprendemos. É tendo humildade para recomeçar que conquistamos as maiores vitórias!

A vida passa rapidamente. Se formos esperar estarmos plenamente preparados, perderemos a oportunidade de atuar nesse especial momento da história de nossa humanidade. A civilização atual será protagonista da maior mudança vibracional da Terra em toda a sua história recente. E muitos ainda dormem... dormem profundamente nos braços de Morfeu...

Podemos ser protagonistas da grande mudança da humanidade para a Nova Era ou deixar o barco passar e perder a oportunidade de colaborar para a construção do novo mundo com que tanto sonhamos.

O mestre calou-se por alguns instantes para refletir sobre a ação de todos para a construção de um novo mundo e resolvi abordar o tema da vibração coletiva pelo Universalismo Crístico.

— Hermes, conforme havíamos combinado, gostaria que tu nos falasses sobre a importância, finalidade e benefícios da "vibração coletiva pelo Universalismo Crístico" que temos realizado todas as quartas-feiras das 22:00 às 22:15hs, e que recebeu amplo apoio da equipe espiritual responsável pela implantação da consciência espiritual do terceiro milênio na Terra.

Ele já esperava que eu trouxesse à pauta esse tema e esclareceu:

— Sem dúvida, a "vibração coletiva pelo Universalismo Crístico" é uma importante ferramenta de união de propósitos através de pensamentos e intenções que já estávamos planejando implantar há algum tempo. A iniciativa dos membros do grupo do Universalismo Crístico de São Paulo foi o resultado da sintonia entre o plano espiritual e o físico que, cada vez mais, torna-se realidade por todo o Brasil. É hora de crermos! Somos todos um!

À medida que nos conectarmos profundamente com esse ideal, estaremos mais próximos de atingirmos o resultado a que todos nos propusemos. Cabe ressaltar que muitos que estão en-

Universalismo Crístico Avançado

carnados atualmente e sintonizam-se conosco foram convidados no plano astral para atingir esse propósito antes mesmo de suas respectivas reencarnações na matéria. Tudo o que precisam fazer agora é tomar consciência de sua missão e agir.

A "vibração coletiva" é uma iniciativa importante que visa higienizar e harmonizar as vibrações energéticas do planeta, ainda mais neste delicado período de transição planetária em que vivemos. Em certas épocas do ano, a concentração energética perniciosa torna-se muito grande afetando de forma preocupante a humanidade e o planeta como um todo, causando distúrbios psíquicos e convulsões geológicas e climáticas. A união de todos em pensamento gera uma poderosa energia que, aliada à ação das equipes espirituais, regulariza e equilibra o planeta, evitando graves tragédias executadas tanto pela ação física do homem como a partir do esgotamento de Gaia, a alma planetária, devido aos pensamentos em desequilíbrio de toda a família terrena. Na última virada do ano, como já relatamos, ocorreu um grande processo nesse sentido, preparando a Terra para a sua gradual entrada na "Era da Luz", que ocorrerá definitivamente em 21-12-2012.

O enfoque da vibração coletiva deverá ter sempre como pano de fundo a mentalização e o desejo da efetivação da implantação do Universalismo Crístico na Terra, fato que permitirá grandes avanços de nossa humanidade não só no campo da Espiritualidade, mas em todas as esferas da vida humana. O tema proposto no dia 7-3-2012, focado na "Natureza", já mostra que a proposta do Universalismo Crístico transcende o campo espiritual e religioso.

Além desse enfoque principal, toda semana teremos um tema que estimule os participantes a se conectarem com as virtudes crísticas e as questões espirituais e sociais da humanidade que precisam ser refletidas. Às terças-feiras, esse tema será divulgado no site e contamos com a corrente de pensamento de todos os simpatizantes do U.C. Quando mentalizarmos a caridade, por exemplo, estaremos envolvendo a grande parte da humanidade que ainda encontra-se alienada, intuindo-a a tratar os seus semelhantes com esse sentimento, criando, assim, relações mais harmônicas no mundo.

E, como cada um recebe de acordo com as suas obras, todos que participarem da vibração coletiva receberão a devida contrapartida. É dando que se recebe! As equipes espirituais estabelecerão conexões com os participantes abençoando-os com energias salutares que visem reestabelecê-los psíquica e organicamente, além de atuar diretamente em seus problemas específicos de saúde. Avisem aos amigos que estejam atravessando processos de enfermidade. Todos que mentalizarem conosco serão atendidos! Basta que se sintonizem com o ideal do Universalismo Crístico. O ato de orar, meditar e estabelecer uma conexão com o Alto gera energias preciosas em nosso mundo íntimo, elegendo-nos à cura. O amor e as boas vibrações produzem luz de dentro para fora em nossa alma, curando distúrbios que possam estar se formando ou que já estejam atuando em nosso corpo astral, e que, no futuro, inexoravelmente, terão um reflexo em nosso corpo físico.

Eu agradeci os seus esclarecimentos sobre essa importante iniciativa para o benefício do planeta e publicamos essas suas orientações na coluna "Roger Responde" do site *www.universalismocristico.com.br* na pergunta 118 do dia 19-3-2012. Reproduzimos esse texto aqui no livro também porque esse foi o exato momento desse questionamento e nem todos os nossos leitores acessam esse importante canal de comunicação que é o nosso site.

Por desconhecerem a existência do site, muitos de nossos simpatizantes ainda não participam da vibração coletiva pelo Universalismo Crístico. Essa união espiritual maravilhosa entre todos nós para gerar energias positivas em nosso benefício e de todo o planeta.

Permanecemos em silêncio mais um pouco, meditando e brincando com Fiel na praia. Hermes aguardava que a minha mente processasse todas as informações com tranquilidade. Creio que o ambiente da praia tinha essa finalidade específica. Tranquilizar-me para transcender.

Ele refletiu por mais alguns instantes e prosseguiu abordando outro tema:

— Em nosso projeto do Universalismo Crístico, nós também devemos contemplar a avaliação da conquista do autoconhecimento na educação de nossos jovens, com o objetivo de promover um verdadeiro e eficaz desenvolvimento pessoal nos alunos. Eles são a nossa meta prioritária.

O propósito da avaliação é proporcionar a retroalimentação

necessária para incentivar a competência por meio do autoconhecimento. Como uma das metas da educação é que o aluno aprenda a avaliar corretamente a si mesmo e o seu trabalho, ela deve ter em mente a consciência do aluno sobre si mesmo.

Na escola do futuro, os estudantes serão avaliados em relação à sua capacidade de amar e interagir de forma harmônica com si mesmos, os seus semelhantes e o ecossistema, bem como evoluir em relação ao desenvolvimento de seus talentos e vocações próprias, com o objetivo de estarem mais bem preparados para compreenderem o mundo de forma integral e realizarem um questionamento pessoal de tudo que os cerca.

Os alunos não deverão ser comparados uns com os outros. Eles mostrarão os seus resultados por meio de projetos, demonstrações, debates e discussões com professores e com outros alunos, com amplo caráter filosófico. Nada de decorar textos sem compreendê-los!

Cada vez mais, o conceito de educação integral será compreendido como o caminho a ser seguido. O objetivo dos métodos de avaliação será analisar a pessoa integralmente, e não exclusivamente os seus conhecimentos e habilidades acadêmicas. Isso requer a utilização de metodologias diferenciadas que abordem valores espirituais e humanos, como, por exemplo, a amizade, a compaixão, a criatividade, a tolerância, a intuição, a paciência etc., aspectos que não são levados em conta pela escola tradicional hoje em dia.

O líder do projeto Universalismo Crístico na Terra fez nova pausa, respirou profundamente a brisa do mar e prosseguiu:

— É fundamental desenvolvermos um modelo educacional que estimule em nossas crianças os bons valores e a perseverança para atingir metas, evitando que se tornem adultos levianos e preguiçosos. É comum vermos pais e educadores elogiando as crianças somente com base em parâmetros superficiais, como a vaidade e o culto ao ego, enaltecendo a sua beleza e esperteza. O mais indicado é estimulá-las com base em seus bons valores e persistência para atingir objetivos. Devemos tecer comentários elogiosos sobre os seus esforços para vencerem a si mesmas, conquistando metas graças ao seu espírito de equipe, solidariedade, generosidade, cultivo de bons valores, princípios e ética.

Elogiar a esperteza, beleza ou a sensualidade das crianças é um terrível incentivo para que se tornem adultos frágeis e inseguros no futuro, ou que desenvolvam perigosos desvios de caráter. Se os pais desejam desvirtuar a personalidade de seus filhos, basta elogiá-los a partir de padrões fúteis e vulgares, que não reflitam mérito ou esforço. Eles estarão criando péssimos herdeiros para o futuro da humanidade e condenando-os a sofrer, pois esses padrões são transitórios e fatalmente levarão os seus filhos a desgostos constantes, tornando-os deprimidos, amargos e fracassados.

Os frívolos concursos de beleza infantil, por exemplo, deveriam ser tratados como um crime contra a criança. É algo terrível valorizar as crianças por serem belas e sensuais. Elogiar comportamentos superficiais é uma tendência atual que deve ser repensada com urgência. No futuro, essas crianças farão chantagens emocionais para atender aos seus interesses que geralmente são distanciados do trabalho digno, esforçado e honrado. Sem contar que serão adultos que não terão desenvolvido resistência à frustração e à fragilidade emocional.

O sábio mestre olhou-me profundamente nos olhos, enquanto alisava o pelo dourado de Fiel e prosseguiu com determinação:

— Devemos elogiar bons valores, e não comportamentos superficiais típicos dessa humanidade do final de ciclo evolutivo em que vivemos. Crianças da Nova Era não devem ser avaliadas por serem bonitas, espertas, terem lindos cabelos ou olhos bonitos. Esses são critérios equivocados, que são aceitos naturalmente apenas em civilizações em estágio evolutivo primário.

As crianças do terceiro milênio precisam ser estimuladas a serem solidárias, éticas, responsáveis, humanitárias, perseverantes e idealistas, ou seja, a valorizarem sentimentos e valores nobres. Elas precisam ser incentivadas a tentar sempre, mesmo que não atinjam o objetivo. O esforço deve ser recompensado, quer obtenham êxito ou não. Essa é a regra divina!

Não são apenas as pessoas boas que são reconhecidas no Céu, mas, também, aquelas que erram, mas se "esforçam sinceramente" na luta para tornarem-se melhores. O Céu não é exclusividade dos anjos. Ele também é o lar dos trabalhadores esforçados e sinceros que buscam a Luz de Deus, apesar de suas limitações evolutivas.

As crianças estimuladas a serem dedicadas jamais terão

medo de tentar, pois mesmo que não consigam atingir o objetivo, o seu esforço será reconhecido e elogiado. Já aquelas que são chamadas de espertas e inteligentes, rejeitarão os novos desafios com medo de perderem o status de crianças prodígio. E isso refletirá em sua personalidade quando forem adultas. Consegues perceber isso?

Eu concordei sem pestanejar, enquanto o mestre prosseguia:

— Os pais e educadores devem perceber isso e ensinar e estimular nas crianças o que realmente importa. Não se consegue formar homens e mulheres valorosos por meio de elogios fúteis, focados no ego de cada um. É preciso incentivá--los a comportamentos e valores nobres.

Homens e mulheres com personalidade forte e saudável são forjados a partir de bons valores e por meio de seus esforços em superar as adversidades da vida. São como árvores frondosas, bem enraizadas, que os ventos fortes e as tempestades da vida não conseguem derrubar. Ao mesmo tempo, tornam-se flexíveis como os bambus, que se vergam para adaptarem-se à vida, sem jamais quebrarem.

Ao ouvir aquelas palavras do querido mestre, emocionei--me profundamente. Como eu desejo viver em um mundo assim como ele descreve com tanta propriedade! Meu Deus, precisamos trabalhar com afinco para materializar no mundo humano essas diretrizes de amor, paz e felicidade com urgência!

Após refletir sobre as suas colocações, disse-lhe com empolgação e um brilho no olhar:

— Creio que se o homem tivesse acesso a esses conhecimentos e fosse estimulado desde criança a filosofar sobre o mundo e a vida, compreendendo a si mesmo e ao próximo, tudo seria diferente. Hoje em dia, talvez tivéssemos uma humanidade mais evoluída e harmônica, a paz reinaria e estaríamos mais próximos da tão almejada felicidade.

Hermes suspirou e respondeu:

— Ajudaria sim. Mas, para o entendimento de tudo isso de que estamos falando, faz-se necessário o amadurecimento espiritual. E somente agora, com a chegada da Nova Era, a humanidade terrena terá essa capacidade. A verdade divina é revelada ao homem de acordo com o seu crescimento e entendimento. Por isso ela ainda possui tantas faces na Terra.

Entretanto, dentro de algumas décadas, a verdade será gradualmente "unificada" nas consciências de nosso mundo, tornando-se, no entendimento geral, aquilo que estamos divulgando aqui nesta obra. Não tenhas dúvida de que o Universalismo Crístico será a compreensão de Deus e de Espiritualidade do futuro. Talvez receba outras denominações entre outros povos, mas definirá exatamente o que estamos apresentando aqui. Sem dúvida, a verdade é uma só! Contudo, cabe ao homem, em sua caminhada evolutiva, gradualmente passar a compreender a verdade sem as distorções causadas por sua limitada visão. Deus não muda; o que muda é a forma como o percebemos.

Ele piscou para mim. Já havíamos falado sobre isso em um capítulo anterior. Depois prosseguiu com propriedade:

— Para isso, precisamos criar um mecanismo de educação sistemática das novas gerações, permitindo-as desde cedo terem acesso à consciência espiritual para que o processo de amadurecimento e conquista do saber não se perca com o passar das décadas por falta de mecanismos educacionais adequados. Manter as crianças afastadas do modelo de escola que aqui apresentamos é um passo para a humanidade manter-se estagnada, sem evoluir para padrões superiores no futuro.

Essa deve ser uma conquista definitiva! Caso contrário, acontecerá como tu falaste anteriormente: as novas gerações, distanciadas dessa elevada compreensão da vida, continuarão a se entorpecer, mesmo se tratando de um grupo mais avançado de espíritos que encarnará em nosso mundo de agora em diante.

Se desejamos perpetuar na Terra um elevado padrão de vida e desenvolvimento humano e espiritual, tornando os homens conscientes, livres e pacíficos, esse caminho encontra-se, sem dúvida alguma, na educação através de efetivos modelos de conscientização e despertar. Ensinar os nossos filhos a pensar e oferecer-lhes conhecimento é a melhor herança que poderemos dar a eles e ao mundo como um todo.

Lembra sempre, em qualquer situação da vida, seja no campo humano ou no espiritual, que a luta não é entre o Bem e o Mal, mas, sim, do Conhecimento contra a Ignorância. Essas palavras de Buda representam claramente o problema que temos em mãos. O mundo só é o que é porque o homem ainda vive escravo de sua ignorância e alienação.

Ele meditou por alguns instantes e completou:

— Precisamos de iniciativas dinâmicas para isso dentro do projeto Universalismo Crístico na Terra. Desde a elaboração de revistas do U.C. até a transmissão de programas de rádio e TV para atingirmos esse fim. Vá pensando nisso, querido irmão!

Hermes silenciou e foi caminhar pela praia com Fiel. Senti que ele havia se emocionado. Assim como eu, ele sonha com um novo mundo e se entristece com a mediocridade em que ainda vivemos. A nossa diferença é que ele, por ser mais maduro, controla as suas emoções e compreende as nossas fraquezas.

Observei-o em silêncio e pensei: há quantos milênios essa alma iluminada trabalha pelo nosso crescimento espiritual? Meu Deus, quanto amor e dedicação ele teve por nós ao longo de todos esses séculos! Que o Espírito Criador o abençoe!

Levantei-me e, entregando-me aos meus impulsos, corri até ele e o abracei, dizendo:

— Deixa-me retribuir um pouco de tudo que fizeste por mim durante todos esses meses difíceis. Permita-me doar-te o meu amor e carinho. Sei que é pouco e quase inexpressivo, mas faço isso de coração.

Ele sorriu, feliz com a generosidade do meu gesto e falou-me, com voz amável.

— Obrigado, meu querido irmão! Que Deus te abençoe hoje e sempre.

Em seguida, nós nos olhamos profundamente nos olhos, e percebi que Hermes estava muito feliz por meu regresso. Ele havia me resgatado do fundo do poço, onde as trevas haviam me jogado por minha própria invigilância e imaturidade para viver um relacionamento amoroso. Porém, naquele momento, eu estava ali, de pé ao seu lado, forte novamente para seguirmos com o nosso empolgante trabalho de fazer o homem compreender a verdadeira face de Deus.

Depois dessa troca mágica de olhares, eu não falei mais nada, pois não tinha palavras grandes o suficiente para agradecer-lhe! Ele sabia disso! Apenas abraçou novamente este seu filho rebelde e inconstante, mas que busca sempre se superar para vencer os desafios que a vida lhe impõe.

15
Reflexões sobre a viagem ao Egito em maio de 2012

Conforme informei no final do capítulo cinco, em maio de 2012, realizamos mais uma viagem ao Egito e ao monte Sinai na companhia de um grupo de leitores que, nessa oportunidade, conseguiu realizar esse sonho acalentado por tantos espiritualistas.

Foram momentos muito gratificantes para todos nós. Momentos em que trocamos experiências e nos divertimos muito, além de realizarmos a importante meditação espiritual a que nos propusemos no monte Sinai.

Na verdade, a minha grande reflexão naquele dia havia ocorrido durante toda a longa caminhada para chegar ao topo. Hermes tinha razão. O importante não era chegar ao cume do monte, mas, sim, trilhar o caminho que leva até ele... Durante a subida, realizei várias reflexões íntimas importantes para a minha jornada nesta existência e maravilhei-me ao observar os pequenos gestos fraternos entre todos os integrantes do grupo, que se ajudavam com alegria durante a difícil subida, desde os que estavam na frente do grupo até os que se mantinham mais atrás.

Sem contar o fascinante olhar e apoio carinhoso dos camelos: os anjos do deserto! Apesar de grandes e aparentemente desajeitados, comportavam-se de forma gentil e delicada com os peregrinos. Pareciam seres racionais que nos protegiam com a sua energia pura e desprovida de sentimentos negativos.

Cada momento daquela peregrinação foi marcante. Sábio

é aquele que observa e percebe, em cada gesto e em cada ação do cotidiano, um ensinamento para a vida toda, mesmo que seja de um desconhecido. Aqueles que só observam espinhos em uma rosa perdem a grande oportunidade de perceber os sutis sinais da manifestação de Deus em todos os momentos da vida.

Dessa forma, quando já tinha regressado ao Brasil, exatamente uma semana depois de vencermos o monte Sinai no plano físico, despertei no topo daquele local sagrado para as três maiores religiões monoteístas do mundo: o judaísmo, o cristianismo e o islamismo, conforme eu havia combinado com Hermes. Era madrugada e o mesmo vento frio que encontrei lá em cima quando realizei a subida, envolvia-me. No entanto, dessa vez, não senti os desconfortos daquele ar gélido, pois estava presente em corpo espiritual por meio de projeção astral.

Observei tudo ao meu redor e percebi a presença de Ramiro entre a igreja cristã e a mesquita islâmica no topo do monte. Ele me fez um sinal sereno com a cabeça. Retribuí o gesto, agradecendo-lhe por ter-me conduzido em espírito até lá.

Olhei para baixo e percebi ao longe as lanternas dos peregrinos realizando a subida. Contemplei aqueles pequenos e abençoados pontos de luz em meio à escuridão. Vários peregrinos em busca de um encontro com Deus e consigo mesmos.

Devia ser pouco mais de três horas da madrugada, pela distância em que se encontravam, portanto, eu teria em torno de uma hora para meditar e refletir, antes que chegassem ao topo. Isso não foi possível no dia em que cheguei lá fisicamente ao amanhecer devido ao grande número de peregrinos e ao frio intenso naquele local sagrado.

Meditando no topo do Sinai, lembrei-me das pessoas valorosas que conheci nessa última expedição e alegrei-me. Tem gente que me pergunta por que faço essas viagens ao Egito. As pessoas de bom coração questionam se é para me descobrir e encontrar respostas espirituais na terra dos faraós. As respostas que precisava obter do Egito já as obtive em outras oportunidades. Dessa vez especificamente, organizei a expedição espiritual principalmente para reencontrar a minha essência no monte Sinai, na companhia de pessoas especiais que sabia me acompanhariam nessa jornada.

Nessas viagens, o mais importante para mim é conhecer pessoas valorosas, grandes almas, que venham a se tornar parceiros para toda a vida e que possam, junto comigo, construir um mundo novo. Busco essas características especiais nos olhares de cada um e em seus pequenos gestos. Nos simples detalhes do cotidiano é que percebemos o verdadeiro valor de cada um. Avaliei isso de modo especial nesse grupo, que eu sabia que me surpreenderia com a sua nobreza de valores e intenções.

Nessa última viagem, assim como na anterior, encontrei irmãos muito especiais que me fizeram acreditar no valor das pessoas de Bem e que existem parceiros sinceros para iniciarmos o grande projeto do Universalismo Crístico. Ou seja: o objetivo mais importante de ambas as viagens foi atingido!

Há muitas pessoas boas, amigas e generosas neste mundo; almas comprometidas com a vontade do Cristo, em quem podemos confiar e com quem podemos contar. Esse talvez tenha sido o meu maior aprendizado nessa viagem. O ensinamento de que devo ter esperança na integridade das pessoas e, consequentemente, do mundo. Posso confiar e apostar nelas!

Existe muita gente boa voltada para a Luz desejando contribuir para a construção de um mundo melhor. Basta procurarmos ao nosso redor com "bons olhos" que as encontraremos em cada estrada pela qual passarmos. Luz naturalmente atrai mais Luz! Simples assim.

Também aprendi que o processo precisa nascer a partir de mim, de meu coração. Se eu mudar o foco para a esperança em encontrar idealistas como eu, isso acontecerá! Reclamei muito neste livro. Reconheço! Mas creio que essa reflexão foi importante para todos nós. É hora da mudança. Somente identificando os nossos pontos falhos poderemos nos melhorar para erigirmos um mundo íntimo de harmonia e, consequentemente, estarmos aptos a apresentar soluções para ajudar a construir um mundo melhor para todos.

A vantagem de realizar uma viagem como essa com um grupo espiritualizado é encontrarmos pessoas especiais e profundas. É uma benção ter essa oportunidade de conviver

Universalismo Crístico Avançado

371

com seres humanos tão maravilhosos. Sou grato a todos que me acompanharam!

Lembrei-me, com um sutil sorriso no rosto, dos comentários curiosos e divertidos, repletos de alegria, de todos. O nosso trabalho não é religioso e sisudo. Ele é espiritual e desenvolvido de forma alegre, espontânea e voltada para o despertar e crescimento de cada um.

Não quero viver rodeado de santos! Quero pessoas que despertem sinceramente do mundo da ilusão e busquem encontrar-se para darem um sentido espiritual à sua vida. Também não quero pessoas que se escondam atrás de uma falsa pureza. Desejo encontrar amigos autênticos e "normais", sem ritos e misticismos superficiais, mas com o coração voltado para a busca do autoconhecimento e autoaprimoramento, independentemente de suas atitudes passadas.

Não trocaria esses quinze dias de convivência que tive com essas pessoas por nada neste mundo. Quem está ampliando a sua consciência espiritual vive o grave dilema de se desconectar do mundo comum. As rotinas e diversões dos homens comuns não mais o atraem... Portanto, encontrar um grupo especial como esse é como descobrir um oásis em meio ao deserto. Agradeço a Deus por essa experiência!

Por isso, no momento em que estava no topo do Monte Sinai, orei ao Espírito Criador pedindo que abençoasse cada uma das trinta pessoas que me acompanharam naquela inesquecível aventura. Hermes sempre me alerta sobre o meu poder mental e sobre o poder de minha oração. Assim, irradiei a todas elas as energias positivas que me são possíveis.

Quem muito dá, muito receberá de Deus! Essa é uma das leis universais mais infalíveis! Portanto, lembrei-me de cada integrante da expedição, inclusive daqueles que se mantiveram mais distantes e que não se abriram muito comigo, e irradiei-lhes tudo de bom que tenho em meu coração.

Aqueles que conhecem o meu trabalho sabem que não gosto da postura de "guru espiritual". Creio que as respostas estão dentro de cada um. No máximo, posso ajudá-los a encontrá-las. A verdadeira evolução está em trilhar o caminho com suas próprias pernas, sem muletas. O trabalho que realizamos com os livros é filosófico, fazendo as pessoas despertarem para a sua própria busca interior. O verdadeiro crescimento espiritual e humano se dá pela via interna. As respostas estão dentro de nós mesmos.

Respirei fundo e agradeci a Deus por estar retornando ao meu perfeito equilíbrio espiritual. Senti-me feliz por estar vibrando novamente na luz crística e estar adorando usufruir da companhia de pessoas que considero especiais. Mesmo sendo uma pessoa reservada e que aprecia a solidão, vivi cada minuto na companhia dos amigos com grande alegria. E, ali, novamente no topo do Sinai, senti uma grande saudade do convívio diário com eles.

Sorri satisfeito com o amor que recebi e que doei. Lembrei-me das brincadeiras divertidas e que demonstravam o amor e a amizade entre todos. Cruzei os braços sobre o peito, de pé sobre o teto da igreja, e, com um olhar altivo, mirei o horizonte montanhoso e distante da cordilheira da península do Sinai. Perdi-me em meus pensamentos. Os meus cabelos balançavam ao sabor do vento e o meu rosto demonstrava uma expressão alegre e realizada.

Refleti, também, sobre as críticas veladas que tenho recebido sobre essas viagens. Não entendo como alguém pode criticar uma ação integradora que visa reunir a nossa grande família espiritual, com o objetivo de nos prepararmos para executar a tarefa com que nos comprometemos no astral, antes de reencarnarmos no mundo. Cada viagem é um reencontro com amigos de outras eras...

As almas pequenas chegam ao disparate de alegar que promovo essas viagens para ganhar dinheiro. Dinheiro? Com certeza não, pois, graças a Deus, ele sempre chega naturalmente em minhas mãos. Tenho uma relação de harmonia com o dinheiro. Não me penitencio por tê-lo, pois sei que sou merecedor do que recebo através de meu trabalho. Como afirma sabiamente Paulo Coelho: "Quando queres realmente uma coisa, todo o Universo conspira para ajudar-te a consegui-la". Creio nisso!

No entanto, quem precisa de dinheiro é o projeto Universalismo Crístico e ele será suprido através da soberana vontade de Deus, por meio das mãos de empresas e pessoas que tenham consciência, sejam generosas e voltadas para o Bem, que saberão canalizar os recursos necessários com o objetivo de despertar a humanidade da terrível alienação em

Universalismo Crístico Avançado

que ainda vive.

Nessas viagens, o projeto Universalismo Crístico recebe apenas a pequena parcela da comissão do vendedor do pacote, que é um valor simbólico que mal é suficiente para imprimir *folders*, marcadores de livros e outras mídias. Um valor insuficiente para impulsionar as mínimas ações já planejadas para o projeto Universalismo Crístico e que foram amplamente apresentadas neste livro.

É engraçado observar como algumas pessoas aplaudem o pagamento de valores astronômicos para jogadores de futebol e artistas acumularem fortuna pessoal, mas, quando se trata de uma ação que visa ao despertar espiritual dos seus semelhantes, bombardeiam-na de acusações como se estivessem sendo inspirados pelas sombras que não desejam que a humanidade acorde. Muito curioso isso!

Iniciativas como o projeto Universalismo Crístico deveriam ser sempre louvadas e apoiadas por todos que têm esperança de construir um mundo melhor e mais espiritualizado. A maior ação que podemos realizar pelo bem de nossos semelhantes é dar-lhes educação e conscientização espiritual. E isso nós só conseguiremos com ações concretas, organizadas e realizadas de forma profissional. É necessário ensinar a pescar em vez de dar o peixe!

A caridade ainda está muito focada no assistencialismo, porque é mais fácil "dar o peixe" do que se envolver e se comprometer a ajudar projetos de conscientização espiritual e, assim, realizar a verdadeira beneficência, que consiste em "ensinar a pescar". Precisamos mudar esse cenário arraigado em nossa cultura por séculos! O assistencialismo é uma solução cômoda para quem realiza a caridade, porém termina causando mais prejuízos do que benefícios a quem o recebe.

O cristianismo primitivo surgiu em meio ao período em que o império romano costumava dar "pão e circo" ao seu povo, com o objetivo de mantê-los satisfeitos e passivos. Os imperadores que assim se comportavam eram amados e admirados pelos seus súditos. Isso criou a ideia de que a religião cristã (para ser boa também) deveria ser paternalista e assistencialista em vez de prezar o desenvolvimento pessoal.

A verdadeira caridade ensinada pelo grande Mestre não foi a de "dar o pão" sem trabalho, mas, sim, a dos valores espirituais e de estimular e educar para o esforço próprio. Jesus mesmo sempre trabalhou nos locais onde ficou hospedado por mais tempo, com o objetivo de não se tornar um peso para aqueles que o acolhiam com carinho e amor. É dessa forma que devemos nos portar.

Ficarmos dependentes da esmola alheia, sem procurar trabalhar e evoluir, não é uma atitude virtuosa. Quando Jesus estimulava a caridade assistencialista é porque o cenário de miséria em que se encontravam os pobres da época era tão grande e caótico que não lhe permitia alternativa.

Hoje, os tempos são outros. Temos que criar ações que estimulem a inclusão social dos que se encontram à margem da sociedade. O assistencialismo deve ser feito somente em situações urgentes. Jamais devemos tornar essa prática uma rotina.

Em vez de tratar os assistidos como incapazes, temos que estimulá-los a um gradual desenvolvimento pessoal. Repito mais uma vez: ensinar a pescar, e não dar o peixe... Se nós desejamos fazer um projeto de construção e avanço da humanidade, temos que ensinar os nossos irmãos a caminharem com as suas próprias pernas.

Para ilustrar esse ponto, recordo-me da fábula da "libertação da borboleta". Nessa história, certo dia, um menino observou um casulo pendurado em uma árvore. Curioso, ele ficou admirando-o durante um longo tempo.

Ele via que a borboleta fazia um esforço enorme para tentar sair através de um pequeno buraco, sem sucesso. Depois de algum tempo, parecia que a borboleta tinha desistido de sair do casulo e que as suas forças haviam se esgotado. Porém, essa pausa faz parte do processo natural de libertação da borboleta.

O jovem, percebendo a aflição da borboleta para sair, resolveu ajudá-la: pegou uma tesoura e cortou o restante do casulo para libertar a borboleta. Ela saiu facilmente, mas o seu corpo estava murcho e as suas asas amassadas.

O garoto, feliz por ajudá-la a sair, ficou esperando o momento em que ela fosse abrir as asas e sair voando, porém nada aconteceu. A borboleta passou o resto da sua vida com as asas encolhidas e rastejando o seu corpo murcho, levando o menino às lágrimas, por ter sido o causador de tamanha infelicidade.

Universalismo Crístico Avançado

Depois de um tempo, a borboleta morreu. Nunca conseguiu voar...

Isso ocorreu porque a destruição do próprio casulo é parte fundamental para a formação da borboleta. Ao fazer isso, ela fortalece o corpo e bombeia os fluidos que farão de suas asas instrumentos fortes o suficiente para que possa voar. Da mesma forma, o assistencialismo sistemático é um grande desfavor para o seu suposto beneficiário. Carregar o caído é privá-lo de caminhar com as próprias pernas, enfraquecendo a sua autoestima e estimulando-o à dependência. Temos que ser cuidadosos para não realizarmos gestos semelhantes com os nossos irmãos, privando-os de desenvolver as suas potencialidades, oferecendo-lhes um assistencialismo piedoso e equivocado. Nem todo gesto (aparente) de amor é a melhor solução. O amor só se torna reflexo da Luz de Deus quando alicerçado na verdadeira sabedoria. Não basta acreditar que ama... é preciso saber amar!

Infelizmente, é dessa mesma forma que a caridade assistencialista tem criado uma verdadeira legião de pessoas dependentes e incapazes. Para comprovar isso, basta ver o quão inaptos tornam-se os animais quando são libertados do cativeiro e voltam para os seus lares naturais. Eles não conseguem mais caçar por terem sido alimentados e não sabem mais se defender por terem sido protegidos.

Cada ato de caridade precisa de uma análise própria para que não acabemos por ajudar um irmão que, em um momento específico, mais se beneficiaria se não tivesse sido contemplado com nenhuma caridade, pois, desse modo, seria estimulado a desenvolver as suas potencialidades.

Já que estamos nos utilizando de metáforas para melhor compreender essa importante reflexão sobre a caridade, gostaria de relatar a "fábula do escorpião e da tartaruga".

O escorpião chegou à beira do rio, que estava subindo por conta de uma forte chuva, e perguntou para a tartaruga que nadava perto da margem:

— Tartaruga, tu poderias levar-me até o outro lado? Preciso chegar em casa e o rio está subindo. Logo, morrerei afogado se ficar parado aqui.

A tartaruga ficou indecisa e perguntou:

— Escorpião, eu até poderia levar-te em meu casco, mas

como saberei se tu não me picarás e contaminarás com o teu veneno mortal?

O escorpião argumentou com sensatez, dizendo:

— Por que eu te picaria? Se fizer isso, nós dois morreremos afogados.

A tartaruga acreditou no argumento do escorpião e, como era muito caridosa, concordou em lhe dar uma carona. Ele subiu delicadamente no casco da tartaruga que iniciou a travessia do rio.

Quando estava na metade da travessia, a tartaruga sentiu a picada do escorpião e disse-lhe, chocada:

— Insensato! Eu estava apenas te ajudando. Agora nós dois morreremos: eu envenenada e tu afogado!

O escorpião, já começando a ser coberto pela água, respondeu:

— Desculpa, tartaruga! Não pude evitar. Antes de me oferecer ajuda, tu já sabias qual era a minha natureza. Só fiz aquilo que me é natural.

E ambos afundaram nas águas escuras do rio.

Essa brilhante fábula nos mostra que é necessária a fortificação do caráter individual, através de eficientes modelos educacionais, e não o simples incentivo e louvor a toda espécie de assistencialismo. Temos que ter bom senso para avaliar em qual momento é realmente urgente e necessário dar o peixe, fazendo-o apenas por um período determinado a fim de evitar a dependência. Nas demais situações, a melhor caridade é, sem dúvida, ensinar a pescar.

O caminho da Luz é o da prosperidade! Devemos nos sintonizar com a prosperidade e a abundância. É um engano achar que a pobreza é uma virtude.

O problema não está em ser pobre, mas, sim, em achar que isso é algo virtuoso e necessário para evoluir espiritualmente. Trata-se de uma crença imposta por algumas religiões para manterem as massas sob o seu domínio.

Depender de outros para subsistir é algo contrário à lei da harmonia universal. Deus criou um mundo de absoluta prosperidade. Para constatarmos essa verdade, basta olharmos para a Natureza. Ela é rica e abundante em todos os aspectos. O planeta tem milhões de espécies de animais e vegetais que entoam todos os dias hinos de louvor ao Espírito Criador. A

Natureza vibra e canta em todas as latitudes do planeta. E, em todo o Universo, bilhões de galáxias com bilhões de estrelas cada uma atestam a riqueza da vida criada por Deus.

Somente o homem cria pobreza, dor e miséria, a partir de suas crenças equivocadas, as quais alimenta diariamente sintonizando-se com telejornais que parecem ter prazer em noticiar o lado pobre e medíocre do ser humano, divulgando somente tragédias, imoralidade e crimes.

Portanto, devemos nos sintonizar com a penúria apenas com o intuito de buscarmos soluções para resolvê-la em nossa vida e na vida dos nossos semelhantes, quebrando esse ciclo alienante de dor e sofrimento em que vive o homem por ter esquecido a sua natureza divina!

Da mesma forma que devemos buscar a nossa evolução espiritual, assim devemos proceder com relação à nossa evolução humana. O homem inconsciente, infelizmente, esqueceu que é um ser absolutamente sagrado e com potencial infinito. Passou a comportar-se como um mendigo, encoberto por sua própria escuridão.

Além disso, algumas pessoas confundem prosperidade com ganância e humildade com pobreza. Ser próspero é cumprir a vontade de Deus na Terra, ou seja, ser produtivo, e não onerar a família universal.

Humildade não significa ser submisso, indolente, medíocre, obscuro e insignificante. Quando se fala que a humildade é uma virtude, é em seu sentido nobre, referindo-se a um comportamento de simplicidade em oposição à arrogância e à prepotência. Ser verdadeiramente humilde é trabalhar com dignidade, procurando prosperar na vida e ocupar o seu lugar de direito no mundo, sempre respeitando os seus semelhantes e tratando-os de forma igualitária, justa e fraterna.

Pergunto: qual é o problema em desejar e trabalhar para ter uma vida próspera e confortável? Qual é o pai que não deseja proporcionar uma educação de qualidade aos filhos? Ter um bom plano de saúde?

Jesus mesmo afirma no Evangelho de Mateus, 7,7-12: "Por acaso, quem de vós, que é pai, será capaz de dar uma pedra ao seu filho, quando ele pede pão? Ou lhe dará uma cobra, quando ele pede um peixe? Ora, se vós, que sois maus, sabeis dar coisas boas a vossos filhos, quanto mais o vosso

Pai, que está nos céus, dará coisas boas aos que lhe pedirem! Tudo quanto quereis que os outros vos façam, fazei também a eles. Nisso consiste a Lei e os Profetas".

Por esses motivos, o Universalismo Crístico trabalhará pela formação de uma nova consciência, promovendo o desenvolvimento pessoal das crianças, adolescentes e adultos, em vez de dedicar-se diretamente ao assistencialismo, que gera um peso indireto para a sociedade e degrada o ser humano por não estimulá-lo a realizar ações construtivas na vida e desenvolver-se para poder trabalhar dignamente.

Sentimo-nos realizados e felizes quando nos é possível contribuir para a grande Obra do Criador. Todo homem capaz deve trabalhar, utilizando as suas habilidades e vocação para obter o seu sustento e o de sua família, contribuindo para a harmonia da família universal.

Também é importante que o homem aprenda a administrar o que ganha, sem entregar-se a um consumismo desenfreado e doentio que o endivida e agrava a sua situação financeira. Deve viver conforme os seus ganhos, procurando obter recursos compatíveis com as suas necessidades individuais, para não se tornar um peso para os seus irmãos da família universal.

Do mesmo modo, é necessário estarmos em um estado de equilíbrio com Gaia! Viver em harmonia com o planeta; sem explorá-lo de forma gananciosa, destruindo o ecossistema. O homem deve manter uma relação de puro equilíbrio com os seus semelhantes e com o planeta.

Como diria Hermes: o equilíbrio é tudo! No quinto princípio da tábua de Esmeraldas, o "princípio do Ritmo", ele nos afirma que tudo flui, fora e dentro. Tudo tem as suas subidas e descidas, assim é a vida. De alguma forma, aquilo que se "dá" deve ser equivalente ao que se "recebe".

O ritmo compensa e mantém o equilíbrio. O sábio deve saber comandar os ciclos vitais seguindo o seu fluxo, nunca os violentando! Ele sabe que tudo tem a sua época e que a balança oscila de acordo com o peso específico de cada ação. O sábio deve ser puro equilíbrio!

Agindo assim, mantendo esse equilíbrio de sustentabilidade com os nossos irmãos e com o planeta, estaremos em harmonia.

Universalismo Crístico Avançado

O homem de Bem ajuda os seus irmãos a fazer a roda da vida girar, sem que ela se torne injustamente pesada para ninguém e sem causar danos irreversíveis ao ecossistema e aos demais membros da grande família universal. Mais uma vez, fica fácil perceber que tudo gira em torno de três elementos fundamentais: consciência, despertar e educação.

Ufa! Se nós formos falar de todas as iniciativas que desenvolveremos a partir do grande projeto Universalismo Crístico, teremos que escrever um livro com mais de mil páginas. Nos livros, Hermes nos apresenta as diretrizes fundamentais. É tarefa de todos nós, unidos por todo o Brasil, traçarmos detalhadamente cada iniciativa a ser alcançada em todas as áreas de atuação humana. Trata-se de um projeto de todos nós e para a vida toda. Ele deverá crescer gradualmente para criar raízes fortes e manter-se vivo e saudável por muitas gerações.

Absorto nessas empolgantes reflexões, não percebi que se aproximou de mim um gigante moreno de mais de dois metros de altura. Era Atlas. Não me surpreendi. Akhenaton regeu a nossa viagem de 2011, quando visitamos a cidade que ele fundou no Egito da décima oitava dinastia: Akhetaton, a cidade celestial, que é hoje conhecida pelo nome árabe de Tell-el-Amarna.

Nada mais óbvio do que Moisés (uma das encarnações de Atlas) ser o responsável por essa expedição de 2012, já que visitamos o monte Sinai. Desde a chegada ao aeroporto de Sharm-el-Sheik, já pude sentir a sua vigorosa energia. Talvez, para alguns, pareça uma heresia eu estar ao lado de Moisés, espírito respeitado e adorado por toda a humanidade. Mas, para mim, ele é apenas o meu inesquecível amigo Atlas, que tanto admiro desde a nossa vivência na longínqua Atlântida...

Apesar de ter uma grande admiração e afinidade por Akhenaton, devido aos nossos laços familiares do passado, é ao lado de Atlas que me sinto mais à vontade. Talvez por termos uma personalidade semelhante, mais justiceira e vigorosa do que branda e amorosa.

Lembrei-me de nossas batalhas para unificar o Alto e o Baixo Egito, quando ele encarnou como o faraó Menés e Hermes como o grande Toth, e dirigi-lhe um significativo olhar. Atlas-Menés-Moisés-Maomé, em todas as suas existências, sempre fora um homem honrado e valoroso. Ele percebeu os meus pensamentos, retribuiu o carinho com um sorriso afetuoso e perguntou-me:

— Vamos escrever sobre essa inesquecível saga?

Eu assenti com a cabeça e respondi:

— Certamente que sim! Mesmo que Hermes não queira, em sinal de humildade por sua notável vivência nesse período, quando ele foi Toth, intérprete máximo do Cristo entre os antigos egípcios. Época em que ele codificou a memorável "tábua de esmeraldas" e outros profundos e inesquecíveis ensinamentos, assim como os que tu legaste à nossa humanidade. Precisamos resgatar essa maravilhosa contribuição do querido Hermes, que infelizmente se perdeu com o passar dos séculos.

Ele sorriu com o meu atrevimento. Creio que todos eles já estão ficando acostumados... Enquanto isso, refleti sobre a personalidade vigorosa de Moisés. A verdadeira evolução realmente está no equilíbrio.

Jesus, assim como ele, soube ser amoroso com quem era merecedor de seu carinho e amparo. Porém, foi duro e determinado com os sacerdotes do templo que se utilizavam do poder religioso para impedir o verdadeiro crescimento e despertar espiritual do povo de Israel. A classe sacerdotal, sobretudo os fariseus, mantinha-os submissos e enriquecia-se através da cobrança de taxas sobre os absurdos sacrifícios de animais no templo.

Já é hora de a humanidade entender que o verdadeiro amor não se resume a ser meigo e compassivo. Exige sabedoria! Há momentos em que a determinação, a franqueza e a convicção de ideais forjam os bons valores que precisamos conquistar para evoluirmos. Não podemos inverter valores. Quando a sinceridade é vista como grosseria e a hipocrisia como educação, estamos caminhando por uma via perigosa que leva ao sutil mascaramento de nossas imperfeições.

O fundador do monoteísmo colocou a mão sobre o meu ombro e perguntou, resgatando-me de minhas reflexões:

— Satisfeito em voltar aqui depois de tanto tempo?

Eu concordei com um gesto sereno e respondi:

— Sim. É muito bom estar aqui de novo, onde tudo começou. A partir dos dez mandamentos e das experiências que aqui vivemos nunca mais o mundo foi o mesmo. A energia desse local é poderosa. Quero absorvê-la plenamente. Quem sabe eu receba os mesmos bons fluidos que fizeram a tua mensagem ser um sucesso e os transfira para o projeto Universalismo Crístico?!

Eu pisquei para ele e o gigante atlante sorriu de forma gentil. Depois ele olhou para os peregrinos subindo o monte de Moisés e falou-me:

— A missão atual é mais complicada. É necessário fazer com que todos que subam esse monte entendam o motivo de estarem fazendo isso... Fazer com que a humanidade atual entenda o sentido da vida. Eu trouxe uma religião impositiva. Agora a tarefa é provocar o despertar em uma sociedade livre.

Ele pensou por alguns instantes, abraçou-me fraternalmente e concluiu, com o seu penetrante olhar hipnótico que colocou os povos egípcio e hebreu aos seus pés durante as dez pragas bíblicas:

— Faze o teu trabalho e não te cobra tanto. O sucesso dele não depende apenas de ti. Falanges espirituais trabalham incessantemente por esse urgente despertar da humanidade. Muitos estão descendo ao plano físico para atender a esse propósito. Nós todos somos apenas pequenas peças de uma grande engrenagem elaborada pela Mente Suprema de Deus.

Eu compreendi as suas palavras e lhe agradeci pela elucidação. Naquele mesmo instante, Hermes se aproximou, surgindo do nada. Ele e Atlas (Moisés) se abraçaram e, em seguida, os dois fizeram o mesmo com este que vos escreve.

Hermes sorriu para mim e questionou-me:

— Pronto para recapitularmos a tua última viagem, pelo astral, assim como fizemos no capítulo cinco deste livro?

Eu meditei por alguns instantes e disse ao meu grande amigo e orientador:

— Creio que não será necessário. Somente esse momento no Sinai e o retorno à pirâmide de Gizé são fundamentais. Os demais pontos da viagem já foram relatados e bem documentados em nosso site e em fotos postadas em minha página no *Facebook*. O que importa mesmo é a reflexão feita aqui.

Muitos dos locais que visitamos já haviam sido percorridos no ano passado. Foi-me interessante mais para observar os pequenos detalhes que não percebi devido ao deslumbramento de minha primeira experiência no Egito.

Eles concordaram e nos dirigimos rapidamente para as pirâmides de Gizé. Lá chegando, pude vislumbrar aquelas magníficas construções como eram no período do final da civilização atlante, assim como da outra vez, conforme relatado no capítulo cinco deste livro.

Segui os passos de Hermes e Moisés e entramos pela entrada lateral. Na viagem realizada ao Egito naquele mesmo mês, tive o interesse de ir até aquela entrada para ver como ela se encontra nos dias atuais. Até mesmo a fotografei. Atualmente, é impossível entrar por aquela face da pirâmide. Ela está completamente lacrada, como os mestres já haviam me alertado.

No plano astral, Hermes abriu o portal e ingressamos na ampla construção. Seguimos serenamente pelo agradável corredor iluminado por tochas até chegarmos à sala energética do vril. Hermes e Moisés sentaram-se nas poltronas de material vítreo e aguardaram a minha ação em silêncio.

Sem demora e em silêncio, aproximei-me do altar do vril e comandei a energia para que saísse de seu estado latente. O fluido cósmico universal, presente em toda a natureza, reagiu serenamente ao meu comando e ficou em estado de espera, girando em seu próprio eixo sobre a bela mesa de granito.

Eu sabia o que Hermes desejava de mim naquele instante. Eu não deveria apenas irradiar energias salutares a toda a humanidade, mas, sim, especificamente à pessoa que tinha me magoado profundamente e que abalou a confecção deste livro. Era fundamental que eu superasse esse desequilíbrio emocional e espiritual que tinha vivenciado. Somente perdoando a essa mulher plenamente é que eu poderia avançar para as próximas etapas do misterioso jogo da vida.

Pensei que teria mais dificuldade para fazer isso. Todavia, nas últimas semanas e durante a viagem ao Egito de maio de 2012, conheci tantas pessoas maravilhosas que o meu coração se libertou plenamente da mágoa que nutria anteriormente. Sorri! Agora eu compreendia a advertência de Hermes quando me falou: "O ódio cega e não nos permite enxergar o amor que pulsa em todo o Universo".

Somente quando nos libertamos da teia escura que criamos em torno de nós mesmos, por causa dos sentimentos ne-

Universalismo Crístico Avançado

gativos, é que percebemos como o sol brilha lá fora. Existe um mundo de pessoas maravilhosas e que nos amam por todos os lados, em todos os momentos. Por que, então, aprisionarmo-nos à escuridão? Basta percebermos isso.

Meditei sobre tudo isso, sacudi a cabeça em forma de negação e me perguntei:

— Como não percebi isso antes? Seria uma ação hipnótica das sombras envolvendo-me em sutil obsessão? Não saberia dizer. Eu fiquei cego, fiz e pensei coisas que não deveria e que não condiziam com a minha natureza. Mas isso era passado.

Agora, todo o ressentimento havia desaparecido. O perdão anterior no capítulo dez, conforme narramos, tinha ocorrido na mente, apenas de forma racional. Naquele instante, na sala do vril da grande pirâmide de Gizé, eu sentia esse sentimento pulsando em minha alma, de forma definitiva e absoluta.

Eu tinha esquecido aqueles fatos de tal maneira que nem sequer me lembrava mais do ocorrido. Imaginei que voltar ao Egito me traria terríveis rememorações do que lá vivemos, contudo, não foi o que aconteceu. Certamente, devo isso às grandes almas que me fizeram companhia nessa última expedição, alegrando-me com o seu carinho e amizade e preenchendo o meu coração com sentimentos de felicidade e amor.

Isso me fez muito bem! Bastava, portanto, eu confirmar o perdão já concedido no capítulo dez e amá-la fraternalmente para concluir todo esse processo de desligamento.

Eu respirei fundo e pensei que, para ser merecedor de encontrar Sol e Lua e ter o privilégio de conviver com elas, precisava perdoar essa pessoa de forma total e irrestrita, libertando-me definitivamente dos laços energéticos que nos uniram.

Hermes sorriu com a minha predisposição ao perdão. Ele sabia que o meu perdão não havia sido completo quando identifiquei as "facas astrais" no capítulo dez. Ainda havia uma ponta de ressentimento. Naquele momento, eu já não me sentia mais ofendido. Estava tranquilo e respirava em paz.

A razão tinha sobrepujado as emoções irracionais. Naquele instante, o perdão era profundo e sincero. As feridas que tinha sofrido na alma estavam totalmente cicatrizadas. Graças a Deus!

Abaixei a cabeça diante da poderosa energia vril que "dançava" à minha frente ansiosa por meu comando, e meditei:

— Sem dúvida nenhuma, ninguém deve ser julgado como melhor ou pior. As pessoas são apenas diferentes, cada uma vive de acordo com o seu próprio estágio de evolução. É um gesto de amor e sabedoria compreender esse fato e agir com serenidade frente aos obstáculos que surgem em nossa vida. Que Deus me dê forças para ter discernimento e jamais esquecer isso novamente, seja qual for a situação com que deparar.

Curioso. Ali no Egito começaram os problemas pessoais relatados neste livro e, ali mesmo, na terra dos faraós, dez meses depois, consegui me libertar definitivamente desse misterioso drama. Precisei retornar ao Vale do Nilo para libertar-me completamente dessa experiência dolorosa.

Dei mais um passo em direção ao altar e acionei mentalmente a energia vril para que ela saísse pelo topo da pirâmide em sua potência máxima. É interessante pensar que, no plano físico, as pirâmides do Egito não possuem mais todo esse poder energético. As vibrações desencontradas dos turistas e do povo que hoje lá vive fizeram-na sair da frequência necessária para isso. Entretanto, no plano astral, ela vibra do mesmo modo que em seu período áureo. Só assim esse catalisador de um dos mais importantes chacras do planeta pode realizar a sua importante tarefa. O mesmo vale para os demais templos do Egito também.

Enquanto aquela energia sublime irradiava-se pelo mundo, pensei na pessoa específica a quem deveria dirigir emanações positivas no Brasil. Eu percebi que ela ainda nutria sentimentos negativos em relação a mim. Contudo, isso não importava. Essas energias não tinham mais nenhuma influência sobre mim.

Lembrei-me, não sei por que motivo, da desintegração de Electra e o perdão de Evelyn, narrados em nossos livros sobre a Atlântida. Lembrei-me, também, dos fatos semelhantes ocorridos posteriormente no Egito e que narramos em nosso livro *Akhenaton – A Revolução Espiritual do Antigo Egito*. Tudo apenas uma insana luta de egos. O perdão e o amor, sem dúvida, são o caminho para a libertação e encontro definitivo com a paz de Deus.

Universalismo Crístico Avançado

Assim, irradiei-lhe do fundo do coração poderosas energias salutares, com todo amor que me era possível, desejando-lhe saúde e o despertar.

Não lhe desejei felicidade, pois ela é uma conquista; uma consequência do bem viver. O importante nesta vida é adquirimos o aprendizado que nos afasta da estrada da dor e nos faz encontrar o caminho da iluminação. Felicidade sem sabedoria é como um castelo de cartas, pois termina desabando ao impacto da primeira brisa.

Além disso, a felicidade prematura nas mãos de almas ainda imperfeitas é um convite para a acomodação em sua busca pelo crescimento espiritual. É melhor desejarmos aos nossos semelhantes aprendizados que os levem à Luz do que apenas alegrias ilusórias e transitórias.

Enquanto as energias fluíam intensamente pela grande pirâmide de Gizé, Hermes falou-me com a sua voz cordial e sempre repleta de absoluta sabedoria:

— Chegamos ao perdão total quando ocorre o esquecimento da ofensa. Quando ela não nos causa mais nenhum ressentimento. Agora estás realmente curado dessa experiência.

Eu concordei com um gesto, mantendo a minha total atenção no trabalho energético que estava realizando, e disse-lhe:

— Desde o início, percebeste, amado mestre, que era esse o estado de espírito que eu deveria atingir para libertar-me? Por que não me disseste claramente isso antes? Era preciso que eu descobrisse por mim mesmo, através de todas essas reflexões? Talvez tenhas tentado me explicar, mas o meu estado emocional não me permitia compreender e aceitar...

Hermes nada respondeu. Eu me virei para ele e deparei-me com o olhar piedoso dos dois grandes mestres que denunciavam que a minha própria pergunta já trazia a resposta. Eu apenas baixei a cabeça em sinal de humildade e gratidão e falei-lhes:

— Obrigado por todo o carinho que me dedicaram para que eu pudesse superar esse momento conturbado de minha vida.

Ele sorriram, felizes com a minha mudança interna. Em seguida, subi no altar e penetrei no meio da energia vril que subia aos céus. Realizei uma oração pedindo para que aquela "energia viva" restabelecesse os meus corpos, tanto o espiritual, que estava ali presente, quanto o físico, que repousava em meu apartamento no Brasil, para que eu pudesse seguir executando a minha tarefa no mundo com plena capacidade e harmonia. Com fervor, pedi que fossem afastadas todas as energias sombrias que atraí por minha própria invigilância e, também, as energias manipuladas pelos magos negros e seus asseclas encarnados na Terra que desejam o fracasso do projeto Universalismo Crístico.

Em meio àquela sublime reconstituição físico-espiritual, disse a mim mesmo, depois de um profundo suspiro:

— Venceremos!

Olhei para Hermes e pude ler em seus olhos a seguinte frase:

— Tem a certeza disso, meu filho!

Depois de alguns minutos recebendo a energia sagrada, desci do altar e a mantive em processo automático gerando energias benéficas para o mundo. Retornei para perto dos mestres sentindo-me confiante e com um semblante mais maduro. Meu corpo espiritual parecia outro. Não saberia dizer como isso aconteceu e nem tampouco o motivo.

Talvez tenha sido um reflexo do amadurecimento que minha alma sofreu com toda essa experiência. Sim, mesmo dentro das piores situações, temos que perceber que existe um propósito oculto que visa ao nosso crescimento. Não existe experiência sem finalidade evolutiva. Somente não percebe isso quem gosta de lamuriar-se, fazer-se de vítima, recusando-se a assimilar o sagrado aprendizado da vida.

Hermes se aproximou, examinou-me com um olhar satisfeito e perguntou-me:

— Como te sentes?

Não sei por qual motivo, mas a resposta brotou de meus lábios de uma forma surpreendente e sem vacilações, como se eu já tivesse vivido aquela mesma experiência em outra oportunidade, em um passado remoto.

Assim, eu apenas respondi:

— Sinto-me imortal.

Hermes virou-se para Moisés sorrindo, e, em seguida, voltou-se para mim, antes de concluir:

— Era isso que precisávamos ouvir. O próximo e último capítulo deste livro te exigirá exatamente esse estado de espírito.

Universalismo Crístico Avançado

Capítulo final
Festa de luz

Mal havia me deitado na cama e fechado os olhos e já me percebi em meio a uma grande festa no Império do Amor Universal. Olhei para a minha túnica astral e ela estava irradiando um tom belíssimo de azul, da cor do céu. As minhas mãos e rosto estavam iluminados, como há muito não os via. Sorri sozinho, sentindo-me feliz por estar tão bem novamente. Eu havia vencido o lado sombra que todos nós possuímos, e que, algumas vezes, assume o controle da nossa vida devido à nossa própria invigilância.

Nesse especial estado de espírito, recordei que, desde antes da elaboração dos livros sobre a Atlântida, eu não me sentia assim tão leve e contente. Eu havia travado várias batalhas desde aquela época. Os nossos leitores nem sequer podem imaginar quantas!

Parecia agora que esse período de provações havia chegado ao fim. Apesar da dor, a lapidação de minha alma tinha surtido belos efeitos. Naquela noite, sentia-me um homem melhor, mais equilibrado e feliz!

Em meio à cantoria e às rodas de dança daquela gente alegre e iluminada, ergui os braços para o Alto e agradeci ao Pai pela oportunidade de viver e aprender, mesmo passando por tantas atribulações. Hermes me avistou de longe e correu para me abraçar, como se fosse uma criança, tal era a sua animação e envolvimento com a festa. Eu sorri e corri em sua direção, segurando a barra da túnica, gargalhando de felicidade. Aquela cena foi realmente muito divertida!

Abraçamo-nos e, com um sorriso iluminado, Hermes me falou:

— Como fico feliz, meu filho, de ver-te novamente alegre e com esse brilho no olhar. Estás curado da dor. E melhor! A tua alma tornou-se mais bela, pois aprendeu com o sofrimento, embora fosse melhor que tivesses obtido esse aprendizado através do amor e da sabedoria.

Agora respeitarás mais a dor alheia, por tê-la sentido na própria alma. Deus te abençoe! Esse aprendizado fez com que tu te tornasses um indivíduo mais maduro e com valores sólidos.

Hermes confirmou as minhas mesmas reflexões. Eu dei-lhe razão e sorri, enquanto o apertava forte em um abraço afetuoso. Mal tirei os olhos do mentor amigo e percebi a aproximação de Sol e Lua. Elas estavam lindas, absolutamente deslumbrantes. Vestiam túnicas femininas em estilo grego antigo, com sandálias no mesmo estilo e delicadas tiaras de flores na cabeça.

As gêmeas estavam muito felizes. Elas também estavam se descobrindo pouco a pouco, vencendo as suas batalhas íntimas e encontrando o objetivo de sua vida no mundo físico. O brilho que tinham no olhar assemelhava-se ao reflexo da luz sobre magníficos diamantes. Rapidamente, contagiei-me por seus belos sentimentos e personalidade marcante. Abracei-as desejando jamais me separar novamente daquelas almas especiais. Todavia, essa decisão está nas mãos do Altíssimo.

Precisarei aguardar pacientemente e fazer a minha parte para ser merecedor do privilégio de conviver com pessoas tão raras e especiais em minha vida. Certamente, a minha angústia por viver em um mundo ainda tão estranho e distante da verdade crística será recompensada pela companhia delas no momento em que o Espírito Criador julgar oportuno.

Meditei sobre aquilo e pensei se não estava me esforçando para ser melhor apenas para ser digno do amor daquelas mulheres adoráveis. Quer saber? Não importa! O que realmente importa é buscarmos evoluir, independentemente dos motivos, desde que o façamos de coração.

Logo em seguida, foi a vez de Fiel surgir correndo como um relâmpago por meio das almas iluminadas que dançavam animadas sobre o gramado verdíssimo às margens do Grande

Universalismo Crístico Avançado

389

Lago da Cidade Luz. O belo cão jogou-se em meus braços e lambeu o meu rosto, demonstrando uma agitação febril, motivada pela alegria de rever-me.

Sorri e, com uma voz carinhosa e fazendo afagos em sua linda cabeça dourada, disse-lhe:

— Até tu estás aqui, meu querido Fiel!

Ele latiu de forma animada enquanto vários amigos se aproximaram para me abraçar e cumprimentar pela conclusão de nosso décimo livro. Eram tantas almas queridas que eu já não sabia mais a quem dar atenção.

Procurei Fiel com o olhar, mas o perdi de vista em meio à multidão que me cercava. Eu estava extasiado e desejava agradecer a todos e, principalmente, àquele adorável cão, que socorreu a minha alma com infinito amor nos momentos de maior angústia que havia vivido.

Hermes, então, percebeu a necessidade que eu sentia de extravasar a minha alegria e deixou-me livre na festa, confraternizando aqui e ali com os diversos amigos desta e de outras vidas. Os últimos meses haviam sido de muita solidão e reclusão para a elaboração deste livro. Eu precisava e desejava comemorar com aqueles que me apoiam e amam o trabalho que realizo.

Desencarnados e encarnados (em projeção astral) de todas as paragens encontravam-se lá, com passe especial para poderem participar daquela festa celestial. Graças a Deus, eu voltara a portar a túnica nupcial imaculada para participar do banquete de luz, conforme o ensinamento que Jesus legou à humanidade em seu abençoado Evangelho. Dancei, cantei e confraternizei com todos por mais de uma hora.

Depois, mais tarde, quando Hermes percebeu que eu tinha acalmado o meu coração de todo aquele êxtase, ele me convidou para caminhar em sua companhia por uma colina próxima, local em que era possível apreciar toda a festa e onde poderíamos ter uma conversa mais reservada. Fiel acompanhou-nos discretamente, torcendo para que o nosso mestre não o impedisse. Eu pisquei para ele, dando total apoio à sua iniciativa. O adorável cão colocou a língua para fora e abanou o rabo, dirigindo-me aquele seu olhar profundo e amoroso, quando percebeu a minha alegria em ter a sua companhia.

Lá no pequeno monte, o som harmonioso da música podia ser ouvido à distância. Apreciei aquela paisagem divina sem pressa, observando as almas iluminadas dançando alegremente, tendo como pano de fundo o Grande Lago, que emoldurava aquele espetáculo lindo de luzes, cores e elevadas vibrações astrais.

Depois de rápida reflexão, Hermes me falou com um sorriso magnífico estampado no rosto:

— Estamos chegando ao final deste livro. Quero te agradecer por teres colaborado de forma tão dedicada, apesar das dificuldades que enfrentaste.

Eu tentei evitar os seus agradecimentos, pois não me julgava à altura deles, mas ele não me permitiu argumentar e prosseguiu dizendo:

— Permita-me falar! A virada do ano, momento em que relatamos o capítulo três deste livro, foi muito difícil para mim também. Tem certeza disso, meu filho amado! Ver-te naquele estado, necessitando de repouso físico e mental, sem podermos liberar-te dada a importância daquela noite, foi algo muito difícil para toda a nossa equipe. Quero que entendas isso.

Doeu o nosso coração ver-te cambaleando e agonizando com o punhal astral cravado nas costas. No entanto, tudo deu certo e, hoje, aqui estamos vitoriosos, no final de mais uma importante jornada.

Ele me abraçou afetuosamente e concluiu:

— Folgo em saber, meu filho, que estás tão bem e feliz. Sei qual é o peso da vida humana para quem já descortinou o véu de Ísis. Porém, a sabedoria espiritual fará com que obtenhas as forças necessárias e a alegria de viver em um mundo ainda tão distanciado dos planos do Cristo.

Aprendas a ser feliz pelo simples gesto de servir a obra de Deus. Sabes que essa tua existência não é única. Trata-se apenas de uma pequena etapa da vida imortal. Não há motivo para se entristecer e martirizar por pequenos e passageiros infortúnios. Estás no caminho da vitória eterna. Tem paciência e a vida sorrirá para ti quando menos esperares.

Eu concordei com um gesto emocionado, olhei para a beleza de toda aquela cidade celestial, que vibrava energias intensas de paz e amor naquela noite, e disse-lhe:

— Um dia, meu mestre, alcançarei a evolução necessária

para ser digno de viver aqui contigo nesta cidade abençoada, onde a felicidade é eterna e os objetivos são os mais sagrados possíveis. Entretanto, no momento, a minha realidade evolutiva encontra-se lá embaixo, no mundo físico.

Ainda preciso trabalhar diretamente lá, ajudando no despertar dos meus irmãos que se encontram cegos para a Verdade Maior, pois ainda não me elegi ao paraíso devido a todos os meus deslizes do passado e descuidos do presente, que precisam ser resgatados no campo das experiências da vida humana.

Eu meditei por alguns instantes e concluí:

— Uma vez que devo ficar no mundo material para o meu próprio crescimento, não desperdiçarei a oportunidade de trabalhar em nome do Cristo, sob o teu amparo, amado mestre, se me aceitares como discípulo para os próximos anos de trabalho que estão por vir.

O grande profeta do antigo Egito abraçou-me e, com um brilho no olhar, respondeu:

— Será um prazer prosseguir auxiliando-te na tarefa que deves realizar.

Eu agradeci por seu apoio, enquanto apreciava, do alto da colina, a festa que se desenrolava no entorno do Grande Lago da cidade Império do Amor Universal. Fiel aproximou-se de mim e recostou o seu corpo carinhosamente em minha perna, esperando receber um afago. Eu sorri e acariciei o seu pelo dourado e macio.

Lembrei-me, então, da primeira vez que tive consciência dessa cidade astral nesta encarnação, e de como a enxerguei naquele momento. Depois refleti sobre como eu a observava agora, nos dias atuais.

Percebi, naquele momento, toda a expansão da consciência que tinha obtido nos últimos vinte anos e emocionei-me com a sabedoria que somente o tempo pode nos trazer. Em minhas reflexões, vislumbrei a estrada que ainda teremos de percorrer, conduzindo cada vez mais os nossos leitores a uma nova e mais profunda compreensão espiritual. Temi esse desafio e, ao mesmo tempo, senti-me especialmente motivado e estimulado a atingir esse sagrado objetivo.

Observei a Cidade Luz com outros olhos, bem diferentes daqueles de quando confeccionamos o livro A *História de um*

Anjo. Sim, o mundo é único para cada um, a partir da percepção do observador. O interessante é que a percepção do observador também muda à medida que evoluímos.

A cada novo livro, Hermes parece trazer novas nuances da compreensão espiritual e das nossas necessidades evolutivas. Eu sorri, olhei para o chão e sacudi a cabeça, procurando refletir e compreender os planos de Hermes para a nossa missão.

Pensei, naquele instante, que, dessa vez, ele realmente havia se superado, surpreendendo-me totalmente com o rumo insólito que este livro tomou. A vida realmente é uma caixinha de surpresas... Ele está certo! O importante é tirarmos sempre o melhor aprendizado de tudo. Caro leitor, nós jamais devemos nos desesperar e temos de confiar sempre na Providência Divina! Haverá sempre luz ao final do túnel escuro...

Ele captou as minhas reflexões e falou com o seu tom de voz suave e fraterno:

— Tu mesmo me disseste que não querias "chover no molhado" em nenhum de nossos livros. Eu sempre atendi ao teu pedido, querido irmão.

Eu me virei para ele, com os olhos marejados, e falei-lhe:

— Obrigado, mestre, por isso e por tudo. Sou um abençoado por ter-te ao meu lado, acompanhando os meus passos dia após dia. Sim! Reclamei muito neste livro por ter de viver neste mundo de alienação e atraso espiritual.

É, sem dúvida, um mundo ambíguo, que oscila entre as trevas e a luz, onde semelhante desrespeita semelhante, causando morte e privação aos seus irmãos, porém, em outros momentos, vemos exemplos emocionantes de elevação e amor, que nos fazem recordar que o ser humano é realmente uma criação divina e que existe salvação para a nossa humanidade.

Entretanto, em meio a essa oscilante e tenebrosa escuridão, eu tenho ao meu lado um grande farol que me revela o caminho a seguir. Que eu possa utilizar essa soberana luz que me emprestas para iluminar os passos daqueles que ouvem a minha voz.

Observei o rosto moreno de Hermes apenas acompanhando as minhas palavras e sentimentos. Ele estava satisfeito. Sim, tínhamos vencido a ação das sombras. Ele, então, chamou-me para um abraço fraterno e percebi, naquele amplexo de luz, toda a sua felicidade pela vitória que obtive contra o meu conturbado mundo íntimo.

Depois de receber o seu apoio, afastei-me dele delicadamente e caminhei uns passos à frente com o pretexto de observar a festa que se desenrolava às margens do Grande Lago. Na verdade, eu desejava evitar extravasar a minha emotividade. Já tinha chorado demais nos braços de Hermes durante todo este livro. Eu precisava me recompor.

Depois de ficar pensativo por alguns instantes, perguntei ao mentor amigo:

— Toda esta agitação tem a ver com a conclusão de nosso livro? Esta festa é para nós?

Ele sorriu e respondeu de forma hilária, de um jeito só seu:

— Não estamos tão populares assim...

Depois, apontou para o outro lado da magnífica festividade e mostrou-me um grupo em volta de uma entidade espiritual de luz inenarrável, e disse-me:

— Reconheces quem está no centro? É Jesus. Ele também está participando das festividades da Cidade Luz nesta noite. Compreendes agora o motivo da felicidade de todos e por que tantas almas especiais estão reunidas aqui nesta noite?

Fiz um gesto afirmativo com a cabeça e falei com alguma hesitação:

— Quero falar com Jesus! Seria uma excelente entrevista para encerrarmos este livro! Seria perfeito!

O nobre mestre olhou-me de forma enigmática e perguntou-me:

— Em sua passagem pelo mundo físico, Jesus nos disse que onde uma ou mais pessoas se reunissem em seu nome lá ele estaria. Ele sempre nos ouve! Tens alguma dúvida? Se desejas tanto isso, dize-me o que te impede?

Eu percebi a sua intenção com aquele questionamento, olhei para ele com confiança e respondi de forma muito determinada:

— Absolutamente nada me impede!

Ele passou a mão na minha cabeça, como se faz com um garoto, e falou:

— Hum... Estás melhorando a tua percepção das coisas e

aprendendo a lição de que nada nos é impossível.

Eu sorri e meditei sobre as palavras de Hermes. Certamente, não podemos mais nos submeter a crenças limitantes que nos enfraquecem e nos fazem perder o poder divino que reside dentro de nós mesmos. Nada nos é impossível! Devemos acreditar em nossa força divina e nos superarmos para alcançarmos os nossos sonhos. Sempre!

Por que Jesus não me atenderia? Ele é, por acaso, um general arrogante que se recusa a dirigir a palavra aos seus soldados mais insignificantes? Não. Definitivamente, essa não é a natureza do coração do Mestre dos mestres.

Algumas almas pequenas já me chamam de médium fascinado devido ao trabalho inovador que realizo. Por que, então, não falar diretamente com Jesus? Se não acreditarem no fato em si, que, pelo menos, absorvam a profundidade e beleza da mensagem do Mestre, ainda que a considerem fruto de mera ficção.

Levantei-me decidido, mas, segundos depois, hesitei. Como chegar até ele? Várias outras almas de elevada hierarquia espiritual estavam recebendo a sua atenção. Talvez estivessem tratando de assuntos altamente relevantes para a governança da Terra, em todos os planos. Eu não queria importuná-lo. Olhei para Hermes pedindo-lhe socorro.

O grande mestre e amigo apenas me disse:

— Pedi e obtereis! Bate na porta e ela se abrirá!

Entendi a mensagem! Sentei-me em um banco semelhante aos de parques do mundo físico, debaixo de uma frondosa e acolhedora árvore, e roguei de coração:

— Querido mestre Jesus, estou aqui na colina ao teu lado esquerdo, junto com Hermes. Se puderes me dar alguns minutos de tua preciosa atenção, serei muito grato. Estamos terminando um novo livro sobre o Universalismo Crístico, como bem sabes, e gostaria que ele contivesse algumas sábias palavras proferidas pela tua alma iluminada. Esperarei o tempo que for necessário para não atrapalhar a tua reunião, que creio ser de alta relevância e observo curiosamente daqui. Que assim seja!

Terminei a súplica, respirei fundo, olhei para Hermes, que se mantinha em posição discreta a alguns passos de distância, e voltei a observar Jesus, prestando atenção às suas

Universalismo Crístico Avançado

reações. Aguardei que ele se deslocasse até mim, ou algo parecido. Na verdade, não sabia o que pensar ou fazer.

Alguns instantes se passaram sem que Jesus demonstrasse qualquer reação com relação ao meu pedido, que fora uma verdadeira prece rogando a sua atenção. Será que ele não teria ouvido por causa da complexa troca de ideias que realizava com aqueles com quem conversava naquele instante? Prossegui com um desejo fervoroso de ser atendido, quase em um estado de fé e oração.

Enquanto isso, observei os pássaros que cantavam serenamente na copa da árvore que me acolhia e encantei-me com a sua indescritível beleza. Perdi-me em meus pensamentos por alguns instantes, apreciando aquela deslumbrante Natureza do Império do Amor Universal. Sim, a vida é bela e rica. A nossa desarmonia para com ela que torna a nossa realidade pobre e triste... A humanidade precisa repensar a sua relação com o mundo. A realidade que nos cerca é um reflexo de nosso próprio mundo íntimo...

Pouco tempo depois, na fração de um segundo, ouvi uma voz serena e tranquila, vinda de alguém que estava sentado ao meu lado, no mesmo banco do parque da Cidade Luz. Era Jesus, com o seu olhar sereno e compassivo.

Fiquei atônito com a sua presença repentina e fulgurante ao meu lado. Virei-me, então, para o local onde Jesus se encontrava anteriormente, a uns cem metros de distância, e observei que ele continuava lá conversando de forma animada com todos. Mas como isso era possível?

Sim... Compreendi! Ele já é uma consciência onipresente no planeta. Que dificuldade teria em desdobrar-se em dois, como uma cópia de si mesmo, se ele pode fazer isso milhões de vezes mais e atender a toda a família terrena, como sempre faz?

Sem saber o que dizer, apenas agradeci a sua atenção, como uma criança tímida. Fiquei inseguro. Não sabia como reagir. Tentei me curvar e beijar a sua mão, mas ele me impediu com um gesto rápido. Em seguida, ele se levantou e me chamou para um abraço apertado, como costumava fazer nas nossas reuniões à beira do mar da Galileia, dois mil anos atrás.

O abraço foi mágico! As energias que me envolveram foram inenarráveis. Senti-me inundado por uma onda de amor como jamais havia sentido. Entrei em estado de êxtase! Naquele mesmo instante, abriu-se em minha mente uma projeção onde vi Hermes arrancando ervas daninhas de um campo, de forma serena e feliz, com uma música cinematográfica ao fundo. Uma imagem divina! Em alguns momentos, o meu mentor trocava olhares significativos comigo, como se estivesse passando-me um recado para toda a vida.

Um tempo depois, nesta mesma visão, surge Jesus, com um olhar enigmático, semeando no mesmo campo, que agora estava limpo. O Mestre dos mestres, naquela enigmática vidência, semeava e olhava profundamente em meus olhos, assim como Hermes tinha feito antes, como se também estivesse me transmitindo um recado muito especial.

Em seguida, vi, no futuro, essa lavoura repleta de um trigo dourado exuberante de excelente qualidade, que resplandecia sob o reflexo do sol do início da manhã. O trigo estava pronto para a colheita. Logo em seguida, surgiram crianças de todas as raças e etnias, com olhares iluminados, iniciando a safra e entoando hinos de louvor a Deus. Era a nova humanidade que habitará a Terra do futuro.

Sim! Eu havia entendido o recado. Hermes limpara a minha alma e, agora, Jesus a semeava para eu seguir ajudando no trabalho que mudará o mundo. Em breve, no futuro, colheremos os frutos desse plantio sagrado. Eram as três fases do processo: reflexão – plantio com amor – realizações do Universalismo Crístico. Naquele momento, senti que eles desejavam que essa mensagem fosse irradiada não só a mim, mas a toda a humanidade, e, de modo especial, aos queridos leitores deste abençoado livro.

Amigos, eu tenho de confessar que foi difícil conter a emoção naquele momento. Eu abracei Jesus com força, aproveitando para alimentar-me de sua luz soberana. Agradeci a Deus por aquela oportunidade, valendo-me das palavras e sentimentos mais sagrados que conheço.

O sublime rabi da Galileia percebeu, pois sorriu e retribuiu o forte abraço. Instantes depois, eu me separei de seus braços meio a contragosto; no entanto, já havia abusado de seu carinho. Sentei-me novamente no banco e agradeci o apoio que recebi dele, assim como havia recebido de Hermes.

Universalismo Crístico Avançado

O rosto de Jesus estava completamente iluminado, como se fosse um sol poente, dourado, a banhar tudo ao seu redor com o seu infinito amor. Os seus olhos pareciam duas estrelas magníficas irradiando-me sentimentos indescritíveis. Ele, então, sorriu e disse-me, com a simplicidade que lhe é habitual, enquanto alisava a sua rala barba da cor castanha:

— Eu ouço a oração de todos com especial atenção. Entretanto, a maioria de meus amados irmãos não crê ou não me percebe, por achar-se indigna de minha presença. Isso é muito errado! Eu sou onipresente no mundo e passo mais tempo perto de meus irmãos queridos do que podes imaginar, tanto dos iluminados quanto dos sofredores; tanto dos justos quanto dos pecadores.

O meu coração não faz distinções. O meu amor é igual para todos. O que diferencia a situação de cada um é o resgate que deve realizar de suas ações e o aprendizado que já obteve na esteira dos séculos. Como afirmei no passado: cada um colherá conforme as suas obras. No entanto, isso não me impede de amá-los de forma igualitária.

O nosso amado Pai dá a cada um conforme as suas obras e necessidades evolutivas, de forma imparcial. Eu os amo e procuro mostrar o caminho da Luz através da plenitude absoluta do amor.

Aquelas palavras de Jesus, proferidas com a sua voz suave e fraterna, invadiram o meu coração de uma maneira inexplicável. Eram ondas arrebatadoras de amor que me envolviam de forma mágica, fazendo a minha alma flutuar de felicidade. Naquele momento, fui tomado por uma emotividade inenarrável, que elevou a minha consciência a uma dimensão que desconhecia até aquele momento.

Eu sorri, emocionado com tudo aquilo, e disse-lhe:

— Entendo! Por isso estás aqui agora ao meu lado. Vens me brindar com todo o teu amor. Sou feliz por estar desperto. As pessoas que "dormem" não sentem a tua presença. Contudo, isso depende apenas delas. Mesmo com todos os meus desenganos, tenho esta certeza: sei que me ouves, querido mestre, e estás junto de mim nos momentos difíceis. Espíritos como tu e Hermes jamais nos desampararam!

Eu voltei o meu olhar para o local onde ele estava antes e o seu outro "eu" continuava a falar animadamente com toda a assembleia de almas iluminadas que acompanhava as suas orientações filosóficas com total atenção. A sua consciência parecia ter independência plena uma da outra. Mas sei que não. O seu cérebro genial processava perfeitamente as diferentes conversações sem dificuldade nenhuma, mostrando que as almas evoluídas possuem uma mente mais eficaz do que os mais modernos e sofisticados computadores.

Ele meditou por alguns instantes e respondeu-me:

— Estou ao lado de todos os meus irmãos diariamente. A diferença é que tu me percebes e ouves a minha voz. Aguardo pacientemente o dia em que todos ouvirão a voz do Alto e se libertarão das ilusões da vida, encontrando verdadeiramente a felicidade eterna do Reino dos Céus, ou seja, o despertar espiritual que tu e Hermes tanto debatestes neste livro.

Ouvi atentamente e, com certa tristeza, pensei: Sim, querido amigo, só me falta praticar verdadeiramente o que ouço de ti e dos demais mestres...

Ele sorriu, em um gesto de apoio, para estimular-me a vencer as minhas imperfeições, sem nada dizer. Eu me diverti com aquela sua reação tão amiga e informal. Sem dúvida, Jesus é bem diferente de Moisés. As mensagens desses dois avatares foram diferentes e as suas personalidades também.

Engana-se quem pensa que evoluir em níveis altíssimos da escala de nosso mundo termina tornando todos os seres iguais. As personalidades dos mestres são bem diferentes, ainda que todas estejam voltadas para o bem comum da grande família universal.

Ficamos em silêncio por alguns instantes. Pensei, então, em quantas críticas receberei dos fariseus modernos por estar narrando um contato direto com Jesus e não consegui conter a risada. Jesus também sorriu e terminei me soltando, ou seja, gargalhei de forma descontraída! Ele fez o mesmo, de maneira bem divertida, e, depois, falou com simplicidade:

— O trabalho que realizaste até aqui te credencia a isso. A ação muda o mundo, ao passo que críticas e teorias vazias apenas separam as pessoas. Obrigado, querido irmão, por procurar unir as ovelhas do rebanho de nosso Pai em torno de um ideal que resgata os bons valores, através de uma verdadeira conscientização espiritual. O Universalismo Crístico é um abençoado oásis de luz em meio ao deserto da incompre-

Universalismo Crístico Avançado

ensão humana.

Eu silenciei e meditei sobre a profundidade de suas palavras. Fiquei emocionado demais com o seu agradecimento e não consegui pronunciar uma só palavra. Apenas mirei aqueles envolventes olhos amendoados que pareciam conter todo o amor do Universo. E, então, mais uma vez, aquele ser iluminado me surpreendeu falando de forma jovial, quase como se fosse uma criança:

— Foi difícil marcar uma audiência contigo, querido irmão.

Eu me impressionei com aquela afirmação e questionei:

— Como assim, amado mestre? Eu pararia o mundo para atendê-lo em qualquer dia e horário! Mesmo que precisasse colocar em risco a minha própria vida para fazer isso!

Ele percebeu a minha confusão e completou, divertindo-se com a situação:

— Foi difícil encontrar um dia em que estivesses com vibrações harmonizadas para realizarmos esta reunião.

Eu apoiei os cotovelos sobre os joelhos, sentado no banco, e voltei a apreciar a beleza do Grande Lago e das almas em festa que visualizávamos do alto da colina. Em seguida, pensei: "Eis o cenário do paraíso! Como desejo viver aqui e na companhia de almas desse quilate".

Depois, falei-lhe, com certa melancolia na voz:

— Foi um ano bem difícil para mim, mas creio que, agora, voltarei aos eixos... Todavia, apesar dos problemas, também houve muitas conquistas, avanços e descobertas importantes para o meu processo de amadurecimento espiritual. Sinto-me grato por tudo o que tenho recebido de nosso Pai. Só peço a Ele que me dê discernimento para compreender o Seu sutil recado que se encontra oculto nas entrelinhas das experiências da vida.

Depois dessas reflexões, procurei mudar de assunto, perguntando-lhe:

— Mas, diz-me, querido amigo, quando escreveremos sobre a tua sagrada missão entre os homens?

O Mestre dos mestres colocou a mão sobre o meu ombro e esclareceu-me com afeto e um sorriso divertido:

— Talvez quando me olhares com menos espanto... E não tenhas pressa com relação a esse projeto. Ainda precisas amadurecer mais. O momento agora é de focar-se no projeto Universalismo Crístico.

Ele sorriu novamente, buscando estabelecer um clima de intimidade comigo, pousou o braço sobre os meus ombros, meditou um pouco e voltou a falar com seriedade, procurando ajudar-me em meu processo de reencontro com a luz:

— Procuras fora o que deves encontrar dentro de ti. Muda o foco e tudo ficará mais fácil. O mundo não é bom ou mau, merecedor ou indigno do teu amor. Devemos dar o exemplo e orientar como instrutores de almas, sem julgamentos particulares. A cada um compete a sua própria evolução. Os erros e acertos da humanidade não devem nos afetar.

As palavras de Jesus eram repletas de sabedoria, mas não resisti em dizer-lhe:

— Recordo-me de tua inconformidade com os fariseus na época em que esteve entre os homens...

Ele sorriu com a minha impertinência e respondeu com tranquilidade:

— Sim. Mas isso jamais me impediu de amá-los. Tu bem sabes disso! Os equívocos do mundo não podem afetar o sentimento de amor que temos pelos nossos irmãos. O amor e a razão se encontram em duas instâncias diferentes. Não devemos amar somente quem tem razão. Os equivocados também são carentes de amor e não devemos privá-los da mais nobre das virtudes, fonte inesgotável da energia divina do Pai.

Ele piscou para mim. Seus olhos amendoados, brilhantes e repletos de sabedoria, magnetizaram-me mais uma vez, tirando-me o fôlego e acelerando-me o coração.

Eu concordei com as suas palavras e olhei para Hermes, que se encontrava a alguns metros de nós, apreciando a nossa conversa e irradiando-nos o seu puríssimo amor e carinho.

Sim, o meu nobre mentor já tinha me dito tudo isso. Na verdade, Jesus não trazia nenhuma novidade. Por que somos infantis assim? Por que, às vezes, precisamos que alguém mais distante de nós, diga-nos exatamente o que ouvimos diariamente de nossos familiares e amigos próximos, mas não lhes damos crédito? Até quando o ditado "santo de casa não faz milagre" será parte integrante de nossa limitada compreensão do mundo?

Envergonhei-me! Senti que tinha desrespeitado parte

dos conselhos de meu querido mestre e amigo. Contudo, tranquilizei-me ao vê-lo indiferente a essa minha atitude pequena.

Não existe egocentrismo no coração de Hermes, o que torna tudo mais fácil para ele no campo das relações. Brigamos tanto com familiares, amigos e amores por causa de nosso terrível ego, que nos leva ao orgulho e à mágoa, tiranizando o nosso coração. Grandes almas já se libertaram desses sentimentos pequenos e, simplesmente por isso, são felizes.

Refletindo sobre essa questão, olhei para Jesus e perguntei-lhe:

— Hermes me deu esse mesmo recado, mas, só agora, parece que consegui assimilá-lo. É por que tu és maior que ele? Ou existe alguma energia que vai além das palavras para compreendermos aquilo que insistimos em negar?

Jesus olhou para Hermes e sorriu para ele, denotando a cumplicidade que existe entre os dois há milênios.

Depois, pensou nas palavras que me diria e respondeu:

— Não. Isso ocorre apenas porque nenhum profeta é reconhecido em sua terra. Tu és íntimo de Hermes. Esse fato fez com que um pouco de sua "aura mística" tenha se perdido aos teus olhos. Nada além disso.

Por esse mesmo motivo, as pessoas próximas a ti não te respeitam como deveriam. Elas esperam um ser quase fluídico exalando sabedoria o tempo todo, mas a vida diária não é assim. A intimidade mal compreendida faz com que se perca a reverência.

Para o homem comum e inconsciente, ainda é necessário que haja distância, transcendência e mistério. É uma pena! Mas é assim mesmo que o homem entende as relações humanas e divinas. Ele as separa! Vê bem! A minha própria família terrena não me reconheceu como o Messias espiritual.

Eles aguardavam um messias libertador. O rei de Israel! E não um líder espiritual que pregava uma mensagem de desprendimento dos interesses da vida humana. Foi necessária a minha morte e posterior "aparição fluídica" (corpo glorioso) para finalmente despertarem.

Novo silêncio. Eu abaixei a cabeça e procurei, através de todos os sentidos, assimilar o ensinamento que estava recebendo.

No abraço com Jesus, pude mensurar a grandeza de Hermes, que talvez não tenha percebido antes por nossa proximidade e intimidade. Santo de casa não faz milagre mesmo. Em geral, temos dificuldade para perceber a nobreza de quem está próximo de nós. Só vemos os defeitos ou um comportamento sem nada de especial pela falta de transcendência e mistério. Jesus estava absolutamente certo!

A energia, amor, paz de espírito, benevolência, compaixão e todas as demais virtudes crísticas irradiam do coração de Hermes da mesma forma que eu sentia em Jesus. Só não percebi isso pela nossa convivência praticamente diária.

Depois de refletir um pouco mais, eu falei-lhe:

— Sim, agora compreendo. Talvez as palavras de Hermes necessitassem apenas de tempo para surtir efeito em minha alma, ou talvez eu as tenha compreendido agora por estar mais equilibrado emocionalmente, ou graças à mística e transcendência a que te referes. Sem dúvida, a admiração que tenho em meu coração pela tua obra magnânima na Terra é indiscutível.

Sim, é provável que seja assim mesmo. Reconheço todos os ensinamentos que recebi de Hermes durante a elaboração deste livro, mas a mística e a transcendência de tua presença, somadas ao magnetismo de tuas palavras, mobilizam forças no meu íntimo que não consigo explicar através da razão.

Jesus agradeceu com um singelo movimento com a cabeça e com um misterioso sorriso nos lábios. Ele não disse mais nada a respeito desse assunto.

Em seguida, alinhou os longos cabelos castanhos atrás das orelhas, como faziam os nazarenos de sua época, e prosseguiu, seguindo por outro viés, procurando esclarecer-me sobre o trabalho que tenho de realizar:

— Para obteres mais êxito em tudo que buscas realizar, tanto no teu campo íntimo, como no externo, deves compreender que o discurso tem que estar sempre no coração, e não na garganta. No coração, reside o terreno fértil onde de fato ocorrem as mudanças; primeiro em tua vida, gerando a semente do que ocorrerá posteriormente no mundo exterior. As palavras precisam da energia do amor, que reside no coração, para terem força para mudar o mundo.

Os seus olhos brilharam ainda mais, refletindo a sua abundante luz interior. Ele meditou por breves instantes e,

Universalismo Crístico Avançado

logo, voltou a falar, expondo os seus anseios em um tom de elevada emotividade:

— Oh, meu Pai, como o mundo humano precisa ser mudado... Tanto entre aqueles que não creem como entre os religiosos. Uma nova visão de espiritualidade e do verdadeiro sentido da vida necessita ser implantada com urgência.

Ele piscou novamente para mim, prescindindo de palavras para aprofundar esse tema. Eu demonstrei ter compreendido a sua mensagem.

Olhei para os belos pássaros que cantavam voando de uma árvore a outra naquele paraíso e disse-lhe:

— Tenho medo de não conseguir. É uma obra faraônica e parece-me que o homem comum não está pronto para ela. Percebo, às vezes, que a humanidade não está preparada nem mesmo para o que já deveria ter aprendido em sua caminhada evolutiva, através de tua mensagem e dos demais grandes mestres do passado. Ela não se interessa pelo despertar. Os homens preferem dedicar a sua atenção ao mundo das ilusões. Eles dormem profundamente nos braços de Morfeu! Parece-me, às vezes, uma luta inglória!

Jesus concordou com um olhar de cumplicidade. Depois, falou-me com serenidade e carinho:

— Sim, é assim mesmo. O nível de consciência da humanidade terrena ainda é muito baixo, porém, isso não deve te afetar. Tu sabes que ela ainda não tem sensibilidade para alçar voos mais altos. Mas isso mudará na Nova Era. Conserva a fé nisso!

O Mestre dos mestres dirigiu-me novamente aquele seu poderoso olhar, que parecia abraçar-me; fez silêncio por um segundo, que pareceu uma eternidade, e, em seguida, esclareceu-me com um tom de voz encantador:

— Percebo, em teu coração, o medo da rejeição prejudicando-te novamente em tua caminhada. Na verdade, eles não rejeitam a tua mensagem, apenas não a compreendem. Entenda isso! Eles são crianças no campo da maturidade espiritual e agem como tal.

Ele colocou a sua iluminada mão sobre o meu ombro e perguntou-me:

— Tu te magoarias com a ofensa de uma criança que nada sabe sobre a vida?

Lembrei-me, em um rápido *flashback*, do dia da morte ignominiosa de Jesus em sua passagem pela vida humana. Grossas lágrimas escorreram pela minha face de forma incontrolável. Somente quem presenciou aquela cena pode mensurar a dor e o sofrimento que lhe foram impostos.

Depois de alguns instantes, com voz embargada, perguntei-lhe:

— Por isso não te ofendeste no alto da cruz, mesmo se tratando de uma agressão extrema e terrível?

Ele apenas me olhou com infinita compaixão e respondeu com plena convicção:

— Não há espaço no meu coração para o ódio e o rancor. Ele está repleto de amor! Naquele dia inesquecível, senti apenas infinito amor e compaixão por meus irmãos. Entreguei-me aos braços do Pai com a certeza do dever cumprido. Senti-me leve ao fazer a passagem.

Logo em seguida, percebi que uma legião de anjos celestiais me conduzia ao Grande Reino, felicitando-me. Compreendi, então, que realmente havia vencido as adversidades para deixar a mensagem imorredoura do amor crístico no mundo humano.

Eu senti um aperto no peito e perguntei, segurando a emoção:

— Mas não ficas triste ao ver que o mundo ainda não escutou a tua voz verdadeiramente, do modo como deveria? Por ter-te negado, traído e desprezado mesmo depois de todo o esforço e desprendimento que dedicaste à humanidade?

Jesus se levantou. O seu porte elegante e majestoso destacou-se de forma impressionante na paisagem deslumbrante da Cidade Luz. Ele olhou para o céu de forma altiva, como se procurasse o Espírito Criador em meio ao infinito, e respondeu-me:

— Eu devo me preocupar apenas com as coisas que posso melhorar em mim e com o que devo realizar. Sinceramente, as ações dos outros não me afetam. Cada um tem o seu livre arbítrio para seguir por esse ou aquele caminho. Logo, o mundo ouvir a minha voz ou não independe de mim.

A minha tarefa já está realizada, e eu sei que a fiz da melhor maneira que me era possível. No mais, só me resta esperar que as sementes que plantei germinem e tornem-se frondosas e saudáveis árvores para renderem bons frutos no futuro.

Ele me olhou novamente com aquela expressão divertida no rosto, piscou para mim, quebrando o clima solene do momento, e completou:

— Claro que, de vez em quando, rego as minhas sementes e plantinhas com a energia do amor. Afinal, eu preciso cuidar do meu querido jardim, não é mesmo?

Eu olhei para ele com admiração e pensei: "Simples assim! Por que faço tanto drama sobre a complexidade da vida se ela é assim tão simples?"

O profeta de Deus percebeu as minhas reflexões, mas manteve-se em silêncio. Eu refleti por mais alguns instantes e disse-lhe:

— Gostaria de te pedir desculpas por não termos compreendido a essência de tua mensagem da forma como a compreendo hoje. Éramos toscos naquela época! Todos nós!

Jesus sacudiu a cabeça, sinalizando que isso não importava, e falou:

— Assim é a vida; assim é a evolução de todos os filhos de Deus. Hoje em dia, com todo o avanço da consciência humana, muitos ainda não compreenderão a mensagem de que tu és portador agora. A humanidade, infelizmente, caminha a passos de formiga no campo da compreensão de sua natureza imortal. O despertar é muito lento...

Ele percebeu a minha aparente tristeza e fez uma pequena brincadeira para animar-me, envolvendo-me com o seu radiante sorriso:

— Mas, pelo menos, não serás crucificado fisicamente!

Eu sorri com o olhar, agradecendo-lhe o gesto e procurando desanuviar o meu coração, que se abatera ao recordar a limitada consciência de nosso mundo. Depois perguntei:

— Quando observo que a tua mensagem é lembrada mais pelo martírio da crucificação do que pela beleza e profundidade de seu conteúdo, entristeço-me. Quando o mundo estará pronto para a nova revelação, já que nem a tua Boa Nova do Reino de Deus foi compreendida ainda?

Jesus respondeu rápido como uma flecha, sem vacilar:

— Nunca estará! A humanidade nunca está pronta. A mensagem precisa vir antes. Somente com o tempo o mundo a compreende, evolui e passa a colocá-la em prática.

Sim. Ele estava certo! A assimilação dentro do mundo da alienação humana é lenta e cheia de contradições e conflitos. A mensagem de Jesus foi alvo de inúmeras interpretações equivocadas no passar dos séculos. Ela serviu desde motivo para lutas fratricidas em seu nome chegando até a ser deturpada para atender a interesses políticos e religiosos inconfessáveis.

Jesus percebeu as minhas reflexões, como é tão comum entre os grandes mestres, e arrematou:

— Tu deves "construir uma nova realidade!" O mundo só é como é porque as almas que evoluíram nele nos últimos séculos o construíram dessa forma. Percebes isso?

A grande família humana só está esperando, em sono profundo, que uma nova consciência universal seja desperta... E tu tens a chave nas mãos. Basta usá-la, valendo-se de uma linguagem adequada aos novos tempos.

Ele se sentou ao meu lado, olhou-me serenamente e, enquanto piscava novamente para mim, disse:

— Tu sabes como funciona o mecanismo da vida. Não é mesmo, querido irmão?!

Naquele instante, senti um profundo despertar dentro de mim. Eu arregalei os olhos e veio-me à mente toda a verdade, como se ela tivesse surgido do nada. Creio que Jesus acionou algum botão do meu mundo íntimo que fez aflorar em mim o Grande Segredo.

Hermes nos ensinou há milênios, na famosa "Tábua de Esmeraldas", a Lei da Correspondência. "O que está em cima é como o que está embaixo. E o que está embaixo é como o que está em cima". A nossa atenção está tão concentrada no microcosmo, o nosso pequeno mundo, o nosso umbigo, como se diz, que não percebemos o imenso macrocosmo à nossa volta.

O princípio da correspondência afirma que o que é verdadeiro no macrocosmo também o é no microcosmo, e vice-versa. Portanto, podemos aprender as grandes verdades do Cosmo observando o modo pelo qual elas se manifestam em nossa vida.

Se sabemos que cada célula do corpo contém o conhecimento e a estrutura de todo o organismo, podemos, na quali-

Universalismo Crístico Avançado

407

dade de células de Gaia, o grande organismo planetário, mudar a face da *matrix* a partir de nossa ação individual, como se fôssemos cordas que mudam a sua vibração, trazendo uma nova e transformadora música. É fato! O microcosmo pode influenciar e mudar o macrocosmo! Basta termos consciência disso.

O sistema fará oposição à mudança por causa da sua inércia e desconhecimento. Porém, é possível, sim, promover a Grande Mudança, assim como o massoterapeuta é capaz de harmonizar todo o corpo apenas estimulando pontos específicos dos pés e das mãos, utilizando técnicas de reflexologia.

O Todo mora na intimidade de cada unidade! Cada célula de nosso corpo tem, na sua estrutura íntima, o código de todo o organismo. Desse modo, nós, filhos da Terra, temos esse mesmo código em nossa alma com relação à Gaia. Apenas ainda não temos consciência disso. Quando tivermos, o mundo nunca mais será o mesmo... Mudar o mundo depende apenas da ação consciente que cada um de nós puder promover.

Enquanto eu realizava essas reflexões, desliguei-me do mundo, não ouvi absolutamente mais nada, nem mesmo o canto dos pássaros. Entrei em um transe profundo, do qual só me libertei quando ouvi novamente a voz serena e amorosa de Jesus, perguntando-me:

— Que mais desejas perguntar-me em tua entrevista, amado filho?

Eu procurei sintonizar-me novamente com o nosso diálogo e disse-lhe:

— Durante todo este livro, Hermes tem me falado sobre três alicerces fundamentais para o Universalismo Crístico Avançado. Percebi que ele aponta o amor como um estado da alma que vamos compreendendo e assimilando melhor de acordo com a nossa evolução. Ele também fala que precisamos nos autoconhecer para atingirmos um nível de excelência em nosso desenvolvimento pessoal. E, por fim, o nosso querido amigo diz que precisamos entender e compreender o modo de pensar do nosso próximo para aceitá-lo e sermos mais tolerantes com as nossas diferenças. Assim, nasce a paz!

Enfim, a minha pergunta é: onde termina essa incrível pirâmide de compreensão dos valores espirituais?

Jesus sorriu e respondeu de forma breve e sucinta:

— Hermes está certo construindo esses degraus de compreensão. Esta é a tônica da Nova Era: entender como funcionam os valores espirituais para, finalmente, termos condições de vivenciá-los. Virtudes não são aprendidas na teoria, mas, sim, na prática. A evolução não ocorre aos saltos. Ela ocorre passo a passo, degrau a degrau.

Se o homem se conhecer melhor e compreender o seu próximo, naturalmente será mais tolerante com as diferenças. Se o seu irmão fizer o mesmo, então, ambos atingirão a harmonia plena. E, ao atingirem esse especial estado de espírito, estarão próximos de conquistar a plenitude do amor. No dia em que os homens da escola Terra chegarem a esse estágio, veremos o fim das guerras e do ódio. As sombras não terão mais influência sobre o mundo e o reino de Deus estará estabelecido na Terra.

Compreendes como se constrói a paz e a harmonia universal? É de dentro para fora, a partir da ação solidária de cada um com o todo. Hermes já te afirmou isso.

O inesquecível governador da Terra na era de Peixes meditou por alguns instantes e concluiu:

— A fórmula é simples, porém, é necessário crescimento espiritual para atingir essa meta. Em outras palavras: exercitar os alicerces do Universalismo Crístico Avançado apresentados neste livro leva inexoravelmente a humanidade à harmonia e ao amor crístico, que é o ápice da pirâmide evolutiva do atual ciclo de aprendizado na escola Terra.

Fiquei estupefato. Em poucas palavras, Jesus nos levou ao topo da pirâmide da evolução espiritual. Seria uma heresia fazer algum comentário após tais explicações.

Nesse meio tempo, Fiel, sem cerimônia alguma, subiu no colo de Jesus e lambeu o seu rosto, antes de aninhar-se humildemente em seu peito magnânimo para sentir o amor do coração mais excelso do mundo. O Mestre dos mestres o recebeu com o mesmo carinho e afeto que dirige a toda a Criação, fazendo-lhe afagos divertidos e abraçando-o com imensa ternura. Naquele instante mágico, o sorriso do mestre iluminou-nos. Impossível descrever aquela cena em sua real grandeza.

Depois da maravilhosa troca de energias com o nosso cão, Jesus concentrou-se em meu silêncio profundo, que sinalizava a minha gratidão por suas palavras e ações, e, de forma pausada e profunda, indagou-me novamente:

— Querido irmão, eu preciso te dizer algo mais que já não saibas?

Eu me virei para ele, um tanto atônito, e respondi de forma mecânica:

— Creio que não, querido mestre. Mais do que nunca, agora entendo que as respostas estão dentro de nós mesmos. Obrigado por ajudar-me a aflorá-las!

Ele colocou Fiel delicadamente no banco, levantou-se novamente, ergueu os seus braços abençoados e disse com a sua voz encantadora:

— Pois bem! Então percebe e vive intensamente o verdadeiro plano de Deus, colocando em prática tudo o que aprendeste na extraordinária jornada de elaboração deste livro! Viver em conformidade com a vontade do Pai não é adorá-lo ou praticar rituais, mas, sim, vivenciar as virtudes crísticas através de seu real entendimento, que foi apresentado de forma brilhante neste livro e que é a essência do Universalismo Crístico.

Naquele instante, luzes maravilhosas desceram dos céus em forma de pétalas de rosas, deixando todos os convidados em êxtase. Hermes sorriu e aplaudiu a ação surpreendente do Mestre dos mestres. Todos que se encontravam na grande festa viraram-se para nós e também fizeram o mesmo. Inclusive, o "outro Jesus", que estava conversando com o grupo lá embaixo, levantou-se e aplaudiu de forma animada. Percebi que Jesus me olhava e sorria, divertindo-se com a minha surpresa frente àquela situação surreal.

Sinceramente, caro leitor, já não sabia mais o que dizer ou pensar! Creio, querido amigo, que já deves ter percebido que as crenças antigas do passado foram importantes em seu tempo, e que, todavia, um novo caminho desponta no horizonte de nossa vida, convidando-nos a refletir sobre novas visões verdadeiramente essenciais... Estamos vivenciando um momento especial de nossa história, que é a transição para a era de Aquário, a Nova Era, cujo foco será a busca da verdadeira consciência espiritual; o real entendimento da vida criada por Deus. Finalmente, é chegada a hora do "despertar"!

Assim, perdido em minhas reflexões, fui surpreendido por uma luz cristalina que me envolvia. Era Jesus me abraçando, irradiando-me todo o seu amor, paz e plenitude. Hermes aproveitou o ensejo e nos abraçou também. É claro que Fiel não quis ficar de fora desse magnífico amplexo de luz... O carismático cachorro ergueu-se nas patas traseiras, com as orelhas abaixadas e o olhar amoroso, e abraçou-nos daquele jeito que é só seu.

Senti-me abençoado pela aura protetora daqueles grandes mestres que me envolvia e pensei: por que não convidá-lo? Sim. Refiro-me a ti mesmo, querido leitor. Todo o trabalho e esforços que realizo têm por objetivo principal ajudar-te em teu despertar.

Portanto, fecha os olhos e participa conosco desta magnífica transfusão de luz, ofertada por esses seres de grande evolução. Que a energia divina desses mestres te traga tudo de que necessitas, desde a cura para a alma até a cura para o corpo. Sinta esta energia divina envolvendo-te e recuperando-te para prosseguir com ampla vitalidade pela tua jornada humana, gozando de pleno equilíbrio físico e espiritual. Tu mereces! Tu és um filho muito amado de Deus, com infinitas potencialidades, verdadeiramente único em suas possibilidades, e estás desperto para a busca da Luz.

Em vista disso, abandona o teu mundo de ilusões, querido irmão, e vem para o mundo real: o mundo da consciência crística. É nele que ocorre a verdadeira experiência da vida, que é a integração total e verdadeira com a plenitude do amor! Nele, encontrarás a saúde e a felicidade absolutas e o reino dos Céus tão prometido por Jesus; que não é mito, não é sonho. É fato! O paraíso está dentro de cada um de nós. Se despertarmos para essa realidade e aprendermos a viver nessa sintonia, onde quer que estejamos, estaremos sempre no reino dos Céus.

Naquele instante, todos os grandes mestres espirituais da humanidade que se tornaram o alicerce das religiões fundadas a partir de sua vida missionária surgiram de braços abertos, vestindo simples túnicas brancas, convidando o leitor a abraçá-los também e a construir um novo mundo! Eis a essência do Universalismo Crístico. Não importa qual é a tua religião, mas, sim, o quanto o aprendizado que ela promove te torna uma pessoa melhor.

Moisés, Jesus e Hermes, profetas que revelaram ao mun-

Universalismo Crístico Avançado

do as três faces da compreensão do Espírito Criador: o Deus justiça, o Deus amor e o Deus consciência, fitaram-se de forma significativa e comemoram o trabalho realizado na Terra e a tão esperada conclusão deste livro.

Sorri pela felicidade deles e, em seguida, cumprimentei com um olhar todos os demais profetas, tanto do Oriente como do Ocidente. Só então dei falta de Maomé naquele grupo de notáveis intérpretes de Gaia, a alma do planeta, o Cristo Planetário da Terra. Gostaria tanto que Moisés e Maomé se abraçassem para irmanar os povos judeu e muçulmano, mas eles são o mesmo espírito! Fazer o quê?

O grande guerreiro atlante Atlas (que reencarnou posteriormente como Moisés e Maomé) compreendeu o meu pensamento e abraçou a si mesmo, mostrando o seu desejo de que esses povos, para os quais ministrou ensinamentos com tanto amor e idealismo em encarnações diferentes, aprendam finalmente a se amar e irmanar.

Dei alguns passos para trás e apreciei aquela cena memorável (digna de uma foto) dos grandes profetas da alma crística reunidos e irradiando as suas poderosas energias cristalinas para promover o despertar do mundo.

Segundos depois, a alma planetária, o Cristo, surgiu como uma energia vibrante, semelhante ao vril, interpenetrando tudo e todos, e envolveu-me em um abraço delicado e carinhoso.

Eu sorri, ergui a cabeça para os céus e, profundamente emocionado, disse:

— Sim, Cristo, eu sinto a tua presença. Eu estou desperto!

E a energia de Gaia, a alma do planeta Terra, vibrou, respondendo energeticamente à minha afirmação. Em seguida, ela se conectou a todos nós: a humanidade, criando um intrincado labirinto de redes por todo o planeta, mostrando que todos nós, os filhos da Terra, estamos interligados. Sem dúvida nenhuma, somos realmente todos um!

Maiores informações sobre o autor, seus livros e o projeto "Universalismo Crístico na Terra" estão disponíveis no site *www.universalismocristico.com.br*

A História de um Anjo
A vida nos mundos invisíveis
Roger Bottini Paranhos

Um ser de luz volita, sem asas, e desce das esferas superiores ao Plano Terrestre, em missão transcedental. O próprio Dirigente Planetário, Jesus, o envia. Objetivo: promover o Universalismo, aproximando religiões antagônicas, rumo à unidade de crenças prevista para o Terceiro Milênio.

Ele conquista seguidores. Multidões o escutam. Seu toque cura enfermos, levanta paralíticos; transforma espíritos trevosos. Seu olhar cativa os corações. Será um anjo?

Em plena época da Transição Planetária que estamos vivendo, Gabriel é o Mensageiro da transformação religiosa programada para o planeta Terra. E, pela cronologia desta obra, encontra-se encarnado atualmente.

Mas quem é Gabriel? Um anjo?

O leitor poderá tirar as próprias conclusões acompanhando sua trajetória, nesta obra instigante e de cunho profético. Dos cenários paradisíacos de uma comunidade de luz aos quadros dantescos de uma cidade trevosa do astral, da vida na matéria à preparação das caravanas de exilados que migrarão para um planeta inferior, Gabriel encarna a presença da Luz Crística.

Será um anjo?

Akhenaton
A revolução espiritual do Antigo Egito
Roger Bottini Paranhos

Jesus deveria ter nascido em solo egípcio e pregado suas verdades imorredouras às margens do sagrado rio Nilo em meio à mais desenvolvida e espiritualizada das civilizações da Idade Antiga. Esta não é uma ficção, mas sim a programação que a Alta Espiritualidade planejou para concretizar-se no palco terreno e que promoveria o grande avanço da humanidade encarnada nos séculos futuros, caso a ação perversa de espíritos enegrecidos pela ignorância e pelo ódio não tivessem colaborado para a derrocada do "Grande Projeto Monoteísta no Antigo Egito".

Akhenaton – A Revolução Espiritual do Antigo Egito é o livro que conduzirá o leitor nesta fantástica viagem ao passado, desvendando a verdade que se oculta atrás de fatos que a História pouco registrou ou que são matéria de especulação entre os arqueólogos modernos. Impressionante por sua mensagem filosófica-espiritual, esta obra mediúnica ditada por Hermes, o Trimegisto, e Radamés retrata com fidelidade a trajetória do mais brilhante e enigmático faraó, Akhenaton, o enviado do Cristo, que muito além de seu tempo revolucionou o Egito, dando início à transformação religiosa na crença a um só deus, que abalou os alicerces da sociedade egípcia no século XIV antes de Cristo.

Da extinta Atlântida, há doze mil anos atrás, a Moisés, novo profeta do Deus Único, aqui está registrada uma instigante história que o leitor nunca ouviu.

Sob o Signo de Aquário
Narrações sobre viagens astrais
Roger Bottini Paranhos

Mentalidade aquariana é a visão nova para velhos problemas. Sob o signo de Aquário, indo além da superfície, traz informações de vanguarda, sem o convencionalismo comodista, sobre diversas facetas de alguns dos problemas que mais afligem os homens do planeta.

Unidos em torno de Hermes, instrutor do antigo Egito, um grupo de entidades – Shien, o extraterrestre; Gaijin, o curador silencioso; Crystal, a princesa de olhos de ametista; e Ramiro, auxiliar do doutor Bezerra de Menezes – participam de singulares experiências de auxílio e pesquisa no plano astral. Acompanha-os o autor encarnado, que se torna o relator das fascinantes vivências, que vão do Astral Superior às regiões das trevas.

Junto com eles, o leitor irá descobrir como está se processando, no Astral, a seleção dos que serão os próximos exilados do planeta, e a marca que os identifica; estudará intrincados processos obsessivos, como os de vampirismo, através de ovóides, e a atuação dos implantes eletrônicos; acompanhará três adolescentes usuários de drogas e seus parceiros desencarnados numa história que mostra o avesso chocante, mas verdadeiro, da drogadição; e visitará os vales das sombras e hospitais astralinos, onde um repertório de casos extraordinários ilustra os mecanismos cármicos em ação.

Conhecerá ainda os modelos dos futuros corpos que a humanidade aquariana e subseqüente irá envergar — já programados e existentes em instituições do Astral Superior. Saberá de Shien, muito sobre os visitantes extraterrestres do planeta. E assistirá com o autor ao encontro, numa assembléia nas altas esferas, com Mestre Saint Germain, o responsável pela instrução do planeta Terra na Era de Aquário.

Para os que desejam ir além do já conhecido, as informações inovadoras desta obra se caracterizam como precursoras do ecletismo universalista da Nova Era.

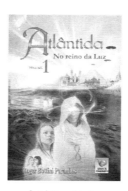

Atlântida
No reino da Luz
Roger Bottini Paranhos

Atlântida - No Reino da Luz é um livro revolucionário sobre o continente perdido, tema que fascina a humanidade desde os enigmáticos relatos de Platão, *Timeu* e *Critias*. Com uma nova abordagem, sem paralelo na literatura espiritualista, o autor apresenta neste primeiro volume o final da era de ouro da sociedade atlante, momento em que espíritos exilados de Capela, a "raça Adâmica", chegam à Terra para iniciar o seu processo de resgate espiritual.

Aqui é descrito o fabuloso domínio dos atlantes sobre a energia Vril, o quinto elemento, que lhes permitiu adquirir, há 12 mil anos, avançado padrão tecnológico, muito superior ao de nossos dias. É relatado ainda o trabalho desse povo no desenvolvimento da raça humana, quando, com o uso da engenharia genética, aprimoraram corpos de antropóides, com o objetivo de tornar o mundo primitivo apto a receber a encarnação de espíritos mais evoluídos.

Como pano de fundo, os leitores acompanharão os dramas de consciência dos sacerdotes do Vril da nova geração, os atlantes-capelinos, que sofreram a sedução do poder e dos caprichos típicos das almas ainda escravizadas pelos desejos humanos, levando-os a quedas constantes no processo de desenvolvimento moral.

De forma clara, objetiva, e com a maestria de sempre, Roger Bottini Paranhos conduz uma narrativa envolvente, que proporciona aos seus leitores preciosos detalhes de uma época que permanece viva no inconsciente coletivo da humanidade.

Atlântida
No reino das trevas
Roger Bottini Paranhos

A época de ouro dos atlantes havia chegado ao fim. As novas gerações, movidas pela ambição e arrogância, intensificaram o ódio entre as duas raças rivais – branca e vermelha –, agravando a guerra liderada por Gadeir e Atlas, que levou ao desfecho apocalíptico da Atlântida, narrado aqui de forma eletrizante. Os magos negros de ambas as raças decidiram então utilizar-se do quinto elemento, através da força inversa do Vril, para deflagrar intensos duelos, enquanto os exércitos convencionais lutavam homem a homem, nos campos de batalha.

Revelações sobre o trabalho dos magos negros atlantes no desenvolvimento do *Sol Negro* – a terrível bomba de antimatéria que tornou-se uma das obsessões de Hitler e do partido nazista durante a Segunda Guerra Mundial e desembocou na construção da bomba atômica americana que destruiu Hiroshima e Nagasaki –, a grande batalha travada entre magos negros e dragões, para definir quem regeria o Astral inferior da Terra após a submersão da Atlântida, bem como os fatos daí decorrentes que deram origem às famosas lendas dos vampiros e demônios, são detalhados nesta obra de forma brilhante e elucidativa.

Além destes temas empolgantes, o leitor é brindado com informações importantíssimas sobre a mudança que ocorrerá na frequência vibratória de nosso planeta em 21 de dezembro de 2012, data em que a Terra entrará definitivamente na Era da Luz.

Em *Atlântida – no reino das Trevas*, perceberemos que nada foge ao controle onipresente de Deus. Que tanto a luz, como as trevas, trabalham em seu Augusto Nome, promovendo o progresso espiritual da humanidade. São apenas as duas faces de uma mesma moeda.

A Nova Era
Orientações espirituais para o Terceiro Milênio
Roger Bottini Paranhos

No limiar da Nova Era, a Espiritualidade nos presenteia com mais esta belíssima obra literária de Hermes, convocando-nos a profundas reflexões.

Revivendo e corroborando as inesquecíveis revelações trazidas à luz do mundo físico por Ramatís ou nos brindando com instigantes revelações nas diversas áreas do conhecimento científico, a exemplo da clonagem e da engenharia genética, o autor disserta com maestria, em linguagem clara e acessível ao leitor atual, sobre os mais variados temas que intrigam a humanidade neste delicado momento de transição para um mundo melhor, renovado, de paz, harmonia e amor.

Em *A Nova Era – Orientações Espirituais para o Terceiro Milênio*, o leitor que busca aprimoramento encontrará interessantes esclarecimentos para indagações sobre assuntos atualíssimos nas áreas da medicina, filosofia, sociologia, religião, educação, mediunidade e existência de Deus, segundo a ótica do Mundo Maior. Entretanto, o que há de mais fascinante nesta obra é o seu contagiante convite para que a humanidade ingresse definitivamente no "paraíso" que será a Terra na Nova Era, cultivando o que existe de mais sublime sob a face do planeta - o Amor que Cristo nos ensinou.

UNIVERSALISMO CRÍSTICO AVANÇADO
foi confeccionado em impressão digital, em julho de 2024
Conhecimento Editorial Ltda
(19) 3451-5440 — conhecimento@edconhecimento.com.br
Impresso em Luxcream 70g, StoraEnso